Arbeitskampfparität

Europäische Hochschulschriften

Publications Universitaires Européennes
European University Studies

Reihe II
Rechtswissenschaft

Série II Series II
Droit
Law

Bd./Vol. 3130

PETER LANG
Frankfurt am Main · Berlin · Bern · Bruxelles · New York · Oxford · Wien

Klaus Ruhland

Arbeitskampfparität

Eine rechtliche und rechtstatsächliche Untersuchung

PETER LANG
Europäischer Verlag der Wissenschaften

Die Deutsche Bibliothek - CIP-Einheitsaufnahme

Ruhland, Klaus:

Arbeitskampfparität : eine rechtliche und rechtstatsächliche Untersuchung / Klaus Ruhland. - Frankfurt am Main ; Berlin ; Bern ; Bruxelles ; New York ; Oxford ; Wien : Lang, 2001
(Europäische Hochschulschriften : Reihe 2, Rechtswissenschaft ; Bd. 3130)
Zugl.: Passau, Univ., Diss., 2000
ISBN 3-631-37798-3

D 739
ISSN 0531-7312
ISBN 3-631-37798-3

www.peterlang.de

Meinen Eltern
und
meiner Frau

Vorwort

Für das Zustandekommen dieser Arbeit waren viele Gespräche mit Vertretern von Arbeitgeberverbänden, Gewerkschaften und Unternehmen von entscheidender Bedeutung. Deshalb möchte ich mich bei all meinen Interviewpartnern sehr herzlich bedanken. Die Bereitschaft, sich den Interviews zu stellen, war nämlich nicht selbstverständlich.

Auf eine namentliche Aufzählung der einzelnen Gesprächspartner verzichte ich an dieser Stelle, nachdem angesichts der politischen Brisanz dieses Themas viele nicht genannt werden wollten.

Vor allem aber gilt mein Dank Herrn Prof. Dr. W. Hromadka für das Überlassen des Themas, seine geduldige Betreuung dieser Arbeit und insbesondere seiner unglaublich raschen Arbeitsweise.

Bedanken möchte ich mich zudem

bei meinen Eltern Magdalena und Friedrich Ruhland, die mir meine Ausbildung ermöglicht haben,

bei Frau Marianne Kraeker für die Durchsicht nach Fehlern und

bei meiner lieben Frau Dr. Karin Kraeker-Ruhland, ohne deren Unterstützung, Beharrlichkeit und Motivation diese Arbeit wohl kaum einem Ende zugeführt worden wäre.

Landshut, im Frühjahr 2001 *Klaus Ruhland*

INHALTSVERZEICHNIS

Teil I: Einleitung und Problembeschreibung

Kampfparität ist ein vom *Bundesarbeitsgericht* in seinen Entscheidungen zum Arbeitskampfrecht viel benutzter Begriff. Eine genaue Vorgabe, auf welche Weise dieses Gleichgewicht der Kräfte der Tarifvertragsparteien tatsächlich ermittelt werden kann, findet sich gleichwohl in den Entscheidungen des *BAG* nicht. Derartige Maßstäbe lassen sich nach Ansicht der Rechtsprechung nicht aus Art. 9 III GG entnehmen. Auch der Rechtswissenschaft ist es bislang nicht gelungen, diese Lücke zu füllen[1].

Das *BAG* stellt in seiner Rechtsprechung zum Arbeitskampfrecht darauf ab, wie sich die Verhandlungsstärke der Gegenspieler beim Aushandeln von Tarifverträgen auswirkt und wie sie durch Arbeitskampfmittel beeinflußt werden kann[2]. Dabei verwendet es seit den Aussperrungsentscheidungen vom 10.06.1980[3] eine abstrakt-materielle Betrachtungsweise[4]. Es wird darauf verzichtet, alle für die Verhandlungssituation maßgebenden Faktoren zu berücksichtigen, und zwar mit der Begründung, das Gericht sei mit der inhaltlichen Bestimmung einer solchen Gesamtparität überfordert. Auch könne eine kollektive Kampf- und Ausgleichsordnung ihrer Natur nach nicht etwaige gesamtpolitische Ungleichheiten kompensieren und die Gesetze des Marktes aufheben. Weder eine eventuelle Preissetzungsmacht der Unternehmer noch die Freiheit der Investitionsentscheidung sei mit den Mitteln des Arbeitskampfrechts beeinflußbar[5]. Es gehe deshalb nur um eine tarifbezogene Parität, d.h. um diejenigen Momente, die sich bei typisierender Betrachtung in Tarifverhandlungen konkret auswirken. Situationsbedingte Vorteile im konkreten Arbeitskampf wie Kampfziele, wirtschaftliche Lage, Organisationsgrad usw. blieben unberücksichtigt[6].

Entscheidend für die Beurteilung der Kampfparität ist folglich das Bestehen eines *tatsächlichen Verhandlungsgleichgewichts* zwischen den Tarifvertragsparteien.

Einen wesentlichen Einfluß darauf hat aber auch die sog. *rechtliche Parität.* Speziell das *BAG* bestimmt durch seine Urteile und Beschlüsse zum Arbeitskampfrecht das Verhalten der Tarifvertragsparteien im Tarifstreit. Ein Ungleichgewicht in diesem Bereich führt wegen der klimabildenden und psychologischen Funktion des Streik- und Aussperrungsrechts in der Gesellschaft der Bundesrepublik Deutschland zwangsläufig zu Veränderungen des Kräftegleichgewichts insgesamt.

Die nachfolgende Arbeit beschäftigt sich mit der Parität in rechtlicher und in tatsächlicher Hinsicht. Untersuchungsgrundlagen waren neben der Rechtsprechung des *BAG* hauptsächlich problemorientierte Interviews, die der Verfasser mit Vertretern von Gewerkschaften und Arbeitgeberverbänden, aber auch mit einigen Unternehmensrepräsentanten geführt hat. Kernpunkte waren dabei die Einschätzung der Rechtsprechung des *BAG* und deren Folgen für die Kampfbereitschaft der Tarifvertragsparteien sowie die Auswirkungen der veränderten tatsächlichen Verhältnisse auf die Parität. Um die so gefundenen Ergebnisse mit den realen gesellschaftlichen Verhältnissen vergleichen zu können, wurden zudem die Politik- und Wirtschaftsteile einer überregionalen Tageszeitung ausgewertet, ebenso Statistiken von verschiedenen Meinungsforschungsinstituten.

---

[1] Vgl. dazu z.B. *Goll*, Arbeitskampfparität und Tariferfolg, S. 17.
[2] *BAG*, Urt. v. 10.06.1980, E 33, 140 = NJW 1980, 1642 = AP Nr. 64 zu Art. 9 GG Arbeitskampf.
[3] *BAG*, Urt. v. 10.06.1980, AP Nr. 64-66 zu Art. 9 GG Arbeitskampf.
[4] Viele sehen in der Warnstreikentscheidung des *BAG* aus dem Jahr 1988 eine Rückkehr zur sog. formellen Kampfparität - siehe hierzu unten *Teil II* II. 4. d) und *Teil III* II. 6.
[5] *BAG*, Urt. v. 10.06.1980, AP Nr. 64 zu Art. 9 GG Arbeitskampf Bl. 10 = DB 1980, 1269.
[6] *BAG*, Urt. v. 10.06.1980, E 33, 140 (164).

Das Forschungsinstrument des Interviews wurde aufgrund der Erkenntnis gewählt, daß die Einschätzungen, wie sich Entscheidungen des *BAG* und Veränderungen in der Arbeits- und Wirtschaftswelt auf das Kräftegleichgewicht auswirken, die betroffenen Kreise am besten selbst treffen können. Die psychologischen Auswirkungen der rechtlichen und der tatsächlichen Situation sind sehr wesentliche Gesichtspunkte bei der Beurteilung der Kampfparität insgesamt. Denn auch im Rahmen von Tarifverhandlungen gilt: Wer sich stark fühlt, ist durchsetzungskräftig, wer hingegen glaubt, er sei schwach, kann seine Ziele nur selten erreichen.

Aufbauend auf den dogmatischen Grundlagen des Arbeitskampfrechts, die vom *BAG* entwickelt wurden, wird im folgenden zunächst untersucht, ob derzeit ein Kräftegleichgewicht zwischen den Tarifvertragsparteien in rechtlicher Hinsicht besteht, d.h. ob die Urteile und Beschlüsse zum Arbeitskampfrecht ihrer inhaltlichen Gewichtung nach ausgeglichen zugunsten der Arbeitnehmer und der Arbeitgeber ausgefallen sind oder ob ein Ungleichgewicht zur einen oder zur anderen Seite hin feststellbar ist.

Im Jahr 1980 wird dafür eine „Zwischenbilanz" aufgestellt, indem die Frage aufgeworfen wird, ob nicht schon damals in rechtlicher Hinsicht das Kräftegleichgewicht verschoben war. Nach den Angaben der meisten Interviewpartner war zu diesem Zeitpunkt tatsächlich noch eine Kampfparität vorhanden[7]. Und daß obwohl die ersten Warnstreikentscheidungen aus den Jahren zuvor datieren. Auch stammen die letzten großen Aussperrungsentscheidungen des *BAG* aus diesem Jahr. Sollte also 1980 ein rechtliches Ungleichgewicht bestanden haben, dann wäre damals die Situation eines rechtlichen Ungleichgewichts bei einem tatsächlichen Gleichgewicht vorhanden gewesen. Je länger diese Lage andauert, desto mehr hat das Ungleichgewicht im Recht negative Auswirkungen auf das tatsächliche Kräftegleichgewicht in Arbeitskämpfen, nicht zuletzt wegen der psychologischen Folgen auf der unterlegenen Seite.

Weiterhin wird in tatsächlicher Hinsicht geprüft, ob nach 1980 eine Verschiebung des Kräftegleichgewichts aufgrund veränderter Rahmenbedingungen für die Unternehmen auf betrieblicher und überbetrieblicher Ebene stattgefunden hat.

In der Tat spricht viel dafür, daß in den Jahren 1955 bis 1980 eine Kampfparität gegeben war: Im internationalen Vergleich waren die Arbeitskosten je Stunde in Deutschland zwar damals bereits hoch, lagen aber noch im Rahmen[8]. Die durchschnittliche Wachstumsrate der deutschen Wirtschaft betrug von 1975 bis 1980 3,3 %, anschließend von 1980 bis 1985 lag sie bei 1,2 %[9].

Dazu kommt, daß sich in den Jahren nach 1980 die Gegebenheiten in den Betrieben und Unternehmen aufgrund neuartiger Produktionsmethoden und aufgrund des durch die Globalisierung starken internationalen Wettbewerbs (Stichworte: Globalisierung des Welthandels, zunehmende wirtschaftliche Konzentration, Rationalisierungen auf internationaler Ebene) dramatisch verändert haben[10]. Diese Entwicklungen verstärkten sich insbesondere in den 90er Jahren des 20. Jahrhunderts. Gleichzeitig herrschte in den meisten Industrie- und Entwicklungsländern eine hohe Arbeitslosigkeit[11].
Bei den Interviews wurde bewußt auf das Erfordernis der Repräsentativität verzichtet, da für hypothesenprüfende Untersuchungen „willkürliche" Stichproben meist wesentlich kräftiger

---

[7] Interviewangaben - siehe Anhang.
[8] Siehe hierzu ausführlich *Teil II* IV. 2.
[9] *Hof*, Arbeitsmarkt, S. 14.
[10] Siehe dazu *Däubler/Wolter*, Arbeitskampfrecht, RN 889.
[11] Vgl. *Bobke*, Lean production, S. 8.

sind als „repräsentative“ Querschnittsbefragungen. Entscheidend ist nämlich nicht die Zufallsstichprobe, sondern die Zufallsaufteilung auf die Experimentalgruppe[12].

Die Interviews beschränkten sich auf den Bereich der Privatwirtschaft. Der (für die deutsche Tariflandschaft sehr wichtige) Bereich des Öffentlichen Dienstes fand keine Berücksichtigung. Die dortigen Besonderheiten, insbesondere die fehlende Wettbewerbssituation und die Tatsache, daß „Leidtragender“ von Streiks im Öffentlichen Dienst zumeist die Allgemeinheit ist, führten zu dieser Entscheidung.

Abschließend sei darauf hingewiesen, daß man sich bei der Beurteilung der im folgenden dargestellten Ergebnisse immer vor Augen halten muß, daß die Rechtswissenschaft im Bereich des Arbeitskampfrechts angesichts des offenen verfassungsrechtlichen Konzepts des Art. 9 III GG nicht zwingend nachweisen kann, daß eine bestimmte Regelung und Beurteilung der dargelegten Probleme richtig und eine andere falsch ist. Es handelt sich mehr oder weniger um Einschätzungen und Abwägungen. Aufgabe der nachfolgenden Untersuchung ist es daher, die Auswirkungen der bisherigen Rechtsprechung auf die betroffenen Kreise darzustellen und auf neue Entwicklungen im Bereich der Privatwirtschaft hinzuweisen in der Hoffnung, daß daraus die notwendigen Konsequenzen gezogen werden.

[12] *Diekmann*, Empirische Sozialforschung, S. 169.

Teil II: Die Grundlagen des Arbeitskampfrechts[13]

I. Die verfassungsrechtliche Verankerung

1. Art. 2 I GG: Handlungsfreiheit nach Kündigung

Bis zur Entscheidung des Großen Senats des *BAG* vom 28.01.1955[14] wurde die Arbeitsverweigerung der Arbeitnehmer im Streik als rechtswidrige Verletzung des Arbeitsvertrages und als rechtswidriger Eingriff in das absolute Recht am eingerichteten und ausgeübten Gewerbebetrieb angesehen, wenn die streikenden Arbeitnehmer nicht zuvor ihre Arbeitsverhältnisse fristgerecht gekündigt hatten[15]. Erst nach der Kündigung dieser Einzelarbeitsverhältnisse war die kollektive Arbeitsniederlegung auf der Grundlage des Art. 2 I GG rechtmäßiges Handeln, solange dadurch nicht die Rechte anderer verletzt wurden. Denn nach Ablauf der Kündigungsfrist war der Arbeitnehmer nicht mehr zur Arbeitsleistung verpflichtet, so daß die Arbeitsverweigerung auch keine Rechtsverletzung mehr darstellte.

Mit dieser Sichtweise des Streikgeschehens hat der Große Senat mit der Entscheidung vom 28.01.1955 gebrochen: „Was kollektivrechtlich rechtmäßig ist, kann individualrechtlich nicht rechtswidrig sein."[16] Dieser Satz ist keine juristisch logische Ableitung aus allgemein anerkannten Rechtsprinzipien. Aber der Satz hatte Durchschlagskraft und beherrscht bis heute die Rechtsprechung und die Praxis des Arbeitskampfrechts.[17]

2. Art. 9 III GG: Mittel der Koalitionsfreiheit

a) Art. 9 III GG in seiner ursprünglichen Fassung

Trotz dieser weitreichenden Änderung läßt die Grundsatzentscheidung aus dem Jahr 1955 offen, welche verfassungsrechtliche Garantie für das Arbeitskampfrecht der neuen Sichtweise zugrunde liegen sollte[18]. Der Gesetzgeber hatte für das Recht, trotz bestehenden Arbeitsvertrags einen Arbeitskampf zu führen, keine ausreichenden Regelungen geschaffen[19]. Die Tatsache, daß der Streik kollektivrechtlich rechtmäßig ist, wird seither aus Art. 9 III GG abgeleitet[20].

Angesichts der Unbestimmtheit des Art. 9 III GG ist es nicht verwunderlich, wenn große Schwierigkeiten in der Rechtsprechung und Literatur bestehen, zumindest Einigkeit über einige Grundaussagen herzustellen[21]. Der Wortlaut des Art. 9 III S. 1 und 2 GG erwähnt die Betätigung der Koalitionen nicht. Der Verfassungsgesetzgeber hat zudem eine Regelung des

---

[13] *Schweinberger*, Prämien und Arbeitskampf, S. 179, Fn. 89 führt hierzu aus, daß derjenige, der sich dieser Aufgabe stelle, einer unübersehbaren Flut von Publikationen und Gerichtsentscheidungen gegenüber sehe. Wer diese vollständig durchlesen wolle, verstoße gegen sich selbst gegen das Übermaßverbot. Ebenso *Zöllner*, DB 1985, 2450 (2452); *Däubler*, AuR 1992, 1 vermutet angesichts der im wesentlichen völlig fehlenden Auseinandersetzung des *BVerfG* im Beschluß v. 26.06.1991 - BvR 779/85, *BVerfG* E 84, 212 ff. einen Akt richterlicher Notwehr.

[14] *BAG*, Beschl. (GS) v. 29.01.1955, E 1, 291 ff = AP Nr. 1 zu Art. 9 GG Arbeitskampf = NJW 1955, 882 ff.

[15] So die ständige Rspr. des *RG* und des *RAG*, nach 1945 fortgeführt von den LAGen, Nachweise in *BAG*, Beschl. (GS) v. 29.01.1955, E 1, 296; vgl. *Ehmann*, NZA 1991, 1 ff.

[16] *BAG*, Beschl. (GS) v. 29.01.1955, AP Nr. 1 zu Art. 9 GG Arbeitskampf (Bl. 36).

[17] *Ehmann*, NZA 1991, 1 (2).

[18] *Brox* in: *Brox/Rüthers*, Arbeitskampfrecht, RN 6.

[19] Vgl. MünchArbR/*Otto*, § 277, RN 1.

[20] Art. 9 III GG lautet: „Das Recht zur Wahrung und Förderung der Arbeits- und Wirtschaftsbedingungen Vereinigungen zu bilden, ist für jedermann und für alle Berufe gewährleistet."

[21] So MünchArbR/*Otto*, § 277, RN 2.

Arbeitskampfrechts bewußt nicht getroffen. Im ersten Entwurf des Grundgesetzes war der Arbeitskampf nicht enthalten[22]. Später folgten zwar Bemühungen des Parlamentarischen Rats, ein Streikrecht verfassungsrechtlich zu verankern. Das führte zu einer Diskussion darüber, ob nur der gewerkschaftliche Streik zu gewährleisten sei. Eine Regelung scheiterte letztlich daran, daß die Voraussetzungen für ein Streikrecht bzw. die Abgrenzung zwischen einem rechtmäßigen und unrechtmäßigen Streik notwendigerweise detailliert hätten geregelt werden müssen[23]. Derartige Detailregelungen paßten nicht in eine Verfassung; eine verfassungsrechtliche Festschreibung verbiete sich deshalb[24].

Auch die Einfügung des Art. 9 III S. 3 GG durch die Notstandsgesetzgebung im Jahr 1968[25] änderte daran nichts, denn zum einen erfaßt diese Regelung nach ihrem Wortlaut ausschließlich die Notstandssituation, zum anderen ist aus der Entstehungsgeschichte dieser Bestimmung abzuleiten, daß der Gesetzgeber damit keinerlei Aussage über den Inhalt des aktuellen Streik- bzw. Aussperrungsrechts treffen wollte[26].

b) Die Rechtsprechung des *BAG*

Wie bereits erwähnt, vermied es das *BAG* in seiner grundlegenden Entscheidung aus dem Jahr 1955, das Streikrecht normativ zu verankern. Es erklärte zwar den Streik für sozialadäquat[27]. Das wurde jedoch aus allgemeinen Grundsätzen der freiheitlichen und sozialen Grundordnung abgeleitet und eben nicht aus einer bestimmten Grundrechtsnorm[28].

Erstmals in den Aussperrungsentscheidungen vom 10.06.1980 stellte das *BAG* fest, daß Einigkeit darüber bestehe, daß das Streikrecht einen notwendigen Bestandteil der freiheitlichen Kampf- und Ausgleichsordnung darstelle, die durch Art. 9 III GG im Kern gewährleistet sei, und daß dies auch der ständigen Rechtsprechung des *BAG* entspreche[29]. Eine derartige auf Art. 9 III GG gestützte ständige Rechtsprechung zum Arbeitskampfrecht sucht man aber in den früheren Urteilen und Beschlüssen des *BAG* vergeblich. Erst im Warnstreikurteil vom 12.09.1984 wurde dem Streikrecht ein verfassungsrechtlicher Rang zuerkannt[30], also fast genau 30 Jahre nachdem der Große Senat im Jahr 1955 den Streik auf eine kollektiv-rechtliche Ebene gehoben hatte.

Das oberste deutsche Arbeitsgericht sieht das Streikrecht als Annex der verfassungsrechtlich gewährleisteten Tarifautonomie[31]. Hauptsächlicher Grund für die Anerkennung ist die kenntnis, daß das Tarifvertragssystem nicht funktioniere, wenn die Arbeitnehmerseite in den Tarifvertragsverhandlungen auf „kollektives Betteln" beschränkt sei[32].

---

[22] MünchArbR/*Otto*, § 275, RN 15.
[23] MünchArbR/*Otto*, § 275, RN 15; zur Entstehungsgeschichte vgl. auch *Raiser*, Die Aussperrung nach dem Grundgesetz, S. 22 ff; *Rüthers*, Streik und Verfassung, S. 22 ff.; *Seiter*, Streikrecht und Aussperrungsrecht, S. 63 ff.
[24] Vgl. JöR 1 nF (1951), 118, 121, 122 f.
[25] 17. Gesetz zur Änderung des Grundgesetzes v. 24. 06.1968, BGBl. I S. 708.
[26] Das ist sehr streitig: siehe *Heenen*, Kampfparität und bilaterales Monopol, S. 8, Fn. 34 und 35 mit weiteren Hinweisen; **dagegen:** *Krejci*, Aussperrung, S. 38; *Raiser*, Die Aussperrung nach dem Grundgesetz, S. 21; *Rüthers* in: Brox/Rüthers, Arbeitskampfrecht, RN 80; die **Gegenansicht** vertritt *Seiter*, Streikrecht, S. 74.
[27] *BAG*, Beschl. (GS) v. 28.01.1955, AP Nr. 1 zu Art. 9 GG Arbeitskampf.
[28] *Däubler/Däubler*, Arbeitskampfrecht, RN 89.
[29] *BAG*, Urt. v. 10.06.1980, NJW 1980, 1642 (1644) = DB 1980, 1266 (1269) = E 33, 140.
[30] *BAG*, Urt. v. 12.09.1984, AP Nr. 81 zu Art. 9 GG Arbeitskampf unter B II 2 a (siehe auch LS 2) = NZA 1984, 393, 397.
[31] MünchArbR/*Otto*, § 277, RN 7.
[32] *BAG*, Urt. v. 26.04.1988, NZA 1988, 883 und *BAG*, Urt. v. 10.06.1980, NJW 80, 1642.

Was die Aussperrung betrifft, so läßt es das *BAG* sogar noch in seinem Urteil vom 26.04.1988 ausdrücklich dahingestellt, ob sie notwendiger Bestandteil einer im Kern durch Art. 9 III GG geschützten Tarifautonomie sei und damit durch den Gesetzgeber nicht beschränkt oder untersagt werden könne[33]. Es knüpfte statt dessen an die Entscheidungen aus den Jahren 1971 und 1980 an, wo es die Zulässigkeit der Aussperrung unmittelbar dem Tarifrecht entnommen hatte[34]. Damit befindet sich das Aussperrungsrecht bislang als Annex des geltenden Tarifrechts auf der Ebene des einfachen Rechts[35].

c) Die Rechtsprechung des *BVerfG*

Das *BVerfG* hielt sich bis zum Jahr 1991 zu Aussagen über die Existenz und den Umfang einer verfassungsrechtlichen Garantie des Arbeitskampfes zurück. Stellungnahmen erfolgten allenfalls in wenigen vorsichtigen Andeutungen[36]. Dabei äußerte es mehrmals, daß bei der Bestimmung des Koalitionsgrundrechts die historische Entwicklung zu berücksichtigen[37] und in Art. 9 III GG auch der Kernbereich eines Tarifvertrags- und Arbeitskampfsystems[38] verfassungsrechtlich gewährleistet sei. Das Gebot zur Berücksichtigung der historischen Entwicklung bei der Bestimmung des Inhalts und der Grenzen der grundgesetzlich garantierten tariflichen und arbeitskampfmäßigen Betätigungsfreiheit der Koalitionen und ihre Beschränkung auf einen unerläßlichen Kernbereich hat Art. 9 III GG zu einem weitgehend „offenen" Verfassungstatbestand gemacht. Zu dessen inhaltlicher Füllung und Grenzbestimmung mußte der Blick nicht nur neu interpretierend in die Geschichte zurück, sondern auch auf die Probleme der Gegenwart und sogar auf die absehbare Zukunft gerichtet werden[39].

Folgerichtig hat das *BVerfG* im sog. Mitbestimmungsurteil, in welchem unter anderem die Frage zu entscheiden war, ob die nahezu paritätische Mitbestimmung auf Unternehmensebene nicht die Funktionsfähigkeit der Tarifautonomie beeinträchtige, ausdrücklich festgehalten, daß das Grundrecht des Art. 9 I, II GG keine Garantie des Tarifvertrags- und Arbeitskampfsystems in seiner gegenwärtigen Gestalt enthalte. Art. 9 III GG lasse sich nicht dahingehend auslegen, daß er ein bestimmtes Tarifvertragssystem als ausschließliche Form der Förderung der Arbeits- und Wirtschaftsbedingungen gewährleiste[40].

Diese Enthaltsamkeit[41] hat das *BVerfG* in seinem Beschluß vom 26.06.1991[42] aufgegeben. In dieser Entscheidung erklärte es jedenfalls suspendierende Aussperrungen zur Abwehr von

[33] *BAG*, Urt. v. 26.04.1988, AP Nr. 101 zu Art. 9 GG Arbeitskampf unter B II 2 c aa und LS 1 = NZA 1988, 775, 776 = EzA Art. 9 GG Arbeitskampf m. Anm. von *Rüthers/Bakker* = AR-Blattei: Arbeitskampf III Entsch. 11 m. Anm. von *Löwisch* = AuR 1990, 98 ff. m. Anm. von *Wollenschläger/Frölich* = JZ 1989, 750 ff. m. Anm. von *Konzen* = SAE 1991, 56 ff.
[34] *BAG*, Urt. v. 26.04.1988, AP Nr. 101 zu Art. 9 GG Arbeitskampf unter B II 2 b aE.
[35] MünchArbR/*Otto*, § 277, RN 8.
[36] Siehe dazu *Däubler/Däubler*, Arbeitskampfrecht, RN 90.
[37] *BVerfG*, E 19, 303 (314).
[38] *BVerfG*, E 4, 96 (106 ff.); 20, 312 (317); 50, 290 (369) = NJW 1979, 699.
[39] *Ehmann*, NZA 1991, 1 (2).
[40] *BVerfG*, Beschl. v. 01.03.1979, E 50, 290 = AP Nr. 1 zu § 1 MitbestG; E 4, 96 (106); E 17, 319 (333 ff.); E 18, 18 (27); E 19, 303 (312 ff. und 320); E 28, 295 (304 ff); E 38, 281 (305); 38, 386 (393 f.).
[41] *BVerfG*, Beschl. v. 19.02.1975, E 38, 386 ff. = AP Nr. 50 zu Art. 9 GG Arbeitskampf.
[42] *BVerfG*, Beschl v. 26.02.1991, E 84, 212 ff. = AP Nr. 117 zu Art. 9 GG Arbeitskampf = NZA 1991, 809 ff. = EzA Art. 9 GG Arbeitskampf Nr. 97 m. Anm. von *Rieble* = SAE 1991, 329 ff. m. Anm. von *Konzen* = AR-Blattei: Arbeitskampf III Entsch. 15 m. Anm. von *Löwisch*; zum Echo auf die Entscheidung neben den angeführten Anm. *Coester*, Jura 1992, 84; *Däubler*, AuR 1992, 1 ff.; *Müller*, DB 1992, 269 ff.; *Richardi*, JZ 1992, 27 ff.

Teil- oder Schwerpunktstreiks, die der Herstellung der Verhandlungsparität dienen, für verfassungsrechtlich geschützt[43].

Entscheidend für den Schutz einzelner Arbeitskampfmittel sei, ob sie für eine funktionierende Tarifautonomie allgemein erforderlich sind. Mit der allgemeinen Erforderlichkeit sei nicht die konkrete, situationsbezogene Erforderlichkeit des Einsatzes eines Kampfmittels gemeint, sondern ausschlaggebend sei eine generell-typisierende Betrachtung. Man befindet sich ja auf verfassungsrechtlicher Ebene[44]. Die verfassungsrechtliche Garantie des Streiks ist demnach gegeben. Sie wird zudem von den Entscheidungsgründen logisch vorausgesetzt, denn die verfassungsrechtliche Garantie einer Abwehraussperrung macht nur dann Sinn, wenn auch das dazugehörige Angriffsmittel, also der Streik, von der Verfassung geschützt ist[45].

Auffällig ist, daß sich eine Zuordnung der allgemeinen Erforderlichkeit entsprechend der bisherigen Rechtsprechung des *BVerfG* zum garantierten Kernbereich der Koalitionsbetätigung und den dort verwendeten Abgrenzungsformeln nicht findet[46]. Danach war die Koalitionsbetätigung von vornherein nur in einem inhaltlich eng begrenzten Umfeld geschützt[47,48]. Ausgangspunkt der Kernbereichsformel ist die Überzeugung, daß das Grundgesetz die Betätigungsfreiheit der Koalitionen nicht schrankenlos gewährleiste, sondern die Ausgestaltung dem Gesetzgeber überlasse. Der Kernbereich sei dabei die Grenze, die es zu beachten gelte. Sie werde überschritten, wenn einschränkende Regelungen nicht zum Schutz anderer Rechtsgüter von der Sache her geboten seien[49]. Die Kernbereichstheorie wurde somit bereits in dieser Entscheidung vom *BVerfG* (wenn auch nicht ausdrücklich) aufgegeben[50].

Diese Sichtweise liegt ebenfalls der Entscheidung des *BVerfG* zur Verfassungsmäßigkeit des § 116 III AFG nF (nach Überführung des AFG in das SGB III: § 146 III SGB III) zugrunde. Es betonte erneut, daß das Grundrecht der Koalitionsfreiheit der Ausgestaltung durch die Rechtsordnung bedürfe, soweit es die Beziehungen zwischen den Trägern widerstreitender Interessen zum Gegenstand habe[51]. Dem Gesetzgeber komme ein weiter Handlungsspielraum zu. Bei der Beurteilung, ob die Parität zwischen den Tarifvertragsparteien gestört sei und wie sich eine Regelung auf das Kräfteverhältnis auswirke, habe die Legislative eine Einschätzungsprärogative[52]. Der Gestaltungsspielraum des Gesetzgebers finde seine Grenzen am objektiven Gehalt des Art. 9 III GG. Diese seien überschritten, wenn eine Regelung dazu führe, daß die Verhandlungsfähigkeit einer Tarifvertragspartei bei Tarifauseinandersetzungen einschließlich der Fähigkeit, einen wirksamen Arbeitskampf zu führen, nicht mehr gewahrt

---

[43] *BVerfG*, (29), unter C I 1 a.
[44] Vgl. hierzu und zum vorherigen MünchArbR/*Otto*, § 277 RN 5.
[45] MünchArbR/*Otto*, § 277 RN 5.
[46] MünchArbR/*Otto*, § 277 RN 6, 14 f. und 22 ff. spricht von einer bewußten Vermeidung dieses Begriffs durch das *BVerfG*.
[47] *BVerfG*, Beschl. v. 01.03.1979, E 50, 290 = AP Nr. 1 zu § 1 MitbestG unter C IV 1; E 4, 96 (106); E 17, 319 (333 ff.); E 18, 18 (27); E 19, 303 (312 ff. und 320); E 28, 295 (304 ff); E 38, 281 (305); E 38, 386 (393 f.).
[48] So auch das *BVerfG*, E 93, 352 (358) unter Hinweis auf die Kritik in der Literatur: z.B. *Herschel*, AuR 1981, 265 (268); *Zechlin*, NJW 1985, 585 (591); *Gröbing*, AuR 1986, 297 ff.; *Lübbe-Wolff*, DB, Beilage 9/1988, S. 2 (3).
[49] Das hat das *BVErfG* in E 93, 352 (359) klargestellt.
[50] Bestätigt wurde diese neue Rechtsprechung durch das *BVerfG* in seinem Beschluß zur Werbung von Gewerkschaftsmitgliedern während der Arbeitszeit v. 14.11.1995 = NJW 1996, 1201 (1202) und im Beschluß zum Ausschluß von Gewerkschaftsmitgliedern wegen einer Betriebsratskandidatur auf einer konkurrierenden Liste v. 24.02.1999, NZA 1999, 713 (714). Auch das *BAG* ist zwischenzeitlich der Aufgabe der Kernbereichstheorie des *BVerfG* gefolgt - siehe den Beschluß v. 20.04.1999, NZA 1999, 887 (891).
[51] *BVerfG*, Urt. v. 04.07.1995, E 92, 365 (393 ff.) = NZA 1995, 754 LS 2.
[52] *BVerfG*, (Fn. 38) LS 2.

sei und ihre koalitionsmäßige Betätigung weitergehend beschränkt werde als zum Ausgleich der beiderseitigen Grundrechtspositionen erforderlich[53].

Sollte sich hingegen angesichts der Einschätzungsprärogative des Gesetzgebers eine Regelung zunächst noch innerhalb dieses Gestaltungsspielraums halten und erst im Laufe der Zeit eine strukturelle Ungleichheit der Tarifvertragsparteien auftreten, die ein ausgewogenes Aushandeln der Arbeits- und Wirtschaftsbedingungen nicht mehr zuließen und durch die Rechtsprechung nicht mehr ausgeglichen werden könne, so sei der Gesetzgeber verpflichtet, Maßnahmen zur Wahrung der Tarifautonomie zu treffen[54].

d) Die Meinungen in der Literatur

In den fünfziger und sechziger Jahren wurde von der hM in der rechtswissenschaftlichen Diskussion jegliche verfassungsrechtliche Garantie des Arbeitskampfes abgelehnt[55]. Heute besteht weitgehende Einigkeit dahingehend, daß der Streik als Arbeitskampfmittel durch Art. 9 III GG abgesichert sei[56]. Die Begründungen für die Streikgarantie sind sehr verschieden. Ursache dafür sind die unterschiedlichen grundrechtstheoretischen Konzeptionen zu Art. 9 III GG.

(1) Der Standpunkt der vorherrschenden Meinung

Die Vertreter der hM gehen vom Wortlaut des Art. 9 III GG aus, wonach jedermann das Recht hat, zur Wahrung und Förderung der Arbeits- und Wirtschaftsbedingungen Vereinigungen zu bilden. Daraus wird die gleichberechtigte Teilhabe der Arbeitnehmer und der Arbeitgeber am Schutz des Art. 9 III GG abgeleitet. Zur Begründung dieser Garantie stützt man sich auf den funktionellen Zusammenhang von Arbeitskampf und Tarifautonomie. Da erst die kollektiv ausgeübte Streikbefugnis die Arbeitnehmerseite zu gleichberechtigten Verhandlungspartnern werden lasse und somit das Funktionieren der Tarifautonomie ermögliche, sei der Streik in gleicher Weise verfassungsrechtlich geschützt wie die Tarifautonomie[57]. Die Gewährleistung des Streiks werde dadurch allein auf den tarifbezogenen Bereich beschränkt[58].

Die Aussperrung ist nach dieser Konzeption jedenfalls insoweit gewährleistet, als sie zur Verhinderung eines strukturellen Übergewichts der Arbeitnehmerseite notwendig sei[59].

(2) Die Gegenposition

Die Gegenmeinung erblickt in Art. 9 III GG primär oder allein ein Grundrecht der Arbeitnehmer auf gleichberechtigte Teilhabe am Wirtschafts- und Arbeitsleben[60]. Diese Sichtweise wird dogmen- und sozialgeschichtlich begründet. Der Streik sei der historischen

[53] *BVerfG*, E 84, 212 (288ff.) = NJW 1991, 2549.
[54] *BVerfG*, (Fn. 38) LS 1.
[55] Siehe dazu die Nachweise bei *Rüthers*, Streik und Verfassung, S. 89, Fn. 20.
[56] Eine andere Ansicht vertreten z.B. *Fabricius*, Streik und Aussperrung im Internationalen Recht, S. 21 und *Maunz/Düring/Scholz*, Art. 9 GG RN 173: Danach enthält Art. 9 III GG ebensowenig wie Art. 9 I GG besondere institionelle Gewährleistungen, sei es in Form einer Institutsgarantie, einer institutionellen Garantie oder auch einer Lebenssachverhaltsgarantie.
[57] *Rüthers*, (Fn. 42) S. 68 ff. und 72 ff.; *Friauf*, RdA 1986, 188 (189 und 190); *Binkert*, Gewerkschaftliche Boykottmaßnahmen im System des Arbeitskampfrechts, S. 91, Fn. 54 mit einer Vielzahl von weiteren Nachweisen.
[58] Vgl. MünchArbR/*Otto*, § 277 RN 10.
[59] *Friauf*, RdA 1986, 188 (189 und 190).
[60] *Däubler/Hege*, Koalitionsfreiheit, RN 83 ff.

Entwicklung folgend das vorrangige Mittel zur Durchsetzung dieser Teilhabe an der Gestaltung der Arbeits- und Wirtschaftsbedingungen auf allen Ebenen, also nicht nur der tariflichen gewesen[61]. Alle Einschränkungen des Streikrechts bedürften daher einer besonderen Rechtfertigung[62].

Die Aussperrung sei unter Zugrundelegung dieser Prämissen verfassungsrechtlich gerade nicht mehr gerechtfertigt und daher unzulässig. Denn Art. 9 III GG enthalte als Arbeitnehmergrundrecht eine normative Festschreibung der andauernden strukturellen Unterlegenheit der Arbeitnehmerseite, die nur durch die Steikbefugnis ausgeglichen werde. Die Aussperrung ermögliche nur die Rückkehr zum ursprünglichen Ungleichgewicht[63]. Darüber hinaus soll dieses Arbeitskampfmittel gegen die Menschenwürde (Art. 1 I GG) verstoßen, da es die Arbeitnehmer zu Objekten des Arbeitgeberhandelns mache[64].

3. Zusammenfassung

Trotz aller Unterschiede in den Einzelheiten sind sich Rechtsprechung und Lehre im Grunde einig, daß Art. 9 III GG aufgrund des offenen Tatbestandes durch die Rechtsordnung ausgestaltet werden muß[65]. Die Konsequenz ist dann - wie es das *BVerfG* im Mitbestimmungsurteil formuliert hat -, daß Art. 9 III GG keine Garantie des Tarifvertrags- und Arbeitskampfsystems in seiner gegenwärtigen Gestalt enthält[66].

---

[61] *Däubler*/Däubler, Arbeitskampfrecht, RN 90 r ff.; *Däubler/Wolter*, a.a.O., RN 876; AK-GG/*Kittner*, Art. 9 III RN 23 ff.
[62] *Däubler/Däubler*, Arbeitskampfrecht, RN 90 t.
[63] AK-GG/*Kittner*, Art. 9 III RN 24 und 26.
[64] *Däubler/Wolter*, Arbeitskampfrecht, RN 894 ff.
[65] *BVerfG*, NZA 1995, 754 (755).
[66] *BVerfG*, E 50, 290 (371) = NJW 1979, 699.

II. Richterrecht als Rechtsgrundlage des Arbeitskampfrechts wegen der Passivität des Gesetzgebers

1. Die Ausgangslage

Einfachgesetzliche Normen, die das Tatbestandsmerkmal „Arbeitskampf" ausdrücklich nennen und dabei wohl Streik und Aussperrung meinen, findet man einige: § 2 I Nr. 2 ArbGG, § 74 II BetrVG, § 66 II BPersVG, Art. 1 I § 11 V AÜG, § 25 KSchG, § 146 SGB III, § 21 VI SchwbG. Der *BAG*- Beschluß vom 21.04. 1971 bezeichnet diese als neutrale Rechtsnormen[67]. Denn aus ihnen könne nicht unmittelbar abgeleitet werden, unter welchen Voraussetzungen ein Arbeitskampf zulässig sei und welche Rechtsfolgen er habe. Diese Vorschriften regelten nur Folgeprobleme[68].

Auch internationale Übereinkommen bringen für die Voraussetzungen und Folgen des Arbeitskampfrechts in Deutschland keine zusätzlichen Erkenntnisse, da sie entweder selbst im Verhältnis zu Art. 9 III GG nichts Neues enthalten (falls sie innerstaatliches Recht sind, wie z.B. Art. 11 der Europäischen Menschenrechtskonvention) oder aber im Hoheitsbereich der Bundesrepublik Deutschland nicht unmittelbar gelten. Sie können daher lediglich als Auslegungshilfen herangezogen werden (zum Beispiel Art. 6 Nr. 4 c der Europäischen Sozialcharta).

Die alleinige Rechtsgrundlage für das Arbeitskampfrecht findet sich also in Art. 9 III GG. Da diese Regelung auf verfassungsrechtlicher Ebene angesiedelt und als offener Tatbestand formuliert ist, ist schon daraus die schwierige Situation des *BAG* erkennbar, in der es sich bei der Entscheidung über arbeitskampfrechtliche Fälle befindet.

2. Die eigentlichen Gründe für die mangelnden gesetzlichen Grundlagen

Das Arbeitskampfrecht ist ein politisch äußerst sensibler Bereich. Das zeigten schon die Diskussionen bei der Schaffung des Art. 9 III GG[69]. Früher wie heute blockieren das System der großen Einheitsgewerkschaften, der gewollte Antagonismus von Gewerkschaften und Arbeitgeberverbänden und der ganz unvermeidliche politische Einfluß beider Organisationen die Bewegungsfreiheit und die Initiative des Gesetzgebers[70]. Daraus ergibt sich von selbst, daß über äußerst allgemein gehaltene Grundsätze hinausgehende arbeitskampfrechtliche Normierungen parlamentarisch nicht durchsetzbar sind[71].

3. Die Lösung des *BAG*

Angesichts dieser gesetzgeberischen Lücke[72] war das *BAG* gezwungen, im Wege der richterlichen Rechtsfortbildung die Einzelheiten des Arbeitskampfrechts zu entwickeln. Das offenkundige Versagen des Gesetzgebers in einem für die Grundrechtsgarantie des Art. 9 III GG

---

[67] *BAG*, Beschl. (GS) v. 21.04.1971, AP Nr. 43 zu Art. 9 GG Arbeitskampf unter B 1; ebenso *BAG*, Urt. v. 10.06.1980, AP Nr. 65 zu Art. 9 GG Arbeitskampf unter A II 3; zur Kritik an dieser Sichtweise siehe MünchArbR/*Otto*, § 277 RN 47.
[68] Vgl. *Scholz/Konzen*, Die Aussperrung im System von Arbeitsverfassung und kollektivem Arbeitsrecht, S. 56 ff. (S. 59).
[69] Siehe oben *Teil II* I. 2. a) m.w.N.
[70] *Raiser*, ZRP 1985, 111 (114).
[71] Vgl. *Zöllner*, DB 1985, 2450 (2452).
[72] Zu den Ursachen dieser Lücke siehe *Däubler/Däubler*, Arbeitskampfrecht RN 85 ff.

zentralen Bereich schuf einen Rechtsnotstand, den zu beseitigen die Gerichte berufen sind[73]. Es kann an dieser Stelle dahingestellt bleiben, ob dieses Richterrecht[74] eine eigenständige Rechtsquelle darstellt, die in ihrem Geltungsbereich und in ihrer Geltungsdignität anderen Rechtsquellen gleichzusetzen ist[75]. Gleiches gilt in Bezug auf die Frage, ob die besonderen Voraussetzungen des Richterrechts bei den Urteilen und Beschlüssen des *BAG* vorlagen[76]. Denn Tatsache ist, daß das *BAG* anläßlich der Entscheidungen über arbeitskampfrechtliche Einzelfälle aufgrund der fehlenden und nur vereinzelten gesetzlichen Orientierungspunkte gezwungen ist, allgemeine Grundsätze aus den vorhandenen Regelungen des Arbeitskampfrechts abzuleiten, um überhaupt entscheiden zu können.

4. Kritik am Richterrecht des *BAG* zum Arbeitskampfrecht

Da sich das *BAG* bei der Entwicklung der Grundsätze des Arbeitskampfrechts ausschließlich auf den offenen Tatbestand des Art. 9 III GG stützen konnte, wurde ihm häufig vorgeworfen, es habe die Grenzen der zulässigen richterlichen Rechtsfortbildung überschritten[77]. Die Richterkollegien der obersten Gerichte seien zu „machtbewußten, weitgehend unkontrollierten, regelungsfreudigen Gesetzgebern geworden“[78]. Beklagt wird die „Arroganz“ des *BAG*, mit der es sich häufig selbst über den Gesetzgeber hinwegsetze und geplanten Maßnahmen des Gesetzgebers zuvorkomme[79].

Auch das *BVerfG* hat in seiner Entscheidung vom 17.02.1981 den Kritikern des *BAG* neues Material an die Hand gegeben. Es sei Sache des Gesetzgebers, die Tragweite der Koalitionsfreiheit dadurch zu bestimmen, daß er die Befugnisse der Koalitionen im einzelnen ausgestalte und regle[80].

Nach der vom *BVerfG* entwickelten Wesentlichkeitstheorie hat der Gesetzgeber die Pflicht, in grundlegenden normativen Bereichen alle wesentlichen Entscheidungen selbst zu treffen[81]. Allerdings hat das *BVerfG* zwischenzeitlich klargestellt, daß die Wesentlichkeitstheorie auf

---

[73] MünchArbR/*Otto*, § 277 RN 63 aE mit Hinweis darauf, daß das Tätigwerden der Gerichte im Rahmen einer gesetzgeberischen Regelungspflicht auch sonst anerkannt ist - vgl. z.B. zu § 622 BGB *BVerfG*, Beschl. v. 30.05.1990, E 82, 126 (155) = AP Nr. 28 zu § 622 BGB unter C II = NZA 1990, 721 (723).

[74] Zu diesem Richterrecht und seinen Grenzen siehe aus neuerer Zeit *Picker*, JZ 1984, 153; *Raiser*, ZRP 1985, 111; *Bydinsky*, JZ 1985, 149; *Zöllner/Loritz*, Arbeitsrecht, S. 73 ff. m.w.N.

[75] Vgl. BAG, Urt. v. 10.06.1980, AP Nr. 64 und 65 zu Art. 9 GG Arbeitskampf; *Kissel*, AuR 182, 137; *ders.* NJW 1982, 1777; zu dem kompetenzrechtlichen Problemen des Richterrechts in diesem Bereich vgl. *Scholz/Konzen*, Die Aussperrung im System von Arbeitsverfassung und kollektivem Arbeitsrecht, S. 74 ff. m.w.N.

[76] Vgl. dazu *Otto*, Gutachten 56. DJT 1986, E S. 84 ff. Zu diesen Besonderheiten gehört nach *Otto* insbesondere der Rechtsprechungswandel ohne Rücksicht auf eine Veränderung der Verhältnisse (siehe *BVerfG*, Beschl. v. 26.06.1991, E 84, 212 (227) unter C I 2 b.

[77] Vgl. hierzu mit dem Hinweis auf die „Wesentlichkeittheorie“ *Kloepfer*, NJW 1985, 2497; *Birk-Konzen u.a.*, Gesetz zur Regelung kollektiver Arbeitskonflikte, S. 21.

[78] Vgl. *Brox/Rüthers*, Arbeitsrecht, RN 37.

[79] Interviewangaben: Nach den Angaben des betreffenden Interviewpartners sei das wieder einmal an der Verbandsklagerechtsentscheidung des *BAG*, Beschl. v. 20.04.1999, NZA 1999, 887 ff., deutlich geworden: Eine entsprechende Gesetzesinitiative im Hinblick auf ein unmittelbares Klagerecht einer Gewerkschaft gegen betriebliche Regelungen, die gegen den geltenden Tarifvertrag verstoßen, war im Koalitionsvertrag der *Rot-Grünen- Bundesregierung* ausdrücklich verankert. Die Entscheidung des *BAG* kam aber vor einer entsprechenden Gesetzesinitiative im Bundestag oder Bundesrat. Daran zeige sich, wie das *BAG* seine Rolle als Ersatzgesetzgeber mißverstanden habe, denn das gleiche Ergebnis wäre über das verfassungsmäßig dafür vorgesehene Organ auch in absehbarer Zeit erzielt worden. Aufgrund des *BAG*-Beschlusses werde nur der Gesetzgeber keinen entsprechenden Gesetzesentwurf mehr einbringen - dafür bestehe ja keinerlei Notwendigkeit mehr.

[80] *BVerfG*, Beschl. v. 17.02.1981, E 57, 220 (246) = AP Nr. 9 zu Art. 140 GG unter C II 4 a.

[81] Vgl. *BVerfG*, Beschl. v. 08.08.1978, E 49, 89 (126 ff.); *BVerfG*, Beschl. v. 20.10.1982, E 61, 260 (275).

solche Regelungen zu beschränken sei, die unmittelbar das Verhältnis des Staates zum Bürger betreffen[82]. Das Arbeitskampfrecht werde von der Wesentlichkeitstheorie nicht erfaßt, da es das Verhältnis zwischen Gewerkschaften und Arbeitgeberverbänden regle. Die dabei erzielten Ergebnisse wirkten sich nur mittelbar auf die Bürger und somit auf die Arbeitnehmer aus.

Zudem unterstrich das *BVerfG* in seiner Entscheidung vom 26.06.1991, daß die Koalitionsfreiheit zum Schutz von Grundrechten Dritter und anderer mit Verfassungsrang ausgestatteter Rechte eingeschränkt werden könne. Sie bedürfe im Verhältnis der Tarifvertragsparteien untereinander näherer Ausgestaltung[83]. Diese Ausgestaltung mit dem Ziel der Verhandlungsparität könne nach Gesichtspunkten der Verhältnismäßigkeit ohne gesetzliches Regelungssystem auch durch die Arbeitsgerichtsbarkeit erfolgen[84].

Die Folge der lediglich richterrechtlichen Verankerung des Arbeitskampfrechts waren zahlreiche Rechtsprechungsänderungen. Die Unvorhersehbarkeit der Entscheidungen und die damit verbundene Rechtsunsicherheit bei den Betroffenen ist ein weiterer wesentlicher Ansatzpunkt der Verfechter einer gesetzlichen Regelung des Arbeitskampfrechts[85].
Um dem Bedürfnis nach Rechtssicherheit zu genügen, hat das *BAG* in anderen Bereichen des Arbeitsrechts die Praxis entwickelt, künftige Rechtsänderungen vorher anzukündigen, damit sich die Parteien rechtzeitig auf die veränderten Gegebenheiten einstellen können und die Wissenschaft etwaige Bedenken frühzeitig formulieren kann[86]. Im Bereich des Arbeitskampfrechts ist dieses Verfahren bislang noch nicht zu beobachten gewesen.

5. Fehlende Ansätze für eine Gesetzesinitiative

Trotz der Kritik und trotz der verfassungsrechtlichen Bedenken[87] ist mit einem Tätigwerden des Gesetzgebers auf dem Gebiet des Arbeitskampfrechts zumindest derzeit nicht zu rechnen[88]. Das kann man schon aus der gespaltenen und schwankenden Grundstimmung in Deutschland ableiten. Denn trotz der Popularität des Streiks in vielen Bevölkerungsschichten besteht ein Konsens dahingehend, daß dadurch die Funktionsfähigkeit der Wirtschaft und damit der Güterversorgung nicht ernstlich beeinträchtigt werden darf[89]. Ein weiteres Indiz dafür, daß die Legislative auf diesem Gebiet in absehbarer Zeit nichts ändern wird, ergibt sich daraus, daß sich der Gesetzgeber sehr schwer getan hat, die Vorschrift des § 116 AFG[90] auch nur geringfügig zu modifizieren[91].

6. Folgerung für die Untersuchung

Für die vorliegende Untersuchung bedeuten diese Feststellungen, daß das *BAG* im Bereich des Arbeitskampfrechts Ersatzgesetzgeber[92] bleiben wird. Faktisch kommen seinen Ent-

---

[82] *BVerfG*, Beschl. v. 26.02.1991, E 84, 212 (226); zur Kritik an dieser Sichtweise MünchArbR/*Otto*, § 277 RN 60 f.
[83] *BVerfG*, Beschl. v. 26.02.1991, E 84, 212 ff, LS 3.
[84] *BVerfG*, Beschl. v. 26.02.1991, E 84, 212 ff, LS 4, 5.
[85] Siehe *Brox/Rüthers*, Arbeitsrecht, RN 37.
[86] *BAG*, Urt. v. 06.12.1968, AP Nr. 8 zu § 75 b HGB = E 21, 237 (245); *BAG*, Urt. v. 30.05.1969, AP Nr. 9 zu § 75 b HGB = E 22, 16 (21).
[87] Vgl. dazu MünchArbR/*Otto*, § 277 RN 58 ff. m.w.N.
[88] So auch MünchArbR/*Otto*, § 277 RN 58.
[89] *Zöllner*, DB 1985, 2450 (2453).
[90] § 116 AFG wurde in § 146 SGB III übergeführt.
[91] Vgl. *Ehmann*, NZA 1991, 1 (4 und 5); *Benda*, RdA 86, 143; *Friauf*, RdA 1986, 189 (195); siehe auch *Teil IV. VIII. 1.*
[92] Mit diesem Begriff soll an dieser Stelle lediglich die tatsächliche Funktion des BAG im Arbeitskampfrecht umschrieben werden - eine Wertung erfolgt an dieser Stelle nicht.

scheidungen die gleichen Wirkungen wie den vom Gesetzgeber geschaffenen Rechtsnormen zu. Aufgrund der fehlenden Kodifizierung des Arbeitskampfrechts setzen sie für sämtliche Beteiligten die Grundprinzipien von Streik und Aussperrung fest, an die „man sich hält". Dadurch werden sämtliche Beschlüsse und Vorgehensweisen der Tarifpartner beeinflußt: *ob* überhaupt gestreikt oder ausgesperrt wird, *wie* man streikt oder aussperrt, *wen* man bestreikt oder aussperrt, *wie lange* die Arbeitskämpfe dauern usw.

Aus den dargestellten Grundsätzen läßt sich zudem ableiten, daß frühere Entscheidungen des *BAG* zum Arbeitskampfrecht einer neuen Beurteilung aufgrund von veränderten technischen, wirtschaftlichen und sozialen Verhältnissen nicht entgegenstehen. Eine Reaktion der Rechtsprechung ist jederzeit möglich.

III. Der Begriff der Kampfparität und/oder Verhandlungsparität

1. Allgemeines

Die Begriffe Parität, Gleichgewicht und Gegengewicht der Tarifvertragsparteien sind in der Verfassung nicht enthalten[93]. Darin finden sich auch nicht die von Parität abgeleiteten Unterbegriffe Waffengleichheit[94] und gleichgewichtige Verhandlungschancen[95]. Die Rechtsprechung hat keinen einheitlichen Begriff der Parität definiert. Ursprünglich ging sie von Kampfparität aus. Darunter wurde eine Waffengleichheit zwischen den Tarifparteien verstanden, die ein hinreichendes Verhandlungs- und Kampfgleichgewicht gewährleisten sollte. Denn nach allgemeiner Ansicht hängt die Funktionsfähigkeit der Tarifautonomie davon ab, daß keine Tarifpartei der anderen bedingungslos ihren Willen aufzwingen kann[96]. In der Folgezeit wandelte sich dieses Verständnis weg von der reinen Waffengleichheit hin zu der Erkenntnis, daß die Feststellung einer Paritätslage eine auf der Basis von sozialwissenschaftlichen Fakten und den rechtlichen Regelungen zu fällende rechtliche Wertung sei. Dabei soll es ausreichen, wenn unter Berücksichtigung der realen Kräfteverhältnisse der Tarifparteien anhand einer über einen längeren Zeitraum reichenden Beobachtung ein abstrakt-materielles Gleichgewicht besteht (abstrakt-materielle Parität)[97]. Demzufolge herrscht über Voraussetzungen, Inhalt und Folgen des Paritätsgebots erheblicher Streit[98].

2. Die verfassungsrechtliche Absicherung der Begriffe Kampfparität und/oder Verhandlungsparität

Ausgehend von der verfassungsrechtlichen Verankerung des Arbeitskampfrechts[99] stellt sich in Bezug auf das Paritätsprinzip die Frage, ob es durch Art. 9 III GG vorgeschrieben wird oder ob es sich lediglich um einfachgesetzliches, ebenfalls durch die Rechtsprechung im Wege der Rechtsfortbildung[100] entwickeltes Bundes-recht handelt[101].

a) Die Aufnahme des Paritätsprinzips in Art. 9 III GG

Im Text des Art. 9 III S. 1 und S. 2 GG erscheinen die Begriffe Streik, Aussperrung und Parität nicht. Im Wortlaut findet sich lediglich der Ausdruck Koalitionsfreiheit, woraus die Rechtsprechung und die Kommentatoren ableiten, diese sei den sozialen Gegenspielern in

---

[93] *Heenen*, Kampfparität und bilaterales Monopol, S. 3.

[94] Vgl. z.B. *BAG*, Beschl. (GS) v. 28.01.1955, E 1, 291 (308 ff.) = AP Nr. 1 zu Art. 9 GG Arbeitskampf = NJW 1955, 882 ff.

[95] Statt vieler: *BAG*, Urt. v. 10.06.1980, AP Nr. 64 zu Art. 9 GG Arbeitskampf unter A IV 1 a).

[96] *Zöllner/Loritz*, Arbeitsrecht, § 40 X.

[97] *Zöllner/Loritz*, Arbeitsrecht, § 40 X.

[98] Zu den verschiedenen Begriffen vgl. z.B. *Bötticher*, Waffengleichheit und Gleichbehandlung der Arbeitnehmer im kollektiven Arbeitsrecht; *Seiter*, Streikrecht S. 156 ff; *Konzen*, AcP 177 (1977), 473 (525); *Eichmann*, RdA 1977, 135; *Raiser*, ZRP 1978, 201; *Mayer-Maly*, DB 1979, 95; *v. Münch*, Jura 1979, 25; *Papst*, Der Begriff der Kampfparität in der höchstrichterlichen Rechtsprechung; *Goll*, Arbeitskampfparität und Tariferfolg; *Schneider*, Aussperrung, 21 ff; *Wenning-Morgenthaler*, Parität im Arbeitskampf, BlStSozArbR 1984, 305; *Richter/Zwanziger*, AuR 1985, 175; *Buchner*, RdA 1986, 7; *Heenen*, Kampfparität und bilaterales Monopol, 1988; u.v.a.

[99] Siehe *Teil II* I.

[100] Vgl. diesbezüglich *Teil II* II.

[101] Mit diesem Problem setzt sich *Heenen*, Kampfparität und bilaterales Monopol, ausführlich auseinander.

gleicher Weise zugeordnet[102]. Erkenntnisse für eine verfassungsrechtliche Verankerung des Paritätsprinzips ergeben sich daraus nicht[103].

Art. 9 III S. 3 GG wurde im Rahmen der Notstandsgesetzgebung in das Grundgesetz eingefügt, trifft aber nach ganz hM keinerlei Aussage über den Inhalt des aktuellen Streik- bzw. Aussperrungsrechts[104]. Folglich konnte es dadurch ebenfalls nicht zu einer Verankerung des Paritätsprinzips in Art. 9 III GG kommen.

b) Die verfassungsrechtliche Verankerung der Parität nach der hM

Ausgehend vom Grundverständnis des Art. 9 III GG, wonach sich die gleichberechtigte Teilhabe der Arbeitnehmer und der Arbeitgeber am Schutz des Art. 9 III GG auf den funktionellen Zusammenhang von Arbeitskampf und Tarifautonomie stützt, wird das Paritätsgebot als unverzichtbares Element des Tarif- und Arbeitskampfrechts gesehen[105]. Der Funktionsfähigkeit des Tarifvertragssystems kommt die entscheidende Bedeutung zu, denn möglichst gleiche Verhandlungschancen sollen gewährleisten, daß nicht eine Tarifvertragspartei der anderen von vornherein ihren Willen aufoktroyieren kann[106]. Art. 9 III GG überantwortet also die Festlegung der Arbeits- und Wirtschaftsbedingungen einem Auseinandersetzungsprozeß der sozialen Gegenspieler, der sich im Wechsel von Kampf und Einigung vollzieht[107]. Da die Garantie der Tarifautonomie aus dem Koalitionsgrundrecht des Art. 9 III GG abgeleitet wird, wird gefolgert, daß - im Sinne einer materiellen Richtigkeitsgewähr - nur Einigungen prinzipiell gleichgewichtiger Vertragsparteien gewollt sind[108].

c) Die Aussagen des *BAG* zur grundgesetzlichen Gewährleistung der Kampfparität

Im Gegensatz zur hM hat sich das *BAG* nicht ausdrücklich für eine verfassungsrechtliche Verankerung der Parität in Art. 9 III GG ausgesprochen. Aber auch das *BAG* bezieht sich auf ein Arbeitskampfmodell, das von Druck und Gegendruck ausgeht. Im Interesse der Richtigkeitsgewähr des Tarifvertragssystems müsse eine ungefähr gleiche Verhandlungsstärke gegeben sein. Der oberste Leitsatz ist, daß keine Tarifpartei der anderen die Möglichkeit nehmen dürfe, effektiv im Tarifstreit zu verhandeln[109].

d) Die Sichtweise des *BVerfG* zu den verfassungsrechtlichen Grundlagen

Das *BVerfG* hat nach anfänglicher Zurückhaltung zu den verfassungrechtlichen Grundlagen des Arbeitskampfrechts erstmals in der Entscheidung vom 26.02.1991 konkrete Aussagen

---

[102] *Maunz/Dürig/Scholz*, Art. 9 I GG RN 3 mit weiteren Nachweisen; *BVerfG*, Beschl. v. 17.02.1981, E 50, 290 (367); *BAG*, Urt. v. 10.06.1980, AP Nr. 64 zu Art. 9 GG Arbeitskampf unter A III 1.
[103] Vgl. *Heenen*, Kampfparität und bilaterales Monopol, S. 10 mit Hinweis auf *Huber*, Das Problem der verfassungsrechtlichen Gewährleistung der Aussperrung, S. 61.
[104] Vgl. oben *Teil II* I 2. und *Heenen*, Kampfparität und bilaterales Monopol, S. 8 aE.
[105] Vgl. *Scholz/Konzen*, Die Aussperrung im System von Arbeitsverfassung und kollektivem Arbeitsrecht, S. 168 ff. mwN.; *Zöllner*, Arbeitsrecht, § 40 X (S. 382 ff.); *ders.*, Aussperrung und arbeitskampfrechtliche Parität, S. 24 ff.; *Rüthers*, Rechtsprobleme der Aussperrung, S. 72 ff.; *Seiter*, Streikrecht, S. 170 f. mit weiteren Nachweisen in Fn. 74; *ders.*, RdA 1981, 65 (67 und 71); 1986, 165 (185); *Raiser*, Die Aussperrung nach dem Grundgesetz, S. 59 ff., 73 ff.; *Zöllner/Seiter*, ZfA 1970, 97 (155 ff.).
[106] Siehe *Teil II* I. 2. d) (1).
[107] Siehe dazu *Heenen*, Kampfparität und bilaterales Monopol, S. 20.
[108] Vgl. grundlegend *Schmidt-Rimpler*, AcP 147 (1941), 130 ff.; *Bartholomeyczik*, AcP 166 (1966) 30 ff.
[109] Vgl. *Heenen*, Kampfparität und bilaterales Monopol, S. 31.

gemacht[110], sich aber dennoch nicht auf ein bestimmtes Paritätsmodell festgelegt[111]. Der Tatbestand des Art. 9 III GG sei offen ausgestaltet. Gleichwohl wird in der bisherigen Rechtsprechung aufgrund der Ordnungs- und Befriedungsfunktion des Art. 9 III GG die Geltung gleicher und ausgeglichener Bedingungen im Arbeitskampf vorausgesetzt, was der Parität entspricht[112].

e) Zusammenfassung

Nach der überwiegenden Ansicht ist das Paritätsgebot verfassungsrechtlich in Art. 9 III GG verankert, ein bestimmtes Paritätsmodell ist jedoch nicht vorgeschrieben. Da Art. 9 III GG schon keine Garantie des Tarifvertrags- und Arbeitskampfsystems in der gegenwärtigen Gestalt enthält, existiert auch bezüglich des Paritätsprinzips keine solche Garantie. Entscheidend ist allein, daß die Tarifvertragsparteien im Kern die Möglichkeit haben müssen, einen gleichgewichtigen Arbeitskampf zu führen.

3. Kampfparität und staatliche Neutralität

a) Staatliche Neutralität - unabdingbare Voraussetzung von Tarifautonomie und Arbeitskampffreiheit

„Der Staat verhält sich den Arbeitskämpfen der Sozialpartner gegenüber neutral (vgl. die §§ 23 KSchG[113], 63 und 94 AVAVG[114]). Die Anerkennung des Arbeitskampfes, das *Prinzip der Neutralität*[115] und der Gleichheitsgrundsatz des Art. 3 GG verbieten es dem Staat, d.h. seiner Gesetzgebung, seiner Verwaltung und Rechtsprechung, die Kampfmitttel der beiden Sozialpartner ungleichmäßig zu behandeln. Es gilt der Grundsatz der Waffengleichheit, der Kampfparität. Im Rahmen der sozialen Adäquanz gilt auch der Grundsatz der Kampffreiheit, genauer der Freiheit der Wahl der Kampfmittel." [116]

Daraus ist ersichtlich, daß der Neutralitätsgrundsatz in sehr engem Zusammenhang mit anderen Grundsätzen des Arbeitskampfrechts steht. Die Ansichten über den Inhalt und die rechtliche Bedeutung des Grundsatzes staatlicher Neutralität im Arbeitskampf differieren[117].

Trotz der großen Meinungsvielfalt kann die Aussage als gesichert angesehen werden, daß die staatliche Neutralität aus der Rechtfertigung und Zulassung von Tarifautonomie und Arbeitskampf folgt. Gleichzeitig ist sie auch Vorbedingung eines freiheitlichen kollektiven Arbeitsrechtssystems[118]. Die Neutralität bedeutet nicht, daß der Staat überhaupt keinen Einfluß auf Arbeitskämpfe nehmen darf. Wegen Art. 9 III GG kann er vielmehr verpflichtet sein, Kampfparität zwischen den Koalitionen jedenfalls in einem gewissen Umfang zu erhalten oder gar herzustellen (sog. aktive Neutralität)[119].

---

[110] *BVerfG*, Beschl. v. 26.02.1991, E 84, 212 ff. = AP Nr. 117 zu Art. 9 GG Arbeitskampf = NZA 1991, 809 ff. = EzA Art. 9 GG Arbeitskampf Nr. 97 m. Anm. von *Rieble* = SAE 1991, 329 ff. m Anm. von *Konzen* = AR-Blattei Arbeitskampf III Entsch. 15 m. Anm. von *Löwisch*.

[111] Eine ausführliche Darstellung der Aussagen des *BVerfG* zu den Grundlagen des Arbeitskampfrecht findet sich oben unter dem Gliederungspunkt *Teil II* II 1 b cc; Äußerungen zum Paritätsprinzip sind zusammenfassend dargestellt weiter unten unter *Teil II* III 4 c.

[112] Vgl. *Heenen*, Kampfparität und bilaterales Monopol, S. 31.

[113] Diese Vorschrift entspricht § 25 KSchG in der aktuellen Fassung.

[114] Diese Bestimmungen gingen über in §§ 17, 116 AFG und dann in § 146 SGB III.

[115] Hervorhebung des Verfassers.

[116] *BAG*, Beschl. (GS) v. 28.01.1955, E 1, 291 (308) = AP Nr. 1 zu Art. 9 GG Arbeitskampf.

[117] Zu diesem Grundsatz staatlicher Neutralität im Arbeitskampf vgl. *Seiter*, Staatliche Neutralität im Arbeitskampf, S. 12, Fn. 58 mwN.

[118] *Seiter*, Staatliche Neutralität im Arbeitskampf, S. 12, 13.

[119] Vgl. MünchArbR/*Otto*, § 275 RN 51.

b) Arten der Neutralität und ihre Anwendung im Arbeitskampfrecht

aa) Passive Neutralität

Ein Verständnis der Neutralität dahingehend, daß sich der Staat vollkommen aus dem Auseinandersetzungs- und Einigungsprozeß der sozialen Gegenspieler heraushält (im Sinne einer Nicht-Einmischung), ist zwar grundsätzlich möglich, aber nur schwer vorstellbar. Denn Arbeitskämpfe können unbeteiligte Dritte und die Allgemeinheit nachhaltig betreffen. Der Gesetzgeber kommt nicht daran vorbei, Kampfbeschränkungen und Kampfverbote aufzustellen, die zwar dann für beide Parteien gelten, sich aber praktisch zugunsten oder zuungunsten eines Beteiligten auswirken[120]. Zumeist benachteiligen solche Regelungen die schwächere Seite, denn die Wirkung der Nichteinmischung auf den Arbeitskampf hängt immer von der rechtlichen und faktischen Ausgangslage ab[121].

Dennoch ist im Arbeitskampfrecht diese passive Neutralität zu finden. So verhält sich der Gesetzgeber im Hinblick auf die Arbeitskampfmittel passiv neutral. Die Koalitionen sind weder durch die Verfassung noch einfachgesetzlich auf bestimmte Arbeitskampfmittel festgelegt[122], wobei diese Zurückhaltung umgekehrt nicht positiv eine schrankenlose Gewährleistung bedeutet[123].

Erscheinungsformen der passiven Neutralität sind auch Bestimmungen, mit denen der Staat von ihm geschaffene arbeitsrechtliche Schutzmaßnahmen nicht auf den Fall des Arbeitskampfes erstreckt, da deren vorbehaltlose Geltung das Arsenal der Arbeitskampfmittel beeinträchtigen und so die Kampfparität unmittelbar beeinflussen könnte (z.B. § 25 KSchG)[124].

bb) Aktive, paritätsgestaltende bzw. -fördernde Neutralität oder die Gewährleistung der Kampf- bzw. Verhandlungsparität

Heute ist anerkannt, daß Art. 9 III GG nicht nur staatliche Eingriffe in die Koalitionsbetätigung verhindern will, sondern daß die Rechtsordnung die Regelungen bereitzustellen hat, die für die Wahrnehmung des Rechts auf Tarifautonomie und Arbeitskampf erforderlich sind[125]. Dabei ist der sehr enge Zusammenhang einer so verstandenen Neutralität mit dem Paritätsgrundsatz zu beachten: „Der Staat als Gesetzgeber wahrt die Neutralität gegenüber Arbeitskämpfen dadurch, daß er das Kampfinstrumentarium am Grundsatz der Parität ausrichtet (sog. paritätsgestaltende Neutralität)“[126]. Das *Bundessozialgericht* nennt dies fördernde Neutralität[127], andere aktive Neutralität[128]. Der Staat verbietet einzelne Arbeitskampfmittel oder Arbeitskampfhandlungen völlig oder er beschränkt einzelne[129]. Er greift ein.

---

[120] Ebenso *Seiter*, Staatliche Neutralität im Arbeitskampf, S. 14.

[121] MünchArbR/*Otto*, § 275 RN 53, bringt dazu folgendes Beispiel: Hätte es das *BAG* in seiner Entscheidung aus dem Jahr 1955 bei der Streikfreiheit der Arbeitnehmer belassen und nicht ein Streikrecht anerkannt, wären die Arbeitnehmer stets der Gefahr der fristlosen Kündigung wegen des Bruchs des Arbeitsvertrages und damit dem Verlust des Arbeitsplatzes ausgesetzt gewesen. Das Eingreifen des *BAG* habe die Gewichte insoweit zugunsten der Arbeitnehmer verschoben.

[122] Vgl. MünchArbR/*Otto*, § 275 RN 56.

[123] So *Däubler/Bieback*, Arbeitskampfrecht, RN 317 ff. (324); wohl auch in diesem Sinne *Dorndorf/Weiß*, Warnstreik und vorbeugender Rechtsschutz gegen Streiks, S. 83 ff.

[124] So MünchArbR/*Otto*, § 275 RN 56 mit Hinweis auf § 25 KSchG.

[125] *Seiter*, Staatliche Neutralität im Arbeitskampf, S. 14 m.w.N.

[126] *Seiter*, Staatliche Neutralität im Arbeitskampf, S. 15.

[127] *BSG*, E 40,190 (197 f.).

[128] MünchArbR/*Otto*, § 275 RN 57.

[129] MünchArbR/*Otto*, § 275 RN 57.

Auf der Grundlage dieses Neutralitätsverständnisses entwickelte sich das materiell-abstrakte tarifbezogene Paritätsverständnis des *BAG*[130].

c) Neutralität bei gesetzlichen Bestimmungen mit mittelbaren Auswirkungen auf Arbeitskämpfe

Es ist streitig, inwieweit der Gesetzgeber zur Wahrung seiner Neutralität bei Materien, die für sich allein gesehen keinen unmittelbaren arbeitskampfrechtlichen Bezug haben, Sonderregelungen für den Fall des Arbeitskampfes vorsehen muß[131]. Problematisch sind dabei vor allem Regelungen im Sozial- und Steuerrecht, da der Staat darin sein eigenes Verhalten festlegt (Gewährung oder Versagung von Sozialleistungen, Besteuerung arbeitskampfbedingter Zahlungen). Aber auch das Arbeitsrecht selbst fällt in diesen Bereich, denn hier sind mögliche Auswirkungen auf individual- und kollektivrechtliche Schutzpositionen zu regeln.

Beispiele für derartige Regelungen sind die Vorschriften der §§ 17 II[132] und 116 AFG [133] (jetzt § 146 SGB III) aus dem Bereich des Sozialrechts, die Bestimmungen des Art. 1 § 11 V AÜG und des § 74 II 1 BetrVG aus dem Arbeitsrecht. Im Steuerrecht ist die Besteuerung von Streikunterstützungsleistungen der Gewerkschaften ein Problem[134].

Allen eben genannten gesetzlichen Vorschriften ist gemeinsam, daß sie für sich gesehen nur Regelungen auf dem Gebiet des Arbeits-, Sozial- und Steuerrechts treffen. Mittelbar oder in ihrem Zusammenwirken haben sie aber durchwegs Bedeutung für die Bestimmung der Kampfparität und damit auch der staatlichen Neutralität. Denn je niedriger z.B. die Nettounterstützung der Arbeitnehmer durch die Gewerkschaften im Arbeitskampf aufgrund der Besteuerung dieser Leistungen ist, desto geringer ist die Streikbereitschaft[135].

d) Zusammenfassung

Es ist für den Gesetzgeber aufgrund der Vielzahl der möglichen Auswirkungen auf die Arbeitskampfparität extrem schwierig, der Verpflichtung der aktiven Neutralität aus Art. 9 III GG nachzukommen. Viele Vorschriften wirken sich zudem nur mittelbar oder erst in ihrem Zusammenspiel auf die Kampfparität aus. Für den Gesetzgeber ist das schwer vorherzusehen. Häufig zeigt erst die Entwicklung neuer Kampfformen den Einfluß bestimmter Vorschriften auf die Parität.

Wie oben dargestellt, ist das *BAG* im Arbeitskampfrecht faktisch zum Ersatzgesetzgeber geworden. In dieser Funktion muß es sich wie der wirkliche Gesetzgeber behandeln lassen, insbesondere hinsichtlich der Bindung an die Neutralitätspflicht. Auch das *BAG* muß das Paritätsprinzip beachten und die Auswirkungen seiner Entscheidungen zum Arbeitskampfrecht (vorausschauend) in seinen Urteilen und Beschlüssen berücksichtigen. Dabei muß man ihm wie dem wirklichen Gesetzgeber eine Einschätzungsprärogative[136] zugestehen.

---

130 Siehe oben *Teil II* I. 2.b).
131 *Däuble/Colneric*, Arbeitskampfrecht, RN 752; *Müller*, Arbeitskampf und Recht, S. 199 ff.
132 Siehe dazu z.B. *Nabel*, DB 1969, 1603 ff.
133 Vgl. zu den Einzelheiten: *Seiter*, Staatliche Neutralität im Arbeitskampf; *ders.*, Staatsneutralität im Arbeitskampf; *Müller*, Arbeitskampf und Arbeitskampfrecht.
134 Vgl. dazu MünchArbR/*Otto*, § 275 RN 83 bis 85.
135 Der *BFH* hat die Steuerbarkeit dieser Leistungen zunächst bejaht (*BFH*, E 100, 504 ff.; 135, 488 ff.), inzwischen aber verneint (*BFH*, E 162, 329 = AP Nr. 115 zu Art. 9 GG Arbeitskampf = NZA 1991, 277 ff.).
136 Vgl. zur dieser Einschätzungsprärogative *BVerfG*, E 93, 352 ff. LS 2.

Das bedeutet, daß Paritätsverschiebungen durch die Entscheidungen des höchsten deutschen Arbeitsgerichtes selbst eintreten können oder bereits eingetreten sind, und zwar entweder durch einzelne Urteile oder wegen des Zusammenspiels der Entscheidungen zum Arbeitskampfrecht. Die rein tatsächlichen Auswirkungen gewinnen zudem ein noch stärkeres Gewicht, wenn man sich zusätzlich die möglichen psychologischen Wirkungen auf die tatsächliche Kampfbereitschaft der Tarifpartner vor Augen hält. Weder die Rechtsprechung noch die Rechtswissenschaft hat sich bislang mit dieser Problematik auseinandergesetzt. *Teil III* dieser Untersuchung versucht, in diese Lücke zu stoßen.

4. Die Aussagen der Rechtsprechung zur Kampf- und Verhandlungsparität

a) Die Rechtsprechung des *BAG*

aa) Der Beschluß des Großen Senats des *BAG* vom 28.01.1955

Der Grundsatz der Waffengleichheit und der Kampfparität taucht in der Rechtsprechung des *BAG* zum ersten Mal im Beschluß des Großen Senats vom 28.01.1955 auf[137]. Diese Bezeichnung wurde damals aus den Grundlagen der Anerkennung des Arbeitskampfes und dem Grundsatz der Kampffreiheit, genauer der Freiheit der Wahl der Kampfmittel, entnommen. Bestimmend für die Interpretation der Grundlagen sei der Gesamtzusammenhang der wirtschafts- und sozialverfassungsrechtlichen Grundprinzipien. Dazu gehöre das freie Spiel der wirtschaftlichen Kräfte, das die gegensätzlichen Interessen der am Wirtschafts- und Sozialleben Beteiligten ausbalanciere[138]. Kriterium, welches konkrete Arbeitskampfmittel (welche Waffe) einer Seite in der Tarifauseinandersetzung zustehe, sei einzig und allein, daß es sich um das ihr gemäße, historisch überkommene Kampfmittel handle[139]. Es wird also auf die Balance der überkommenen, angestammten Potentiale im Sinne von Kampfparität als Ergebnis des freien Spiels der Kräfte vertraut[140].

bb) Der Beschluß des Großen Senats des *BAG* vom 21.04.1971

Der Beschluß vom 21.04.1971 stellt die nächste Grundsatzentscheidung der Rechtsprechung des *BAG* dar. 16 Jahre nach dem bahnbrechenden Beschluß aus dem Jahr 1955 wurde die gesamte Problematik des Arbeitskampfrechts im Beschluß vom 21.04.1971 neu überdacht, zumal auch neue Entwicklungen zu berücksichtigen waren[141].

Das *BAG* formuliert dies als „stärkere Hervorhebung des Gedankens des sozialen Rechtsstaats“. Als Beispiel wird der stärkere Bestandsschutz des Arbeitsplatzes angeführt[142]. Der Senat spricht von einer verflochtenen und wechselseitig abhängigen Gesellschaft[143], in welcher Folgen von Streiks und Aussperrungen über die unmittelbar Betroffenen hinaus auch Nichtstreikende, Dritte bzw. generell die Allgemeinheit berühren. Er leitet daraus ab, daß die

---

[137] *BAG*, Beschl. (GS) v. 28.01.1955, E 1, 291 (308ff) = AP Nr. 1 zu Art. 9 GG Arbeitskampf = NJW 1955, 882 ff.

[138] *BAG*, Beschl. (GS) v. 28.01.1955, E 1, 291 (308ff) = AP Nr. 1 zu Art. 9 GG Arbeitskampf = NJW 1955, 882. (884, 885); vgl. auch *Goll*, Arbeitskampfparität und Tariferfolg, S.47.

[139] *BAG*, Beschl. (GS) v. 28.01.1955, E 1, 291 (308 ff) = AP Nr. 1 zu Art. 9 GG Arbeitskampf = NJW 1955, 882 (885) unter Hinweis auf *RAG*, ArbRS 7, 494.

[140] *Goll*, Arbeitskampfparität und Tariferfolg, S. 47.

[141] *BAG*, Beschl. v. 26.01.1955, E 32, 292 ff = AP Nr.43 zu Art. 9 GG Arbeitskampf = NJW 1971, 1668 ff.

[142] *BAG*, Beschl. (GS) v. 21.04.1971, E 23, 292 (305).

[143] *BAG*, Beschl. (GS) v. 21.04.1971, E 23, 292 (306) = NJW 1971, 1668 (1669); *Müller*, DrdA 1968, 72; AuR 1972, 5.

Arbeitskämpfe unter dem obersten Gebot der Verhältnismäßigkeit stehen müssen[144]. Dieser Grundsatz wird auf die Wirkungen von Arbeitskämpfen hinsichtlich der wirtschaftlichen Gegebenheiten und des Gemeinwohls sowie auf den jeweiligen Gegner selbst bezogen. Auch er muß fair behandelt und darf nicht vernichtet werden[145].

Daraus wird deutlich, daß das *BAG* beiden Tarifvertragsparteien die Handlungsfähigkeit im Arbeitskampf erhalten will. Diese Absicht zeigt sich in der Möglichkeit, Druck und Gegendruck auszuüben[146]. Verhindert werden soll, daß eine Seite allein das Kampfgeschehen bestimmt und die andere Seite auf ein Dulden und Durchstehen der Arbeitskämpfe beschränkt wird[147]. Andernfalls bestehe die Gefahr, daß die Regelung der Arbeitsbedingungen nicht mehr auf einem System freier Vereinbarungen beruhe, das Voraussetzung für ein Funktionieren und innerer Grund des Tarifvertragssystems sei[148].

Dies soll aber nicht allein durch die formelle Zuteilung von Kampfmitteln erreicht werden. Im Prinzip müsse vorbehaltlich der konkreten wirtschaftlichen Situation sichergestellt sein, daß nicht eine Tarifvertragspartei der anderen von vornherein ihren Willen aufzwingen könne.[149] In diesem Hervorheben der gleichen Verhandlungschancen wird bereits die Hinwendung zu einem materiellen, auf den Tarifvertrag bezogenen Paritätsverständnis und im Absehen von der konkreten wirtschaftlichen Situation ein Bekenntnis zur abstrakten Beurteilung der Parität gesehen[150].

Gleichzeitig wird in dieser Entscheidung die Freiheit der Wahl der Kampfmittel mit dem Gebot der Verhältnismäßigkeit verknüpft, denn erst dadurch werde deutlich, daß sich die Parität unterschiedlich nach den Phasen und Rollen des Arbeitskampfes verwirkliche. Sowohl die anfängliche Beschränkung des Angreifenden auf suspendierende Kampfmittel als auch der Rückgriff des Angegriffenen auf lösende Kampfmittel bei längerer Dauer und Intensität des Arbeitskampfes hätten unter dem Aspekt der Waffengleichheit die Aufgabe, möglichst gleiche Chancen der Tarifvertragsparteien herzustellen[151].

cc) Die Entscheidung des *BAG* vom 10.06.1980

Eine Fortführung und Verdeutlichung der eben dargestellten abstrakt-materiellen Parität findet sich in der Entscheidung vom 10.06.1980[152]. Darin stellt das *BAG* erneut fest, daß ein funktionierendes Tarifsystem annähernd gleiche Verhandlungschancen der Tarifsvertragsparteien voraussetze[153]. Das erforderliche Verhandlungsgleichgewicht lasse sich aber weder formal fingieren noch normativ anordnen, es müsse wenigstens in groben Zügen tatsächlich feststellbar sein.

---

[144] Vgl. dazu auch *Seiter*, Streikrecht, S. 146 ff; *Richardi*, NJW 1978, 2059.
[145] *Goll*, Arbeitskampfparität und Tariferfolg, S. 48.
[146] *BAG*, Beschl. (GS) v. 21.94.1971, AP Nr. 64 zu Art. 9 GG Arbeitskampf = E 23, 292 (308) = NJW 1971, 1668 (1669).
[147] *BAG*, Beschl. (GS) v. 21.94.1971, AP Nr. 64 zu Art. 9 GG Arbeitskampf = E 23, 292 (308) = NJW 1971, 1668 (1669).
[148] *BAG*, Beschl. (GS) v. 21.94.1971, AP Nr. 64 zu Art. 9 GG Arbeitskampf = E 23, 292 (308) = NJW 1971, 1668 (1669).
[149] *BAG*, Beschl. (GS) v. 21.94.1971, AP Nr. 64 zu Art. 9 GG Arbeitskampf = E 23, 292 (308) = NJW 1971, 1668 (1669).
[150] So auch *Goll*, Arbeitskampfparität und Tariferfolg, S 49.
[151] *Goll*, Arbeitskampfparität und Tariferfolg, S. 49.
[152] *BAG*, Urt. v. 10.06.1980, E 33, 140 und 185 = AP Nr. 64 und 65 zu Art. 9 GG, Arbeitskampf jeweils unter A IV = NJW 1980, 1642 ff.
[153] Vgl. hierzu und zum folgenden *BAG*, Urt. v. 10.06.1980, E 33, 140 (162).

Diese Entscheidung für die Beurteilung der Parität nach den realen Kräfteverhältnissen bedeute nicht, daß alle Besonderheiten eines Arbeitskampfes, wie Kampfziele, wirtschaftliche Lage, Organisationsgrad usw. berücksichtigt werden müßten[154]. Der Grundsatz der Parität beziehe sich unbeschadet der im Grundsatz geltenden Kampfmittelfreiheit auf das Arsenal der zulässigen Kampfmittel. Er müsse in generellen und abstrakt formulierten Regeln ausgedrückt werden und könne deshalb nur Kriterien erfassen, die einer typisierenden Betrachtung zugänglich seien. Situationsbedingte Vorteile, die sich im konkreten Arbeitskampf sehr stark auswirken könnten, blieben notwendigerweise unberücksichtigt[155].

Andererseits spreche der innere Zusammenhang des Paritätsprinzips mit der Tarifautonomie nicht nur gegen eine auf den Einzelfall bezogene konkrete Betrachtung, sondern auch gegen eine globale Einbeziehung aller denkbaren Kriterien[156]. Bei der Berücksichtigung der Gesamtparität würde von der Gesetzgebung und der Rechtsprechung schlechthin Unmögliches verlangt. Eine globale Gleichgewichtigkeit zwischen Arbeitgeber- und Arbeitnehmerkoalitionen werde nie erreichbar sein und könne von keiner Rechtsordnung gefordert werden. Die vielfältigen politischen, wirtschaftlichen und sozialen Gestaltungsmöglichkeiten entzögen sich weitgehend einer Erfassung und vor allem einer vergleichbaren Bewertung. Auch könne eine kollektive Kampf- und Ausgleichsordnung ihrer Natur nach nicht etwaige gesamtpolitische Ungleichheiten kompensieren und marktwirtschaftliche Gesetze aufheben. Weder eine eventuelle Preissetzungsmacht der Unternehmer noch die Freiheit der Investitionsentscheidung könnten mit Mitteln des Arbeitskampfrechts beeinflußt werden. Es gehe allein um eine tarifbezogene Parität, d.h. um diejenigen Momente, die sich bei typisierender Betrachtung in den Tarifverhandlungen konkret auswirken[157].

Weitgehend unbeantwortet bleibt die Frage, welche Merkmale man für die Beurteilung dieser tarifbezogenen Parität heranziehen darf. Nach der Entscheidung ist allein auf die Breite und Dauer eines Arbeitskampfes abzustellen, was sich wiederum nach der Zahl der Kampfbeteiligten im Tarifgebiet bestimmen soll[158]. Weitere Kriterien zur Bemessung und Bewertung der Kampfparität sind nicht erwähnt. Zudem hebt das höchste deutsche Arbeitsgericht hervor, daß sich seine Ausführungen auf die Kampfform der suspendierenden Abwehraussperrung beschränken[159].

dd) Stellungnahmen des *BAG* seit der Entscheidung vom 10.06.1980

Ausdrückliche Äußerungen des *BAG* zum Problem der Kampfparität finden sich seit der Entscheidung vom 10.06.1980 nicht mehr. Gleichwohl wird von vielen Autoren die Meinung vertreten, aus der sog. vierten Warnstreikentscheidung vom 21.06.1988[160] lasse sich eine Rückkehr des *BAG* zu einem formellen Paritätsverständnis ableiten[161].

---

[154] *BAG*, Urt. v. 10.06.1980, E 33, 140 (164).
[155] *BAG*, Urt. v. 10.06.1980, E 33, 140 (164).
[156] Vgl. hierzu und im folgenden *BAG*, Urt. v. 10.06.1980, E 33 140 (165).
[157] *Däubler/Däubler*, Arbeitskampfrecht, RN 47 aE.
[158] *Gamllischeg*, Kollektives Arbeitsrecht, § 20 IV 2 b (3).
[159] *BAG*, Urt. v. 10.06.1980, NJW 1980, 1642 (1647).
[160] *BAG*, Urt. v. 21.06.1988, E 58, 364 ff.; siehe hierzu auch unten *Teil III* II. 2. und 4. d).
[161] Vgl. dazu *Bünger*, Der verhandlungsbegleitende Warnstreik, S. 386/387. Auch Interviewangaben - siehe Anhang.

b) Die Rechtsprechung des *BGH* - Das Urteil vom 18.12.1967

Der *Bundesgerichtshof* definierte in einer zivilrechtlichen Entscheidung über die Zulässigkeit der Bildung von Streikfonds durch Innungsverbände[162] den Begriff der Kampfparität. Es gehöre zu den sachbedingten Voraussetzungen der Tarifautonomie, daß die Tarifparteien einander grundsätzlich mit annähernd paritätischen Verhandlungschancen gegenüberstehen, weil sonst ein echt ausgehandelter Vertragsschluß zwischen ihnen nicht gesichert sei und sich das Diktat des Stärkeren in einem freiheitswidrigen Sinne durchsetze[163]. Es sei die Aufgabe der Tarifautonomie, echtes Verhandeln und Kompromisse zu garantieren. Waffengleichheit sei die Voraussetzung für eine funktionsfähige, rechtstatsächlich nachzuweisende Tarifautonomie[164].

Diese Sichtweise ist geprägt von der Vorstellung, daß durch die Rechtsordnung in abgegrenzten Bereichen die Voraussetzungen für eine gesellschaftliche Selbststeuerung durch Verträge zu schaffen ist. Unverzichtbar ist es dabei, die Tatsachen festzulegen, die das Verhandlungsgleichgewicht bestimmen[165]. Solche Parameter legt der *BGH* jedoch nicht fest.

c) Die Rechtsprechung des *BVerfG*

Das *BVerfG* formulierte zum ersten Mal im Jahr 1975, daß die Tarifvertragsparteien in der Lage sein müßten, einen effektiven Arbeitskampf zu führen[166]. Die Entscheidung enthält jedoch keine Ausführungen darüber, nach welchen Maßstäben diese Fähigkeit zu bewerten ist[167].

Die Entscheidung vom 26.06.1991 brachte keine weitere Aufklärung. Der Begriff Verhandlungsparität wird darin zwar in der verfassungsgerichtlichen Rechtsprechung anerkannt, eine differenzierte Auseinandersetzung mit dem Meinungsstand findet aber nicht statt[168]. Man konzentriert sich auf die Aussperrung[169]. Wie die Parität zu messen ist, wird ebenfalls nicht festgelegt. Das *BVerfG* zieht sich darauf zurück, daß die Ausgestaltung des Art. 9 III GG mit dem Ziel der Verhandlungsparität nach dem Gesichtspunkt der Verhältnismäßigkeit durch die Arbeitsgerichtsbarkeit erfolgen könne[170].

Ebensowenig finden sich Anhaltspunkte für Maßstäbe bei der Beurteilung der Parität in der Entscheidung des *BVerfG* zu § 116 AFG[171]. Solche ließen sich nicht aus Art. 9 III GG entnehmen. Die Maßstäbe des *BAG* seien verfassungsrechtlich unbedenklich. Bei der Beurteilung der Frage, ob eine Regelung des Gesetzgebers einer Tarifvertragspartei die Fähigkeit nimmt, einen wirksamen Arbeitskampf zu führen, habe der Gesetzgeber eine Einschätzungsprärogative[172].

---

[162] *BGH*, Urt. v. 18.12.1967, AP Nr. 38 zu Art. 9 GG Arbeitskampf = DB 1968, 1406.
[163] *BGH*, Urt. v. 18.12.1967, AP Nr. 38 zu Art. 9 GG Arbeitskampf, Bl. 106 = DB 1968, 1406.
[164] Vgl. *Goll*, Arbeitskampfparität und Tariferfolg, S 50; *Seiter*, Streikrecht, S. 161.
[165] So auch *Goll*, Arbeitskampfparität und Tariferfolg, S. 50.
[166] *BVerfG*, Beschl. v. 19.02.1975, E 38, 386 (395) = AP Nr. 50 zu Art. 9 GG Arbeitskampf, Bl. 579 ff.
[167] Vgl. nur *Kittner* in seiner Anmerkung AP Nr. 50 zu Art. 9 GG Arbeitskampf, Bl. 582; *Goll*, Arbeitskampfparität und Tariferfolg, S. 51.
[168] *Rieble*, Anm. zu *BVerfG*, Beschl. v. 26.06.1991, EzA Art. 9 GG Arbeitskampf Nr. 97 unter V 1 und VI (S. 33 und 41).
[169] Vgl. MünchArbR/*Otto*, § 275 RN 28.
[170] *BVerfG*, Beschl. v. 26.06.1991, E 84, 212 ff. Leitsatz 4 und 5.
[171] *BVerfG*, Urt. v. 04.07.1995, NZA 1995, 754; § 116 AFG entspricht heute § 146 SGB III.
[172] *BVerfG*, Urt. v. 04.07.1995, NZA 1995, 754 (756).

5. Die Grundlagen in der Literatur für das aktuelle Verständnis des *BAG* von der Kampf- und Verhandlungsparität

a) Formelle Kampfparität

aa) Begriffserklärung

Am Anfang der Entwicklung wurden Streik und Aussperrung als gleichartige Waffen verstanden, so daß jeder Seite ein Kampfmittel zur Verfügung stand[173]. Ihre rechtlichen Wirkungen waren identisch. Einer Kampfpartei durfte nicht ein lösendes Kampfmittel gewährt werden, wenn die andere nur ein suspendierendes hatte[174]. Diese Lehre von der formellen Parität oder Waffengleichheit der sozialen Gegenspieler wurde mit der Neutralität des Staates und der historischen Entwicklung begründet[175]. Die Tarifvertragsparteien durften nicht ihrer aufgrund der geschichtlichen und sozialpraktischen Entwicklung angestammten Kampfmittel beraubt werden[176]. Die Entscheidung über das tatsächliche Gleichgewicht wird dabei nicht auf der Ebene der sozioökonomischen Voraussetzungen und Wirkungen[177] des Arbeitskampfes gefällt, sondern die Parität wird unterstellt[178]. Nach der Abtrennung der Bezüge zum realen Hintergrund kann die gesellschaftlich wertende Wahl der Kampfmittel ohne Probleme im Hinblick auf eine formale Entsprechung der Auswirkungen von Streik und Aussperrung auf das jeweilige Arbeitsverhältnis vorgenommen werden[179].

Für diese Ansicht spricht z.B. der Wortlaut des § 25 KSchG[180]. Meist wird aber das tarifoffene Recht als Beweis dafür angeführt, daß auch der Gesetzgeber vom Bestehen eines Machtgleichgewichts ausgeht[181].

Die Bezeichnungen für diesen Ansatzpunkt sind sehr unterschiedlich: Einige Autoren verwenden den Begriff der formellen Kampfparität[182]. Andere sprechen von normativer Parität, da die Rechtsordnung selbst die beiden Kampfmittel als vorgegeben ansehe[183]. Eine weitere Bezeichungsvariante ist die funktional-instrumentale Parität[184].

bb) Hauptkritik an der formellen Parität

Es besteht heute Einigkeit, daß sich die Fehler des 19. Jahrhunderts, als man sich beim Arbeitsvertrag mit der formellen, normativen Parität begnügt hatte, ohne das tatsächliche Ungleichgewicht am Verhandlungstisch zu berücksichtigen, nicht wiederholen dürfen[185]. Zudem verkürzt die Lehre von der formellen Parität die Aufgaben, die der Rechtsordnung durch die

---

[173] *Gamillscheg*, Kollektives Arbeitsrecht, § 20 IV 2 a.
[174] Vgl. *Seiter*, Streikrecht, S. 161.
[175] Vgl. *BAG*, Urt. v. 10.06.1980, NJW 1980, 1642 (1646).
[176] *Hueck/Nipperdey*, § 47 B 5 2 (S. 929); *Gift*, RdA 60, 166; *Isele*, JuS 64, 41 (42); *Nipperdey*, Betr. 63, 1613 (1614 f.); *Säcker*, Betr. 69, 1890 unter Hinweis auf § 25 KSchG; wegen dieses Gedankens bezeichnet *Wolf*, ZfA 1971, 152 diese Variante auch als historische Parität.
[177] *Mayer-Maly*, RdA 1968, 432 ff.
[178] Vgl. *BAG*, Beschl. (GS) v. 28.01.1955, AP Nr. 1 (= E 1, 291 (311), 24 (= E 14, 52 (59)); *Hueck/Nipperdey* II/2, S. 928 f. (938); *Ballerstedt*, AuR 1966, 233.
[179] Vgl. *Goll*, Arbeitskampfparität und Tariferfolg, S. 33.
[180] *Zeuner*, Festschrift *BAG* (1979) 727 ff. (736).
[181] Siehe etwa *Biedenkopf*, Tarifautonomie, S. 149; *Seiter*, Streikrecht, S. 164 ff. und RdA 1981, 65 ff. (72).
[182] So z.B. MünchArbR/*Otto*, § 275 RN 58.
[183] Diese Bezeichung benutzen z.B. *Mayer-Maly*, DB 1979, 95 ff. (98) und Anmerkung AP Nr. 66; *Richardi*, RdA 1970, 65 ff. (69 Anm. 38).
[184] Vgl. *Hueck/Nipperdey* II/2, S. 929.
[185] Vgl. *Gamillscheg*, Kollektives Arbeitsrecht, § 20 IV 2 a.

Tarifautonomie gestellt sind. Ein funktionsfähiges Tarifvertragssystem setzt annähernd gleichgewichtige Verhandlungschancen voraus. Die rein formelle Sichtweise der Kampfparität gewährleistet das jedoch nicht[186].

b) Die materielle Paritätsbetrachtung

Aus den eben genannten Hauptkritikpunkten gegen eine formelle Parität wurde im Schrifttum die sog. materielle Parität entwickelt[187]. Diese verlangt im Prinzip ein tatsächliches, real feststellbares Gleichgewicht der sozialen Gegenspieler.

aa) Der Ausgangspunkt

Das Verständnis von der Kampfparität als materiellem Gleichgewicht geht davon aus, daß bei unterschiedlicher sozialer Ausgangslage jede Tarifvertragspartei die gleichen Durchsetzungschancen hat[188], so daß eine Balance der Siegesaussichten gegeben ist[189]. Damit ein möglichst gleichgewichtiger Arbeitskampf rechtlich gewährleistet ist, muß eine gesetzliche (oder zumindest richterrechtliche) Regelung sowohl die Ausgangslage der Tarifvertragsparteien als auch die unterschiedlichen Wirkungen der Kampfmittel berücksichtigen[190]. Das heißt grundsätzlich, daß die Arbeitskampfrisiken gleichwertig sein müssen[191], denn nur dann können unterschiedliche Kampfmittel materiell ausgewogene Ergebnisse zur Folge haben[192].

Das *BAG* wandte sich in seiner Entscheidung aus dem Jahr 1971 der materiellen Paritätsbetrachtung zu[193]. Die Literatur folgte[194]. Zwischenzeitlich ist diese Sichtweise verfassungsgerichtlich verankert[195]. Der Streit in der Rechtswissenschaft geht daher im wesentlichen nur noch um die Ausgestaltung der materiellen Parität: Müssen die möglichst gleichen Verhandlungschancen nur im allgemeinen gewährleistet sein? Oder ist das in jedem Einzelfall nötig? Im Extremfall wird sogar ein staatliches Eingreifen gefordert, um Chancengleichheit im Arbeitskampf zu gewährleisten. Dabei sind die Vorstellungen von den maßgeblichen Beurteilungskriterien für die materielle Parität sehr unterschiedlich[196]. Umstritten ist außerdem die Frage, welche Rolle der Sozial- und Wirtschaftsgeschichte zukommt.

---

[186] So das *BAG*, Urt. v. 10.06.1980, NJW 1980, 1642 (1646); ansonsten wird die Auffassung, die formelle Kampfparität sei *richtig*, von niemandem vertreten = *Bertelsmann*, Aussperrung, S. 223, Fn. 10; *Wollenschläger*, Arbeitsrecht, RN 356 spricht zwar davon, daß das Recht zum Arbeitskampf beiden Sozialpartnern formal gleich gegeben sei und folglich der Grundsatz der Kampfparität (Waffengleichheit) gelte, ob damit ein rein formales Paritätsverständnis gemeint ist, läßt sich seinen Ausführungen nicht entnehmen.
[187] Begründet von *Bulla*, AR-Blattei 1950, Arbeitskampf III, II, 3.
[188] *Frey*, AuR 1963, 304; *Wolf*, ZfA 1971, 161 f.; *Eichmanns*, RdA 1977, 136.
[189] *Evers*, Arbeitskampfreiheit, S. 84; *Scheuner*, RdA 1971, 332; *Bertelsmann*, Aussperrung, S. 223.
[190] *Söllner*, RdA 1969, 256; *Alber*, Die Kampfmittelparität der Sozialpartner, S. 7 f.
[191] *Bertele*, Aussperrung, S. 84; *Frey*, AuR 1963, 304; aber auch *Lieb*, RdA 1972, 134.
[192] Vgl. *Bertelsmann*, Aussperrung, S. 224.
[193] Siehe oben *Teil II* III. 4. bb).
[194] *Raiser*, Die Aussperrung nach dem Grundgesetz, S. 70 ff.; *Rüthers*, Rechtsprobleme der Aussperrung, S. 76 f.; *Scholz/Konzen*, Die Aussperrung, S. 174 ff.; *Seiter*, Streikrecht, S. 158 ff.; *Zöllner*, Aussperrung und arbeitskampfrechtliche Parität, 29 ff.
[195] Siehe oben *Teil II* III 4 c).
[196] Vgl. MünchArbR/*Otto*, § 275 RN 61.

bb) Die Bedeutung der Sozial- und Wirtschaftsgeschichte

(1) Die Ansicht von *Scholz/Konzen*

Das Verhandlungsgleichgewicht der Tarifvertragsparteien müsse sich in tatsächlicher Chancengleichheit ausdrücken. Art. 9 III GG gehe jedoch von einer prästabil-liberalen Rechtsgleichheit aus[197]. Der Verfassungsgeber sei der Ansicht gewesen, daß sich die materielle Koalitionsparität in einem freiheitlichen Koalitionsverfahren zeigen werde. Erst wenn sich diese Erwartung des Grundgesetzes endgültig als nicht haltbar erweise, werde das rechtsstaatliche Eingriffsverbot durch das Sozialstaatsprinzip verdrängt.

(2) Die Auffassung der hM

Die überwiegende Anzahl von Autoren sieht den bisherigen Verlauf der Sozial- und Wirtschaftsgeschichte nicht als normative Vorgabe, sondern lediglich als Erkenntnismittel und Indiz[198]. Einige gehen sogar soweit, daß sie aus der Sozialgeschichte Beweislastregeln ableiten und von Tatsachenvermutungen sprechen. Es bestehe eine tatsächliche Vermutung für das Gleichgewicht der Kräfte, wenn man die bisherige Kampfpraxis betrachte[199].

Im Gegensatz dazu vertreten gewerkschaftsnahe Autoren die Ansicht, daß die Zulässigkeit insbesondere der Aussperrung den Nachweis erfordere, daß dieses Kampfmittel zur Herstellung der Parität notwendig sei[200].

(3) Die Sichtweise des *BAG*

Das *BAG* hat in seiner Entscheidung vom 10.06.1980 klarstellt, daß es die Erfahrungen aus der Sozial- und Wirtschaftsgeschichte nur als Indiz und Erkenntnismittel billigt. Gegen die Ansicht, daß aus Art. 9 III GG ein prästabiles Gleichgewicht folge, spreche schon, daß dafür keinerlei Anhaltspunkte vorlägen. Vor allem werde nicht klar, wie ein freiheitliches Koalitionsverfahren gestaltet werden könne, bei dem die Unterlegenheit einer Seite ohne staatliche Intervention ausgeglichen und die materielle Koalitionsparität von selbst formiert werde[201]. Beweislastregeln und Tatsachenvermutungen würden der Paritätsproblematik nicht gerecht[202]. Das *BAG* zieht die Aussagekraft der bisherigen Tarif- und Arbeitskampfpraxis in der Bundesrepublik Deutschland in Zweifel, denn die Zeit bis zum Jahr 1980 sei geprägt gewesen von einem starken Wirtschaftswachstum und andauernd steigendem Wohlstand. Die Rahmenbedingungen für den sozialen Ausgleich seien außerordentlich günstig gewesen. Das Arbeitskampfrecht müsse sich aber gerade in Krisenzeiten bewähren, wenn beide sozialen Gegenspieler ihre Kräfte nach Möglichkeit voll einsetzen. Erst dann würden etwaige Ungleichgewichtigkeiten erkennbar und die Forderung nach Korrekturen laut. Bis 1978 sind die Arbeitsgerichte nur selten angerufen worden. Eine ausgeprägte arbeitskampfrechtliche Kasuistik konnte sich folglich gar nicht entwickeln[203].

---

[197] *Scholz/Konzen*, Die Aussperrung, S. 175 ff.

[198] Vgl. hierzu insbesondere *Bertelsmann*, Aussperrung, S. 244 ff.

[199] Vgl. *Dütz*, Anm. zu EzA Art. 9 GG - Arbeitskampf - Nr. 27; *Löwisch* RdA 1980, 8 ff.; *Raiser*, Die Aussperrung nach dem Grundgesetz, S. 83 ff.; *Rüthers*, Rechtsprobleme der Aussperrung, S. 79.

[200] *Föhr*, Betr 1979, 1699; *Zachert/Metzke/Hamer*, Die Aussperrung, S. 128.

[201] Vgl. *BAG*, Urt. v. 10.06.1980, NJW 1980, 1642 (1647).

[202] So das *BAG*, Urt. v. 10.06.1980, NJW 1980, 1642 (1647) unter Hinweis auf *Goll*, RdA 1980, 24.

[203] *BAG*, Urt. v. 10.06.1980, NJW 1980, 1642 (1647).

cc) Materiell-konkrete Parität

(1) Das Grundverständnis

Diese Auffassung verlangt die Gewährleistung eines tatsächlichen, materiell-konkreten Verhandlungsgleichgewichts in dem jeweiligen Arbeitskampf. Ausgegangen wird dabei von einer grundsätzlichen Unterlegenheit der Arbeitnehmerseite[204], die aus einem Vergleich der wirtschaftlichen Lage von Arbeitgeber und Arbeitnehmer[205], aus den niedrigen Lohnquoten[206] und aus der fehlenden gesamtgesellschaftlichen Parität von Kapital und Arbeit[207] abgeleitet wird.

Aus diesen Grundannahmen müsse man folgern, daß die Arbeitgeber und die Arbeitgeberverbände nicht auf Arbeitskampfmittel angewiesen seien. Der Grundsatz der materiellen Parität müsse zur generellen Unzulässigkeit der Aussperrung führen[208].

(2) Die Kritik

Dieses Paritätsverständnis verkennt sowohl die Unmöglichkeit, alle Determinanten der Gesamtparität zu bestimmen, als auch die begrenzte Funktion des Arbeitskampfes. Eine kollektive Kampf- und Ausgleichsordnung ist grundsätzlich nicht geeignet, gesamtpolitische Disparitäten auszugleichen und marktwirtschaftliche Gesetze aufzuheben. Privatkapitalismus, Marktwirtschaft und Parlamentarismus sind die Bezugspunkte für die Tarifautonomie der Verbände[209]. Selbst wenn die Unternehmer in der Lage wären, willkürlich die Preise heraufzusetzen und so dem Lohndruck durch die Preisgestaltung auszuweichen, könnte das durch keine Tarifpolitik und durch kein Arbeitskampfmittel verhindert werden[210]. Die Freiheit der Investitionsentscheidung und die sonstigen Gestaltungsmöglichkeiten der Arbeitgeber sind nicht mit Mitteln des Arbeitskampfrechtes beeinflußbar[211].

(3) Die Haltung des *BAG* zu dieser Sichtweise

In seiner Entscheidung vom 10.06.1980 hat das *BAG* exakt die eben dargestellten Kritikpunkte übernommen[212]. Die dabei benutzten Argumente wurden bereits dargestellt[213].

---

[204] *Zachert/Metzke/Hamer*, Die Aussperrung, S. 125 ff.; *Däubler*, JuS 1972, 642 (645 f.); *Wolter*, AuR 1979, 193 (194 ff.); *Kittner*, GewMh 1973, 100 ff.

[205] Vgl. *Zachert/Metzke/Hamer*, Die Aussperrung, S. 132 ff.; zusammenfassend siehe MünchArbR/*Otto*, § 275 RN 63 und *Scholz/Konzen*, Die Aussperrung, S. 86 ff.

[206] Vgl. *Zachert/Metzke/Hamer*, Die Aussperrung, S. 139 ff.

[207] MünchArbR/*Otto*, § 275 RN 65; Zu den Argumenten der fehlenden Gesamtpariät siehe *Zachert/Metzke/Hamer*, Die Aussperrung, S.145 f. und 147 ff.; *Wolter*, AuR 1979, 193 (196); *Kittner*, Verbot der Aussperrung, S. 23.

[208] *Hoffmann* in *Kittner*: (Hrsg.), Streik und Aussperrung, S. 47 ff, 78 ff.

[209] *Zöllner*, Aussperrung und arbeitskampfrechtiche Parität, S. 31; *Reuter*, JuS 1973, 284 (287).

[210] *Säcker*, Gruppenparität und Staatsneutralität, S. 101; *Zöllner*, Aussperrung und arbeitskampfrechtliche Parität, S. 31.

[211] Vgl. dazu und zum Vorhergehenden insbesondere *Zöllner*, Aussperrung und arbeitskampfrechtliche Parität, S. 31 ff. und 47; *Bertelsmann*, Aussperrung, S. 324 ff.

[212] *BAG*, Urt. v. 10.06.1980, NJW 1980, 1642 (16471); vgl. auch oben *Teil II* III. 4. a) cc).

[213] Siehe *Teil II* III. 4. a) und 5.

dd) Die tarifbezogene materiell-abstrakte Parität

(1) Die Grundannahmen

Wie bereits oben kurz angedeutet, hat *Zöllner* im Gegensatz zur konkreten Paritätsbetrachtung die Frage des Verhandlungsgleichgewichts als rechtlich- normative, also nach juristischen Kriterien zu beurteilende Frage gesehen und nicht als sozialwissenschaftliche[214]. Ausgangspunkt für die Überlegungen *Zöllners* ist dabei Art. 9 III GG mit der verfassungsrechtlichen Gewährleistung der Koalitionsfreiheit für Gewerkschaften und Arbeitgeber. Das Paritätsgebot ziele auf eine abstrakte rechtliche Ordnung, nicht konkret auf das Gleichgewicht der jeweiligen Tarifpartner in einer bestimmten Verhandlungsposition[215]. Die gesellschaftlichen Gegebenheiten und die bestehenden rechtlichen Regelungen bildeten die Grundlage für die rechtliche Wertung[216]. Dieses Paritätsverständnis eröffne einen großen Spielraum für die Ausgestaltung des Arbeitskampfrechts durch Gesetzgeber, Richter und Tarifpartner[217]. Die Sichtweise *Zöllners* basiert auf der Erkenntnis, daß sich aus der Betrachtung der Rechtstatsachen keine überzeugenden Folgerungen für ein Gleichgewicht oder ein Ungleichgewicht zwischen den Tarifvertragsparteien ableiten lassen[218].

Aus diesem Grund sieht er die Abwehraussperrung mit suspendierender Wirkung als grundgesetzlich verbürgt an, nicht jedoch die lösende Aussperrung oder gar die Angriffsaussperrung[219].

(2) Der Einfluß auf die Rechtsprechung des *BAG*

Grundsätzlich folgt das *BAG* bei der Bestimmung des Begriffes der Kampfparität der tarifbezogenen materiell-abstrakten Parität. Gleichwohl ist das Konzept des *BAG* mit dem von *Zöllner* nicht vollkommen deckungsgleich. Die Rechtsprechung spricht nämlich von einer materiell-typisierenden, tarifbezogenen Parität[220]. Basierend auf diesem Paritätskonzept prüft das *BAG* bei neuen Arbeitskampfmitteln, ob sie zu einer strukturellen Entwertung der Kampfführung der Gegenseite führen können[221].

6. Kampfparität und der Grundsatz der Verhältnismäßigkeit bzw. das Übermaßverbot

a) Begriffliches

In der Rechtsprechung des Großen Senates des *BAG* wurde vor der Entscheidung vom 10.06.1980 der Begriff der Verhältnismäßigkeit in einem engeren und in einem weiteren Sinne gebraucht. Häufig sprach man auch vom Übermaßverbot. Dabei war nicht immer deutlich, ob es sich um einen gleichbedeutenden, einen weiteren oder einen engeren Begriff handelte[222]. 1980 stellte dann das *BAG* klar, daß es zwischen dem Grundsatz der Verhältnismäßigkeit und dem Übermaßverbot keinen Unterschied macht. Beide Bezeichnungen versteht es in Auffaltung des vom Großen Senat des *BAG* verwandten allgemeinen Begriffs der Ver-

---

[214] Vgl. *Zöllner*, Aussperrung und arbeitskampfrechtliche Parität, S. 52; siehe MünchArbR/*Otto*, § 275 RN 67.
[215] *Zöllner*, Aussperrung und arbeitskampfrechtliche Parität, S. 34.
[216] *Zöllner/Loritz*, Arbeitsrecht, § 40 X.
[217] *Zöllner*, Aussperrung und arbeitskampfrechtliche Parität, S. 34, 52.
[218] *Zöllner*, Aussperrung und arbeitskampfrechtliche Parität, S. 51.
[219] *Zöllner*, Aussperrung und arbeitskampfrechtliche Parität, S. 60.
[220] Siehe oben *Teil II* III. 4. a).
[221] *BAG*, Urt. v. 13.03.1993, AP Nr. 127 zu Art. 9 GG Arbeitskampf.
[222] *Grabitz*, AöR 98 (1973), 568 (570 ff.).

hältnismäßigkeit als gleichbedeutende Sammelbegriffe, die die Merkmale der Geeignetheit, der Erforderlichkeit und der Proportionalität zusammenfassen[223].

b) Das Verhältnis von Kampfparität und Übermaßverbot

Grundsätzlich fallen sämtliche Maßnahmen des Arbeitskampfes unter das Übermaßverbot. Somit sind Anlaß, Einleitung, Art der Durchführung und Beendigung dem Gebot der Verhältnismäßigkeit unterstellt[224]. Ein Verbot solcher Kampfmaßnahmen wird angenommen, die zur Erreichung eines rechtmäßigen Kampfziels ungeeignet oder unnötig sind und außer Verhältnis dazu stehen[225].

Die Aussperrungsurteile aus dem Jahr 1980 stellen einen sehr engen Zusammenhang zwischen der Parität und dem Grundsatz der Verhältnismäßigkeit her, wenn das *BAG* formuliert, nur solche Aussperrungen seien nicht übermäßig, die lediglich der Herstellung der Verhandlungsparität dienten[226]. Dabei ist zu beachten, daß das *BAG* schon bei den Überlegungen, ob ein Aussperrungsrecht überhaupt anzuerkennen ist, die Frage aufwirft, unter welchen Voraussetzungen die suspendierende Abwehraussperrung die Parität gefährdet[227]. Bereits an dieser Stelle nimmt es der Sache nach eine Erforderlichkeitsprüfung vor[228]. Das Gericht verquickt also das Paritätserfordernis und das Übermaßverbot miteinander, ohne die strenge rechtliche Trennung dieser beiden Begriffe zu beachten[229].

aa) Die Funktion des Paritätsgrundsatzes

Der Grundsatz der Parität ist entsprechend der Ableitung aus Art. 9 III GG die idealtypische Voraussetzung für die Funktionsfähigkeit des Tarifvertrages als Regelungsinstrument[230]. Aufgrund des Verhandlungsgleichgewichts der Tarifvertragsparteien spricht für das Ergebnis der Verhandlungen, den Tarifvertrag, die Vermutung der Richtigkeit.

bb) Die Funktion des Übermaßverbots

Das Übermaßverbot bzw. der Grundsatz der Verhältnismäßigkeit hat in seinen Ausprägungen grundsätzlich die Funktion, die Ausübung von Rechtspositionen beim Eingriff in fremde Rechtsgüter zu kontrollieren. Es hat die Aufgabe, Interessen- und Rechtsgüterkollisionen in den Fällen zu schlichten, in denen eine tatbestandsmäßige gesetzliche Begrenzung der Eingriffsbefugnis nicht besteht oder nicht möglich ist[231]. Die sachliche Rechtfertigung liegt dabei im Verbot des Rechtsmißbrauchs[232]. Bei der Anwendung des Übermaßverbots im Arbeits-

---

[223] *BAG*, Urt. v. 10.06.1980, NJW 1980, 1642 (1650).
[224] *BAG*, Beschl. (GS) v. 21.04.1971, AP Nr. 43 zu Art. 9 GG Arbeitskampf, Bl. 1, Bl. 6 R (unter III A); *BAG* Urt. v. 10.06.1980, AP Nr. 64 zu Art. 9 GG Arbeitskampf Bl. 13 R ff. (unter B I).
[225] ***Hueck/Nipperdey/Säcker***, II/2 S. 1022; ***Rüthers***, Rechtsprobleme der Aussperrung, S. 97 ff.; ***Scholz/Konzen***, Die Aussperrung im System von Arbeitsverfassung und kollektivem Arbeitsrecht, S. 137 ff.; ***Seiter***, Streikrecht, S. 146 ff. (155 f.); ***Brodmann***, Arbeitskampf und Pressefreiheit, S. 106; jeweils mit weiteren Nachweisen. *Gamillscheg*, Kollektives Arbeitsrecht, § 24 VI (S. 1163/1164); **verneinend:** ***Däubler***, JuS 1972, 642 f.; ***Reuß***, AuR 1971, 353 (355); 1975, 289 (291); ***Richardi***, RdA 1971, 334; ***Säcker***, GewMH 1972, 287 ff.
[226] *BAG*, Urt. v. 10.06.1980, AP Nr. 64 zu Art. 9 GG Arbeitskampf = DB 1980, 1266 = NJW 1980, 1642; diese Auffassung wird im Urteil v. 12.03.1985 = AP Nr. 84 zu Art. 9 GG Arbeitskampf bestätigt.
[227] Siehe hierzu oben *Teil II* III. 4. a).
[228] ***Heenen***, Kampfparität und bilaterales Monopol, S. 33.
[229] Wie hier auch ***Brox/Rüthers***, Arbeitskampfrecht, RN 196, ***Däubler/Wolter***, Arbeitskampfrecht, RN 895 mit Fn. 102; ***Zöllner***, DB 1985, 2450 (2457 f.); ***Heenen***, Kampfparität und bipolares Monopol, S. 33.
[230] ***Zöllner***, DB 1985, 2450 (2457).
[231] Vgl. ***Löwisch***, ZfA 1971, 319 (323 ff.); ***Seiter***, Arbeitskampfparität und Übermaßverbot, S. 89.
[232] So ***Metzner***, Das Verbot der Unverhältnismäßigkeit im Privatrecht.

kampfrecht ist zudem zu berücksichtigen, daß die Kampfparteien auf Verbands- und auf einzelvertraglicher Ebene in Vertragsbeziehungen stehen, die eine gesteigerte Rücksichtnahme erfordern[233].

cc) Ursache für die Sichtweise des *BAG* und Kritik

Der wohl entscheidende Grund für die Verquickung der Kampfparität und des Übermaßverbots ist die Tatsache, daß das *BAG* keine Kriterien zur Ausgestaltung des Paritätsbegriffes entwickeln konnte. Somit zog es sich bei der Beurteilung von erheblichen Abweichungen von der bisherigen Praxis der Arbeitskämpfe auf das Übermaßverbot zurück[234]. Jedoch läßt der auf die Beziehung von Kampfmaßnahmen und Kampfziel angewandte Grundsatz der Verhältnismäßigkeit in dogmatisch befriedigender Weise nur eine Überprüfung auf Exzesse hin zu[235]. Nachvollziehbarer wäre eine Zuordnung wesentlicher, bisher dem Übermaßverbot zugeordneter Gesichtspunkte zu einem in sich geschlossenen Paritätsprinzips gewesen[236].

7. Versuche in der Literatur, das Vorhandensein von Kampfparität und/oder Verhandlungsparität mittels Rechtstatsachen nachzuweisen

a) Überblick

In der Literatur findet sich eine Vielzahl von Versuchen, durch Heranziehung von Rechtstatsachen in größerem oder kleinerem Umfang die Kampfparität positiv zu bestimmen[237]. Die Arbeiten enden je nach Zielsetzung und zugrunde gelegtem Material mit vollkommen unterschiedlichen Ergebnissen[238]. Allein daraus läßt sich erkennen, daß auf wissenschaftliche Weise das tatsächliche Vorhandensein von Kampfparität nicht zweifelsfrei feststellbar ist[239]. Es wurden bislang keinerlei wirklich praktikablen Maßstäbe und Untersuchungsmethoden entwickelt. Es fehlt an einer Übereinstimmung in der Wissenschaft über die in eine solche Beurteilung einzubeziehenden Faktoren und über deren Gewichtung[240]. Das war auch die

---

233 Vgl. *Seiter*, Arbeitskampfparität und Übermaßverbot, S. 89, der daraus auch eine zusätzliche Rechtfertigung des privatrechtlichen Übermaßverbotes ableitet.

234 So auch *Heenen*, Kampfparität und bilaterales Monopol, S. 33; *Zöllner*, DB 1985, 2450 (2457) formuliert: „Ließe sich feststellen oder messen, wann materielle Parität fehlt, bedürfte es - die Geltung des Paritätserfordernisses unterstellt - der Heranziehung des Übermaßverbots als Begrenzung der Eingriffsbefugnis nicht."

235 *Zöllner*, Arbeitsrecht, § 40 VI 4 b (S. 375).

236 Insbesondere die Zuordnung der räumlichen Abgrenzung des Kampfgebiets zum Paritätsprinzip wird dabei diskutiert - vgl. *Brox/Rüthers*, Arbeitskampfrecht, RN 204; *Heenen*, Kampfparität und bilaterales Monopol, S. 34; kritisch: *Lieb*, DB 1984, Beil. 14, 1 (6 ff.); *Däubler/Wolter*), Arbeitskampfrecht, RN 1039; vollkommen ohne Paritätsrelevanz ist hingegen das dem Verhältnismäßigkeitsgebot entnommene Verbot des ruinösen und schikanösen Arbeitskampfes, siehe hierzu *Heenen*, Kampfparität und bilaterales Monopol, S. 34/35.

237 Vgl. hierzu z. B. *Evers*, Arbeitskampffreiheit, S. 53 ff.; *Däubler*, JuS 1972, 645 ff.; *Kittner*, GewMonH 1973, 100 f.; *Kittner*, Verbot der Aussperrung, S. 11 ff. und 22 ff.; *Zöllner*, Aussperrung und arbeitskampfrechtliche Parität, S. 53 ff.; *Raiser*, Die Aussperrung nach dem Grundgesetz, S. 72 ff.; *Zachert/Metzke/Hamer*, Die Aussperrung, 1978, S. 161; *Däubler/Wolter*, Arbeitskampfrecht, RN 887 ff.

238 Ebenso *Goll*, Arbeitskampfparität und Tariferfolg, S. 16, Fn. 4.

239 Vgl. *Seiter*, Streikrecht, S. 278ff. (279 Fn. 2), der zu Recht auf ein unzulängliches Fundamt von Fakten hinweist, wenn es um die Zusammenstellung arbeitskampfrechtlich möglicherweise relevanter Tatsachen geht. Eine Zusammenstellung solcher heutzutage diskutierter Fakten findet sich bei *Gamillscheg*, Kollektives Arbeitsrecht, S. 971 f.

240 Insbesondere das Fehlen von Möglichkeiten zur Feststellung von Kampfmittelwirkungen wird als Folge davon allgemein bedauert: siehe z.B. *BAG*, Urt. v. 10.06.1980, AP Nr. 64 zu Art. 9 GG Arbeitskampf, Bl. 13 R (A V 3 c); *Goll*, Arbeitskampfparität und Tariferfolg, S. 16; *Raiser*, Die Aussperrung nach dem Grundgesetz, S. 71; *Säcker*, Gruppenparität und Staatsneutralität, S. 111; *Seiter*, Streikrecht, S. 290, Fn. 44, S. 293; im Jahresbericht der BDA 1982, S. 15 wird hierzu unter Bezugnahme auf *BAG*, Urt. v. 10.06.1980, AP Nr.64 - 66 zu Art. 9 GG Arbeitskampf, festgestellt, der Senat verfüge über keinen Maßstab, mit dem er die vielfältigen

Ursache für die Abkehr der Rechtsprechung von einem materiell-konkret geprägten Paritätsverständnis hin zu materiell-abstrakten Sichtweisen[241]. Beispielhaft sollen die folgenden herausragenden Arbeiten zu diesem Themenbereich aus neuerer Zeit kurz dargestellt werden:

b) Die Untersuchung von *Goll*[242]

Goll hat mit seiner Untersuchung nicht das Ziel, die Kampfparität anhand aller Einflußfaktoren im allgemeinen und im speziellen festzustellen. Ausgangspunkt ist vielmehr ein Gedanke *Raisers*, welcher bei der Frage nach einer faktischen Unterlegenheit der Arbeitnehmer in Tarifauseinandersetzungen die jeweiligen Ergebnisse einzelner Arbeitskämpfe analysiert[243]. Diesen Ansatz aufnehmend, versucht *Goll* die Frage zu beantworten, ob und wie man Tariferfolge der Parteien am Ergebnis der Tarifverhandlungen messen kann. Er stellt einen Vergleich zwischen den Ausgangspositionen der Tarifvertragsparteien (Forderungen zu Beginn der Tarifverhandlungen) und den Ergebnissen (Inhalt des daraufhin abgeschlossenen Tarifvertrags) an. Am Ende der Untersuchung steht die auch für *Goll* überraschende Feststellung, daß die Besorgnis, durch den Einsatz von Streiks in der Tarifauseinandersetzung könne der Rahmen volkswirtschaftlicher Belastbarkeit zuungunsten der Allgemeinheit überschritten, die Arbeitgeber durch die gewerkschaftlichen Einkommensforderungen überrumpelt und das Zustandekommen eines Kompromisses verhindert werden, nicht gerechtfertigt sei. Andererseits stelle sich die Aussperrung unter dem Blickwinkel der Tariferfolge nicht als notwendiges und wirksames Mittel dar, mögliche wirtschaftliche Fehlentwicklungen zu verhindern und die Arbeitgeber vor unverhältnismäßigen Mißerfolgen in den Verhandlungen zu bewahren. Nach *Goll* ließ sich noch weniger belegen, daß die Aussperrung die Chancen der Gewerkschaften zunichte macht, einen sich im Rahmen der periodischen Verhandlungen haltenden Kompromiß zu erzielen[244].

c) Die Thesen *Klemms*

Den Ausgangspunkt bei *Klemms* Untersuchung bildet nicht der Paritätsbegriff, sondern die Frage nach den ökonomischen Wirkungen von Streik und Aussperrung im Rahmen eines marktwirtschaftlichen Systems und wie diese nach ökonomischen Kriterien zu beurteilen sind[245]. *Klemm* weist ausdrücklich darauf hin, daß mit einer aus seinem Ansatz abgeleiteten negativen Bewertung des Arbeitskampfes kein allgemeines Werturteil verbunden ist. Die Gesellschaft könne aus anderen, z.B. sozialpsychologischen oder politischen Überlegungen heraus der Überzeugung sein, daß es insgesamt vorteilhaft sei, Streik und Streikandrohung zu akzeptieren, auch wenn dadurch hohe wirtschaftliche Schäden zu tragen seien[246].

Der Autor kommt zu dem Ergebnis, daß langfristig Streik und Streikdrohung kein geeignetes Instrument zur Verbesserung der Arbeitsbedingungen und der Einkommenspositionen der Arbeitnehmer darstellen. Das folge aus der gewählten Prämisse, daß ein marktgerechter Preis auf dem Arbeitsmarkt bzw. auf den Einzelarbeitsmärkten der Lohnsatz ist, der sich unter den

---

Faktoren, die die Verhandlungs- und Kampfparität einer jeden Seite beeinflussen, vollständig erfassen und sachgerecht abwägen könne; ebenso *Zöllner*, DB 1985, 2450 (2453).

[241] Siehe oben *Teil II* III. 4. a).

[242] *Goll*, Arbeitskampfparität und Tariferfolg.

[243] *Raiser*, Die Aussperrung nach dem Grundgesetz, S. 80 ff.: In dieser Schrift weist *Raiser* darauf hin, daß es sich bei den Fragen der Verhandlungsparität um empirische Fragen handelt, die methodisch einwandfrei nur mit Hilfe ökonomischer und sozialwissenschaftlicher Analysen aller in Betracht kommenden Faktoren geklärt werden können (S. 73).

[244] *Goll*, Arbeitskampfparität und Tariferfolg, S.199.

[245] *Klemm*, Ökonomische Analyse, S. 3.

[246] *Klemm*, Ökonomische Analyse, S. 3.

Bedingungen vollkommener Konkurrenz bilden würde[247]. Aufgabe der Tarifautonomie sei es, die Grundlage für einen Quasi-Wettbewerb auf dem Arbeitsmarkt zu bilden[248]. Die Voraussetzung einer marktwirtschaftlichen Prinzipien gerecht werdenden Tarifautonomie bestehe darin, daß die ökonomischen Konsequenzen von Tarifauseinandersetzungen und deren Ergebnissen die Tarifvertragsparteien selbst zu tragen hätten. Da eine entsprechende Zurechnung im einzelnen kaum möglich sei, müßten zumindest spürbare Kosten anfallen[249]. Die Aussperrung erhöhe die Arbeitskampfkosten für die Gewerkschaften[250]. Daher hätte ein Verbot der Aussperrung zur Folge, daß die Gewerkschaften durch Anwendung differenzierter Streikformen die damit verbundenen Wirkungen nahezu kostenlos erzielen könnten[251]. Es käme dann mehr als bisher zu Tarifabschlüssen, die nicht die für die Vollbeschäftigung notwendige Arbeitsproduktivität und die dem entsprechende Kapitalrendite sichern würden[252].

Dieser Argumentation soll an dieser Stelle nicht im einzelnen nachgegangen werden. Es handelt sich um einen ordnungspolitischen Ansatz, nach dem es auf die ökonomischen Bedingungen eines Verhandlungsgleichgewichts und nicht auf das theoretische ökonomische Optimalkriterium ankommt[253].

d) Die Dissertation von *Heenen*

Dieser Autor versucht der normativen Forderung nach einer Parität im Arbeitskampf dadurch Genüge zu tun, daß er ihr auf der tatsächlichen Ebene unter Rückgriff auf Ergebnisse der Volkswirtschaftslehre ein passendes Modell zuordnet. Dadurch sollen die Bedingungen für ein annähernd gleichgewichtiges Kräfteverhältnis der Tarifvertragsparteien unter der Nebenbedingung herrschender Tarifautonomie im Arbeitskampf bestimmt werden[254]. *Heenen* stellt fest, ein Rückschluß vom Ergebnis der Tarifverhandlungen auf das Kräfteverhältnis der Tarifvertragsparteien sei weder möglich noch geboten. Entscheidend sei eine Gleichgewichtslage der Tarifparteien im Verhandlungsprozeß. Demzufolge versucht er unter Zugrundelegung ökonomischer Methoden die Entwicklung einer kurzfristigen Analyse der Gleichgewichtsbedingungen im Tarifkonflikt mit entsprechenden Indikatoren, die den Ausgangspunkt und die Veränderung der relativen Machtverhältnisse der Tarifparteien im Laufe des Verhandlungsprozesses anzeigen[255]. Auf diese Weise gelangt er - ausgehend von einem materiell-konkreten Paritätsverständnis - zu der Schlußfolgerung, daß das derzeitige Arbeitskampfsystem Kampfparität gewährleiste[256].

---

[247] *Klemm*, Ökonomische Analyse, S. 119 ff., 189.
[248] *Klemm*, Ökonomische Analyse, S. 53 f.
[249] *Klemm*, Ökonomische Analyse, S. 55.
[250] *Klemm*, Ökonomische Analyse, S. 134 ff.
[251] *Klemm*, Ökonomische Analyse, S. 141.
[252] *Klemm*, Ökonomische Analyse, S. 120ff., 173 ff., 179, 182 ff.
[253] *Heenen*, Kampfparität und bilaterales Monopol, S. 51.
[254] *Heenen*, Kampfparität und bilaterales Monopol, S. 2.
[255] *Heenen*, Kampfparität und bilaterales Monopol, S. 52.
[256] *Heenen*, Kampfparität und bilaterales Monopol, S. 222 f.

IV. Zwischenergebnis und weiterer Verlauf der Untersuchung

1. Die Grundproblematik

Nach der Absage an die Gesamtparität durch das *BAG*[257] und dem Bekenntnis zum tarifbezogenen materiell-abstrakten Paritätsverständnis leidet die gesamte Diskussion um den Paritätsbegriff daran, daß die Rechtsprechung nicht festgelegt hat, welche Kriterien in die Beurteilung für das Vorhandensein eines Verhandlungsgleichgewichts einzubeziehen sind und welche nicht. Dabei hat das *BAG* eine Bestimmung dieser Gleichgewichtslage zumindest in groben Zügen selbst gefordert[258]. Diese sei in generellen und abstrakt formulierten Regeln auszudrücken und könne nur Kriterien erfassen, die einer typisierenden Betrachtung zugänglich sind[259]. Die Breite und Länge eines Arbeitskampfes, welche nach der Zahl der Kampfbeteiligten im Tarifgebiet zu messen sei, wird als solches Merkmal genannt[260]. Ob damit alle anderen Faktoren unerheblich sind[261], sagt das *BAG* nicht.

In der Literatur besteht keine Einigkeit darüber, wie man Kampfparität positiv messen soll[262]. Es mangelt schon an rechtstatsächlichen Untersuchungen, die das Vorliegen des Verhandlungsgleichgewichts bejahen oder verneinen. Maßstäbe für eine derartige Beurteilung sind bislang kaum entwickelt worden. Weder ein Abstellen auf das Ergebnis der Verhandlungen im Vergleich zu den Forderungen noch die Übertragung ökonomischer Grundsätze haben zu überzeugenden Ergebnissen geführt.[263].

2. Die theoretische Unterscheidung eines Kräftegleichgewichts in rechtlicher und tatsächlicher Hinsicht und die dadurch möglichen Varianten

Es besteht somit eine Diskrepanz zwischen den theoretischen Anforderungen der Rechtsprechung und den tatsächlichen Gegebenheiten. Aus diesem Grunde ist es zum besseren Verständnis hilfreich, wenn man den Begriff Verhandlungsgleichgewicht untergliedert in ein Kräftegleichgewicht in rechtlicher und in tatsächlicher Hinsicht. Ersteres beschreibt, ob die Urteile und Beschlüsse des *BAG* zum Arbeitskampfrecht ihrer inhaltlichen Gewichtung nach ausgeglichen zugunsten der Arbeitgeber und der Arbeitnehmer ausgefallen sind, letzteres die tatsächliche reale Lage. Entscheidend ist dabei, wie die jeweils Verantwortlichen in der Wirtschaft, den Gewerkschaften und den Arbeitgeberverbänden das Verhandlungsgleichgewicht in jeder Hinsicht einschätzen. Die rechtliche Parität stellt bei diesem Zusammenspiel einen wesentlichen Bestandteil eines tatsächlich vorhandenen oder nicht vorhandenen Kräftegleichgewichts dar. Eine Verschiebung des rechtlichen Gleichgewichts führt nämlich zwingend über kurz oder lang zu veränderten Kräfteverhältnissen auch im Tatsächlichen.

Theoretisch sind folgende Fallkonstellationen denkbar:

a) *Variante 1:* Gleichgewicht in rechtlicher wie in tatsächlicher Hinsicht

In diesem Fall liegt ein Kräftegleichgewicht vor.

---

[257] Daß dies richtig sein muß, kann man aus der Zusammenstellung aller Einflußfaktoren ersehen, die bei *Gamillscheg*, Kollektives Arbeitsrecht, § 20 IV b umfassend dargestellt sind; daraus wird deutlich, daß es insbesondere an geeigneten und vergleichbaren Bewertungsfaktoren fehlt.

[258] So *BAG*, Urt. v. 10.06.1980, AP Nr. 64 zu Art. 9 GG Arbeitskampf = NJW 1980, 1642 (1646).

[259] *BAG*, Urt. v. 10.06.1980, AP Nr. 64 zu Art. 9 GG Arbeitskampf = NJW 1980, 1642 (1647).

[260] Vgl. *Gamillscheg*, Kollektives Arbeitsrecht, § 20 IV 2 c und oben *Teil II* III. 4. a) cc).

[261] So aber *Gamillscheg*, Kollektives Arbeitsrecht, § 20 IV 2 c).

[262] Siehe oben *Teil II* III. 5.

[263] Vgl. *Teil II* III. 7.

b) *Variante 2:* Rechtliches und tatsächliches Ungleichgewicht

Eine Verschiebung der Kampfparität zugunsten der Arbeitgeber oder der Gewerkschaften ist bei dieser Fallkonstellation gegeben. Hier besteht die Gefahr, daß - je länger dieser Zustand andauert - die Verschiebung immer schwerwiegender wird, nachdem das Recht aufgrund des eigenen Ungleichgewichts nicht in der Lage ist, Störungen im Bereich des Tatsächlichen zu beseitigen oder zumindest abzumildern. Sowohl die Rechtsprechung als auch die Politik und die Tarifpartner sind in einem solchen Fall aufgerufen, dieses Ungleichgewicht möglichst schnell zu beseitigen.

c) *Variante 3:* Rechtliches Ungleichgewicht und tatsächliches Gleichgewicht

Bei dieser Fallvariante herrscht ein Kräftegleichgewicht zwischen den Tarifparteien, denn an einem tatsächlichen Verhandlungsgleichgewicht kann auch ein rein rechtliches Ungleichgewicht nichts ändern. Gleichwohl besteht aufgrund der engen Verzahnung die Gefahr, daß das rechtliche Ungleichgewicht zu einer Verschiebung im tatsächlichen Bereich führt.

d) *Variante 4:* Rechtliches Gleichgewicht und tatsächliches Ungleichgewicht

Auch in einem solchen Fall ist eine Ungleichgewichtssituation gegeben. Allerdings kann die Rechtsprechung daran nichts ändern. Sie muß darauf achten, daß das rechtliche Gleichgewicht bestehen bleibt. Gleichzeitig muß sie durch geeignete Maßnahmen versuchen, das tatsächliche Ungleichgewicht abzumildern. Andernfalls wird das tatsächliche Ungleichgewicht durch die Rechtsprechung noch verstärkt.

Insgesamt ergibt sich aus diesen Überlegungen, daß entscheidend für ein Kräftegleichgewicht oder -ungleichgewicht die tatsächliche Lage ist. Ist in der Rechtsprechung ein Ungleichgewicht vorhanden, dann wird ein tatsächliches Ungleichgewicht zusätzlich verstärkt. Im Falle eines tatsächlichen Gleichgewicht besteht die Gefahr, daß dadurch eine Verschiebung bewirkt wird.

3. Hauptursachen für die fehlende Praxistauglichkeit dieser Denkschemata

Aus den eben dargestellten Denkvarianten läßt sich ablesen, daß die problematischen und damit interessanten Situationen diejenigen sind, welche die Varianten 3 und 4 beschreiben. Diese Denkmuster geben die Realität aber nur verzerrt wieder:

- Im Bereich des Arbeitskampfrechts ist das *BAG* Ersatzgesetzgeber. Sein Einfluß ist folglich nicht auf das Recht beschränkt, sondern erstreckt sich auch in den tatsächlichen Bereich. Das höchste deutsche Arbeitsgericht übt insoweit die Funktion der *Legislative* aus.

- Das *BAG* legt in seiner Rechtsprechung zum Arbeitskampfrecht ein materiell-abstraktes Paritätsverständnis zugrunde. Somit fließt in die Paritätsbeurteilung eine Vielzahl von Elementen aus dem tatsächlichen Bereich ein. Eine klare Abgrenzung von rechtlicher und tatsächlicher Parität ist deswegen sehr schwierig.

- Hinzu kommt, daß schon im Grundsatz das Rechtsverständnis in einer Gesellschaft stark von der *Psychologie* abhängig ist. Im Bereich des Arbeitskampfrechts, einem anerkanntermaßen extrem sensiblen Bereich, haben die *psychologischen* Wirkungen der Entscheidungen des *BAG* wegen seiner faktischen Eigenschaft als Ersatzgesetzgeber noch sehr viel größeren Einfluß als in den übrigen Bereichen der staatlichen Rechtsprechung[264]. Insbesondere im Fall von permanenten Entscheidungen zugunsten einer Partei kommt auf der unterliegenden Seite sofort das Gefühl auf, ihre Interessen würden nicht mehr ernst genommen und beachtet. Sie fühlt sich unterlegen.

- Auch bei der Einschätzung der tatsächlichen Situation des Kräftegleichgewichts spielt die Psychologie ein gewichtige Rolle. Stark in Tarifvertragsverhandlungen ist, wer glaubt, durchsetzungsfähig zu sein. Eine schwache Position hat derjenige, der meint, unterlegen zu sein. Bei den Verhandlungen über den Inhalt von Tarifverträgen haben somit Einschätzungen und Erwartungen der beteiligten Personen einen großen Einfluß. Tatsächliche Veränderungen haben auf diese Weise häufig nicht vorhersehbare Auswirkungen auf das Kräftegleichgewicht.

4. Inhalt und Verlauf der nachfolgenden Untersuchung

Auf der Grundlage dieser Erkenntnisse werden im folgenden *Teil III* zunächst die wesentlichen Entscheidungen des *BAG* zum Arbeitskampfrecht ihrer zeitlichen Abfolge nach dargestellt. Im Anschluß daran wird der Versuch unternommen, diese Urteile und Beschlüsse bezüglich ihrer Auswirkungen auf das Kräftegleichgewicht zu werten.

Sollte sich daraus eine rechtliche Paritätsstörung zugunsten der Arbeitgeber oder der Arbeitnehmer ergeben, dann liegt ein erstes Indiz für eine gegenwärtige Verschiebung des tatsächlichen Kräftegleichgewichts vor. Dieses hat um so mehr Gewicht, je länger das rechtliche Ungleichgewicht - zeitlich gesehen - andauert. Um das beurteilen zu können, wird für 1980 eine Zwischenbilanz erstellt und überprüft, ob nicht schon damals ein Ungleichgewicht in rechtlicher Hinsicht vorhanden war.

Teil IV dieser Untersuchung wirft schließlich die Frage auf, ob aufgrund von veränderten Verhältnissen im tatsächlichen Bereich seit 1980 eine Verschiebung des Kräftegleichgewichts insgesamt eingetreten ist. In diesem Zusammenhang werden neue Entwicklungen sowohl auf betrieblicher als auch auf überbetrieblicher Ebene und deren Auswirkungen dargestellt, die zu einer Verschiebung der Paritätslage geführt haben könnten.

1980 wurde dabei sowohl als Jahr für die Erstellung der Zwischenbilanz in Bezug auf eine rechtliche Parität als auch als Ausgangspunkt für die tatsächlichen Veränderungen ausgewählt, nachdem die Mehrheit der Interviewpartner der Meinung war, daß 1980 tatsächlich ein Kräftegleichwicht zwischen den Tarifvertragsparteien vorhanden war[265]. Für diese Ansicht sprechen folgende wirtschaftliche Daten:

- Die durchschnittliche Wachstumsrate in der Wirtschaft der Bundesrepublik Deutschland betrug von 1975 bis 1980 3,3 %. Danach (1980 bis 1985) lag sie bei 1,2 %[266].

- Die durchschnittliche Lohn- und Gehaltssteigerungsrate in den Tarifvertragsverhandlungen 1980 betrug 6,7 %. Die 40-Stunden-Woche und der Sechs-Wochen-Urlaub für fast alle Arbeitnehmer wurden eingeführt[267].

---

[264] Siehe hierzu das Interview mit dem Präsidenten des *BAG Dieterich* in der SZ v. 05.07.1999, Nr. 181, S. 5.
[265] Interviewangaben - siehe Anhang.
[266] *Hof*, Arbeitsmarkt, S. 14.
[267] BArbBl. 3/1981, S. 11.

- Die Arbeitskosten je Stunde insgesamt lagen 1980 in der Verarbeitenden Industrie bei DM 22,62. Mit den europäischen Konkurrenten sind diese Kosten vergleichbar (Niederlande: DM 22,21; Schweden: DM 23,72; Schweiz: DM 20,29). In den USA lagen 1980 die Kosten je Stunde bei DM 17,91. Innerhalb der großen Industrienationen hatte damals Japan mit DM 10,51 je Stunde mit Abstand die niedrigsten Kosten[268].

- Die Zahl der Arbeitslosen wurde in den öffentlichen Statistiken mit 888.900 angegeben. Die Arbeitslosenquote, also der Anteil der Arbeitslosen an den abhängig beschäftigten zivilen Erwerbspersonen, belief sich auf 3,8 %. Die Zahl der offenen Stellen betrug nach amtlichen Angaben 308.300[269]. Im europäischen Vergleich war die Arbeitslosenrate eine der niedrigsten[270].

Diese Zahlen zeigen, daß man wohl im Jahr 1980 von einem tatsächlichen Kräftegleichgewicht der Tarifvertragsparteien ausgehen kann[271]. Ob man diese Folgerung letzlich als Tatsachenvermutung oder schon als Beweis ansieht, kann für die vorliegende Untersuchung dahingestellt bleiben[272].

5. Untersuchungsgrundlagen

Die nachfolgende Einschätzung der Rechtsprechung des *BAG* sowie der tatsächlichen Situation beruht auf problemorientierten Interviews[273], die der Verfasser mit Mitarbeitern von Arbeitgeberverbänden, Gewerkschaften und Unternehmen geführt hat. Diese Befragungen erheben nicht den Anspruch repräsentativ zu sein, denn zur Prüfung von Hypothesen ist in der empirischen Sozialforschung das Merkmal der Repräsentativität nicht erforderlich. Es können vielmehr auch „willkürliche" Stichproben herangezogen werden. Entscheidend für die Aussagekraft ist nicht die Zufallsstichprobe, sondern die Zufallsaufteilung auf die Experimentalgruppe[274].

Interviews eignen sich primär dazu, subjektive Reaktionen auf objektive Gegebenheiten festzustellen (sog. reaktives Verfahren)[275]. Objektive Verhältnisse finden sich in Befragungsergebnissen immer nur in gebrochener Form wieder[276]. Andererseits zeigen für die psychologischen Auswirkungen gerade Interviews die Meinungen der betroffenen Kreise besonders gut. Speziell in einem so sensiblen Bereich wie dem Arbeitskampfrecht ergaben sich aus den Interviews je nach Interviewpartner, dessen politischer und beruflicher Einstellung ganz unterschiedliche Beurteilungen der aktuellen Situation. Gleiches war bei der Einschätzung der Rechtsprechung des *BAG* der Fall.

Völlig anders war es aber bei der Beurteilung der neueren Entwicklungen in tatsächlicher Hinsicht und deren Auswirkungen auf die Kampfparität - hier gab es auffällig viele überein-

---

[268] Alle Zahlenangaben aus „Wirtschaft in Zahlen 1998", hrsg. v. *BMWi*, Stand: August 1998, S. 23.
[269] Diese Zahlen wurden entnommen aus „Wirtschaft in Zahlen 1997, hrsg. v. *BMWi*, Stand: November 1997, S. 16 und beziehen sich nur auf das frühere Bundesgebiet.
[270] *Kaelble*, Der Boom 1948 - 1973, S. 19 unter Bezugnahme auf *Eurostat Revue/Rassegna*, 1975-84, Brüssel 1986, S. 129.
[271] Vgl. auch *Gamillscheg*, Kollektives Arbeitsrecht, § 20 IV 2 c).
[272] *BAG*, Urt. v. 10.06.1980, AP Nr. 64 zu Art. 9 GG Arbeitskampf = DB1980, 1266 ff. = NJW 1980, 1642 ff.
[273] Zu den einzelnen Fragen und Anworten der Interviews siehe Anhang.
[274] *Diekmann*, Empirische Sozialforschung, S. 169, 188.
[275] *Diekmann*, Empirische Sozialforschung, S. 371 ff.
[276] Vgl. dazu *Schumann, Gerlach, Gschössl, Milhofer*, Anfang der Rekonstruktionsperiode der Arbeiterklasse, S. 14 ff.

stimmende Aussagen, unabhängig davon, ob nun das Interview mit Gewerkschafts- oder Arbeitgebervertretern geführt wurde.

Im Hinblick auf die Problematik des reaktiven Verfahrens Interview[277] wurden die Erhebungen durch nicht-reaktive Daten ergänzt[278]. Dazu wurden die Politik- und Wirtschaftsteile einer überregionalen Tageszeitung[279] über einen längeren Zeitraum hinweg ausgewertet und einschlägige Statistiken von Meinungsforschungsinstituten verwendet.

[277] Siehe dazu im Detail *Diekmann*, Empirische Sozialforschung, S. 371 ff.
[278] *Diekmann*, Empirische Sozialforschung, S. 543 empfiehlt ein solches Vorgehen.
[279] Insoweit wurde bewußt die „Süddeutsche Zeitung" („SZ") ausgewählt und nicht die „Frankfurter Allgemeine Zeitung" („FAZ"), welcher nachgesagt wird, konservativen und damit Arbeitgeberkreisen näher zu stehen.

Teil III: Die Rechtsprechung des *BAG* und ihr Einfluß auf die Kampfparität

I. Die Rechtsprechung des *BAG* zum Arbeitskampfrecht der Jahre 1955 bis 1980

1. Die Beurteilung dieser Rechtsprechung durch das *BAG* selbst

In seiner Entscheidung vom 10.06.1980 stellte das *BAG* fest, daß bis 1978 die Arbeitsgerichte nur selten angerufen wurden. Eine arbeitskampfrechtliche Kasuistik habe sich nicht entwickeln können. Ursache hierfür seien das starke Wirtschafts-wachstum und der stetig steigende Wohlstand[280].

Dieser Hinweis auf das stetige Wirtschaftswachstum zeigt, daß sich das *BAG* im Jahre 1980 nicht sicher war, ob Kampfparität tatsächlich existierte. Aus dem Fehlen arbeitskampfrechtlicher Einzelfallentscheidungen geht die Überzeugung hervor, daß die Rechtsprechung selbst bis zu diesem Zeitpunkt keinen Einfluß auf das Kräftegleichgewicht der Tarifvertragsparteien zu haben glaubte.

In den durchgeführten Interviews wurde überprüft, ob diese Annahme des *BAG* von der Realität gedeckt ist. Die psychologischen Auswirkungen auf die betroffenen Kreise bilden dabei einen Schwerpunkt.

2. Die wesentlichen Entscheidungen des *BAG* im einzelnen

- *BAG*, Großer Senat, Beschluß vom 28.01.1955

Wie bereits oben erwähnt, liegt die grundlegende Bedeutung dieser Entscheidung darin, daß die Arbeitnehmer, die infolge eines legitimen gewerkschaftlichen Streiks die Arbeit niederlegen, sich weder vertrags- noch rechtswidrig verhalten. Eine Kündigung vor Streikbeginn war und ist nicht mehr erforderlich[281]. Der Streik wurde aus den Fesseln der individualvertraglichen Beurteilung befreit[282]. Wegen der typischen Angreiferrolle der Arbeitnehmer war diese Entscheidung von fundamentaler Bedeutung für das heutige Streikrecht.

Andererseits wurde der Arbeitgeberseite als Reaktionsmöglichkeit die kollektive Abwehraussperrung zugesprochen, welche die Arbeitsverhältnisse der streikenden Arbeitnehmer fristlos auflöste. Die Wiedereinstellung von auf diese Weise gekündigten Arbeitnehmern wurde bei Fehlen einer Wiedereinstellungsklausel in das unternehmerische Ermessen gestellt. Dieses Ermessen durfte nur nicht offensichtlich rechtsmißbräuchlich ausgeübt werden[283], weitere Einschränkungen machte das *BAG* nicht.

- *BAG*, Urteil vom 04.05.1955

Der Beschluß des Großen Senats erfuhr eine Präzisierung. Ein Streik, der Ziele verfolgt, die von der Rechtsordnung unmittelbar oder mittelbar mißbilligt werden, ist rechtswidrig. Typischerweise ist das dann der Fall, wenn um Ziele gestreikt wird, die dem geltenden Tarifvertragsrecht widersprechen[284]. Der Streik um Arbeitsbedingungen, die dem geltenden Tarifrecht entsprechen, ist hingegen grundsätzlich erlaubt. Ein Streik kann aber nicht aus dem Grunde rechtswidrig sein, weil der Arbeitgeberverband, dem die bestreikten Betriebe angehören, sich Dritten (z.B. einer Gewerkschaft) gegenüber in einem Tarifvertrag verpflichtet hat, mit anderen Gewerkschaften keine tariflichen Abmachungen zu treffen. Auch satzungsmäßige Verpflichtungen des Arbeitgebers im

---

[280] *BAG*, Urt. v. 10.06.1980, E 33, 140 = NJW 1980, 1642 (1647) = EzA Art. 9 GG Nr. 37 = AP Nr. 64 zu Art. 9 GG = BB 80 Beil. 4, 13; 2141 = DB 80, 1266; 80, 1593 = SAE 80, 169; 80, 287.
[281] Siehe Teil I III. 4. a) aa).
[282] *Zöllner*, DB 1985, 2450.
[283] *BAG*, Beschl. (GS) v. 28.01.1955, E 1, 291 = NJW 1955, 882 ff. (885) = AP Nr. 1 zu Art. 9 GG Arbeitskampf = BB 55, 454 = DB 55, 455 = SAE 65, 1.
[284] *BAG*, Urt. v. 04.05.1955 E 2, 75 = DB 1955, 779 f. = AP Nr. 2 zu Art. 9 GG Arbeitskampf = EzA Art. 9 GG Arbeitskampf Nr. 1 = BB 55, 1028 = NJW 1955, 1373 = SAE 65, 12.

Verhältnis zu seinem Arbeitgeberverband haben danach keine Auswirkungen auf die Rechtmäßigkeit eines Streiks[285].

Ein rechtswidriger Streik verletzt das Recht des Arbeitgebers am eingerichteten und ausgeübten Gewerbebetrieb (sonstiges Recht iSd. § 823 I BGB), wobei es nicht darauf ankommt, ob der Eingriff von einem Fernstehenden oder durch die Arbeitnehmerschaft des Betriebes selbst, sei es auch auf Veranlassung ihrer Gewerkschaft, erfolgt ist[286].

- *BAG*, Urteil vom 05.09.1955

Ein sozialadäquater Streik, der ohne Aufruf einer Gewerkschaft ausgebrochen ist, wird zu einem rechtmäßigen Streik, wenn die Gewerkschaft den Streik billigt und erklärt, ihn weiterzuführen - sich den Streik also zu eigen macht. Die Aussperrung als Abwehrmaßnahme setzt voraus, daß der Arbeitskampf selbst noch andauert[287].

- *BAG*, Urteil vom 01.02.1957

Eine Änderungskündigung ist eine bedingte Kündigung (Eintritt der Bedingung ist abhängig vom Willen des Arbeitnehmers). Jede Kündigung bei der Aussperrung ist eine unbedingte Kündigung, die die Aufforderung enthält, nach Beendigung des Arbeitskampfes dem Arbeitgeber ein Angebot auf Erneuerung des Arbeitsvertrages zu machen[288].

- *BAG*, Urteil vom 08.02.1957

Die Pflicht zur Lohnzahlung bei Ereignissen, die weder vom Arbeitgeber noch vom Arbeitnehmer des betroffenen Betriebes verschuldet sind (Betriebsrisiko), kann nach Ansicht des *BAG* nicht auf Vorschriften des BGB gestützt werden. Grundsätzlich hat der Arbeitgeber das Betriebsrisiko zu tragen[289].

Eine Ausnahme von diesem Grundsatz gilt aber, wenn auf Grund des Verhaltens der Arbeitnehmer keine Beschäftigungsmöglichkeit besteht. Im Falle eines Teilstreiks oder eines Streiks in einem fremden Betrieb ist der Arbeitgeber nicht verpflichtet, denjenigen Arbeitnehmern, für die eine Beschäftigungsmöglichkeit nicht besteht, das Entgelt weiter zu bezahlen[290]. Allerdings bleibt die Lohnzahlungspflicht aus Gründen der Kampfparität und der Solidarität der Arbeitgeber untereinander bestehen, wenn der Wegfall der Beschäftigungsmöglichkeit auf einer Aussperrung in einem anderen Betrieb beruht[291].

- *BAG*, Urteil vom 25.07.1957

Die Arbeitnehmer dürfen Streikarbeit verweigern, ohne sich einer unberechtigten Arbeitsverweigerung schuldig zu machen[292].

Für den Fall eines wilden Teilstreiks im eigenen Betrieb ist ein Arbeitgeber - wenn er den Streik nicht verschuldet hat - nicht verpflichtet, an arbeitswillige Arbeitnehmer, für die keine Beschäftigungsmöglichkeit besteht, das Arbeitsentgelt weiter zu bezahlen (Arbeitskampfrisiko als Ausnahme vom Betriebsrisiko)[293].

- *BAG*, Urteil vom 27.09.1957

Eine Aussperrung kann durch Gesamtlösung der Arbeitsverhältnisse vorgenommen werden. Selbst wenn der Arbeitgeber dem früheren Sprachgebrauch entsprechend von Kündigungen spricht, so liegt doch keine Kündigung vor, sondern ein Lösungstatbestand sui generis. Gleichzeitig braucht sich eine Aussperrung nicht auf die Arbeitnehmer zu beschränken, die am Streik teilgenommen haben, sondern kann gegenüber Arbeitnehmern

---

[285] *BAG*, Urt. v. 04.05.1955, DB 1955, 779 f.
[286] *BAG*, Urt. v. 04.05.1955, DB 1955, 779.
[287] *BAG*, Urt. v. 05.09.1955, DB 1955, 1018 = AP Nr. 3 zu Art.9 GG Arbeitskampf = BB 55, 929 = EzA Art. 9 GG Arbeitskampf Nr. 2.
[288] *BAG*, Urt. v. 01.02.1957, E 3, 266 = DB 1957, 286 = AP Nr. 4 zu § 56 BetrVG 52 = SAE 59, 65.
[289] *BAG*, Urt. v. 08.02.1957, DB 1957, 310 LS 1 = AP Nr. 3 zu § 615 BGB Betriebsrisiko.
[290] *BAG*, Urt. v. 08.02.1957, DB 1957, 310 LS 2.
[291] *BAG*, Urt. v. 08.02.1957, DB 1957, 310 f. (311).
[292] *BAG*, Urt. v. 25.07.1957, DB 1957, 922 ff. (923) = AP Nr. 3 zu § 615 BGB Betriebsrisiko.
[293] *BAG*, Urt. v. 25.07.1957, DB 1957, 922 ff. (924).

durchgeführt werden, die sich wegen Krankheit oder Urlaub nicht am Streik beteiligt haben. Das gilt sowohl bei einem gewerkschaftlichen als auch bei einem wilden Streik[294].

- *BAG*, Urteil vom 24.01.1958

Bei einem Teilstreik haben die nicht streikenden Arbeitnehmer, die wegen des Teilstreiks nicht beschäftigt werden können, keinen Lohnanspruch; ebensowenig die Angestellten, wenn der Streik lediglich von den Arbeitern geführt wird. Die Frage der Gewerkschaftsangehörigkeit der arbeitswilligen Angestellten spielt keine Rolle. Zwar trägt der Arbeitgeber das Betriebsrisiko, aber dieser Grundsatz ist nicht anzuwenden, wenn die Beschäftigungsmöglichkeit für einzelne Arbeitnehmer aufgrund des Verhaltens von anderen Arbeitnehmern entfällt[295].

- *BAG*, Urteil vom 27.06.1958

Ein Gleichbehandlungsverstoß liegt nicht vor, wenn der Arbeitgeber im Falle eines Streiks die Zahlung einer Weihnachtsgratifikation, auf die kein Rechtsanspruch besteht, auf den Personenkreis beschränkt, der zur Zeit der Auszahlung der Gratifikation während des Streiks im Betrieb arbeitet. Daran ändert auch nichts, wenn der den Streik beendende, zum Tarifvertrag gewordene Einigungsvorschlag bestimmt, daß Maßregelungen aus Anlaß des Streiks unzulässig sind und daß das Arbeitsverhältnis und die Betriebszugehörigkeit nicht als durch den Streik unterbrochen gelten, soweit Rechte und Anwartschaften von der ununterbrochenen Dauer der Arbeitsverhältnisse oder der Betriebszugehörigkeit abhängen[296].

- *BAG*, Urteile vom 31.10.1958, 14.11.1958 und 27.12.1958

In der zuerst genannten Entscheidung hatte das *BAG* über die Schadensersatzverpflichtung der Gewerkschaft aus dem schleswig-holsteinischen Metallarbeiterstreik 1956/1957 wegen der Verletzung der Friedenspflicht einer Schlichtungsvereinbarung zu befinden. Es wurden eine Schadensersatzverpflichtung der Gewerkschaft und der volle Schadensersatzanspruch der Geschädigten anerkannt. Der entstandene Schaden ist nicht in einen solchen vor Beendigung der Friedenspflicht und in einen solchen nach Beendigung der Friedenspflicht teilbar[297].

Die gleiche Schadensersatzpflicht ist auch bei einem Verstoß gegen eine tarifliche Friedenspflicht gegeben[298].

Eine Schadensersatzpflicht sämtlicher Streikteilnehmer als Gesamtschuldner wurde auch in der Entscheidung vom 17.12.1958 angenommen, wo ein Streik als wilder Streik unter Bruch des Arbeitsvertrages begonnen und später unter Verletzung der tariflichen Friedenspflicht durch die Gewerkschaft übernommen wurde. Eine Legitimationswirkung durch die gewerkschaftliche Übernahme findet in diesem Fall nicht statt. Die Schadensersatzpflicht wurde nicht auf die Zeit bis zu einer etwaigen Abwehraussperrung oder arbeitgeberseitigen Kündigung oder auf die Dauer der Kündigungsfrist des einzelnen Streikteilnehmers beschränkt[299].

- *BAG*, Urteil vom 14.10.1960

Eine sukzessive Abwehraussperrung ist zulässig. Die Abwehraussperrung kann auch zeitlich nacheinander in einem angemessenen Zeitraum durchgeführt werden. Notwendige Voraussetzung ist, daß die Lösung der Arbeitsverhältnisse erkennen läßt, daß sie auf einem einheitlichen Kampfentschluß beruht und in ihrer Ausführung planmäßig zur Erreichung des Kampfzieles erfolgt[300].

- *BAG*, Urteil vom 19.10.1960

Entschieden wurde die Frage, ob eine Abwehraussperrung auch gegen werdende Mütter gerichtet werden darf, obwohl das Mutterschutzgesetz einen sehr weitreichenden Kündigungsschutz für Schwangere festschreibt. Das *BAG* hat das positiv unter Hinweis auf die Entscheidung vom 28.01.1955, die Arbeitskampffreiheit beider Sozialpartner und die Kampfparität beantwortet. Wegen Art. 6 IV GG und des Mutterschutzgesetzes wurde den Müttern aber nach Beendigung des Arbeitskampfes ein bevorzugter Wiedereinstellungsanspruch bei Fehlen einer

---

[294] *BAG*, Urt. v. 27.09.1957, DB 1957, 1130.
[295] *BAG*, Urt. v. 24.01.1958, DB 1958, 491.
[296] *BAG*, Urt. v. 27.06.1958, DB 1958, 1073 = AP Nr. 7 zu § 611 BGB Gratifikation.
[297] *BAG*, Urt. v. 31.101958, DB 1959, 86 und 143 ff.
[298] *BAG*, Urt. v. 14.11.1958, DB 1959, 114.
[299] *BAG*, Urt. v. 27.12.1958, DB 1959, 378 f.
[300] *BAG*, Urt. v. 14.10. 1960, DB 1960, 205.

ausdrücklichen Wiedereinstellungsklausel im Rahmen der unternehmerischen Ermessensausübung zugebilligt[301].

- *BAG*, Urteil vom 24.02.1961

Ein bereits vor Streikbeginn erkrankter Arbeiter behält den ihm nach dem (damaligen) Arbeiterkrankheitsgesetz für 6 Wochen zustehenden Zuschußanspruch während seiner Krankheit, denn Streik ist nur die Einstellung der geschuldeten Arbeitsleistung. Voraussetzung ist die Mög-lichkeit der Beschäftigung im Betrieb. Wer aber nicht arbeiten kann oder muß, der stellt nicht mit Beginn und aufgrund des Streiks kampfweise seine geschuldete Arbeitsleistung ein. Solange ein Arbeitnehmer arbeitsunfähig ist, kann er nicht streiken.

Das gilt jedoch nicht im Falle einer Abwehraussperrung[302].

- *BAG*, Urteil vom 25.01.1963

Ein bestreikter Arbeitgeber kann im Wege der Abwehraussperrung auch die Arbeitsverhältnisse solcher Arbeitnehmerinnen lösen, die sich nicht aktiv am Streik beteiligt haben und nach § 9 des Mutterschutzgesetzes unkündbar sind. Auf die Aussperrung als kollektive Kampfmaßnahme sind weder die Vorschriften des Kündigungsrechts noch des Kündigungsschutzrechts anwendbar. Andererseits ist der Arbeitgeber verpflichtet, nach Beendigung des Arbeitskampfes Frauen, die im Aussperrungszeitpunkt unter Mutterschutz standen, unverzüglich wieder einzustellen, wenn diese es verlangen[303].

- *BAG*, Urteil vom 06.12.1963

Eine wirksame Aussperrung setzt voraus, daß der Aussperrende die Absicht hat, nach dem Ende des Arbeitskampfes mit den Ausgesperrten über ihre Einstellung zu verhandeln, und dies zumindest stillschweigend zum Ausdruck bringt. Nur wenn diese Willensrichtung vorliegt, ist eine Aussperrung wirksam. Die entgegengesetzte Willensrichtung des Arbeitgebers kann auch aus dessen Verhalten und Handlungsweise nach der Aussperrungserklärung abgeleitet werden[304]. Damit wurde den Arbeitgebern die Möglichkeit genommen, eine Aussperrung sogleich als endgültige Lossagung der Arbeitsverhältnisse zu erklären[305].

- *BAG*, Urteile vom 20.12.1963

Allein die Tatsache, daß zur Durchführung eines Streiks Absperrungsmaßnahmen gegen den bestreikten Arbeitgeber ergriffen werden, nimmt einem Arbeitskampf nicht den Charakter eines Streiks und läßt ihn nicht zum Boykott werden.

Eine Gewerkschaft darf einen rechtmäßigen Streik auf ein drittes Unternehmen jedenfalls dann ausdehnen, wenn dieses bei wirtschaftlicher Betrachtungsweise einen Teil des bestreikten Unternehmens darstellt.

Betont wurde darüber hinaus die strikte Geltung des ultima-ratio-Prinzips als Rechtmäßigkeitsvoraussetzung eines jeden Streiks. Bei einem Streikaufruf müssen alle Mittel friedlicher Regelung ausgeschöpft sein.

Andererseits bestätigte das *BAG* den Schutz des eingerichteten und ausgeübten Gewerbebetriebes als absolutes Recht im Sinne des § 823 I BGB und dehnte diesen Schutz auf eine - sei es auch erst geplante - Ausweitung des Betätigungsbereiches des Gewerbebetriebes aus, jedenfalls soweit diese Expansion im inneren Zusammenhang mit dem derzeitigen Unternehmen steht[306].

In einer weiteren Entscheidung vom gleichen Tag wurde ein nicht-gewerkschaftlicher Streik einem wilden Streik gleichgesetzt und ausnahmslos für rechtswidrig erklärt. In diesem Fall besteht grundsätzlich eine Schadensersatzpflicht. Im Hinblick auf die Schadensentstehung durch einen Streik wurde der Beweis des ersten Anscheins herangezogen, da ein Schaden nach allgemeiner Lebenserfahrung die notwendige Folge der Arbeitsniederlegung eines Großteils der Arbeitnehmer in einem Produktionsunternehmen ist. Andererseits können ein Mitverschulden

[301] *BAG*, Urt. v. 19.10.1960, DB 1960, 1249; DB 1961, 69f. = AP Nr. 11 zu Art. 9 GG Arbeitskampf.
[302] *BAG*, Urt. v. 24.02.1961, DB 1961, 610 = AP Nr. 31 zu § 1 ArbKrankhG.
[303] *BAG*, Urt. v. 25.01.1963, DB 1963, 204 und 625 = AP Nr. 24 zu Art. 9 GG Arbeitskampf.
[304] *BAG*, Urt. v. 06.12.1963, DB 1963, 1716 = DB 1964, 480.
[305] So *Zöllner*, DB 1985, 1450 ff. (1451).
[306] *BAG*, Urt. v. 20.12.1963 - 1 AZR 157/63, DB 1964, 625 f. = AP Nr. 34 zu Art. 9 GG Arbeitskampf.

und ein Verstoß des Arbeitgebers gegen seine Schadensminderungspflicht bei einem rechtswidrigen Streik zu einer Minderung, ja sogar zu einem völligen Entfallen aller Schadensersatzansprüche führen[307].

Ebenfalls am 20.12.1963 entschied das *BAG*, daß eine Gewerkschaft, die einen Streik zwar nicht beginnt und auch nicht übernimmt, jedoch den Streikenden Gemaßregelten-Unterstützung zahlt und sie dadurch in ihrem Kampfeswillen bestärkt, im Falle ihrer Verantwortlichkeit als Gehilfin der streikenden Arbeitnehmer gesamtschuldnerisch dem bestreikten Arbeitgeber für alle durch den Streik entstandenen Schäden haftet[308].

- *BAG*, Urteil vom 15.05.1964

Die Kürzung von Gratifikationen bei Arbeitsausfall durch Streikbeteiligung verstößt nicht gegen das Maßregelungsverbot, denn der Begriff der Maßregelung verlangt, daß eine Sanktion gerade wegen der Streikteilnahme oder gerade wegen der Nichtbeteiligung am Streik eintritt. Das ist nicht der Fall, wenn bereits lange vor dem Streik an das bloße Arbeiten oder Nichtarbeiten Zahlungen freiwilliger Art geknüpft oder versagt werden[309].

- *BAG*, Urteil vom 15.06.1964

Die Teilnahme an einem von der Gewerkschaft gebilligten und somit rechtmäßigen Streik vernichtet nicht den Urlaubsanspruch eines Arbeitnehmers, wenn der Urlaub bereits erdient, aber noch nicht gewährt ist[310]. Nach Beendigung des Streiks lebt der suspendierte Urlaubsanspruch wieder auf. Gleiches gilt für die Aussperrung[311]. Während des Streiks kann der Arbeitgeber die Erfüllung bereits vor dem Streik entstandener Urlaubsansprüche der zu ihm im Arbeitsverhältnis stehenden streikenden Arbeitnehmer verweigern. Das gilt auch für Urlaubsabgeltunganspruche und für letztere selbst dann, wenn das Arbeitsverhältnis noch während des Streiks durch eine von dem am Streik beteiligten Arbeitnehmer ausgesprochene Kündigung beendet wird. Auch die lösende Aussperrung vernichtet das arbeitsvertragliche Band zwischen Arbeitgeber und Arbeitnehmer nicht vollständig, so daß der Arbeitnehmer nach einer lösenden Aussperrung keine Urlaubsabgeltung verlangen kann[312].

- *BAG*, Urteil vom 17.12.1964

Ein erkrankter Arbeitnehmer hat dann keinen Anspruch auf Krankengeldzuschuß, wenn ein Streik eine totale Betriebsstillegung zur Folge hat. Da auch Lohnansprüche von Arbeitern ausgeschlossen sind, die nicht streiken wollen oder können, entfällt der Krankengeldzuschuß als Lohnersatzleistung[313].

- *BAG*, Urteil vom 28.04.1966

Bei gleichzeitigen und gleichartigen Änderungskündigungen einer Gruppe von Arbeitnehmern, um den Arbeitgeber zu höheren Löhnen zu zwingen, handelt es sich um einen Arbeitskampf. Solche von der Arbeitnehmerseite ausgehenden Massenänderungskündigungen sind rechtswidrig. Ein Arbeitnehmer, der einen derartigen Arbeitskampf organisiert, obwohl die Gewerkschaften und der Betriebsrat noch über die erstrebte Lohnerhöhung verhandeln, kann wegen Verletzung seiner Treuepflicht fristlos entlassen werden[314].

- *BAG*, Urteil vom 21.10.1969

Eine von der zuständigen Gewerkschaft weder von vornherein gebilligte noch nachträglich genehmigte und übernommene Arbeitsniederlegung stellt einen wilden Streik dar und ist rechtswidrig. Ein Arbeitgeber kann Arbeitnehmer, die sich an einem wilden Streik beteiligen, fristlos entlassen, wenn sie trotz wiederholter Aufforderung die Arbeit nicht aufnehmen. Ein Arbeitnehmer kann sein Verhalten nicht damit rechtfertigen, er habe sich aus Gründen der Solidarität gegenüber seinen streikenden Arbeitskollegen einem rechtswidrigen Streik angeschlossen[315].

---

[307] *BAG*, Urt. v. 20.12.1963 - 1 AZR 428/62 = DB 1964, 372 ff. (373) = AP Nr. 32 zu Art. 9 GG Arbeitskampf.
[308] *BAG*, Urt. v. 20.12.1963 - 1 AZR 429/62, DB 1964, 374.
[309] *BAG*, Urt. v.15.05.1964, DB 1964, 774 f.
[310] *BAG*, Urt. v. 15.06.1964, DB 1964, 922 = AP Nr. 35 zu Art. 9 GG Arbeitskampf.
[311] *BAG*, Urt. v. 15.06.1964, DB 1964, 1158 = AP Nr. 36 zu Art. 9 GG Arbeitskampf.
[312] *BAG*, Urt. v. 15.06.1964, DB 1964, 1159.
[313] *BAG*, Urt. v. 17.12.1964, BB 1965, 332 f.
[314] *BAG*, Urt. v. 28.04.1966, DB 1966, 705 und 905 f. = AP Nr. 37 zu Art. 9 GG Arbeitskampf.
[315] *BAG*, Urt. v. 21.10.1969, DB 1969, 1995; 1970, 208 ff.

- *BAG*, Großer Senat, Beschluß vom 21.04.1971

Auf den Vorlagebeschluß des Ersten Senats vom 03.09.1968 hin[316] beantwortete der Große Senat die Vorlagefragen wie folgt:

- Arbeitskampfmaßnahmen stehen grundsätzlich unter dem Gebot der Verhältnismäßigkeit.
- Streiks führen zur Suspendierung der Arbeitsverhältnisse; auch Aussperrungen haben im allgemeinen nur suspendierende Wirkung.
- Nach dem Gebot der Verhältnismäßigkeit kann eine Aussperrung mit lösender Wirkung zulässig sein. In einem solchen Fall hat der Arbeitnehmer nach Beendigung des Arbeitskampfes einen Wiedereinstellungsanspruch nach billigem Ermessen.
- Insoweit werden die Rechtsgrundsätze der Entscheidung des Großen Senats vom 28.01.1955 abgeändert und fortentwickelt[317].

Damit wurde neben der Aussperrung mit suspendierender Wirkung erneut die Möglichkeit einer Aussperrung mit einer die Arbeitsverhältnisse auflösenden Wirkung bestätigt. Gleichwohl erfuhr diese Art der Aussperrung eine erhebliche Beschränkung: Arbeitskämpfe können nur letztes Mittel unter besonderen Umständen sein. Der Grundsatz der Verhältnismäßigkeit wurde besonders hervorgehoben. Eine weitere wichtige Einschränkung der bisherigen Rechtsprechung ergab sich daraus, daß grundsätzlich alle Arbeitnehmer nach dem Ende eines Arbeitskampfes wieder einzustellen sind. Diese Entscheidung unterliegt der gerichtlichen Billigkeitskontrolle. Nur in besonderen Fällen, etwa wenn der Arbeitsplatz inzwischen weggefallen oder anderweitig besetzt ist, kann eine Wiedereinstellung abgelehnt werden. Auch diese Voraussetzungen unterliegen der gerichtlichen Nachprüfung[318].

- *BAG*, Urteile vom 26.10.1971

Die Anschlußentscheidungen zum Beschluß des Großen Senats legen folgendes fest:

- Die Streikleitung ist befugt, für alle Streikteilnehmer verbindliche Erklärungen abzugeben und Erklärungen des Arbeitgebers, die sich, wie z.B. Aussperrungen, auf das Streikgeschehen beziehen, wirksam für alle Arbeitnehmer entgegenzunehmen.
- Eine Aussperrung mit lösender Wirkung gegenüber Betriebsratsmitgliedern ist grundgesetzwidrig und damit verboten. Betriebsratsmitgliedern gegenüber ist nur eine suspendierende Aussperrung zulässig.
- Betriebsratsmitgliedern, die sich Streikausschreitungen zuschulden kommen lassen, kann außerordentlich gekündigt werden.
- Allein die Dauer kann einen Streik nicht rechtswidrig machen.
- Ein Streik, der dazu dient, den tarifunwilligen Arbeitgeber an den Verhandlungstisch zu bringen, ist nicht schon wegen dieser Zielrichtung rechtswidrig.
- Ein gewerkschaftlich veranlaßter Streik, der sich wegen der „Tronc-Verteilung"[319] bei einer Spielbank gegen ein Land richtet, ist rechtmäßig, soweit sich die verlangte Regelung im Rahmen der Spielbankenverordnung hält.
- Rechtswidrig ist ein Streik, der um die Herbeiführung eines Tarifvertrages mit einem unzulässigen Inhalt geführt wird.
- Während des Streikgeschehens ist der Betriebsrat - ohne Rücksicht auf seine Teilnahme am Streik - nicht in der Lage, bei Arbeitgebermaßnahmen wie Einstellungen, Versetzungen und Entlassungen mitzuwirken.
- Der Arbeitgeber muß den Arbeitnehmer, wenn dieser das verlangt, beschäftigen; er darf sich nicht damit begnügen, lediglich den Lohn zu zahlen.
- Die Beweislast für das Vorliegen der Voraussetzungen der Böswilligkeit im Rahmen des § 615 BGB trägt der Arbeitgeber[320].

---

[316] *BAG*, Urt. v. 28.04.1966, DB 1966, 705 und 905 f. = AP Nr. 37 zu Art. 9 GG Arbeitskampf.
[317] *BAG*, Beschl. (GS) v. 21.04.1971, DB 1971, 1061 ff. = EzA Art. 9 GG Nr. 6 = AP Nr. 43 zu Art. 9 GG Arbeitskampf = E 23,292 = BB 1971, 701 = NJW 1971, 1668 = SAE 1971, 1.
[318] *BAG*, Beschl. (GS) v. 21.04.1971, DB 1971, 1061 ff. (1066).
[319] Darunter versteht man die Verteilung der eingenommenen Trinkgelder nach dem System, daß das Trinkgeld in eine gemeinsame Kasse des gesamten Bedienungspersonals fließt und nach einem Schlüssel unter dem Bedienungspersonal aufgeteilt wird (sog. Troncsystem).
[320] *BAG*, Urt. v. 26.10.1971 - 1 AZR 113/68, DB 1972, 143 ff.

In einem weiteren Urteil vom gleichen Tag entschied das *BAG*, daß ein aus Anlaß der Beendigung eines Arbeitskampfes in einem Tarifvertrag vereinbartes Benachteiligungsverbot die Arbeitgeber zur unbedingten Weiterbeschäftigung der am Streik beteiligten Arbeitnehmer nach Streikende nur dann verpflichtet, wenn die Tarifvertragsparteien das eindeutig und unmißverständlich zum Ausdruck gebracht haben. Bei Fehlen einer derartigen Verpflichtung kann der Arbeitgeber, wenn nach Streikende infolge der durch den Streik entstandenen personellen, technischen oder wirtschaft-lichen Schwierigkeiten die Arbeitsplätze nicht besetzt werden können, die Arbeitsverhältnisse durch fristgerechte Kündigung beenden. Im übrigen sind die Rechtsgrundsätze über die Betriebsrisikoverteilung bei Streik auch dann anzuwenden, wenn der Arbeitgeber infolge der Auswirkungen eines Streiks auf seinen Betrieb zeitweilig oder für immer die am Arbeitskampf beteiligten Arbeitnehmer nach dem Ende des Arbeitskampfes nicht weiter beschäftigen kann. Insoweit verlieren die Arbeitnehmer ihren Anspruch auf Lohnfortzahlung[321].

- *BAG*, Urteil vom 01.02.1973

Das Lohnrisiko für den Fall, daß bei einem Personal-Leasing-Unternehmen angestellte Arbeitnehmer infolge eines Streiks in einem Drittbetrieb nicht beschäftigt werden können, trägt das Personal-Leasing-Unternehmen. Dies ist nach dem *BAG* das Ergebnis der Besonderheit des Arbeitsverhältnisses zwischen dem Unternehmen und dem Arbeitnehmer, da die vertragliche Pflicht des Arbeitnehmers im Kern nur darin besteht, seine Arbeitskraft zur Verfügung zu halten. Er ist nicht - wie bei einem üblichen Arbeitsverhältnis - verpflichtet, dem Betriebszweck dienende Arbeiten zu leisten, so daß es zum allgemeinen Wirtschaftsrisiko des Arbeitgebers gehört, wenn er die für ihn ständig bereit gehaltene Arbeitskraft nicht nutzen kann[322].

- *BAG*, Urteil vom 08.03.1973

In diesem Rechtsstreit stritten die Parteien darüber, ob sich der in § 1 I LohnFG genannte Zeitraum von sechs Wochen (ab Krankheitsbeginn) um die Aussperrungs- und Streiktage verlängert, ob also auch Arbeitskampftage den kalendermäßigen Ablauf des Sechswochenzeitraums unterbrechen. Das *BAG* verneinte diese Frage aus Gründen der Gleichbehandlung der kämpfenden Parteien, die im Arbeitskampf ihre Risiken selber tragen müssen: die Arbeitgeber den Produktionsausfall und die Arbeitnehmer den Verlust ihres Lohnanspruches. Dieser Grundsatz würde durch die Verlängerung des Sechswochenzeitraums durchlöchert[323].

- *BAG*, Urteil vom 19.06.1973

In Ergänzung zur Entscheidung des Großen Senats aus dem Jahr 1971 begründet das *BAG* eine doppelte Rechtsvermutung für die Rechtmäßigkeit von Streiks:

- Führt eine Gewerkschaft einen Streik um die Regelung von Arbeits- und Wirtschaftsbedingungen, so besteht die Vermutung, daß dieser Streik rechtmäßig ist.
- Weiter besteht eine Vermutung dafür, daß ein von einer Gewerkschaft geführter Streik die Regelung von Arbeits- und Wirtschaftsbedingungen zum Gegenstand hat.

Somit trägt diejenige Partei, die sich im Prozeß auf die Rechtswidrigkeit eines Streiks beruft, die Darlegungs- und Beweislast für diese Behauptung. Im Falle der Nichterweislichkeit der Rechtswidrigkeit ist von der Rechtmäßigkeit des Streiks auszugehen[324].

Die Aussperrung, die entsprechend dem Beschluß des Großen Senats aus dem Jahr 1971 zunächst nur suspendierende Wirkung hat, kann die Arbeitsverhältnisse nur lösen, wenn der Streik rechtswidrig ist oder aber rechtmäßig, sich jedoch zu besonderer Intensität entwickelt. Diese Ausnahmetatbestände muß diejenige Partei im Prozeß beweisen, die sich darauf beruft, also in der Regel die Arbeitgeber[325].

- *BAG*, Urteil vom 07.11.1975

Ein Unternehmen des Rohrleitungs- und Heizungsbaus trägt das Lohnrisiko, wenn es seinen angestellten Monteur deshalb nicht beschäftigen kann, weil der Betrieb bestreikt wird, in dem das Rohrleitungsunternehmen eine Rohrverlegungsarbeit ausführt. Das Arbeitskampfrisiko darf nur in solchen Fällen den Arbeitnehmer

---

321 *BAG*, Urt. v. 26.10.1971 - 1 AZR 245/68, DB 1972, 440 f.
322 *BAG*, Urt. v. 01.02.1973, DB 1973, 827.
323 *BAG*, Urt. v. 08.03.197, DB 1973, 532 und 1027 f.
324 *BAG*, Urt. v. 19.06.1973, DB 1973, 1355f. (1356) und 1852 = NJW 1973, 1994.
325 *BAG*, Urt. v. 19.06.1973, DB 1973, 1852 = AP Nr. 47 zu Art. 9 GG Arbeitskampf.

belasten, in denen der vom Arbeitskampf mittelbar betroffene Betrieb des Arbeitgebers sich in einer der Lage im Kampfbetrieb vergleichbaren Situation befindet, der Arbeitgeber daher mit einem entsprechenden Risiko belastet ist. Es gehört typischerweise zum allgemeinen Unternehmerrisiko des Arbeitgebers, wenn er die für ihn ständig bereit gehaltene Arbeitskraft seiner Arbeitnehmer nicht nutzen kann[326].

- *BAG*, Urteil vom 19.10.1976

Ein gewerkschaftlicher Boykott gehört neben Streik und Aussperrung zu den geschichtlich überkommenen Arbeitskampfmaßnahmen der Arbeitgeberseite und der Arbeitnehmerseite[327]. Eine eingehende Begründung für diese Behauptung gab das *BAG* nicht.

- *BAG*, Urteil vom 17.12.1976

Diese Entscheidung beschäftigt sich erstmals mit dem sog. Warnstreik. Kurze Warnstreiks zur Unterstützung von Tarifvertragsverhandlungen nach Ablauf der Friedenspflicht sind wegen der Kampfmittelfreiheit zulässig, wenn sie von der Gewerkschaft getragen sind[328]. Der im Beschluß des Großen Senats vom 21.04.1971 aufgestellte Grundsatz, daß Arbeitskampfmaßnahmen nur nach Ausschöpfung aller Verständigungsmöglichkeiten ergriffen werden dürfen[329], gilt nicht. Diese Regel ist erkennbar für den Fall aufgestellt worden, daß es sich um zeitlich längerfristige oder unbegrenzte Arbeitskampfmaßnahmen handelt. Warnstreiks hingegen erzeugen nur einen milden Druck, um den Abschluß der Tarifvertragsverhandlungen zu beschleunigen. Der Grundsatz der Verhältnismäßigkeit ist durch ein solches Vorgehen gewahrt[330].

Hervorgehoben wurde in diesem Urteil zudem, daß eine an sich rechtmäßige Arbeitsniederlegung nicht dadurch rechtswidrig wird, daß sie zusammen mit einer Demonstration und/oder einem Umzug stattfindet, welche ordnungsgemäß von der Gewerkschaft bei der Verwaltungsbehörde gemäß dem Versammlungsgesetz angemeldet sind[331].

- *BAG*, Urteil vom 17.12.1976

Ein Arbeitskampf wegen betriebsverfassungsrechtlicher Streitfragen darf im Betrieb nicht geführt werden, und zwar unabhängig von der Frage, wer ihn organisiert. Ein solcher Arbeitskampf ist stets rechtswidrig[332]. Derartige Streitfragen sind in dem gesetzlich geordneten Verfahren entweder über die Einigungsstelle oder über das Arbeitsgericht im Beschlußverfahren zu entscheiden[333].

- *BAG*, Urteile vom 14.02.1978

In zwei Urteilen des *BAG*[334] wurde über fristlose Entlassungen von Arbeitnehmern wegen Arbeitsniederlegung durch eine Arbeitnehmergruppe (sog. ad-hoc-Koalition) entschieden. Im Anschluß an die bisherige Rechtsprechung stufte man die nicht von der Gewerkschaft getragene Arbeitsniederlegung mit dem Ziel der Wiedereinstellung von Arbeitnehmern, denen aus betriebsbedingten Gründen gekündigt worden ist, als rechtswidrige Arbeitsniederlegung und somit als nicht rechtmäßigen Streik ein.

Derartige Arbeitsniederlegungen rechtfertigen sich auch nicht aus dem Gesichtspunkt des arbeitsvertraglichen Zurückbehaltungsrechts. Ein Leistungsverweigerungsrecht der Arbeitnehmer kommt bei Verletzung betriebsverfassungsrechtlicher Vorschriften durch den Arbeitgeber wegen der individualrechtlichen Natur des Zurückbehaltungsrechts nur in Betracht, wenn dadurch auch das Einzelarbeitsverhältnis unmittelbar betroffen ist. Auch eine Rechtfertigung aus dem Notwehrrecht scheidet aus, da das Recht am Arbeitsplatz kein notwehrfähiges Rechtsgut ist[335].

---

[326] *BAG*, Urt. v. 7.11.1975, DB 1975, 776.
[327] *BAG*, Urt. v. 19.10.1976, DB 1976, 2119 (2120) und DB 1977, 405 (406) = NJW 1977, 318 f.
[328] *BAG*, Urt. v. 17.12.1976, DB 1977, 824 = AP Nr. 51 zu Art. 9 GG Arbeitskampf.
[329] So ausdrücklich *BAG*, Beschl. (GS) v. 21.04.1976, DB 1971, 1061 = AP Nr. 43 zu Art. 9 GG Arbeitskampf.
[330] *BAG*, Urt. v. 17.12.1976, DB 1977, 824 = AP Nr. 51 zu Art. 9 GG Arbeitskampf = NJW 1977, 1079 f.
[331] *BAG*, Urt. v. 17.12.1976, DB 1977, 824 = AP Nr. 51 zu Art. 9 GG Arbeitskampf = NJW 1977, 1079 f.
[332] *BAG*, Urt. v. 17.12.1976, DB 1977, 728 = AP Nr. 52 zu Art. 9 GG Arbeitskampf.
[333] *BAG*, Urt. v. 17.12.1976, DB 1977, 728 = AP Nr. 52 zu Art. 9 GG Arbeitskampf.
[334] AZ: 1 AZR 76/76 und 1 AZR 103/76 - die Urteilsgründe stimmen dabei zu den allgemein interessierenden Rechtsfragen im Wortlaut überein.
[335] *BAG*, Urt. v. 14.02.1978, AZ: 1 AZR 76/76, DB 1978, 1403 = AP Nr. 59 zu Art. 9 GG Arbeitskampf.

Bei außerordentlichen Kündigungen (Kampfkündigungen) seitens des Arbeitgebers wegen der Teilnahme an rechtswidrigen Arbeitsniederlegungen entfällt die Anhörung des Betriebsrats nach § 102 I BetrVG[336].

Aus einem weiteren Urteil ergeben sich die Umstände, die bei der Interessenabwägung im Rahmen des § 626 I BGB zu beachten sind. Es sind alle Umstände des Einzelfalls zu berücksichtigen und die Interessen der Parteien vollständig gegeneinander abzuwägen: der Grad der Beteiligung an der Arbeitsniederlegung, die Erkennbarkeit der Rechtswidrigkeit der Maßnahme und ein etwaiges eigenes rechtswidriges, die Arbeitsniederlegung auslösendes Verhalten des Arbeitgebers. Der Gesichtspunkt der Solidarität kann vor allem bei einer schlichten Teilnahme an der Arbeitsniederlegung zugunsten des Arbeitnehmers sprechen[337].

In der dritten veröffentlichten Entscheidung vom 14.02.1978 wurde anläßlich einer Kündigungsschutzklage ausgeführt, daß ein Arbeitgeber in seiner Reaktion auf einen rechtswidrigen Arbeitskampf frei ist. Will er nicht mit Arbeitskampfmaßnahmen oder Kampfkündigungen antworten, so kann er zwar für die Dauer des Arbeitskampfes die Entgeltzahlung einstellen, aber nicht ohne weiteres mit Dauerwirkung die Arbeitsverhältnisse aus betriebsbedingten Gründen kündigen, zumindest solange nicht feststeht, daß infolge des Arbeitskampfes in Zukunft der gesamte Absatz auf Dauer entfallen wird.[338] Derartige Kündigungen stellen keine Kampfkündigungen dar. Eine vorherige Anhörung des Betriebsrats gemäß § 102 I BetrVG ist somit erforderlich[339].

In einem weiteren Urteil vom gleichen Tag beschäftigte sich das *BAG* mit Kampfkündigungen von Betriebsratsmitgliedern, Mitgliedern des Wahlvorstandes und Wahlbewerbern. Solchen Personen können die Arbeitgeber wegen der Teilnahme an rechtswidrigen Arbeitsniederlegungen außerordentliche Kündigungen aussprechen, ohne daß die Zustimmung des Betriebsrates gemäß § 103 I BetrVG eingeholt werden muß. Der Arbeitgeber hat aber ebenso wie in einem betriebs-ratslosen Betrieb in entsprechender Anwendung des § 103 II BetrVG alsbald die Erteilung der Zustimmung beim Arbeitsgericht zu beantragen[340].

- *BAG*, Urteil vom 21.03.1978

Ein Streik zur Durchsetzung eines tariflich nicht regelbaren Zieles ist rechtswidrig. Ein Arbeitskampf um die Differenzierung eines tariflichen Urlaubsgeldes nach der Gewerkschaftszugehörigkeit und die Absicherung der Differenzierung durch eine Spannenklausel ist folglich nicht von der Rechtsordnung gedeckt. Die Gewerkschaft, die einen derartigen Arbeitskampf führt, ist zum Schadensersatz gem. § 823 I BGB verpflichtet, wenn sie ein Verschulden trifft[341].

Im Hinblick auf die den Koalitionen nach Art. 9 III GG zugewiesene Aufgabe der Wahrung und Förderung der Arbeits- und Wirtschaftsbedingungen kann einer Gewerkschaft nicht ohne weiteres zugemutet werden, wegen des damit verbundenen Risikos auf die Durchsetzung einer neuartigen tariflichen Regelung von vornherein zu verzichten, wenn über deren rechtliche Zulässigkeit noch keine höchstrichterlichen Entscheidungen vorliegen und in der Rechtswissenschaft unterschiedliche Auffassungen mit jeweils guten Gründen vertreten werden. In einem solchen Falle darf von dem äußersten Mittel des Streiks aber nur in maßvollen Rahmen und vor allem auch nur Gebrauch gemacht werden, wenn für die Zulässigkeit der angestrebten tariflichen Regelung sehr beachtliche Gründe sprechen und des weiteren eine endgültige Klärung der Rechtslage anders nicht zu erreichen ist. Unter diesen Voraussetzungen kann der Gewerkschaft kein Schuldvorwurf gemacht werden, wenn der Streik später als rechtswidrig erkannt wird[342].

- *BAG*, Urteil vom 06.03.1979

Der Betriebsrat ist während eines Arbeitskampfes wegen des allgemeinen Interesses an seiner Tätigkeit nicht funktionsunfähig, sondern es besteht nur eine Einschränkung bei personellen Maßnahmen des Arbeitgebers, die durch das Streikgeschehen bedingt sind. Demzufolge bedarf eine während eines Streiks ausgesprochene arbeitgeberseitige Kündigung zu ihrer Wirksamkeit der vorherigen Anhörung des Betriebsrats, wenn die Kündigung aus anderen als arbeitskampfbedingten Gründen erfolgt. In diesem Fall hat diese Maßnahme nichts mit der Kampfabwehr zu tun und entfaltet somit auch keine Wirkung auf das Kampfgeschehen[343].

---

[336] *BAG*, Urt. v. 14.02.1978, AZ: 1 AZR 76/76, DB 1978, 1403, LS 2 = AP Nr. 59 zu Art. 9 GG Arbeitskampf.
[337] *BAG*, Urt. v. 14.02.1978, AZ: 1 AZR 103/76, DB 1978, 1403 = AP Nr. 59 zu Art. 9 GG Arbeitskampf.
[338] *BAG*, Urt. v. 14.02.1978, AZ: 1 AZR 154/76, DB 1978, 1501, LS 5 = AP Nr. 60 zu Art. 9 GG Arbeitskampf.
[339] *BAG*, Urt. v. 14.02.1978, AZ: 1 AZR 154/76, DB 1978, 1501 = AP Nr. 60 zu Art. 9 GG Arbeitskampf.
[340] *BAG*, Urt. v. 14.02.1978, AZ 1 AZR 154/76, DB 1978, 1501 = AP Nr. 60 zu Art. 9 GG Arbeitskampf.
[341] Vgl. *BAG*, Urt. v. 21.03.1978, DB 1978, 1647, LS 1 = AP Nr. 62 zu Art. 9 GG Arbeitskampf.
[342] *BAG*, Urt. v. 21.03.1978, DB 1978, 1647, LS 2 = AP Nr. 62 zu Art. 9 GG Arbeitskampf.
[343] *BAG*, Urt. v. 06.03.1979, DB 1979, 1464.

- *BAG*, Urteil vom 24.04.1979

Der Arbeitgeber, der während eines rechtmäßigen oder auch rechtswidrigen Streiks in seinem Betrieb für arbeitswillige Arbeitnehmer aus streikbedingten Gründen die betriebsübliche Arbeitszeit vorübergehend verlängern will, bedarf nicht der Zustimmung des Betriebsrats, da dieser in einem solchen Fall gehindert ist, sein an sich gegebenes Mitbestimmungsrecht nach § 87 I Nr. 3 BetrVG auszuüben. Sonst wäre die Chancengleichheit zwischen den Arbeitskampfparteien beeinträchtigt und auch der Betriebsrat überfordert[344].

- *BAG*, Urteile vom 10.06.1980

Ausschnitte aus diesen Entscheidungen wurden bereits an anderer Stelle[345] dargestellt. Zusammenfassend sollen hier nochmals die Leitsätze wiedergegeben werden:

- Das geltende die Tarifautonomie konkretisierende Tarifrecht setzt voraus, daß die sozialen Gegenspieler das Verhandlungsgleichgewicht mit Hilfe von Arbeitskämpfen herstellen und wahren können.
- Das bedeutet in der Praxis, daß regelmäßig zunächst die Gewerkschaften auf das Streikrecht angewiesen sind, weil sonst das Zustandekommen und die inhaltliche Angemessenheit von Tarifverträgen nicht gewährleistet wären.
- Abwehraussperrungen sind jedenfalls soweit gerechtfertigt, wie die angreifende Gewerkschaft durch besondere Kampftaktiken ein Verhandlungsübergewicht erzielen kann. Das ist bei eng begrenzten Teilstreiks anzunehmen, weil durch sie konkurrenzbedingte Interessengegensätze der Arbeitgeber verschärft und die für Verbandstarifverträge notwendige Solidarität der Verbandsmitglieder nachhaltig gestört werden können.
- Der zulässige Umfang von Abwehraussperrungen richtet sich nach dem Grundsatz der Verhältnismäßigkeit (Übermaßverbot). Maßgebend ist der Umfang des Angriffsstreiks. Je enger der Streik innerhalb des Tarifgebiets begrenzt ist, desto stärker ist das Bedürfnis der Arbeitgeberseite, den Arbeitskampf auf weitere Betriebe des Tarifgebietes auszudehnen. Der Beschluß eines Arbeitgeberverbandes, eng begrenzte Teilstreiks mit einer unbefristeten Aussperrung aller Arbeitnehmer des Tarifgebiets (hier: Bundesrepublik) zu beantworten, ist im allgemeinen unverhältnismäßig. Aussperrungsmaßnahmen, die einen unverhältnismäßigen Aussperrungsbeschluß befolgen, sind rechtswidrig. Das gilt auch dann, wenn sich nur so wenige Verbandsmitglieder dem Arbeitskampf anschließen, daß im Ergebnis nicht unverhältnismäßig viele Arbeitnehmer betroffen sind.
- Die sozialen Gegenspieler können und sollen - soweit der Gesetzgeber nicht tätig wird - das Paritätsprinzip und das Übermaßverbot durch autonome Regelungen konkretisieren. Tarifliche Arbeitskampffordnungen haben insoweit Vorrang gegenüber den von der Rechtsprechung entwickelten Grundsätzen.
- Ein generelles Aussperrungsverbot ist mit den tragenden Grundsätzen des geltenden Tarifrechts unvereinbar und deshalb unzulässig. Das gilt auch für das Aussperrungsverbot der Verfassung des Landes Hessen[346].

Zwar widersetzte sich das *BAG* in dieser Entscheidung der vielfach (vor allem von gewerkschaftsnahen Autoren) vertretenen Ansicht, daß die Arbeitgeberseite keine Arbeitskampfmittel benötige, indem es die Abwehraussperrung zuließ. Über die Zulässigkeit der Angriffsaussperrung wurde jedoch nicht entschieden. Gleichzeitig begründete das Gericht die Möglichkeit der Abwehraussperrung aus dem Paritätsprinzip, da es durch eng begrenzte Teilstreiks wegen der gefährdeten Arbeitgebersolidarität die Gefahr einer Paritätsstörung sah. Es unterwarf die Aussperrung dem bereits in der Entscheidung aus dem Jahr 1971 angesprochenen Übermaßverbot. Im Ergebnis wurde die zu beurteilende Aussperrung als rechtswidrig eingestuft, da sie dem System abgestufter Kampfmaßnahmen nicht entsprach, welches das *BAG* jedoch erst in dieser Entscheidung entwickelte[347].

- *BAG*, Urteil vom 10.06.1980

Eine Aussperrung, die gezielt nur die Mitglieder einer streikenden Gewerkschaft erfaßt, nicht organisierte Arbeitnehmer aber ausnimmt, stellt einen Verstoß gegen die positive Koalitionsfreiheit des Art. 9 III GG dar und

---

[344] *BAG*, Urt. v. 24.04.1979, DB 1979, 1655 f.
[345] Siehe *Teil II* III. 4.) cc).
[346] *BAG*, Urt. v. 10.06.1980, DB 1980, 1266 ff. = NJW 1980, 1642 ff. = AP Nr. 64, 65 zu Art. 9 GG Arbeitskampf.
[347] Vgl. dazu *BAG*, Urt. v. 10.06.1980, AZ: 1 AZR 822/97, NJW 1980, 1642 (1651) und *BAG*, Urt. v. 10.06.1980, AZ: 1 AZR 168/79, DB 1980, 1274 f. = AP Nr. 64, 65 zu Art. 9 GG Arbeitskampf.

ist rechtswidrig. Eine Differenzierung nach der Gewerkschaftszu-gehörigkeit ist durch keine sachlichen Gründe gerechtfertigt. Anders kann es bei bestimmten Arbeitnehmergruppen und Produktionssparten sein[348].

Ist aus diesem Grund eine Aussperrung rechtswidrig, so scheidet auch eine Umdeutung des rechtswidrigen in einen rechtmäßigen Aussperrungsbeschluß aus, denn die angemessene Begrenzung des Kampfrahmens macht taktische Entscheidungen notwendig, welche die Gerichte nicht ersetzen können und dürfen[349].

- *BAG*, Beschlüsse vom 22.12.1980

In dem ersten Beschluß von diesem Tag beschäftigte sich das *BAG* mit dem Arbeitskampfrisiko und den Fernwirkungen eines Streiks. Grundsätzlich trifft den Arbeitgeber das Betriebs- und Wirtschaftsrisiko. Dies gilt aber nicht uneingeschränkt bei Störungen, die auf einem Streik in einem anderen Betrieb beruhen und die Fortsetzung des Betriebes ganz oder teilweise unmöglich oder wirtschaftlich unzumutbar machen.

Das Arbeitskampfrisiko bei Fernwirkungen eines Streiks tragen die Arbeitskampfparteien, wenn diese Fernwirkungen das Kräfteverhältnis der kampfführenden Parteien beeinflussen. In diesem Fall haben die betroffenen Arbeitnehmer für die Dauer der Störung weder Beschäftigungs- noch Vergütungsansprüche. Das ist der Fall, wenn die für den mittelbar betroffenen Betrieb zuständigen Verbände mit den unmittelbar kampfführenden Verbänden identisch oder organisatorisch eng verbunden sind[350].

Auf betrieblicher Ebene bedeutet das nicht, daß die Rechtsgrundsätze des Arbeitskampfrisikos automatisch zu einer betrieblichen Arbeitszeitregelung führen. Innerbetrieblich bleibt vielmehr ein erheblicher Regelungsspielraum in bezug auf die Modalitäten, so daß auch das Mitbestimmungsrecht des Betriebsrats gem. § 87 I Nr. 2 und Nr. 3 BetrVG gegeben ist. Die Voraussetzungen und der Umfang der Arbeitszeitverkürzung hingegen sind durch das Recht vorgeschrieben und somit von der Zustimmung der Betriebsrates nicht abhängig[351].

In einer weiteren Entscheidung vom 22.12.1980 bestätigte das oberste deutsche Arbeitsgericht die Grundsätze des Arbeitskampfrisikos, wenn ein Arbeitskampf mittelbar zu Störungen in Betrieben führt, die weder vom Streik noch von einer Aussperrung unmittelbar betroffen sind. Neu ist jedoch, daß es keinen Unterschied machen soll, ob die Betriebsstörung auf einem rechtmäßigen Streik oder auf einer rechtswidrigen Abwehraussperrung beruht. Diese Änderung der Rechtsprechung wird damit begründet, daß die Funktion der Abwehraussperrung der Ausgleich des Kampfübergewichts der angreifenden Gewerkschaft ist und deshalb die Folgen der Abwehraussperrung genauso behandelt werden müssen wie die des vorangegangenen, die Parität störenden Teilstreiks[352].

Zum Problem des Mitbestimmungsrechts des Betriebsrats bezüglich des Regelungsspielraums bei der Anwendung der Grundsätze des Arbeitskampfrisikos wurde festgehalten, daß ein derartiges Mitbestimmungsrecht wegen der Neutralitätspflicht (§ 74 II BetrVG) entfällt, wenn Teile der von dem Betriebsrat vertretenen Belegschaft selbst streiken oder ausgesperrt werden[353].

3. Auswertung der Entscheidungen des *BAG* von 1955 bis 1980

a) Allgemeines

Im Rahmen der folgenden Auswertung werden die Anzahl der zugunsten der Arbeitgeber und zugunsten der Arbeitnehmer entschiedenen Rechtsfragen sowie der inhaltlichwertende Vergleich dieser Urteile und Beschlüsse unterschieden. Bei der Analyse, inwiefern sich inhaltliche Änderungen durch die Rechtsprechung auf das rechtliche Kräftegleichgewicht ausgewirkt haben, ist zu bedenken, daß es *die* richtige Einstufung einer Entscheidung und ihrer Auswirkungen nicht gibt. Ob ein Urteil nur in geringem Maße oder in besonders hohem Grad auf die Parität eingewirkt hat, kann wissenschaftlich nicht eindeutig festgestellt werden. Hier spielen - wenn auch oft unbewußt - die politischen Grundüberzeugungen der beurteilenden Person eine nicht unerhebliche Rolle.

---

[348] *BAG*, Urt. v. 10.06.1980, AZ: 1 AZR 331/79, DB 1980, 1355 = AP Nr. 66 zu Art. 9 GG Arbeitskampf.
[349] *BAG*, Urt. v. 10.06.1980, AZ: 1 AZR 331/79, DB 1980, 1355 = AP Nr. 66 zu Art. 9 GG Arbeitskampf.
[350] *BAG*, Urt. v. 22.12.1980, AZ: 1 ABR 2/79, DB 1981, 321= AP Nr. 70 zu Art. 9 GG Arbeitskampf.
[351] *BAG*, Urt. v. 22.12.1980, AZ: 1 ABR 2/79, DB 1981, 321= AP Nr. 70 zu Art. 9 GG Arbeitskampf.
[352] *BAG*, Urt. v. 22.12.19880, AZ: 1 ABR 76/79, DB 1981, 327 = AP Nr. 71 zu Art. 9 GG Arbeitskampf.
[353] *BAG*, Urt. v. 22.12.19880, AZ: 1 ABR 76/79, DB 1981, 327 = AP Nr. 71 zu Art. 9 GG Arbeitskampf.

b) Anzahl der veröffentlichten *BAG*-Entscheidungen im Zeitraum 1955 bis 1980

In den Jahren 1955 bis 1980 (einschließlich) sind insgesamt 45 Entscheidungen publiziert worden. In einem Zeitraum von 25 Jahren ergingen also 1,8 arbeitskampfrechtliche Entscheidungen pro Jahr - eine nicht sehr hohe Zahl.

c) Zugunsten der Arbeitgeber bzw. Arbeitnehmer entschiedene Rechtsfragen

Hier sollen nicht die Auswirkungen der Entscheidungen des *BAG* auf die Tarifpartner insgesamt gegenübergestellt werden. Untersucht wird nur die Frage, zu wessen Gunsten jeweils die Rechtsfragen der Urteile und Beschlüsse entschieden wurden. Auf der einen Seite stehen dabei die Arbeitgeber und Arbeitgeberverbände, auf der anderen die Gewerkschaften, Betriebsräte und der einzelne Arbeitnehmer.

Im Rahmen der 45 veröffentlichten Entscheidungen wurden insgesamt 25 Rechtsfragen zugunsten der Arbeitnehmer beantwortet, 28 waren für die Arbeitgeber positiv.

Zahlenmäßig wurden die Rechtsfragen in nahezu ausgeglichener Weise zugunsten der Arbeitnehmer bzw. Gewerkschaften bzw. Betriebsräte und zugunsten der Arbeitgeber beantwortet. Dieses Ergebnis spricht auf den ersten Blick für Kampfparität in rechtlicher Hinsicht. Entscheidend ist aber nicht die bloße Zahl positiver oder negativer Entscheidungen, sondern ob eine Stellungnahme des *BAG* zu einer Rechtsfrage eine wesentliche Veränderung herbeiführte und wesentlichen Einfluß auf das Kräftegleichgewicht im Arbeitskampf hatte.

d) Versuch einer inhaltlichen Wertung der Urteile und Beschlüsse

aa) Zum Aussperrungsrecht

(1) Einschränkungen

Durch die Entscheidung des Ersten Senats aus dem Jahr 1980 erfuhr das Aussperrungsrecht in diesem Zeitraum die wesentlichste Einschränkung: Angemessene Grenze des Kampfgebietes ist das Tarifgebiet; die Arbeitgeberseite wird verpflichtet, bei einer Abwehraussperrung gewisse Zahlenrelationen zu beachten. Der Grundsatz, daß einer Abwehraussperrung ganz generell nur die Funktion der Sicherung des Verhandlungsgleichgewichts zukommt, beschränkte dieses Kampfmittel entscheidend [354].

Eingeengt wurden die Kampfführungsmöglichkeiten auf der Arbeitgeberseite auch durch die Regel des *BAG*, wonach die gezielte Aussperrung von Gewerkschaftsmitgliedern das Grundrecht der positiven Koalitionsfreiheit verletze und daher rechtswidrig sei[355].

Eine Aussperrung sollte nur dann wirksam, wenn der Arbeitgeber mit den Ausgesperrten wieder über die Einstellung verhandeln wollte[356]. Trotz einer Aussperrung bestand das Arbeitsverhältnis im Sinne des Urlaubsrechts fort[357]. Die lösende Wirkung einer Abwehraussperrung wurde grundsätzlich verneint[358], gegenüber besonders geschützten Arbeitnehmer-

---

[354] Vgl. in *Teil III* I. 2. - *BAG*, Urt. v. 10.06.1980.
[355] *BAG*, Urt. v. 10.06.1980 (vgl. in *Teil III* I. 2.).
[356] *BAG*, Urt. v 06.12.1963 (Vgl. in *Teil III* I. 2.).
[357] Siehe in *Teil III* I. 2. - *BAG*, Urt. v. 15.06.1964.
[358] *BAG*, Beschl. (GS) v. 21.04.1971 (Vgl. in *Teil III* I. 2.).

gruppen, wie Betriebsratsmitgliedern, Schwerbehinderten, Schwangeren usw. vollkommen ausgeschlossen[359].

Im übrigen wurde in der Grundlagenentscheidung aus dem Jahr 1955 das Aussperrungsrecht durch die grundsätzliche Pflicht zur Wiedereinstellung abgemildert. Dabei wurde den Arbeitgebern ein Ermessen zugestanden, welches nur nicht offensichtlich rechtsmißbräuchlich ausgeübt werden durfte[360]. In der Folgezeit wurde dann Schwerbehinderten und werdenden Müttern[361] ein bevorzugter Wiedereinstellungsanspruch zugebilligt und die Entscheidung darüber der gerichtlichen Billigkeitskontrolle unterworfen[362].

(2) Erweiterungen

Ausweitungen des Aussperrungsrechts im untersuchten Zeitraum finden sich nicht. Soweit Entscheidungen zum Aussperrungsrecht zugunsten der Arbeitgeber existieren, handelt es sich fast ausschließlich um Detailregelungen und Präzisierungen. So wurde festgehalten, daß eine Aussperrung auf alle Arbeitnehmer eines Betriebes ausgedehnt werden kann[363]. Auch eine sukzessive Abwehraussperrung wurde unter bestimmten Voraussetzungen für zulässig erklärt[364], ebenso die Möglichkeit der Aussperrung von werdenden Müttern (wobei diese Möglichkeit durch die praktisch absolute Wiedereinstellungspflicht konterkariert wurde)[365].

bb) Zum Streikrecht

(1) Erweiterungen

Seit der Grundsatzentscheidung des Großen Senats vom 28.05.1955 wurden die Arbeitnehmer durch eine Vielzahl von Entscheidungen in ihrem Streikrecht durch die Rechtsprechung begünstigt:

Die bedeutsamste Erweiterung des Streikrechts war dabei die Tatsache, daß das *BAG* in seiner ersten Warnstreikentscheidung im Jahr 1976 von der uneingeschränkten Geltung des ultima-ratio-Prinzips abwich, indem es annahm, die kurzen Arbeitsunterbrechungen bei Warnstreiks entsprächen dem allgemeinen Grundsatz der Verhältnismäßigkeit[366].

Darüberhinaus wurden die Übernahme eines nichtgewerkschaftlichen Streiks durch das *BAG* als streiklegitimierend angesehen[367], das Recht der Arbeitnehmer zur Verweigerung direkter Streikarbeit bejaht[368] und die Lohnfortzahlung im Krankheitsfall gegenüber vor Streikbeginn erkrankten Arbeitnehmern zugestanden[369]. Gegenüber rechtswidrigen Streiks wurde die Möglichkeit eines arbeitgeberischen Mitverschuldens am Streikausbruch mit der Folge der Minderung und sogar des völligen Entfallens jeglicher Schadensersatzansprüche ausgesprochen[370]. Die Teilnahme an einem rechtmäßigen Streik ließ den Urlaubsanspruch

---

[359] *BAG*, Urt. v. 26.10.1971 (in *Teil III* I. 2.).
[360] Siehe *BAG*, Beschl. (GS) v. 28.01.1955 (in *Teil III* I. 2.).
[361] *BAG*, Urt. v. 19.10.1960 und v. 25.01.1963 - Vgl. in *Teil III* I. 2.
[362] *BAG*, Beschl. (GS) v. 21.04.1971 (in *Teil III* I. 2.).
[363] Siehe in *Teil III* I. 2. - *BAG*, Urt. v. 27.09.1957.
[364] *BAG*, Urt. v. 14.10.1960 - in *Teil III* I. 2.
[365] Vgl. in *Teil III* I. 2. - *BAG*, Urt. v. 19.10.1960 und 25.01.1963.
[366] Vgl. oben in *Teil III* I. 2. - *BAG*, Urt. v. 17.12.1976.
[367] Vgl. in *Teil III* I. 2. - *BAG*, Urt. v. 05.09.1955.
[368] Siehe *BAG*, Urt. v. 25.07.1957 (oben in *Teil III* I. 2.).
[369] Siehe in *Teil III* I. 2.: *BAG*, Urt. v. 24.02.1961.
[370] Vgl. oben in *Teil III* I. 2. - *BAG*, Urt. v. 20.12.1963.

unberührt[371]. Bei Führung eines Streiks durch eine Gewerkschaft wurde seine Rechtmäßigkeit vermutet[372]. Das Risiko der Streikteilnahme wurde für die Arbeitnehmer dadurch vermindert, daß die Kündigung gegenüber streikenden Arbeitnehmern aus wichtigem Grund bei Rechtswidrigkeit des Streiks merkbar erschwert wurde[373]. Das Risiko der Gewerkschaften, einen Streik um rechtlich zweifelhafte Ziele zu führen, minderte das *BAG* durch die Senkung des Schuldvorwurfs bei Handeln im rechtlich ungewissen Raum[374].

(2) Einschränkungen

Auf der anderen Seite schränkte das oberste deutsche Arbeitgericht das Streikrecht nur marginal ein. So wurden zum Beispiel bei einem Teilstreik auch den nichtstreikenden Arbeitnehmern der Lohnanspruch versagt[375] und ein Gleichbehandlungsverstoß beim Ausschluß Streikender von einer freiwillig gezahlten Gratifikation verneint[376]. Die Kürzung von Gratifikationen bei Arbeitsausfall durch Streikbeteiligung wurde akzeptiert[377]. Ein Krankengeldzuschuß wurde verweigert, wenn ein Streik die totale Betriebsstillegung zur Folge hat[378]. Eine Schadensersatzverpflichtung der Gewerkschaften beim Verstoß gegen eine tarifvertragliche Friedenspflicht[379] sowie bei einem wilden Streik wurde angenommen[380], ebenso die Unzulässigkeit der Unterstützung eines nichtgewerkschaftlichen Streiks durch Zahlung an die Streikenden[381]. Arbeitskämpfe zur Regelung oder Durchsetzung betriebsverfassungsrechtlicher Streitfragen wurden verboten[382] und die Mitbestimmungsrechte des Betriebsrates während eines Arbeitskampfes beschränkt[383].

cc) Weitere Beschränkungen für die Arbeitskampfführung der Arbeitgeber

(1) Zum Betriebs- und Arbeitskampfrisiko

Ursprünglich wurde das sog. Arbeitskampfrisiko (Risiko der Arbeitnehmer, nicht beschäftigt zu werden und auch keinen Lohn zu erhalten) als Ausnahme zum sog. Betriebsrisiko (Risiko des Arbeitgebers, den Lohn zahlen zu müssen, obwohl nicht gearbeitet wird) angesehen. Im Fall eines Teilstreiks im selben Betrieb und im Fall eines Streiks in einem fremden Betrieb entfiel danach aufgrund der Zurechnung zur Arbeitnehmerseite die Lohnzahlungspflicht. Letztere bestand aber fort, wenn die Ursache für den Fortfall der Beschäftigungsmöglichkeit eine Aussperrung in einem anderen Betrieb war[384]. Eine erste Einschränkung erfuhr dieser Grundsatz, als das Lohnrisiko einem Personal-Leasing-Unternehmen aufgebürdet wurde, dessen Arbeitnehmer infolge eines Streiks in einem Drittbetrieb nicht beschäftigt werden konnten[385]. Entsprechend wurde im Fall eines Rohrleitungs- und Heizungsbauunternehmen

---

[371] *BAG*, Urt. v. 15.06.1964 - siehe in *Teil III* I. 2.
[372] Siehe in *Teil III* I. 2. - *BAG*, Urt. v. 19.06.1973.
[373] Vgl. in *Teil III* I. 2. - *BAG*, Urt. v. 14.02.1978.
[374] Siehe in *Teil III* I. 2. - *BAG*, Urt. v. 21.03.1978.
[375] Siehe oben in *Teil III* I. 2. - *BAG*, Urteil v. 24.01.1958.
[376] Vgl. in *Teil III* I. 2. - *BAG*, Urt. v. 27.06.1958.
[377] *BAG*, Urt. v. 15.05.1964 - siehe in *Teil III* I. 2.
[378] Siehe in *Teil III* I. 2. - *BAG*, Urt. v. 17.12.1964.
[379] Siehe in *Teil III* I. 2. - *BAG*, Urt. v. 14.11.1958.
[380] Vgl. in *Teil III* I. 2. - *BAG*, Urt. v. 31.10.1958; bestätigt in *BAG*, Urt. v. 27.12.1958 und 20.10.1963.
[381] Siehe in *Teil III* I. 2. - *BAG*, Urt. v. 20.10.1963.
[382] Siehe dazu *BAG*, Urt. v. 17.12.1976 (*BAG* DB 1977, 728) in *Teil III* I. 2.
[383] Vgl. hierzu z.B. *BAG*, Urt. v. 14.02.1978 und *BAG*, Urt. v. 24.04.1979 (in *Teil III* I. 2.).
[384] *BAG*, Urt. v. 08.02.1957 und 24.01.1958 (Siehe in *Teil III* I. 2.).
[385] Siehe in *Teil III* I. 2. - *BAG*, Urt. v. 01.02.1973.

entschieden, das einen angestellten Monteur deshalb nicht beschäftigen konnte, weil der Betrieb bestreikt wurde, in dem dieser eine Rohrverlegungsarbeit ausführte[386].

Für die durch Streik in einem anderen Betrieb verursachte Betriebsstörung stellt das *BAG* im Hinblick auf das Lohnrisiko darauf ab, ob durch die Fernwirkungen des Arbeitskampfes das Kräfteverhältnis der kampfführenden Parteien beeinflußt werden kann. Dann haben die betroffenen Arbeitnehmer in dem nicht bestreikten Betrieb weder Beschäftigungs- noch Vergütungsansprüche. Dieser Fall tritt ein, wenn die für den mittelbar betroffenen Betrieb zuständigen Verbände mit den unmittelbar kampfführenden Verbänden identisch oder organisatorisch eng verbunden sind[387]. Diese Grundsätze gelten unabhängig davon, ob die Betriebsstörung auf einem rechtmäßigen Streik oder auf einer unrechtmäßigen Abwehraussperrung beruht[388].

(2) Rechte des Betriebsrates im Arbeitskampf

Eine weitere Beschränkung der Kampfführung auf Seiten der Arbeitgeber ist dadurch eingetreten, daß betriebsverfassungsrechtlich verankerte Rechte des Betriebsrats nur dann entfallen, wenn es sich um streikbedingte Maßnahmen handelt[389]. Die Mitbestimmungsrechte des Betriebsrates im Falle von Betriebsstörungen bleiben in diesem Fall aber insoweit bestehen, als ein Ermessensspielraum auf Seiten des Arbeitgebers vorhanden ist, z.B. bei Stilllegung oder Kurzarbeit[390].

4. Zusammenfassende Stellungnahme

a) Inhaltliche Wertung

Obwohl nach der bloßen Anzahl der Entscheidungen für die Arbeitnehmer- und für die Arbeitgeberseite im Zeitraum von 1955 bis 1980 nahezu ein Gleichgewicht besteht, zeigt der wertende inhaltliche Vergleich, daß wesentliche Entscheidungen immer zu Lasten der Arbeitgeber gingen[391].

Das Aussperrungsrecht der Arbeitgeber wurde in zunehmendem Maße eingeschränkt. Das Streikrecht der Gewerkschaften hingegen erfuhr durch die Zulässigkeit von Warnstreiks unter Außerkraftsetzung des ultima-ratio-Prinzips eine erhebliche Ausweitung[392]. Gerade diese Zulassung hat nach Ansicht der Arbeitgeber zu einer Verschiebung des Kräftegleichgewichts in rechtlicher Hinsicht geführt, da gegen die Durchführung von Warnstreiks auf Seiten der Arbeitgeber kein wirksames Gegenmittel existiert[393]. Nicht geeignet sind gegen solche Warnstreiks Abwehraussperrungen, denn bei verbandsangehörigen Arbeitgebern setzt das immer einen entsprechenden Verbandsbeschluß voraus, der aber wegen der Kürze des Warnstreiks und damit der Zeit für eine Reaktion vom Arbeitgeber nicht eingeholt werden kann[394].

---

[386] *BAG*, Urt. v. 07.11.1975 (Vgl. in *Teil III* I. 2.).
[387] *BAG*, Beschl. (GS) v. 22.12.1980 (siehe in *Teil III* I. 2.).
[388] *BAG*, Beschl. (GS) v. 22.12.1989 (vgl. in *Teil III* I. 2.).
[389] *BAG*, Urt. v. 06.03.1979 und 24.04.1979 (in *Teil III* I. 2.).
[390] *BAG*, Beschl. (GS) v. 22.12.1980 (vgl. in *Teil III* I. 2.).
[391] Die gleiche Schlußfolgerung zieht auch *Zöllner*, DB 1985, 2450.
[392] Siehe hierzu oben Teil II I. 3. d) aa) (2).
[393] Interviewangaben - siehe Anhang.
[394] Selbstverständlich spricht für die Arbeitgeber an dieser Stelle die Tatsache, daß sie aus wirtschaftlichem Interesse grundsätzlich weder an einem Streik noch an einer Aussperrung interessiert sind. Das ist aber ein Gesichtspunkt, der bei der Beurteilung, ob ein rechtliches Kräftegleichgewicht vorliegt, nicht herangezogen werden darf.

b) Inhaltliche Schlußfolgerungen aus gewerkschaftlicher Sicht

Gewerkschaften und gewerkschaftsnahe Autoren vertreten die Ansicht, daß durch die Rechtsprechung des *BAG* das Streikrecht zu stark beschränkt worden sei. Einzelentscheidungen, die bei einer isolierten Betrachtung keine wesentliche Beeinträchtigung der gewerkschaftlichen Streikfähigkeit darstellten, hätten im Rahmen von Arbeitskämpfen kumulativ Restriktionen der Arbeitskampfführung zur Folge, was zu einer strategischen Einkreisung der gewerkschaftlichen Arbeitskampffähigkeit geführt habe[395]. Dadurch sei die Parität zu Lasten der Arbeitnehmer verschoben worden.

Die eben angesprochene Beschränkung des Streikrechts ist nach den Vertretern dieser Ansicht entscheidend durch die Grundsatzurteile aus den Jahren 1955, 1971 und 1980 erfolgt, wo die Voraussetzungen für einen rechtmäßigen Streik festgelegt wurden:

- Träger eines Streiks muß eine tariffähige Partei sein (§ 2 TVG).
- Ein Streik darf nur für tarifvertraglich regelbare Ziele iSd. § 1 TVG geführt werden.
- Ein Streik muß ultima-ratio, d.h. letztes Mittel zur Durchsetzung gewerkschaftlicher Forderungen in Tarifbewegungen sein.
- Ein Streik darf nur unter Berücksichtigung der tarifvertraglichen Friedenspflicht geführt werden.
- Ein Streik muß den Prinzipien einer fairen Kampfführung und dem Gebot der Verhältnismäßigkeit entsprechen. Er darf nicht die wirtschaftliche Vernichtung des Gegners zum Ziel haben und nicht gegen die guten Sitten, die Strafgesetze oder andere Rechtsvorschriften verstoßen[396].

Die oben angesprochene strategische Einkreisung der gewerkschaftlichen Arbeitskampffähigkeit wird nach Ansicht von *Hindrichs/Mäulen/Scharf* bis zum Jahr 1980 dadurch hervorgerufen, daß aufgrund der Ausbreitung neuer Technologien in Produktions-, Verwaltungs- und Dienstleistungsarbeiten eine Vervielfältigung des Einsatzes verschiedener Kampfinstrumente, die Praktizierung unterschiedlicher Kampfformen und eine dem jeweiligen Arbeitskampfverlauf adäquate Veränderung der Streikorganisation und -durchführung erforderlich würde. Das sei aber durch die rechtlichen Rahmenbedingungen nicht gewährleistet[397]. Im einzelnen werden folgende Gesichtspunkte angesprochen:

- Bei einer sogenannten kalten Aussperrung[398] entfalle aufgrund der Arbeitskampfrisikolehre entsprechend dem Urteil aus dem Jahr 1980 und der Neufassung des § 116 AFG[399] im Jahr 1986 bei einem Arbeitskampf der Lohnersatzanspruch im allgemeinen auch für branchengleiche, nur mittelbar von Streik oder Aussperrung Betroffene. Für derartige Arbeitnehmer werde von keinerlei Seite eine Arbeitskampfunterstützung geleistet; sie müßten den Verlust ihrer Existenzsicherung selbst tragen[400].

---

[395] *Hindrichs/Mäulen/Scharf*, Neue Technologien und Arbeitskampf, V.4.1., S. 410.
[396] Zusammenstellung nach *Hindrichs/Mäulen/Scharf*, Neue Technologien und Arbeitskampf, II. 3.
[397] *Hindrichs/Mäulen/Scharf*, Neue Technologien und Arbeitskampf, V.4.1., S. 410.
[398] Einer kalte Aussperrung liegt vor, wenn ein nicht bestreikter Arbeitgeber aufgrund des Streiks in anderen Unternehmen und Betrieben seine Produktion nicht aufrecht erhalten kann und er nach den Grundsätzen des Arbeitskampfrisikos seinen Arbeitnehmern kein Entgelt zahlen muß, wozu er ansonsten aufgrund seines allgemeinen Betriebs- und Wirtschaftsrisiko verpflichtet ist; siehe hierzu im einzelnen *Bobke/Weinmann*, Arbeitskampfrechtsprechung und Tarifpraxis, S. 35 ff.
[399] § 116 AFG entspricht heute § 146 SGB III.
[400] *Hindrichs/Mäulen/Scharf*, Neue Technologien und Arbeitskampf, V.4.1.1., S. 412 mit Hinweis auf *Mückenberger*, § 116 AFG und das Verbot der Aussperrung, S. 108 f.

- Es gebe kein Mitbestimmungsrecht des Betriebsrates nach § 87 BetrVG bei arbeitskampfbedingter Kurzarbeit, so daß der Arbeitgeber das Vorliegen einer arbeitskampfbedingten Unmöglichkeit oder Unzumutbarkeit der Produktion einseitig, d.h. ohne Beteiligung des Betriebsrates feststellen könne[401].

c) Eigene Stellungnahme

Die gewerkschaftsnahen Autoren stützen sich bei ihren Einschätzungen im wesentlichen auf die Grundsatzentscheidungen des *BAG*. Die andauernden Einschränkungen des Aussperrungsrechts der Arbeitgeber sowie die Zulassung von Warnstreiks werden als Konsequenz der Unterlegenheit der Arbeitnehmer und als förderliche Entwicklung für die gewerkschaftliche Arbeitskampffähigkeit ange-sehen[402]. Die dogmatische Grundlage ist dabei jedoch eine vollkommen andere als die des *BAG*[403].

Auf Seiten der Arbeitgeber wurden im Gegensatz dazu keine neuen Kampfmittel entwickelt, die ihre Kampffähigkeit verstärkten. Vor allem fehlt es an einem wirksamen Gegenmittel gegen Warnstreiks. Die damit verbundenen praktischen Probleme wurden bereits oben dargestellt.

Zudem wurden die auf Arbeitgeberseite vorhandenen Kampfmittel permanent eingeschränkt. Die Entwicklungslinie der Aussperrung zeigt das deutlich. Gipfelpunkt des hier behandelten Zeitraums ist die Beschränkung der Abwehraussperrung auf das Tarifgebiet und die Schaffung von Zahlenrelationen. Das *BAG* selbst spricht in seiner Entscheidung davon, daß sich wirksame Kampfmittel in Krisenzeiten bewähren müßten, die Zeit bis 1980 von einem andauernden Aufschwung geprägt gewesen sei und sich das Arbeitskampfrecht noch nicht habe entwickeln können. Mit den Wirkungen seiner Entscheidungen hat es sich aber nicht auseinandergesetzt. Die Interviews haben jedoch gezeigt, daß die Arbeitgeberseite bereits wegen der Zulasssung der Warnstreiks ein Übergewicht der Kräfte auf der Arbeitnehmerseite sah. Die gewerkschaftlichen Gesprächspartner andererseits bestätigten die ihrer Einschätzung nach „sehr positiven" Entscheidungen des *BAG* durchwegs[404].

Diese Äußerungen zeigen, daß sich bereits damals ein Unterlegenheitsgefühl bei den Arbeitgebern einstellte. Gerade das Gegenteil war bei den Gewerkschaften der Fall (psychologische Folge).

In rechtlicher Hinsicht liegen damit schon 1980 Anhaltspunkte für eine Verschiebung des Kräftegleichgewichts zu Lasten der Arbeitgeber vor.

---

[401] *Hindrichs/Mäulen/Scharf*, Neue Technologien und Arbeitskampf, V.4.1.2., S. 413.
[402] *Hindrichs/Mäulen/Scharf*, Neue Technologien und Arbeitskampf, V.4.1.2., S. 420.
[403] Vgl. *Teil II* I. 2.
[404] Interviewangaben - siehe Anhang.

II. Die Rechtsprechung des *BAG* der Jahre 1981 bis heute

1. Vorwort

Im folgenden wird die Rechtsprechung zum Arbeitskampfrecht nach der Zwischenbilanz im Jahr 1980 weiter im einzelnen dargestellt. Dann erfolgt eine Wertung der rechtlichen Parität insgesamt. Insbesondere stellt sich die Frage, ob in den Jahren nach 1980 eine Verschiebung des Kräftegleichgewicht zu Lasten der Arbeitgeber in den Urteilen und Beschlüssen des *BAG* zu beobachten ist oder ob nicht Anhaltspunkte für eine gegenteilige Entwicklung vorliegen. Entscheidend sind auch hier die Auswirkungen der *BAG*-Entscheidungen auf die betroffenen Kreise.

2. Die wichtigsten Entscheidungen des *BAG* in diesem Zeitraum

- *BAG*, Urteil vom 14.07.1981

Eine Gewerkschaft hat keinen Anspruch auf Aufnahme und Führung von Tarifvertragsverhandlungen. Folglich steht das ultima-ratio-Prinzip einem Arbeitskampf nicht entgegen, mit dem der Tarifgegner an den Verhandlungstisch gebracht werden soll[405].

- *BAG*, Urteil vom 09.02.1982

Ein einem Arbeitnehmer bewilligter Urlaub wird nicht dadurch unterbrochen, daß während des Urlaubs der Betrieb bestreikt wird. Der Arbeitgeber bleibt zur Zahlung des Urlaubsentgelts an den im Urlaub befindlichen Arbeitnehmer auch während der Streiktage verpflichtet. Denn das Arbeitsverhältnis ist nicht suspendiert, so daß die gegenseitigen Rechte und Pflichten der Arbeitsvertragsparteien nicht ruhen[406].

- *BAG*, Urteil vom 30.03.1982

Das *BAG* urteilte in dieser Entscheidung über die Rechtmäßigkeit einer Abmahnung, die einer Arbeitnehmerin erteilt worden war, da sie - obwohl zu Notdienstarbeiten bestellt - am Streik teilgenommen hatte. Notdienst- oder Erhaltungsmaßnahmen sind nach Ansicht des *BAG* Arbeiten, die erforderlich sind, um die Anlagen und Betriebsmittel während des Streiks so zu erhalten, daß nach Beendigung des Arbeitskampfes die Arbeit fortgesetzt werden kann. Dazu gehören auch aufgrund öffentlich-rechtlicher Verpflichtungen zu leistende Arbeiten, wenn die Verpflichtung an das Vorhandensein sächlicher Betriebsmittel oder an die Leistung anderer Erhaltungsarbeiten anknüpft. Nicht zu diesen Arbeiten sind hingegen solche zu zählen, die der Aufrechterhaltung des normalen Geschäftsbetriebes dienen oder nur deswegen notwendig sind, um andere arbeitswillige Arbeitnehmer während des Streiks weiter beschäftigen zu können[407]. Offengelassen wurde, wer eigentlich der Träger derartiger Erhaltungsarbeiten ist[408].

- *BAG*, Urteil vom 08.06.1982

Arbeitskämpfe sind nach dem Scheitern von Tarifvertragsverhandlungen, wenn eine Schlichtungsvereinbarung fehlt, nicht mehr Warnarbeitskämpfe, sondern bereits Erzwingungsarbeitskämpfe. Das rechtlich entscheidende Merkmal eines Warnstreiks ist, daß er noch vor dem Scheitern der Tarifverhandlungen und vor dem Abschluß einer ggf. vereinbarten Schlichtung geführt wird[409].

- *BAG*, Urteil vom 20.07.1982

Ein Arbeitgeber ist gem. § 1 I S.1 FLZG (Feiertagslohnzahlungsgesetz) zur Zahlung des Feiertagslohnes in Höhe des Kurzarbeitergeldes auch dann verpflichtet, wenn er ohne den Feiertag an diesem Tag nach den Grundsätzen über die Verteilung des Arbeitskampfrisikos zur Verweigerung der Lohnzahlung berechtigt wäre. Die in § 1 I

---

[405] *BAG*, Urt. v. 14.07.19812, DB 1982, 178.
[406] *BAG*, Urt. v. 09.02.1982, DB 1982, 1328 = AP Nr. 16 zu § 11 BUrlG.
[407] *BAG*, Urt. v. 30.03.1982, DB 1982, 860 und 2139.
[408] Vgl. zu den hierzu vertretenen Ansichten *BAG*, Urt. v. 30.03.1982, DB 1982, 2139/2140.
[409] Siehe dazu im einzelnen: *BAG*, Urt. v. 08.06.1982,DB 1982, 1827/1828.

S.2 FLZG enthaltene Regelung, daß die an einem gesetzlichen Feiertag infolge von Kurzarbeit ausgefallene Arbeitszeit als infolge des Feiertags ausgefallen gilt, erfaßt auch die arbeitskampfbedingte Kurzarbeit[410].

- *BAG*, Urteil vom 21.12.1982

Die mit einem Tarifvertrag seinem Wesen nach ohne weiteres verbundene Friedenspflicht dient dem Schutz des Tarifvertrages als einer Friedensordnung für den durch ihn gegenständlich erfaßten und geregelten Bereich des Arbeitslebens. Diese relative Friedenspflicht verbietet nur einen Arbeitskampf, der sich gegen den Bestand des Tarifvertrages oder gegen einzelne seiner Bestimmungen richtet, da diese Materie während der gesamten Laufzeit des Tarifvertrages kollektiven Auseinandersetzungen entzogen sein soll. Eine darüber hinausgehende Friedenspflicht ist nur dann gegeben, wenn eine besondere Vereinbarung der Tarifvertragsparteien existiert. Allein der Umstand, daß die beteiligten Tarifvertragsparteien seit langer Zeit fortlaufende Tarifverträge abgeschlossen habe, kann nicht zu einer erweiterten Friedenspflicht über die tariflichen Regelungsgegenstände hinaus führen.

Ein Sympathiestreik zur Unterstützung eines in einem anderen Tarifbereich geführten Arbeitskampfes verstößt nicht gegen die relative Friedenspflicht[411].

In prozessualer Hinsicht nahm das *BAG* den Arbeitgeberverbänden die Möglichkeit, im Wege gewillkürter Prozeßstandschaft Rechtsansprüche ihrer Mitglieder auf Unterlassung bestimmter Arbeitskampfmaßnahmen gegen die Gewerkschaften zu verfolgen. Sie haben keine eigenen rechtsschutzwürdigen Interessen. Eine Prozeßstandschaft folgt weder aus der Stellung als Tarifvertragspartei noch aus Gründen der Prozeßökonomie noch aus der allgemeinen Stellung der Koalitionen als Ordnungsfaktoren des Arbeitslebens[412].

- *BAG*, Urteil vom 19.07.1983

In diesem Verfahren wurde um die Vorschrift des § 11 Nr. 5 des Manteltarifvertrages für den Berliner Einzelhandel vom 15.07.1977 gestritten. Danach war den Tarifkommissionsmitgliedern zur Teilnahme an den Sitzungen ihrer Kommissionen in erforderlichem Umfang Freistellung von der Arbeit unter Fortzahlung des Entgelts zu gewähren. Das *BAG* entschied, daß diese Freistellung nur insoweit durchgreift, als die Tarifkommission satzungsgemäße Aufgaben wahrnimmt. Dazu gehört aber nicht die generelle, unmittelbare Beobachtung von Warnstreiks im Tarifgebiet[413].

- *BAG*, Urteil vom 29.11.1983

Die Beteiligung von Arbeitnehmern an einem von der Gewerkschaft geführten, auf drei Tage befristeten Streik, mit dem der Abschluß eines Firmentarifvertrages erzwungen werden soll, rechtfertigt nicht ohne weiteres eine fristlose oder fristgemäße Kündigung, auch wenn die Arbeitnehmer mit der Möglichkeit rechnen mußten, daß die Gewerkschaft für ihren Betrieb nicht zuständig und daher der Streik rechtswidrig war. Entscheidend ist die Erkennbarkeit für die Arbeitnehmer. Selbst wenn sie bewußt an einem möglicherweise rechtswidrigen Streik teilgenommen haben (im konkreten Fall herrschte schon seit Jahren Streit über die Tarifzuständigkeit der *IG Chemie* für den Betrieb der Beklagten), so macht das *BAG* ihnen das nicht zum Vorwurf (im Rahmen der Interessenabwägung bei § 626 BGB). Dabei stützt es sich unter anderem auf das Argument, ein Zurückweichen der Arbeitnehmer vor der Drohung der Beklagten mit einer fristlosen Kündigung hätte jeden einzelnen Arbeitnehmer dem Vorwurf ausgesetzt, die Solidarität der Arbeitnehmer zu brechen[414].

- *BAG*, Urteil vom 12.09.1984

In diesem Rechtsstreit ging es um die Frage, ob die von der beklagten Gewerkschaft im Frühjahr 1981 während der laufenden Tarifverhandlungen organisierten Streiks rechtlich zulässig waren.

Die *IG Metall* war den Arbeitgeberverbänden der Metallindustrie gegenüber vertraglich lediglich verpflichtet, Arbeitskämpfe - auch Warnstreiks - bis zum Ablauf von vier Wochen nach Ablauf eines Tarifvertrages zu unterlassen (§ 3 Schlichtungs- und Schiedsvereinbarung 1980)[415].

---

[410] *BAG*, Urt. v. 20.07.1982, DB 1982, 2575 f.
[411] *BAG*, Urt. v. 21.12.1982, DB 1983, 1098 f.
[412] *BAG*, Urt. v. 21.12.1982, DB 1983, 1098 (1100).
[413] *BAG*, Urt. v. 19.07.1983, DB 1983, 1772 und 2695 (2696).
[414] *BAG*, Urt. v. 29.12.1983, DB 1984, 1147 ff.
[415] *BAG*, Urt. v. 12.09.1984, DB 1984, 2563 ff. = NZA 1984, 393 ff. = RdA 1985, 52 ff.

Das *BAG* leitete im Anschluß an Entscheidungen aus dem Jahr 1980[416] aus Art. 9 III GG das Streikrecht der Gewerkschaften ab. Jedoch dürfen Arbeitskämpfe nur dann eingeleitet und durchgeführt werden, wenn alle Verständigungsmöglichkeiten ausgeschöpft sind (ultima-ratio-Prinzip)[417]. Das ultima-ratio-Prinzip steht aber nicht kurzen und zeitlich befristeten Streiks entgegen, zu denen die Gewerkschaft während laufender Tarifverhandlungen (nach Abschluß der vertraglich vereinbarten Friedenspflicht) aufruft[418].

Neu in diesem Urteil ist die Zulassung von Warnstreiks der *IG Metall* in Form der sog. Neuen Beweglichkeit, wenn nur zu kurzen, zeitlich befristeten Arbeitsniederlegungen aufgerufen wird. Irrelevant ist dabei die Tatsache, daß nach Plan und Konzept gestreikt wird. Wiederholungen sind nicht in jedem Fall ausgeschlossen. Tarifverhandlungen begleitende kurzfristige Streiks sind oft die einzigen Druckmittel, die Bewegung in den Verhandlungsablauf bringen[419]. Die Verhandlungsparität zwischen Arbeitgebern und Gewerkschaften ist nicht gefährdet, erhebliche Schäden sind nicht zu erwarten[420].

Zulässig ist es, daß die Gewerkschaft Auszubildende zur Teilnahme an kurzen zeitlich befristeten Warnstreiks dann auffordert, wenn über die Ausbildungsvergütung verhandelt wird. Denn das, was tariflich geregelt werden kann, muß letztlich durch Arbeitskampf durchgesetzt werden können[421].

Verneint wurde ein eigener deliktischer Anspruch eines Arbeitgeberverbandes gegen eine Gewerkschaft auf Unterlassung rechtswidriger Arbeitskämpfe. Die von rechtswidrigen Arbeitskämpfen betroffenen Unternehmen können Unterlassungs- und Schadensersatzansprüche unmittel-bar gegen die Gewerkschaft geltend machen[422].

- *BAG*, Beschluß vom 23.10.1984

Das Streikrecht wird nach ständiger Rechtsprechung nur zur Durchsetzung solcher Ziele und Forderungen gewährt, die Gegenstand eines Tarifvertrags sein können. Nur insoweit besteht ein unmittelbarer Zusammenhang zwischen Tarifautonomie, Tarifvertrag und Arbeitskampf[423]. Ein Recht, der Arbeit schon dann fernzubleiben, wenn dies allgemein der Durchsetzung von Arbeitnehmerinteressen dient, gibt es nicht. Proteste und Demonstrationen geben einem Arbeitnehmer auch dann kein Recht, der Arbeit fernzubleiben oder die Arbeit niederzulegen, wenn er damit auf Mißstände oder soziale Unzuträglichkeiten hinweisen will[424].

- *BAG*, Urteil vom 29.01.1985

Diesem Rechtsstreit lag ebenfalls der Streik der *IG Metall* aus dem Frühjahr 1981 zugrunde. Das oberste deutsche Arbeitsgericht hielt in diesem Urteil an seiner Entscheidung vom 12.09.1984 fest[425], wonach kurze befristete Warnstreiks in der Form der Neuen Beweglichkeit während laufender Tarifverhandlungen zulässig sind[426].

- *BAG*, Urteil vom 05.03.1985

Auslöser dieses Verfahrens war ein Sympathiestreik der *IG Druck und Papier* aus dem Jahr 1981. Ein Sympathiestreik einer Gewerkschaft, mit dem sie zugunsten einer anderen Gewerkschaft in einen Tarifkonflikt

---

[416] *BAG*, Urt. v. 10.06.1980, E 33, 140, DB 1980, 1274 = AP Nr. 64 zu Art. 9 GG Arbeitskampf und *BAG*, Urt. v. 12.09.1984, DB 1984, 2563 LS 2.
[417] Im Anschluß an *BAG*, Beschl. (GS) v. 21.04.1971, E 23, 292 = DB 1971, 1061 = AP Nr. 43 zu Art. 9 GG Arbeitskampf = DB 1984, 2563 LS 3 a).
[418] *BAG*, Urt. v. 12.09.1984, DB 1984, 2563 LS 3 b).
[419] Vgl. *BAG*, Urt. v. 12.09.1984, DB 1984, 2563 (2570) mit Hinweis auf *Dorndorf/Weiss*, Warnstreiks und vorbeugender Rechtsschutz gegen Streiks, S. 96.
[420] *BAG*, Urt. v. 12.09.1984, DB 1984, 2563 (2570); ausführliche Begründungen zu beiden Behauptungen mit tatsächlichen Zahlenangaben sucht man aber vergeblich!
[421] *BAG*, Urt. v. 12.09.1984, DB 1984, 2563 LS 5.
[422] Vgl. *BAG*, Urt. v. 12.09.1984, DB 1984, 2563 LS 6.
[423] *BAG*, Urt. v. 23.10.1984, DB 1985, 1239 (1240) unter Hinweis auf *BAG*, Beschl. (GS) v. 21.04-1971, E 23, 292, 306 ff. = DB 1971, 1061 = AP Nr. 43 zu Art. 9 GG Arbeitskampf und *BAG*, Urt. v. 10.06.1980, E 33, 140, 151 = DB 1980, 1267 = AP Nr. 64 zu Art. 9 GG Arbeitskampf.
[424] Vgl. *BAG*, Urt. v. 23.10.1984, DB 1985, 1239 (1240).
[425] Siehe hierzu *BAG*, Urt. v. 12.09.1984, DB 1984, 2563 ff.
[426] *BAG*, Urt. v. 29.01.1985, DB 1985, 1695 ff. = AP Nr. 85 zu Art. 9 GG Arbeitskampf.

mit einem einzelnen Unternehmen um den Abschluß eines Firmentarifvertrages eingreift, ist in der Regel rechtswidrig[427].

Im Rahmen der Schadensersatzpflicht einer Gewerkschaft bei einem rechtswidrigen Streik stellt der streikbedingte Produktionsausfall keinen Schaden im Sinne von § 249 BGB dar. Der geschädigte Unternehmer kann aber geltend machen, er hätte in der ausgefallen Arbeitszeit Güter erzeugt, die er am Markt zu kostendeckenden Preisen abgesetzt hätte. Der Schaden besteht dann in Höhe der entgangenen Einnahmen. Die Darlegungs- und Beweislast, daß kostendeckend gearbeitet wird, ist durch § 252 S. 2 BGB erleichtert[428].

- *BAG*, Urteil vom 12.03.1985

In diesem Urteil mußte sich das *BAG* nochmals mit der Aussperrung in der Druckindustrie während des Arbeitskampfes 1978 auseinandersetzen, der schon zu den Entscheidungen vom 10.06.1980 geführt hatte[429]. Ebenso wie in den Vorentscheidungen erklärte das *BAG* die bundesweite und unbefristete Aussperrung wegen des Verstoßes gegen den Grundsatz der Verhältnismäßigkeit für rechtswidrig. Hervorgehoben wurde wiederum, daß es bei dieser Prüfung allein auf den Aussperrungsbeschluß ankommt und nicht auf die tatsächlich ausgesperrten Arbeitnehmer[430].

- *BAG*, Urteil vom 10.09.1985

Es verstößt weder gegen den Grundsatz der Kampfparität noch gegen den Grundsatz der Neutralität des Staates im Arbeitskampf, wenn die *Deutsche Bundespost* bei einem Streik ihrer Arbeitnehmer um den Abschluß eines Tarifvertrages Beamte auf bestreikten Arbeitsplätzen einsetzt. Die Gewerkschaft kann nicht verlangen, daß die *Bundespost* einen solchen Einsatz unterläßt[431]. Der Beamteneinsatz zur Streikarbeit bei Arbeitskämpfen im öffentlichen Dienst erfolgt unter anderen rechtlichen Bedingungen, als in der Privatwirtschaft[432]. Dies geht zurück auf eine Entscheidung des *BVerwG* aus dem Jahr 1984, wonach Beamte nicht zur Verweigerung von Streikarbeit berechtigt sind[433].

- *BAG*, Urteil vom 22.10.1986

Für die Dauer einer rechtmäßigen Aussperrung besteht kein Anspruch auf Zuschuß zum Mutterschaftsgeld nach § 14 I MuSchuG[434]. Der Zuschuß zum Mutterschaftsgeld ist nach der ständigen Rechtsprechung des *BAG*[435] ein Anspruch auf Entgeltfortzahlung in der im Gesetz näher bestimmten Höhe. Da während eines rechtmäßigen Arbeitskampfes die Hauptpflichten aus dem Arbeitsverhältnis suspendiert sind, ist auch der Arbeitgeber von der Zahlung befreit. Mutterschutzrechtliche Gründe stehen nicht entgegen[436].

- *BAG*, Beschluß vom 16.12.1986

Ist eine Aussperrung rechtmäßig und wird dabei in zulässiger Weise nur ein Teil der im Betrieb beschäftigten Arbeitnehmer ausgesperrt, so hat der Betriebsrat kein Mitbestimmungsrecht, wenn der Arbeitgeber zur Unterscheidung der nicht ausgesperrten Arbeitnehmer von den ausgesperrten den mit dem Betriebsrat vereinbarten Werksausweis dahin verändert, daß dieser für die Dauer der Aussperrung zusätzlich den Ausweisinhaber als nicht ausgesperrten Arbeitnehmer kennzeichnet. Diese Maßnahme dient unmittelbar der praktischen Durchführung der Aussperrung selbst und ist daher eine Maßnahme des Arbeitskampfes.

---

[427] *BAG*, Urt. v. 29.01.1985, DB 1985, 1695 ff. = AP Nr. 85 zu Art. 9 GG Arbeitskampf.
[428] *BAG*, Urt. v. 29.01.1985, DB 1985, 1695 LS 2 = AP Nr. 85 zu Art. 9 GG Arbeitskampf.
[429] Vgl. *BAG*, Urt. v. 10.06.1980, E 33, 140, 150 ff. = DB 1980, 1266 ff. = AP Nr. 64 zu Art. 9 GG Arbeitskampf und DB 1980, 2040 = AP Nr. 67 zu Art. 9 GG Arbeitskampf; im einzelnen siehe dazu oben *Teil II* III 4. a) cc) und in *Teil II* I. 2. (Urteile v. 10.06.1980).
[430] *BAG*, Urt. v. 12.03.1985, DB 1985, 1894 (Leitsätze) = NZA 1985, 537 ff.
[431] *BAG*, Urt. v. 10.09.1985, DB 1985, 2004 und 2354 (Leitsatz).
[432] *BAG*, Urt. v. 10.09.1985, DB 1985, 2354 (2355) = NZA 1985, 814 ff.
[433] BVerwG, Urt. v. 10.05.1984 - Az: 2 C 18.82, E 69, 208 = EzA Art. 9 GG Arbeitskampf Nr. 52 = NJW 1984, 2713.
[434] *BAG*, Urt. v. 22.10.1986, DB 1987, 1363 (Leitsatz).
[435] Siehe dazu *BAG*, E 46,174 (178) = DB 1984, 2714 = AP Nr. 2 zu § 14 MuSchuG 1968 und *BAG*, DB 1986, 2499.
[436] *BAG*, Urt. v. 22.10.1986, DB 1987, 1363 f.

- *BAG*, Urteile vom 05.05.1987

Zu entscheiden war im ersten der beiden Verfahren, ob ein Arbeitnehmer während seines Erholungsurlaubs für die Zeit der Teilnahme an einer Betriebsversammlung einen Anspruch auf Vergütung nach § 44 I S. 1 oder S. 2 BetrVG hat. Die betriebliche Arbeitszeit im Sinne des § 44 BetrVG (Anspruchsvoraussetzung) ist nicht dadurch berührt, daß wegen arbeitskampfbedingter Betriebsstörungen zeitweise im Betrieb nicht gearbeitet wird. Arbeitszeit im Sinne dieser Vorschrift ist nur die Zeit, während der ein erheblicher Teil der Belegschaft arbeitet. Der Arbeitgeber ist also zur Zahlung verpflichtet. Eine Störung der Kampfparität liegt nicht vor. Die Vergütung für die Zeit der Teilnahme an Betriebsversammlungen gehört zu den Lohnnebenkosten, die unabhängig davon anfallen, ob und in welchem Umfang in einem Betrieb ein Arbeitskampf stattfindet oder nicht[437].

Zum selben Ergebnis mit exakt der gleichen Begründung gelangte das Gericht im zweiten Urteil vom 05.05.1987. Dort handelte es sich um einen Betrieb, in dem kurzgearbeitet wurde und die Arbeitnehmer zur Betriebsversammlung gingen [438].

- *BAG*, Urteile vom 04.08.1987

Zwischen dem *Bundesverband Druck e.V.* und der *IG Druck und Papier* bestand eine Vereinbarung zur Wiederherstellung des Arbeitsfriedens vom 06.07.1984, die anläßlich der Beendigung des Arbeitskampfes aus dem Jahr 1984 abgeschlossen worden war. Sie lautete in Auszügen wie folgt:

1. Jede persönliche Maßregelung von Beschäftigten wegen Beteiligung an dem Tarifkonflikt in der Druckindustrie 1984 unterbleibt oder wird rückgängig gemacht, falls sie bereits erfolgt ist.
2. Soweit Ansprüche oder Anwartschaften von der ununterbrochenen Dauer des Arbeitsverhältnisses oder der Betriebszugehörigkeit ... abhängen, gelten das Arbeitsverhältnis und die Betriebszugehörigkeit ... der betreffenden Arbeitnehmer durch die Arbeitskampfmaßnahmen als nicht unterbrochen.[439]

Die Zahlung einer Zulage an Arbeitnehmer allein dafür, daß sie sich an dem Streik nicht beteiligt haben, stellt eine unzulässige Maßregelung der streikenden Arbeitnehmer im Sinne der Nr. 1 des Maßregelungsverbots dar[440]. Eine Maßregelung ist jede unterschiedliche Behandlung der Arbeitnehmer, die nach der Teilnahme am Arbeitskampf unterscheidet, soweit diese Unterscheidung nicht schon durch die Rechtsordnung selbst vorgegeben ist[441]. Rechtsfolge des Verstoßes ist ein Anspruch der streikenden Arbeitnehmer auf die gleiche Zahlung, wie sie ihre nichtstreikenden Kollegen erhalten haben, da die Rückforderung der Zahlung von letzteren weitgehend rechtlich, zumindest aber tatsächlich nicht in Betracht kommt[442].

In dem zweiten Urteil vom gleichen Tag hielt das *BAG* fest, daß die Beteiligung an einem Streik das Arbeitsverhältnis rechtlich nicht unterbricht[443]. Das kann allein eine lösende Aussperrung bewirken[444]. Somit stand die Nr. 2 der oben dargestellten Vereinbarung der Kürzung der tariflichen Jahresleistung nach § 9 des Manteltarifvertrages für die gewerblichen Arbeitnehmer der Druck-industrie im Gebiet der BRD entgegen[445].

---

[437] *BAG*, Urt. v. 05.05.1987, DB 1987, 1945 (1947).
[438] *BAG*, Urt. v. 05.05.1987, DB 1987, 1947.
[439] *BAG*, Urt. v. 04.08.1987, DB1987, 2470.
[440] *BAG*, Urt. v. 04.08.1987, E 56, 6 = DB 1987, 1692 und 2470 f. = AP Nr. 88 zu Art. 9 GG Arbeitskampf.
[441] *BAG*, Urt. v. 04.08.1987, DB 1987, 2470 (2471) = AP Nr. 88 zu Art. 9 GG Arbeitskampf: als Beispiel dafür führt das *BAG* eine schon bestehende und nach Abschluß des Arbeitskampfes nur noch zu vollziehende Gratifikationsordnung an.
[442] So das *BAG*, Urt. v. 04.08.1987, DB 1987, 2470 (2471) = AP Nr. 88 zu Art. 9 GG Arbeitskampf unter Hinweis auf *BAG*, E 33, 57 = DB 1980, 1650 = AP Nr. 44 zu § 242 BGB Gleichbehandlungsgrundsatz und *BAG*, DB 1986, 542 = AP Nr. 136 zu Art. 3 GG.
[443] *BAG*, Urt. v. 04.08.1987, DB 1988, 183 (184).
[444] *BAG*, Urt. v. 04.08.1987, DB 1988, 183 (184) unter Hinweis auf *BAG*, E 23, 292 = DB 1971, 1061 = AP Nr. 43 zu Art. 9 GG Arbeitskampf.
[445] *BAG*, Urt. v. 04.08.1987, DB 1988, 183 (Leitsatz).

- *BAG*, Urteil vom 12.01.1988

Sympathie- oder Solidaritätsstreiks sind in der Regel rechtswidrig. Ein Sympathiestreik dient nicht unmittelbar dem Abschluß des umkämpften Tarifvertrages. Er ist nicht darauf gerichtet, den Widerstand des Tarifpartners zu brechen[446].

- *BAG*, Urteil vom 26.04.1988

Die Zulässigkeit von Abwehraussperrungen wurde - gestützt auf das geltende Tarifrecht und die Tarifautonomie - bestätigt. Dem bundesrechtlich garantierten Aussperrungsrecht steht auch nicht das Aussperrungsverbot der Hessischen Verfassung entgegen, da dieses zumindest insoweit nichtig ist, als es eine suspendierende Abwehraussperrungen betrifft[447].

Unter Aufgabe der früheren Rechtsprechung wurde darüber hinaus den Tarifvertragsparteien ein gerichtlich durchsetzbarer Unterlassungsanspruch von rechtswidrigen Arbeitskampfmaßnahmen gegen den Tarifpartner zugestanden[448].

- *BAG*, Urteile vom 31.05.1988

In den drei Urteilen von diesem Tag ging es um das Problem der Feiertagsbezahlung im Zusammenhang mit Aussperrungen.

- Die Arbeitsverhältnisse der streikenden Arbeitnehmer bleiben auch nach Mitteilung des Streikaufrufs an den Arbeitgeber solange suspendiert, bis die Gewerkschaft dem Arbeitgeber oder dessen Verband das Ende des Streiks mitteilt[449].
- Die in die Zeit einer Aussperrung fallenden gesetzlichen Feiertage sind auch dann nicht zu bezahlen, wenn für den auf den Feiertag folgenden Werktag, den sog. Brückentag, durch Betriebsvereinbarung Betriebsruhe unter Anrechnung auf den Tarifurlaub vereinbart ist. Voraussetzung für einen derartigen Anspruch ist immer, daß der gesetzliche Feiertag die alleinige Ursache für den Arbeitsausfall ist[450].
- Ein bewilligter Urlaub wird nicht dadurch widerrufen, daß der Arbeitgeber die Arbeitnehmer des Betriebs für eine Zeit aussperrt, in die der bewilligte Urlaub ganz oder teilweise fällt. Im übrigen hat ein Arbeitgeber die in einen bewilligten Urlaub fallenden gesetzlichen Feiertage auch dann zu bezahlen, wenn für die nicht in Urlaub befindlichen Arbeitnehmer die Feiertagsbezahlung infolge der Aussperrung entfällt[451].

- *BAG*, Urteile vom 07.06.1988

Ein Streik, durch den der Arbeitgeber veranlaßt werden soll, den Antrag beim Arbeitsgericht auf Ersetzung der Zustimmung des Betriebsrats zur Kündigung eines Betriebsratsmitglieds zurückzunehmen, ist rechtswidrig. Das Streikrecht dient ausschließlich als Hilfsinstrument zur Sicherung der Tarifautonomie und darf folglich auch nur als Instrument zur Durchsetzung tariflicher Regelungen eingesetzt werden[452]. Dem klagenden Arbeitgeber wurde ein Schadensersatzanspruch gem. § 823 BGB wegen Eingriffs in den eingerichteten und ausgeübten Gewerbebetrieb zugesprochen.

Weiter erklärte das *BAG* die Aussperrung von arbeitsunfähig erkrankten und schwerbehinderten Arbeitnehmern für zulässig. Einen Anspruch auf Lohnfortzahlung hat ein Arbeitnehmer nur dann, wenn die Krankheit die alleinige Ursache der Arbeitsverhinderung ist. Gemäß § 18 VII SchwbG ist das Arbeitsverhältnis eines Schwerbehinderten in diesem Fall von einem Arbeitskampf betroffen und kann sogar gelöst werden.

Ergänzend stellt das *BAG* zudem fest, daß bei der Ermittlung der Anzahl der vom Aussperrungsbeschluß betroffenen Arbeitnehmer sog. kalt Ausgesperrte keine Berücksichtigung finden[453].

---

[446] Vgl. *BAG*, Urt. v. 12.01.1988, DB 1988, 1270 f. unter Hinweis auf *BAG*, E 48, 160 = DB 1985, 1695 = AP Nr. 85 zu Art. 9 GG Arbeitskampf = NZA 1988, 474 f.
[447] *BAG*, Urt. v. 26.04.1988, DB 1988, 1902 ff.
[448] *BAG*, Urt. v. 26.04.1988, DB 1988, 1902 ff.
[449] *BAG*, Urt. v. 31.05.1988, DB 1988, 2260 ff.
[450] *BAG*, Urt. v. 31.05.1988, DB 1988, 2261.
[451] *BAG*, Urt. v. 31.05.1988, DB 1988, 2262.
[452] *BAG*, Urt. v. 07.06.1988, DB 1988, 2102 ff.
[453] Vgl. hierzu *BAG*, Urt. v. 07.06.1988, DB 1988, 2104.

- *BAG*, Urteil vom 21.06.1988

Betriebsblockaden sind jedenfalls dann unzulässige Kampfmittel und rechtswidrig, wenn sie nicht in den Arbeitskampf einbezogene Firmen betreffen. Werden derartige Blockaden durchgeführt, so wird ein Schadensersatzanspruch des Arbeitgebers wegen des Eingriffs in den eingerichteten und ausgeübten Gewerbebetrieb ausgelöst. Wird in diesem Zusammenhang ein Druckzentrum blockiert, in dem mehrere Unternehmer arbeitsteilig die Herausgabe, Herstellung und Verteilung einer Tageszeitung betreiben, so liegt auch ein Eingriff in den Gewerbebetrieb des Unternehmens vor, das die Zeitung herausgibt[454].

- *BAG*, Urteil vom 21.06.1988 - Warnstreik!

In dieser Entscheidung gesteht der Senat zu, daß die Kritik an den Warnstreikentscheidungen zum Teil berechtigt ist, ändert aber am Ergebnis seiner Rechtsprechung nichts. Auch ein Warnstreik in der Form der Neuen Beweglichkeit ist keine gegenüber anderen Arbeitskampfformen privilegierte Kampfform. Er unterliegt dem ultima-ratio-Prinzip. Die frühere gegenteilige Ansicht[455] gibt der Senat auf. Im zweiten Leitsatz wird für das ultima-ratio-Prinzip nicht mehr vorausgesetzt, daß die Tarifverhandlungen förmlich für gescheitert erklärt werden müssen. Bereits in der Einleitung der Arbeitskampfmaßnahmen ist die freie und nicht nachprüfbare Entscheidung der Tarifvertragspartei zu sehen, daß die Verhandlungsmöglichkeiten ausgeschöpft sind. Insbesondere reicht die Vereinbarung eines neuen Verhandlungstermins für sich alleine nicht aus, eine Arbeitskampfmaßnahme unzulässig zu machen[456].

Weiter hebt das *BAG* hervor, daß die Verhinderung des Zu- und Abgangs von Waren und Kunden sowie die Hinderung arbeitswilliger Arbeitnehmer am Betreten des Betriebs, soweit dies über das bloße Zureden, sich am Streik zu beteiligen, hinausgeht, vom Streikrecht nicht gedeckt ist. Derartige Handlungen machen den Streik als solchen nicht rechtswidrig, verpflichten aber zum Ersatz des Schadens, der gerade durch diese Handlung entsteht. Die Gewerkschaft haftet für unerlaubte Handlungen der Streikleiter nach § 31 BGB, für solche der Streikposten nach § 831 BGB. Die streikaufrufende Gewerkschaft hat die Verpflichtung, das Kampfverhalten der Arbeit-nehmer zu beobachten und gegebenenfalls auf diese dahin einzuwirken, daß sie die Grenzen eines zulässigen Arbeitskampfes und einzelner Arbeitskampfmaßnahmen nicht überschreiten[457].

- *BAG*, Urteil vom 25.10.1988

Die Aussperrung von Betriebsratsmitgliedern mit suspendierender Wirkung im Rahmen einer Abwehraussperrung ist zulässig. Die ausgesperrten Betriebsratsmitglieder haben aber selbst dann keinen Entgeltanspruch für die aufgrund der Aussperrung ausgefallene Arbeitszeit, wenn sie während der Aussperrung Betriebsratsaufgaben wahrgenommen haben. Denn der Arbeitskampf berührt das unentgeltlich als Ehrenamt geführte Betriebsratsamt nicht[458].

- *BAG*, Urteil vom 08.11.1988

In dieser Entscheidung wurden die Grundsätze des Urteils vom 21.06.1988[459] bestätigt: Handlungen anläßlich eines Streiks, die vom Streikrecht nicht gedeckt sind, machen den Streik als solchen nicht rechtswidrig. Auch die Schadensersatzverpflichtung der Gewerkschaft selbst wurde nochmals betont, wenn Organmitglieder trotz Kenntnis der rechtswidrigen Handlungen nicht versuchen, die streikenden Arbeitnehmer davon abzuhalten. Zudem wurde die Klage gegen eine Gewerkschaft auf Unterlassung von rechtswidrigen Handlungen anläßlich eines Streiks als unbegründet abgelehnt, wenn die Gewerkschaft diese rechtswidrigen Handlungen weder geplant noch gewollt hat[460].

- *BAG*, Urteil vom 27.06.1989

Nach der Feststellung, daß Tarifverträge zur Regelung des Arbeitszeitendes im Berliner Einzelhandel allein nach § 1 I TVG zulässig sind und das Gesetz über Wettbewerbsbeschränkungen nicht gilt, kam das *BAG* auf der Basis

---

[454] *BAG*, Urt. v. 21.06.1988, DB 1988, 2647 (Leitsatz 1).
[455] Siehe dazu *BAG*, Urt. v. 12.09.1984, E 46, 322 = DB 1984, 2563 = AP Nr. 81 zu Art. 9 GG Arbeitskampf und *BAG*, Urt. v. 29.01.1995, DB 1985, 1697 = AP Nr. 83 zu Art. 9 GG Arbeitskampf.
[456] *BAG*, Urt. v. 21.06.1988, DB 1988, 1952 ff. = NZA 1988, 846 ff.
[457] *BAG*, Urt. v. 21.06.1988, DB 1988, 1952 ff. = NZA 1988, 846 ff.
[458] *BAG*, Urt. v. 25.10.1988, DB 1989, 682 f. = NZA 1989, 353 ff.
[459] Vgl. hierzu *BAG*, Urt. v. 21.06.1988, DB 1988, 1397 und 2647.
[460] *BAG*, Urt. v. 08.11.1988, DB 1989, 1087 f. = NZA 1989, 475 ff.

seiner bisherigen Rechtsprechung zu dem Ergebnis, daß die Arbeitskämpfe um einen Tarifvertrag zur Regelung des Arbeitszeitendes im Einzelhandel nicht gegen die Friedenspflicht aus dem Manteltarifvertrag für den Berliner Einzelhandel vom 02.04.1985 verstoßen haben. Dort finden sich keine Regelungen über das Arbeitszeitende. Arbeitskämpfe um eine tarifvertragliche Regelung sind keine unzulässigen politischen Arbeitskämpfe gegen eine geplante Änderung des Ladenschlußgesetzes[461].

- *BAG*, Urteil vom 15.01.1991

Ein Arbeitnehmer, der vor Beginn eines Arbeitskampfes für einen festliegenden Zeitraum von seiner Arbeitspflicht unter Fortzahlung des Arbeitsentgelts befreit war, verliert seinen Anspruch auf Fortzahlung des Entgelts nicht allein dadurch, daß während dieses Zeitraums der Betrieb bestreikt wird. Irrelevant ist dabei, ob der Arbeitnehmer sich am Streik beteiligt hätte, wenn er für diese Zeit nicht von seiner Arbeitspflicht befreit gewesen wäre. Er muß seine Teilnahme am Streik entweder erklären oder sich tatsächlich am Streikgeschehen beteiligen[462]. Bei Beginn des Streiks bereits feststehende Zeiten einer Arbeitsbefreiung unter Entgeltfortzahlung (wie z.B. eine Betriebsratsschulung) sind ebenso zu behandeln wie ein bereits bewilligter oder angetretener Urlaub[463].

- *BAG*, Urteil vom 09.04.1991

Eine Gewerkschaft, die nach dem Scheitern der Verhandlungen über den Abschluß eines Verbandstarifvertrages einen Außenseiter bestreikt, den sie nicht zu Verhandlungen aufgefordert hat, verletzt nicht schuldhaft dessen Recht am eingerichteten und ausgeübten Gewerbebetrieb, solange sie sich im Einklang mit der unangefochtenen höchstrichterlichen Rechtsprechung befindet. Begründet wird dies mit einer Entscheidung des *BGH*[464], wonach es für die Rechtmäßigkeit eines Arbeitskampfes genügt, wenn er sich gegen einen tariffähigen Sozialpartner richtet, der die Forderung auf Abschluß eines Tarifvertrages jedenfalls erfüllen kann. Gleichwohl ist das *BAG* im Gegensatz zum *BGH* aus Gründen der Rechtsklarheit der Ansicht, daß von den Gewerkschaften verlangt werden muß, daß sie die Tarifforderung gesondert gegenüber jedem Außenseiter-Arbeitgeber erheben, damit dieser auf die Forderung reagieren und sie gegebenenfalls erfüllen kann[465].

- *BAG*, Urteil vom 17.09.1991

Das *BAG* bestätigte seine bereits vorher geäußerte Meinung zur Zulässigkeit von Streikbruchprämien[466]: Derartige Zahlungen stellen einen Verstoß gegen das Maßregelungsverbot dar, wenn sie allein dafür gezahlt werden, daß sich die Zahlungsempfänger nicht am Streik beteiligt haben. Die streikenden Arbeitnehmer haben aus dem Gesichtspunkt des Gleichbehandlungsgebots einen Anspruch auf die Zulage[467].

- *BAG*, Urteil vom 01.10.1991

Eine Arbeitnehmerin, die während eines Urlaubs, der ihr vor Streikbeginn gewährt wurde, arbeitsunfähig erkrankt, hat einen Entgeltanspruch, solange sie sich nicht am Streik beteiligt[468]. Es ist zwischen Streikaufruf der Gewerkschaft und Streikteilnahme des Arbeitnehmers zu unterscheiden[469].

- *BAG*, Urteil vom 28.07.1992

Der zuständige Senat erklärte entsprechend seiner inzwischen ständigen Rechtsprechung die Zusage einer Zulage an Arbeitnehmer nach Beendigung eines Arbeitskampfes allein dafür, daß sie sich an einem Streik nicht beteiligt haben, für einen Verstoß gegen das Maßregelungsverbot (im konkreten Fall gegen das Maßregelungsverbot der Nr. 1 der Vereinbarung vom 28.02.1989 zwischen dem *Hauptverband der Papier, Pappe und Kunststoffe verarbeitenden Industrie e.V.* und der *Industriegewerkschaft Medien, Druck und Papier*).

---

461 *BAG*, Urt. v. 27.06.1989, DB 1989, 2228 (2231) = NZA 1989, 969 ff.
462 *BAG*, Urt. v. 15.01.1991, DB 1991, 1465 (Leitsatz) = AP Nr. 114 zu Art. 9 GG Arbeitskampf.
463 Vgl. dazu *BAG*, DB 1982, 1328 = AP Nr.16 zu § 11 BUrlG.
464 Siehe hierzu BGH, DB 1978, 687 = AP Nr. 56 zu Art. 9 GG Arbeitskampf.
465 *BAG*, Urt. v. 09.04.1991, DB 1991, 2295 f. = NZA 1991, 815 f.
466 Siehe hierzu *BAG*, Urt. v. 04.08.1987, E 56, 6 = DB 1987, 1692 und 2470 = AP Nr. 88 zu Art. 9 GG Arbeitskampf.
467 *BAG*, Urt. v. 17.09.1991, DB 1992, 326 = NZA 1992, 164.
468 *BAG*, Urt. v. 01.10.1991, DB 1992, 43 f. = NZA 1992, 163 f.
469 Vgl. dazu auch *BAG*, Urt. v. 15.01.1991, DB 1991, 1465 = NZA 1993, 37 f. = AP Nr. 114 zu Art. 9 GG Arbeitskampf und DB 1988, 1277.

Zugleich wurde es als sachlicher Grund für die Zahlung einer derartigen Prämie an nichtstreikende Arbeitnehmer anerkannt, wenn alle Begünstigten während des Streiks Belastungen ausgesetzt waren, die erheblich über das normale Maß der mit jeder Streikarbeit verbundenen Arbeitserschwerung hinausgehen. Die psychischen Belastungen, denen arbeitswillige Arbeitnehmer durch Kritik der Streikenden und durch Streikposten, Streikgassen usw. ausgesetzt sind, reichen dafür aber nicht aus[470].

- *BAG*, Urteil vom 11.08.1992

Auch ein einzelner Arbeitgeber kann im Rahmen der Verhältnismäßigkeit Kurzstreiks mit Abwehraussperrungen beantworten. Dazu muß er nicht einem Arbeitgeberverband angehören. Eine Aussperrung von zwei Tagen, mit der auf einen für eine halbe Stunde ausgerufenen Streik reagiert wird, verletzt aber nach Ansicht des *BAG* das Übermaßverbot.
Im übrigen verstößt eine Treueprämie, die nach Beendigung des Arbeitskampfes Arbeitnehmern allein dafür zugesagt wird, daß sie sich nicht am Streik beteiligt haben, gegen das Maß-regelungsverbot (im Fall gegen § 612 a BGB)[471].

- *BAG*, Urteil vom 11.05.1993

In diesem Verfahren hatte sich das Gericht erneut mit dem Themenbereich Feiertagslohnzahlung und Streik zu befassen. Dabei kam es zu folgenden Ergebnissen:

- Erklärt eine Gewerkschaft einen Streik am letzten Arbeitstag vor einem gesetzlichen Feiertag für beendet und nehmen die Arbeitnehmer am Tag nach dem Feiertag die Arbeit wieder auf, ist die Arbeitszeit nicht infolge des Streiks, sondern infolge des Feiertags i. S. von § 1 I S. 1 FLZG ausgefallen. An diesem Ergebnis ändert sich nichts, wenn die Gewerkschaft einen Tag nach Wiederaufnahme der Arbeit erneut zu einem Streik aufruft.
- Die Unterbrechung des Streiks für den Feiertag und den darauf folgenden Arbeitstag verletzt nicht den Grundsatz der Verhältnismäßigkeit und ist auch nicht rechtsmißbräuchlich. Der Grundsatz der Kampfparität wird dadurch gewahrt, daß die Arbeitgeber mit einer Aussperrung an den ausgesparten Tagen die Entstehung eines Anspruchs der Arbeitnehmer auf Feiertags-vergütung verhindern können.

Die kampfführenden Tarifparteien haben nur darauf zu achten, daß die Kampfmaßnahme nicht zur Existenzvernichtung des Gegners führt. Jede Maßnahme im Arbeitskampf, die diesen Grundsatz beachtet und Druck auf den Gegner dadurch ausübt, daß ihm möglichst viele Kosten auferlegt werden, ist zulässig[472].

- *BAG*, Urteil vom 13.07.1993

Grundsätzlich ist aufgrund der Kampfmittelfreiheit im Arbeitskampfrecht die Gewährung von sog. echten Streikbruchprämien ein zulässiges Kampfmittel. Auch Verstöße gegen den Grundsatz der Kampfparität und das Übermaßgebot erkennt das *BAG* darin nicht, ebensowenig wie einen Widerspruch zum Maßregelungsverbot des § 612 a BGB. Allerdings bejahte der Senat im konkreten Fall einen Verstoß gegen das Maßregelungsverbot der Nr. 1 der Vereinbarung vom 27.05.1991 zwischen dem *Hauptverband der Papier, Pappe und Kunststoffe verarbeitenden Industrie e.V.* und der *IG Medien*, obwohl die Prämie schon während des Arbeitskampfes zugesagt und gezahlt wurde. Dazu nahm es eine Auslegung des Maßregelungsverbots dahingehend vor, daß es dessen Sinn wäre, über § 612 a BGB hinaus zu verhindern, daß der Arbeitskampf und die Beteiligung daran zum Anlaß genommen wird, bei der Ausgestaltung und Abwicklung der Arbeitsverhältnisse danach zu differenzieren, wer sich in welcher Weise am Arbeitskampf beteiligt hat[473].

- *BAG*, Urteil vom 14.12.1993

Die Beschäftigung einer arbeitswilligen Arbeitnehmerin während eines Streiks ist einem Arbeitgeber nicht allein deswegen unzumutbar, weil er der Gewerkschaft im Zusammenhang mit dem Abschluß einer Notdienstvereinbarung zugesichert hat, andere als die in der Vereinbarung benannten Arbeitnehmer nicht an ihren Arbeitsplätzen

---

[470] *BAG*, Urt. v. 28.07.1992. DB 1993, 232 ff. = NZA 1993, 267 ff.
[471] *BAG*, Urt. v. 11.08.1992, DB 1993, 234 ff. = NZA 1993, 31 ff.
[472] *BAG*, Urt. v. 11.05.1993, DB 1993, 1724 ff. = NZA 1993, 809 ff.
[473] *BAG*, Urt. v. 13.07.1993, DB 1994, 148 = NZA 1993, 1135.

zu beschäftigen. Bei trotz des Streiks fortbestehender Beschäftigungsmöglichkeit wird der Arbeitgeber von der Lohnzahlungsverpflichtung nach den Grundsätzen des Arbeitskampfrisikos nicht frei[474].

Eine Gewerkschaft ist für die Sicherung und Erhaltung der Funktionsfähigkeit des Betriebes unerläßlichen Arbeiten (Notdienstarbeiten) auch ohne eine ausdrückliche Vereinbarung verpflichtet. Außenseiter können von einer derartigen Vereinbarung zwischen dem Arbeitgeber und einer Gewerkschaft mangels Tarifgebundenheit nicht erfaßt werden. Die Ansicht, ein Arbeitgeber dürfe die nichttarifgebundene Arbeitnehmerin wegen der Nichtaufnahme ihres Namens in die Notdienstvereinbarung unter Befreiung von der Lohnzahlungspflicht nicht beschäftigen, stellt einen unzulässigen unmittelbaren Eingriff in ein bestehendes drittes Vertragsverhältnis dar[475].

- *BAG*, Urteil vom 22.03.1994

Diese Entscheidung brachte eine überraschende Rechtsprechungsänderung. Ein Arbeitgeber ist nicht verpflichtet, einen bestreikten Betrieb oder Betriebsteil soweit wie möglich aufrecht zu erhalten. Er kann ihn für die Dauer des Streiks im Rahmen des gewerkschaftlichen Streikbeschlusses stillegen mit der Folge, daß die beiderseitigen Rechte und Pflichten aus dem Arbeitsverhältnis suspendiert werden und auch arbeitswillige Arbeitnehmer ihren Lohnanspruch verlieren[476]. Abweichend von der früheren Rechtsprechung[477] sind die Grundsätze des Arbeitskampfrisikos bei mittelbaren Auswirkungen von Arbeitskämpfen nicht anzuwenden, wenn Betriebsstörungen die Folge eines Streiks sind, der sich unmittelbar gegen den Betrieb oder Betriebsteil selbst richtet. Da das Arbeitskampfrecht keine Pflicht zur Abwehr von Kampfmaßnahmen kennt, kann sich der Arbeitgeber insgesamt dem Streik beugen.

Anderes gilt auch nicht gegenüber den sog. Außenseitern. Diese können am Streik teilnehmen, so daß es gerechtfertigt ist, sie ebenfalls mit den Streikfolgen zu belasten.

Ebenfalls abweichend vom Urteil vom 14.12.1993 ist eine Notdienstvereinbarung, die an die Bedingung geknüpft ist, daß nur die in der Vereinbarung genannten Arbeitnehmer während eines Streiks beschäftigt werden, zulässig. Ein unzulässiger Vertrag zu Lasten arbeitswilliger Außenseiter liegt nicht vor, da diese während des Streiks keinen Anspruch auf Beschäftigung haben, selbst wenn und soweit ihr Einsatz technisch möglich und wirtschaftlich zumutbar wäre[478].

- *BAG*, Urteil vom 30.08.1994

Ist nach einer Betriebsvereinbarung über die gleitende Arbeitszeit der Stand des Gleitzeitkontos auf der Grundlage der vom Arbeitnehmer geschuldeten Arbeitszeit zu berechnen, so folgt daraus, wenn die Betriebspartner nichts anderes bestimmen, daß Zeiten außer Betracht bleiben, in denen die Arbeitspflicht wegen Teilnahme an einem Arbeitskampf geruht hat. Arbeitskampfbedingte Ausfallzeiten führen nicht zu einer Belastung des Gleitzeitkontos, sondern zu einer Minderung des Arbeitsentgelts[479].

Die rechtmäßige Teilnahme von Auszubildenden an einem Arbeitskampf führt zur Suspendierung der Hauptpflichten aus dem Ausbildungsverhältnis. In entsprechendem Umfang reduziert sich auch der Vergütungsanspruch des Auszubildenden, obgleich es sich insoweit nur um eine Nebenpflicht[480] des Arbeitgebers handelt[481].

- *BAG*, Beschluß vom 30.08.1994

In einer Betriebsvereinbarung kann bestimmt werden, daß Zeiten der Teilnahme an einem Arbeitskampf nicht zur Kürzung des Entgelts, sondern zur Belastung des Gleitzeitkontos führen[482].

---

[474] *BAG*, Urt. v. 14.12.1993, DB 1994, 632 = NZA 1994, 331 und vgl. insbesondere *BAG*, Urt. v. 22.12.1980, E 34, 331 und 335 = DB 1981, 321 und 327 = AP Nr. 70 und 71 zu Art. 9 GG Arbeitskampf.
[475] *BAG*, Urt. v. 14.12.1993, DB 1994, 632 (633) unter Hinweis auf *BAG*, Urt. v. 30.03.1982, DB 82, 860, 2139 = AP Nr. 74 zu Art. 9 GG Arbeitskampf; im Detail dazu siehe *Teil III* I. 2. (Urteile v. 10.06.1980).
[476] *BAG*, Urt. v. 22.03.1994, DB 1995, 100 (Leitsatz 1) = AP Nr. 130 zu Art. 9 GG Arbeitskampf.
[477] So noch unmittelbar zuvor *BAG*, Urt. v. 14.12.1993, DB 1994, 632.
[478] *BAG*, Urt. v. 22.03.1994, DB 1995, 100 ff. = AP Nr. 130 zu Art. 9 GG Arbeitskampf.
[479] *BAG*, Urt. v. 30.08.1994, DB 1995, 101 (Leitsatz).
[480] Siehe hierzu *BAG*, Urt. v. 12.09.1984, E 46, 322, 357 = DB 1984, 2563.
[481] *BAG*, Urt. v. 30.08.1994, DB 1995, 101 (102).
[482] *BAG*, Urt. v. 30.08.1994, DB 1994, 1826 und DB 1995, 102 (Leitsatz).

Die Chancengleichheit bzw. Kampfparität ist durch eine solche Regelung nicht verletzt. Durch die Belastung des Gleitzeitkontos verlagert sich lediglich der Nachteil, der den streikenden Arbeitnehmer trifft, auf eine andere Ebene: der Arbeitnehmer wird verpflichtet, den Arbeitsausfall dadurch zu bezahlen, daß er hierfür entweder eine bereits vor dem Streik erbrachte, aber nicht vergütete Arbeitsleistung (Zeitguthaben) einsetzt oder nach dem Arbeitskampf zusätzlich Arbeit leistet, für die er kein Arbeitsentgelt erhält[483].

- *BAG*, Urteil vom 31.01.1995

Die Grundsätze des Senatsurteils vom 22.03.1994 zur Betriebsstillegung[484] wurden darin bestätigt. Notdienstarbeiten dienen nicht der Schaffung von Beschäftigungsmöglichkeiten für arbeitswillige Arbeitnehmer[485].

- *BAG*, Urteil vom 01.03.1995

Erklärt eine Gewerkschaft die Aussetzung eines Streiks nur für Tage, an denen ohnehin keine Arbeitspflicht besteht, so liegt keine Streikunterbrechung vor. Wenn es sich dabei um gesetzliche Feiertage handelt, so besteht kein Anspruch auf Feiertagslohnzahlung. Eine streikbeendende Erklärung einer Gewerkschaft ist nur dann beachtlich, wenn sie sich auf die suspendierte Arbeitspflicht auswirkt. Erschöpft sich der Sinn der Erklärung darin, das objektiv unveränderte Streikgeschehen lediglich anders zu benennen, um vertragsrechtliche Folgen herbeizuführen, so ist die Erklärung arbeitskampfrechtlich bedeutungslos[486].

- *BAG*, Urteil vom 27.06.1995

Die Betriebsstillegung im Rahmen des gewerkschaftlichen Streikbeschlusses wird erneut bestätigt. Für eine Aussperrung ist eine eindeutige Erklärung des Arbeitgebers nötig. Daran mangelt es, wenn bei der Schließung des Betriebes unklar bleibt, ob der Arbeitgeber lediglich auf streikbedingte Betriebsstörungen reagieren oder selbst eine Kampfmaßnahme ergreifen will. Denn die Aussperrung ist eine Willenserklärung oder jedenfalls eine rechtsgeschäftsähnliche Erklärung, die den Vertragspartnern gegenüber Klarheit schaffen soll. Jede Unklarheit geht zu Lasten des Arbeitgebers, was sich dann auch in der prozessualen Darlegungs- und Beweislast äußert[487].

- *BAG*, Urteile vom 11.07.1995

Diese Entscheidung befaßt sich mit dem Themenkreis „Beschäftigung Arbeitswilliger“ im Arbeitskampf. Entscheidet sich ein Arbeitgeber im Falle eines Streiks für die Aufrechterhaltung des Betriebes so weit wie möglich, dann verlieren die dennoch nicht beschäftigten Arbeitswilligen ihren Entgeltanspruch nur dann, wenn ihre Beschäftigung dem Arbeitgeber infolge des Streiks unmöglich oder unzumutbar wird[488].

Für die Alternative der Stillegung des Betriebes im Umfang des Streikaufrufes ist eine ausdrückliche und eindeutige Erklärung des Arbeitgebers gegenüber den Arbeitnehmern erforderlich, die erst die Suspendierung der betreffenden Arbeitsverhältnisse zur Folge hat. An einer derartigen Erklärung fehlt es, solange sich der Arbeitgeber nicht festlegt, sondern sich die rechtliche Möglichkeit offenhält, die Arbeitsleistung jederzeit in Anspruch zu nehmen. Grund für dieses Erfordernis ist der Schutz der Arbeitnehmer, die Klarheit darüber benötigen, ob ihre Arbeitspflicht suspendiert ist oder nicht. Jede Unklarheit geht zu Lasten des Arbeitgebers[489].

Eine eindeutige Erklärung fehlt, wenn der Betrieb zum Erliegen kommt, der Arbeitgeber aber gleichwohl den Eindruck erweckt, er wolle die Arbeitnehmer sobald und soweit wie möglich zur Arbeit heranziehen. Auch im Falle einer rechtswidrigen Kampfmaßnahme sind diese Grundsätze anzuwenden. Der Umfang der Stillegung kann nur innerhalb des Rahmens erfolgen, den der gewerkschaftliche Streikbeschluß vorgibt[490].

- *BAG*, Urteil vom 31.10.1995

In der Auseinandersetzung um einen Verbandstarifvertrag bedürfen sowohl Streiks als auch Aussperrungen eines Verbandsbeschlusses. Über den Inhalt des Streik- oder Aussperrungsbeschlusses muß die Gegenseite im ein-

---

[483] *BAG*, Urt. v. 30.08.1994, DB 1995, 102 (103).
[484] Vgl. hierzu *BAG*, Urt. v. 22.03.1994, DB 1995, 100 = AP Nr. 130 zu Art. 9 GG Arbeitskampf.
[485] So das *BAG*, Urt. v. 31.01.1995, DB 1995, 1817 (1818).
[486] *BAG*, Urt. v. 01.03.1995, DB 1995, 532 und DB 1995, 1819 = NZA 1995, 996.
[487] *BAG*, Urt. v. 27.06.1995, DB 1995, 1409 und DB 1996, 143.
[488] *BAG*, Urt. v. 11.07.1995, AZ: 1 AZR 161/95, DB 1995, 1469 und DB 1996, 223.
[489] *BAG*, Urt. v. 11.07.1995, DB 1996, 223.
[490] *BAG*, Urt. v. 11.07.1995, AZ: 1 AZR 63/95, DB 1996, 224 (225).

zelnen nicht unterrichtet werden. Sie muß aber erkennen können, ob sie es mit einer zulässigen oder einer unzulässigen Arbeitskampfmaßnahme zu tun hat. Daran fehlt es jedenfalls dann, wenn nicht einmal die Existenz eines Beschlusses für die Gegenseite erkennbar ist[491]. Dieses Informationsbedürfnis ergibt sich aus dem Gebot der fairen Kampfführung[492]. Auch eine nachträgliche Information nach dem Ende der Kampfmaßnahmen kann diese Rechtswidrigkeit rückwirkend nicht mehr beseitigen.

Gleichzeitig sah das *BAG* eine betriebliche Regelung, wonach eine Anwesenheitsprämie nur für Monate gezahlt wird, in denen der Arbeitnehmer keinerlei Arbeitsunfähigkeits- und unbezahlte Ausfallzeiten aufweist, auch für den Fall der Streikteilnahme als wirksam an. Zwar führt die Streikteilnahme zu einem Prämienverlust, dies bedeutet jedoch keine verbotene Maßregelung im Sinne von § 612 a BGB, da die Prämienregelung nicht den Zweck hat, die Streikbereitschaft zu beeinflussen[493].

- *BAG*, Urteil vom 20.12.1995

Inhalt dieses Urteils ist der Anspruch Streikender auf eine tarifvertraglich vereinbarte Jahressonderzahlung. Die tarifliche Regelung macht diesen Anspruch der Arbeitnehmer nach der Auslegung des *BAG* allein vom rechtlichen Bestand des Arbeitsverhältnisses abhängig. Die Sonderzahlung ist auch für Zeiten zu gewähren, in denen das Arbeitsverhältnis wegen eines Arbeitskampfes geruht hat. Denn im Falle eines Streiks ruhen nur die Hauptpflichten aus dem Arbeitsvertrag, das zugrunde liegende Arbeitsverhältnis besteht aber fort[494].

- *BAG*, Urteil vom 24.09.1996

Eine wirksame Geltendmachung des Urlaubs durch einen am Streik teilnehmenden Arbeitnehmer liegt nur dann vor, wenn er sich zumindest vorübergehend zur Wiederaufnahme der Arbeit bereit erklärt. Grund dafür ist, daß der Arbeitgeber nicht ohne weiteres zur Erfüllung des Urlaubsverlangens verpflichtet ist (vgl. § 7 I S. 1 BUrlG)[495].

- *BAG*, Urteil vom 23.10.1996

In diesem Verfahren entschied das *BAG* über den Anspruch auf Feiertagslohnzahlung bei einer Streikbeendigung vor den Feiertagen und stellte dabei folgende Grundsätze auf:

- Soll ein Streik vor einem Feiertag beendet werden, so muß dies dem Arbeitgeber von der streikführenden Gewerkschaft oder den streikbeteiligten Arbeitnehmern mitgeteilt werden. Im Konflikt um einen Verbandstarifvertrag kann die Mitteilung auch gegenüber dem Arbeitgeberverband erfolgen.
- Eine öffentliche Verlautbarung über die Medien kann eine unmittelbare Mitteilung nur ersetzen, wenn sie vor dem Feiertag zur Kenntnis des betroffenen Arbeitgebers gelangt. Voraussetzung ist, daß die Meldung hinreichend genau darüber informiert, wann, wo und inwieweit der Streik enden soll und klar zum Ausdruck gebracht wird, daß der Beschluß von der streikführenden Gewerkschaft stammt. Eine öffentliche Verlautbarung (z.B. Presseerklärung), die nicht zur Kenntnis des Arbeitgebers gelangt, ist nicht ausreichend, um einen Streik zu beenden. Das Risiko, daß diese Information den Gegenspieler nicht erreicht, trägt also derjenige, der sich der Medien bedient, um den Gegner von eigenen Maßnahmen in Kenntnis zu setzen[496].

- *BAG*, Urteil vom 12.11.1996

Eine neue Form der gewerkschaftlichen Kampftaktik bildete den Anlaß für dieses Urteil, der sog. Wellenstreik. Abwehrmaßnahmen lassen sich bei dieser Art von Streik (z.B. Produktionskürzungen, Einsatz von Aushilfskräften und Fremdvergabe von Arbeiten) nicht ohne weiteres so begrenzen, daß sie sich nur während der Dauer der einzelnen Kurzstreiks auswirken. Können Arbeitnehmer aus diesem Grund für den Rest einer laufenden Schicht nicht mehr beschäftigt werden, so verlieren sie nach den Grundsätzen des Arbeitskampfrisikos ihren Lohnanspruch.

---

[491] *BAG*, Urt. v. 31.10.1995, DB 1995, 2271 und DB 1996, 578 (Leitsätze 1 und 2) = NZA 1996, 389 ff.
[492] *BAG*, Urt. v. 31.10.1995, DB 1996, 578 (579) = NZA 1996, 389 unter Hinweis die Entscheidung des LAG Hamm, DB 1981, 482 = AP Nr. 72 zu Art. 9 GG Arbeitskampf.
[493] *BAG*, Urt. v. 31.10.1995, DB 1996, 578 (579) = NZA 1996, 389.
[494] *BAG*, Urt. v. 20.12.1995, DB 1996, 1423 = NZA 1996, 491 ff.
[495] *BAG*, Urt. v. 24.09.1996, DB 1997, 679 = NZA 1997, 507 ff.
[496] *BAG*, Urt. v. 23.10.1996, DB 1997, 479 = NZA 1997, 397.

Die Arbeitnehmer sind im Laufe eines Wellenstreiks nicht verpflichtet, Auskunft darüber zu geben, ob und inwieweit sie sich an künftigen Kampfmaßnahmen beteiligen werden. Die Unsicherheit darüber kann aber im Zusammenhang mit der Verteilung des arbeitskampfbedingten Lohnrisikos bei der Frage der Zumutbarkeit ihres Einsatzes eine Rolle spielen, wenn es um die Frage geht, ob der Arbeitgeber von seiner Lohnzahlungsverpflichtung frei geworden ist[497].

- *BAG*, Urteil vom 17.06.1997

Verfahrensgegenstand war die Kürzung von Geldleistungen für die Dauer einer Streikteilnahme, im konkreten Fall einer tariflichen Überbrückungspauschale. Streikzeiten mindern den Anspruch auf die Monatspauschale nach § 4 des Lohntarifvertrags für die Sägeindustrie in Baden-Württemberg vom 09.03.1995. Das ergibt sich aus Sinn und Zweck des § 4 des Lohntarifvertrags. Gleichzeitig verneinte der Senat einen Verstoß gegen das tarifvertragliche Maßregelungs- und Schlechterstellungsverbot. Denn verbietet ein Tarifvertrag die Maßregelung oder Schlechterstellung von Arbeitnehmern wegen deren Teilnahme am Arbeitskampf, so wird dadurch regelmäßig kein Anspruch auf Arbeitsentgelt für Streikzeiten begründet[498].

- *BAG*, Urteil vom 17.02.1998

Auch dieses Verfahren beschäftigte sich mit dem Lohnrisiko im Wellenstreik, der sich im konkreten Fall gegen die Produktion einer Tageszeitung richtete. Müssen in einem derartigen Fall während der unbefristeten Arbeitsniederlegung Vorbereitungen für den Druck getroffen werden, so ist nach Ansicht des *BAG* die Entscheidung des Arbeitgebers, nur eine Notausgabe zu drucken, als Abwehrmaßnahme zu werten. Die Arbeitnehmer, die wegen des geringeren Arbeitsanfalls nicht beschäftigt werden können, tragen das Beschäftigungs- und Lohnrisiko auch dann, wenn der Streik vor Beginn des Drucks endet[499]. Ist es dem Arbeitgeber dabei möglich und zumutbar, wenigstens einen Teil der Arbeitnehmer zum Druck der Notausgabe heranzuziehen, so hat er insoweit regelmäßig in Ausübung seines Direktionsrechts eine Auswahl zu treffen. Unterläßt er dies, so gerät er gegenüber allen Arbeitnehmern, die ihre Arbeit ordnungsgemäß anbieten, in Annahmeverzug.[500]

- *BAG*, Urteil vom 15.12.1998

Das *BAG* bestätigte die im Urteil vom 17.02.1998 aufgestellten Grundsätze, wonach die Lohnansprüche bei einem Wellenstreik entfallen, wenn die Arbeitnehmer nicht beschäftigt werden können, weil der Arbeitgeber aufgrund von Arbeitsniederlegungen ein Notprogramm zur Abwehr streikbedingter Störungen eingeleitet hat. Das gilt auch, wenn es nach Streikende fortgeführt wird. Greift der Arbeitgeber hingegen nur deshalb auf eine Ersatzmannschaft zurück oder vergibt er Arbeit an Fremdunternehmer, weil er möglichen Arbeitsniederlegungen seiner streikanfälligen Stammbelegschaft vorbeugen will, so bleibt es hingegen bei der Lohnzahlungspflicht. Zudem betonte das *BAG* erneut, daß die spezielle Wettbewerbssituation eines einzelnen Unternehmens und die untypischen Besonderheiten eines speziellen Produkts für die Zuordnung des Lohnrisikos im Arbeitskampf i.d.R. unerheblich sind[501].

3. Auswertung der Entscheidungen aus den Jahren 1981 bis heute

a) Anzahl der veröffentlichten *BAG* - Entscheidungen im Zeitraum 1981 bis heute

Insgesamt sind in den Jahren 1981 bis heute 56 Entscheidungen publiziert worden. Für einen Zeitraum von 18 Jahren heißt das im Durchschnitt 3,1 arbeitskampfrechtliche Entscheidungen pro Jahr - eine erhebliche Steigerung im Vergleich zum vorher untersuchten Zeitabschnitt (1,8 Entscheidungen pro Jahr).

---

[497] *BAG*, Urt. v. 12.11.1996, DB 1997, 578 ff. = NZA 1997, 393 ff.
[498] *BAG*, Urt. v. 17.06.1997, DB 1997, 1410 und DB 1997, 2384.
[499] *BAG*, Urt. v. 17.02.1998, DB 1998, 475 und DB 1998, 1566 (Leitsatz 1).
[500] *BAG*, Urt. v. 17.02.1998, DB 1998, 1566 (Leitsatz 2).
[501] *BAG*, Urt. v. 15.12.1998, DB 1999, 51 und 1022 f. (Leitsatz).

b) Zugunsten der Arbeitgeber bzw. der Arbeitnehmer entschiedene Rechtsfragen

Bei dieser Einteilung wurden die Entscheidungen inhaltlich ausschließlich nach dem Gesichtspunkt beurteilt, ob die entschiedenen Rechtsfragen zugunsten der Arbeitgeber oder zugunsten der Arbeitnehmer ausgefallen sind[502].

- In 33 der 55 Entscheidungen wurden die entscheidenden Fragen zugunsten der Arbeitgeber beantwortet.
- 26 Urteile und Beschlüsse in diesem Zeitraum waren für die Arbeitnehmer positiv.

c) Versuch einer inhaltlichen Wertung

aa) Zum Aussperrungsrecht

(1) Einschränkungen

Das *BAG* bestätigte trotz der erheblichen Kritik erneut die Grundsätze der Aussperrungsentscheidungen vom 10.06.1980[503], ebenso das Übermaßverbot als Zulässigkeitsvoraussetzung für eine rechtmäßige Aussperrung[504]. Die Aussperrung wurde von einer eindeutigen Erklärung des Arbeitgebers abhängig gemacht, wobei sich jede Unklarheit zu Lasten des Arbeitgebers auswirken soll[505]. Die Existenz eines Aussperrungsbeschlusses muß für die Gegenseite erkennbar sein. Ist das nicht der Fall, so ist sie rechtswidrig[506].

(2) Ausweitungen

Für die Arbeitgeber positive Entscheidungen im Zusammenhang mit einer Aussperrung finden sich in dem hier untersuchten Zeitraum kaum. Insbesondere kann die oben angesprochene Betriebsstillegung nicht als Sonderform einer Aussperrung begriffen werden.

Gleichwohl erwähnenswert sind die Versagung des Mitbestimmungsrechts des Betriebsrats bei Maßnahmen, die unmittelbar der praktischen Durchführung einer Aussperrung selbst dienen[507], die Zulässigkeit der Abwehraussperrung trotz des Aussperrungsverbots in der Hessischen Verfassung[508], die Möglichkeit einer Aussperrung auch von arbeitsunfähig erkrankten und schwerbehinderten Arbeitnehmern[509], die Bestätigung der Aussperrungsmöglichkeit von Betriebsratsmitgliedern[510] und die Möglichkeit der Aussperrung auch durch einen einzelnen Arbeitgeber[511].

---

[502] Hinsichtlich der Einzelheiten bei dieser Einteilung siehe *Teil III* I. 3. c).
[503] *BAG*, Urt. v. 12.03.1985 (in *Teil III* II. 2.).
[504] *BAG*, Urt. v. 11.08.1992 (in *Teil III* II. 2.).
[505] Siehe in *Teil III* II. 2. - *BAG*, Urt. v. 27.06.1995.
[506] *BAG*, Urt. v. 31.10.1995 (in *Teil III* II. 2.): Zwar wurde das Erfordernis der Erkennbarkeit auch für einen Streikbeschluß der Gewerkschaften aufgestellt, dem zu entscheidenden Fall lag aber eine Aussperrung zugrunde, die wegen dieses Erfordernisses für rechtswidrig erklärt wurde.
[507] Vgl. in *Teil III* II. 2. - *BAG*, Urt. v. 16.12.1986.
[508] *BAG*, Urt. v. 26.04.1988 (vgl. in *Teil III* II. 2.).
[509] *BAG*, Urt.l v. 07.06.1988 (siehe in *Teil III* II. 2.).
[510] Vgl. in *Teil III* II. 2. - *BAG*, Urt. v. 25.10.1988.
[511] *BAG*, Urt. v. 11.08.1992 (in *Teil III* II. 2.).

bb) Weitere Beschränkungen für die Arbeitskampfführung der Arbeitgeber

(1) Zum Betriebs- und Arbeitskampfrisiko

Der Grundsatz, daß der Arbeitgeber nach den Regeln des Arbeitskampfrisikos zur Verweigerung der Lohnzahlung bei einem Streik berechtigt ist, wurde vom *BAG* zunächst für den Fall der Kurzarbeit an einem gesetzlichen Feiertag durchbrochen[512]. Ebenso ist der Arbeitgeber zur Zahlung der Vergütung nach § 44 I S.2 oder S.3 BetrVG verpflichtet, wenn während des Streiks eine Betriebsversammlung einberufen wird[513]. Andererseits soll ein bewilligter Urlaub nicht durch eine Aussperrung widerrufen werden[514].

Diese Einschränkungen wurden aber allesamt aufgegeben, als entschieden wurde, daß die gesetzlichen Feiertage während einer Aussperrung keinesfalls zu bezahlen sind[515]. Zulässig ist es, wenn ein Streik durch die Gewerkschaft am letzten Arbeitstag vor einem gesetzlichen Feiertag für beendet erklärt wird (mit der Folge der Feiertagslohnzahlungspflicht des Arbeitgebers) und am Tag nach Wiederaufnahme der Arbeit die Gewerkschaft erneut zu einem Streik aufruft[516]. Ein Freiwerden des Arbeitgebers von seiner Lohnzahlungsverpflichtung nach den Grundsätzen des Arbeitskampfrisikos wurde verneint, wenn er eine arbeitswillige Arbeitnehmerin allein deswegen nicht beschäftigt, weil diese nicht in der Notdienstvereinbarung mit der Gewerkschaft aufgeführt ist[517]. Entscheidet sich der Arbeitgeber im Falle eines Streiks für die Aufrechterhaltung des Betriebes, so verlieren die nicht beschäftigen Arbeitswilligen ihren Entgeltanspruch nur, wenn dem Arbeitgeber deren Beschäftigung unmöglich oder unzumutbar wird[518].

Die oben angesprochene Alternative der Betriebsstillegung durch den Arbeitgeber[519] erfuhr eine Einschränkung durch das Erfordernis einer ausdrücklichen und eindeutigen Erklärung des Arbeitgebers gegenüber den Arbeitnehmern. Jede Unklarheit geht dabei zu Lasten des Arbeitgebers[520].

Die Grundsätze des Arbeitskampfrisikos gelten auch bei den sog. Wellenstreiks. Der Verlust des Lohnanspruchs tritt danach aber nur ein, wenn sich der Arbeitgeber zum einen auf die Abwehr des Streiks beschränkt und zum anderen ihm eine andere Planung zum Zeitpunkt des Kurzstreiks unmöglich oder unzumutbar war[521]. Das Beschäftigungs- und Lohnrisiko tragen grundsätzlich auch solche arbeitswilligen Arbeitnehmer, die wegen des geringeren Arbeitsanfalls wegen einer Maßnahme zur Streikabwehr des Arbeitgebers nicht beschäftigt werden können. Dann muß der Arbeitgeber unter den arbeitswilligen Arbeitnehmern - soweit es ihm möglich und zumutbar ist - eine Auswahl treffen.
Unterläßt er das, so gerät er gegenüber allen Arbeitnehmern, die ihre Arbeit ordnungsgemäß anbieten, in Annahmeverzug[522].

---

512 *BAG*, Urt. v. 20.07.1982 (siehe in *Teil III* II. 2.).
513 *BAG*, Urt. v. 05.05.1987 (in *Teil III* II. 2.).
514 Vgl. in *Teil III* II. 2. - *BAG*, Urt. v. 31.05.1988.
515 *BAG*, Urt. v. 31.05.1988 - siehe in *Teil III* II. 2.
516 Vgl. in *Teil III* II. 2. - *BAG*, Urt. v. 11.05.1993.
517 *BAG*, Urt. v. 14.12.1993 (siehe in *Teil III* II. 2.).
518 *BAG*, Urt. v. 11.07.1995 (vgl. in *Teil III* II. 2.).
519 Siehe *Teil III* II. 3. d) bb).
520 *BAG*, Urt. v. 11.07.1995 (in *Teil III* II. 2.).
521 *BAG*, Urt. v. 12.11.1996 (vgl. in *Teil III* II. 2.).
522 Siehe in *Teil III* II. 2. - *BAG*, Urt. v. 17.02.1998.

(2) Streikbruchprämien

Zwar wurde die Gewährung von Streikbruchprämien vom *BAG* grundsätzlich für rechtmäßig erklärt. Gleichwohl wurde in jedem konkreten Fall ein Verstoß gegen ein tarifvertraglich vereinbartes Verbot bejaht[523].

(3) Notdienstvereinbarungen

Ursprünglich wurden Außenseiter-Arbeitnehmer von einer Notdienstvereinbarung zwischen dem Arbeitgeber und einer Gewerkschaft mangels Tarifgebundenheit nicht erfaßt[524]. Doch schon kurze Zeit nach dieser Entscheidung konnten Notdienstvereinbarungen an die Bedingung geknüpft werden, daß nur die in der Vereinbarung genannten Arbeitnehmer während eines Streiks beschäftigt werden durften. Die Auswirkungen einer solchen Vereinbarung können auch Außenseiter-Arbeitnehmer betreffen[525], denn Notdienstvereinbarungen dienen nicht der Schaffung von Beschäftigungsmöglichkeiten für arbeitswillige Arbeitnehmer. Ein Anspruch eines einzelnen Arbeitnehmers auf Einsatz im Notdienst besteht nicht[526].

cc) Zum Streikrecht

(1) Erweiterungen

Auch in dem hier untersuchten Zeitraum setzte sich die Tendenz des *BAG* fort, das Streikrecht auszuweiten:

Ein Meilenstein für das Streikrecht der Gewerkschaften waren die Bestätigung der Zulässigkeit von Warnstreiks und deren Vereinbarkeit mit dem ultima-ratio-Prinzip sowie die Zulassung von Warnstreiks in Form der Neuen Beweglichkeit[527]. Diese Rechtsprechung wurde sogar noch ein weiteres Mal bestätigt, jedoch mit anderer Begründung: Das *BAG* bejahte nach der Kritik an seinen vorausgehenden Warnstreikentscheidungen auch bei dieser Spielart von Arbeitskämpfen die Geltung des ultima-ratio-Prinzips. Zur Wahrung dieses Grundsatzes müssen die Tarifverhandlungen nicht offiziell für gescheitert erklärt werden. Das Scheitern ergibt sich bereits aus der Einleitung von Kampfmaßnahmen[528].

Eine weitere wesentliche Ausweitung des Streikrechts stellen die Zulassung des sog. Wellenstreiks und die gleichzeitige Verneinung einer Auskunftspflicht der Arbeitnehmer dar, ob und inwieweit sie sich an den Kampfmaßnahmen beteiligen werden[529].

Das ultima-ratio-Prinzip erfuhr eine Einschränkung, indem auch ein Arbeitskampf zugelassen wurde, der den Tarifgegner erst an den Verhandlungstisch bringen soll[530]. Ein Streik während des Urlaubs oder einer Betriebsratsschulung des Arbeitnehmers unterbricht den Urlaub bzw. die Schulung nicht, so daß die Ansprüche auf Urlaubsentgelt bzw. Arbeitsentgelt bestehen bleiben[531]. Gleiches gilt, wenn während des Urlaubs der Arbeitnehmer erkrankt[532]. Die tarif-

---

[523] Vgl. in *Teil III* II. 2. - *BAG*, Urt. v. 13.07.1993.
[524] *BAG*, Urt. v. 14.12.1993 (siehe in *Teil III* II. 2.).
[525] Vgl. in *Teil III* II. 2. - *BAG*, Urt. v. 22.03.1994.
[526] *BAG*, Urt. v. 31.01.1995 (in *Teil III* II. 2.).
[527] Siehe in *Teil III* II. 2. - *BAG*, Urt. v. 12.09.1984 und 29.01.1985 (Bestätigung).
[528] So *BAG*, Urt. v. 21.06.1988 (in *Teil III* II. 2.).
[529] *BAG*, Urt. v. 12.11.1996 (vgl. in *Teil III* II. 2.).
[530] Vgl. in *Teil III* II. 2. - *BAG*, Urt. v. 14.07.1981.
[531] Siehe in *Teil III* II. 2. - *BAG*, Urt. v. 09.02.1982 und 15.01.1991.

liche Friedenspflicht wurde auf die in einem Tarifvertrag geregelten Materien beschränkt[533]. Ein Sympathiestreik zur Unterstützung eines in einem anderen Tarifbereich geführten Arbeitskampfes wurde nicht als Verstoß gegen die relative Friedenspflicht gewertet[534] und die Anforderung an den Schuldvorwurf im Rahmen der Interessenabwägung bei einer fristlosen Kündigung nach § 626 BGB bei Kündigungen wegen eines rechtswidrigen Streiks erhöht[535].

Das Risiko der Gewerkschaften, sich aufgrund eines Streikaufrufs schadensersatzpflichtig zu machen, wurde durch das Entfallen des Verschuldensvorwurfs bei Handeln im Einklang mit der höchstrichterlichen Rechtsprechung minimiert[536]. Ein Arbeitnehmer kann eine tarifvertraglich vereinbarte Sonderzahlung beanspruchen, wenn Voraussetzung für den Anspruch allein der rechtliche Bestand des Arbeitsverhältnisses ist[537].

(2) Einschränkungen

Seit 1981 finden sich wie schon in den Vorjahren keine wesentlichen Einschränkungen des Streikrechts: Arbeitnehmer können verpflichtet werden, eng begrenzte Notdienstarbeiten während eines Streiks zu leisten[538]. Die Freistellung der Mitglieder der Tarifkommissionen unter Lohnfortzahlung wird auf die Wahrnehmung der satzungsgemäßen Aufgaben beschränkt[539].

Bestätigt wurde erneut, daß das Streikrecht ausschließlich zur Durchsetzung tarifvertragsfähiger Regelungen dient[540], die generelle Rechtswidrigkeit eines Sympathiestreiks[541] und die Versagung des Zuschusses zum Mutterschaftsgeld nach § 14 I MuSchuG [542]. Die Gewerkschaften wurden verpflichtet, ihre Forderungen gegen jeden Außenseiter-Arbeitgeber gesondert zu erheben[543]. Eine Erklärung der Aussetzung des Streiks nur für Tage ohne Arbeitspflicht ist keine Streikunterbrechung mehr[544]. Soll ein Streik unmittelbar vor einem Feiertag enden, muß dies dem Arbeitgeber ausdrücklich mitgeteilt werden. Das kann auch öffentlich über die Medien geschehen. Das Zugangsrisiko tragen dabei die Gewerkschaften bzw. die Arbeitnehmer[545]. Verlangt ein streikender Arbeitnehmer während eines Streiks Urlaub, muß er dafür zumindest vorübergehend den Streik unterbrechen[546].

dd) Sonstige Einschränkungen der Arbeitskampfführung der Arbeitnehmer

(1) Warnstreik

Die vierte und die fünfte Warnstreikentscheidung stellen in gewissem Umfang eine Einschränkung der gewerkschaftlichen Möglichkeiten im Arbeitskampf dar. Durch die Gleichstellung der verhandlungsbegleitenden Warnstreiks mit den Erzwingungsstreiks unter

---

532 *BAG*, Urt. v. 01.10.1991 und 07.04.1992 zu § 15 a BAT (in *Teil III* II. 2.).
533 *BAG*, Urt. v. 21.12.1982 und 27.06.1989 (in *Teil III* II. 2.).
534 *BAG*, Urt. v. 21.12.1982 (in *Teil III* II. 2.).
535 *BAG*, Urt. v. 29.11.1983 (in *Teil III* II. 2.).
536 *BAG*, Urt. v. 09.04.1991 (vgl. in *Teil III* II. 2.).
537 *BAG*, Urt. v. 20.12.1995 (siehe in *Teil III* II. 2.).
538 Siehe in *Teil III* II. 2. - *BAG*, Urt. v. 30.03.1982 und Teil III II. 3. d) aa) (1).
539 Vgl. in *Teil III* II. 2. - *BAG*, Urt. v. 19.07.1983.
540 Siehe in *Teil III* II. 2. - *BAG*, Urt. v. 23.10.1984 und 07.06.1988.
541 *BAG*, Urt. v. 05.03.1985 und 12.01.1988 (in *Teil III* II. 2.).
542 Vgl. in *Teil III* II. 2. - *BAG*, Urt. v. 22.06.1986.
543 Vgl. in *Teil III* II. 2. - *BAG*, Urt. v. 04.01.1991.
544 *BAG*, Urt. v. 01.03.1995 (in *Teil III* II. 2.).
545 Siehe in *Teil III* II. 2. - *BAG*, Urt. v. 23.10.1996.
546 *BAG*, Urt. v. 24.09.1996 (in *Teil III* II. 2.).

gleichzeitiger faktischer Abschaffung des ultima-ratio-Prinzips wurde das Kampfmittel des verhandlungsbegleitenden Warnstreiks aufgegeben[547].

(2) Betriebsstillegung

Die Entscheidung des *BAG* dahingehend, daß ein Arbeitgeber nicht verpflichtet ist, einen bestreikten Betrieb oder Betriebsteil soweit wie möglich aufrecht zu erhalten, sondern er ihn für die Dauer des Streiks im Rahmen des gewerkschaftlichen Streikbeschlusses stillegen kann, kam für die Arbeitnehmer wie auch für die Arbeitgeber völlig unerwartet. Die Grundsätze des Arbeitskampfrisikos sind bei mittelbaren Auswirkungen nicht anzuwenden, wenn die Betriebsstörung die Folge eines Streiks ist, der sich unmittelbar gegen den Betrieb selbst oder einen Betriebsteil richtet. Durch die Betriebsstillegung verlieren alle im Betrieb beschäftigten Arbeitnehmer ihren Lohnanspruch[548].

(3) Streikbruchprämien

Nachdem das *BAG* zunächst Sonderzahlungen für die Leistung von Streikarbeit generell als unzulässig ansah, wurde diese Rechtsprechung geändert[549]. Die Gewährung von derartigen Prämien durch den Arbeitgeber ist jetzt unter sehr engen Voraussetzungen möglich.

(4) Sonstige Beschränkungen

Sonstige kleinere Einschränkungen der Arbeitskampfführung sind die Anwendung des § 252 S. 2 BGB zum Nachweis eines Schadens auf der Arbeitgeberseite bei einem rechtswidrigen Streik[550] und die Unzulässigkeit von Betriebsblockaden, wenn sie nicht in den Arbeitskampf einbezogene Firmen betreffen[551].

Darüber hinaus wurde eine betriebliche Regelung, nach der eine Anwesenheitsprämie nur für Monate gezahlt wird, in denen ein Arbeitnehmer keine Arbeitsunfähigkeits- und unbezahlte Ausfallzeiten aufweist, auch für den Fall der Streikteilnahme als wirksam angesehen[552]. Gleiches wurde für eine tarifliche Überbrückungspauschale entschieden, die erst durch den Arbeitskampf rückwirkend von den Streikführern erreicht und um die Streikzeiten vermindert wurde[553].

4. Zusammenfassende Stellungnahme

a) Zahlenvergleich

Bei dem reinen Zahlenvergleich fällt auf, daß seit dem Jahr 1980 wesentlich mehr Entscheidungen für die Arbeitgeber günstig waren als in dem vorher betrachteten Zeitraum.

---

547 Siehe dazu oben in *Teil III* II. 2. - *BAG*, Urt. v. 21.06.1988 und auch *Bünger*, Der verhandlungsbegleitende Warnstreik.
548 Vgl. in *Teil III* II. 2. - *BAG*, Urt. v. 22.03.1994 und 31.01.1995; zur problematischen rechtlichen Einordnung vgl. z.B. NZA 1996, 214; NZA 1996, 841 ff. m.w.N.: Nach richtiger Ansicht ist die Betriebsstillegung in die Nähe der Betriebs- bzw. Arbeitskampfrisiolehre einzuordnen, da sie keine Erweiterung des Kampfrahmens bewirken kann (Ausnahme ist dabei der Arbeitskampf um einen Haustarifvertrag).
549 Siehe in *Teil III* II. 2. - *BAG*, Urt. v. 13.07.1993.
550 *BAG*, Urt. v. 05.03.19885 (in *Teil III* II. 2.).
551 Siehe in *Teil III* II. 2. - *BAG*, Urt. v. 21.06.1988.
552 *BAG*, Urt. v. 31.10.1995 (in *Teil III* II. 2.).
553 Vgl. in *Teil III* II. 2. - *BAG*, Urt. v. 17.06.1997.

Gleichwohl kann man bei einer Differenz von nur sieben Entscheidungen keinen signifikanten Unterschied feststellen.

b) Inhaltliche Wertung

Unterzieht man die oben dargestellten Urteile einer inhaltlichen Wertung, so sind insbesondere folgende Gesichtspunkte auffällig:

- Es finden sich in den Jahren 1981 bis heute keine Entscheidungen von der Bedeutung der Urteile aus dem Jahr 1970 oder 1980. Soweit sie sich mit den Grundlagen des Arbeitskampfrechts beschäftigen, werden diese fast ausschließlich bestätigt - wie zuletzt sogar auch vom Bundesverfassungsgericht in der Entscheidung aus dem Jahr 1991[554].
- Das Streikrecht erfuhr durch die Zulassung von Warnstreiks in der Form der Neuen Beweglichkeit eine erhebliche Ausweitung. Die sog. Wellenstreiks wurden für zulässig erklärt.
- An der Zulässigkeit von Warnstreiks hielt das *BAG* fest. Zwar wurde im Gegensatz zur früheren Rechtsprechung die Geltung des ultima-ratio-Prinzips eingeführt, gleichwohl kam man auf einem Umweg (bereits die Einleitung von Kampfmaßnahmen zeigt dem Gegner, daß man die Verhandlungen für gescheitert erklärt) zu den gleichen Ergebnissen wie die frühere Rechtsprechung (wenn auch mit einer etwas modifizierten Begründung).
- Schadensersatzverpflichtungen der Gewerkschaften wegen rechtswidrigen Streiks wurden weiter minimiert, ebenso die Kündigungsrisiken der Arbeitnehmer.
- Im Gegensatz zum Streikrecht wurden bei der Aussperrungsrechtsprechung des *BAG* keinerlei Modifikationen vorgenommen, trotz der erheblichen Kritik, die die Aussperrungsentscheidung vom 10.06.1980 erhalten hatte. Die Aussperrung wurde zwar grundsätzlich anerkannt, trotzdem erklärte das *BAG* in jedem konkreten Fall die konkret vorgenommene Aussperrung für rechtswidrig. Die vom *BAG* in der Entscheidung aus dem Jahr 1980 eingeführte zahlenmäßige Begrenzung von Aussperrungen wurde stillschweigend wieder fallen gelassen.
- Ziemlich deutlich geht auch die Arbeitnehmerfreundlichkeit aus den Entscheidungen zu den Streikbruchprämien hervor: Zunächst wurden derartige Sonderzuwendungen für unzulässig gehalten. Später waren sie dann zwar zulässig, gleichwohl fand das *BAG* in jeder der zu entscheidenden Fallkonstellation eine Möglichkeit, die Zahlung der Streikbruchprämien für unzulässig zu erklären. Dazu diente vornehmlich die Auslegung von Maßregelungsverboten in den jeweils geltenden Tarifverträgen.
- Jahressonderzahlungen, die nur vom rechtlichen Bestand eines Arbeitsverhältnisses abhängen, dürfen nach der Rechtsprechung des *BAG* nicht um Zeiten der Streikteilnahme gekürzt werden. Eine solche Kürzung wurde jedoch für zulässig erachtet, wenn die Sonderzahlung von den Zeiten der Anwesenheit im Betrieb abhängig war.

Insgesamt ist eine kontinuierliche Ausweitung des Streikrechts bei einer gleichzeitigen Einschränkung der Aussperrung und der sonstigen Kampfführungsmöglichkeiten der Arbeitgeber zu beobachten. Die bereits 1980 festgestellte Entwicklung zu Lasten der Arbeitgeber hat sich fortgesetzt.

---

[554] Siehe *BVerfG*, Beschl. v. 26.06.1991, NZA 1991, 809.

c) Gewerkschaftliche Sichtweise

Wie bereits oben erwähnt[555], gehen die Gewerkschaften und die gewerkschaftsnahen Autoren von einer Verschiebung des Kräftegleichgewichts im Gegensatz zur eben dargestellten Schlußfolgerung zu Lasten der Arbeitnehmer und Gewerkschaften aus. Hierzu werden neben den bereits angeführten Argumenten noch folgende herangezogen:

- die grundsätzliche Rechtswidrigkeit von Solidaritäts- und Sympathiestreiks. Dadurch würden die bisher beachteten ideellen Grundlagen der Gewerkschaftsbewegung durch die Judikative angegriffen. Daran änderten auch die eng begrenzten Ausnahmen nichts, in denen Solidaritätsstreiks zulässig sein sollen[556].
- die Unzulässigkeit von Betriebsbesetzungen und des Verweilens am Arbeitsplatz, obwohl dies insbesondere wegen veränderter technischer, ökonomischer und sozialer Bedingungen zur Wahrung der Kampfparität notwendig sei[557].
- die Tatsache, daß eine Blockade des Zugangs zum Betrieb durch Streikposten ein Eingriff in das Recht am eingerichteten und ausgeübten Gewerbebetrieb gemäß § 823 BGB sei, den die zu einer solchen unerlaubten Handlung aufrufende Gewerkschaft zu veranworten habe. Wenn schon wegen der Unzulässigkeit von Betriebsbesetzungen Streikbrucharbeit nicht verhindert werden könne, dann müsse wenigstens die Auslieferung der hergestellten Produkte blockiert werden, um ökonomischen Druck auf den Arbeitgeber auszuüben[558].

d) Die faktische Aufgabe des ultima-ratio-Prinzips im Rahmen von Warnstreiks

aa) Allgemeines

Ursprünglich galt das ultima-ratio-Prinzip nicht bei lediglich kampfbegleitenden Warnstreiks[559]. Zugelassen wurden in der Folgezeit auch Streiks in Form der Neuen Beweglichkeit[560]. Beide Streikformen wurden dann zwar formal dem ultima-ratio-Grundsatz unterstellt, in Wirklichkeit aber beseitigte man das ultima-ratio-Prinzip durch den Verzicht auf die bis dahin geforderte Erklärung des Scheiterns der Verhandlungen [561].

bb) Die praktischen Folgen dieser Rechtsprechung des *BAG* am Beispiel des Tarifkonflikts in der Metallbranche 1998/99

Der Warnstreik wurde durch die Aufgabe des ultima-ratio-Prinzips vom letzten Mittel im Arbeitskampf zum ersten, über die jede Tarifpartei nach ihrem Belieben verfügen kann[562]. Insbesondere die Gewerkschaften nutzten und nutzen dieses Kampfmittel seit ihrer Zulassung

---

[555] Siehe oben *Teil III* II 4. c).
[556] Vgl. hierzu *Bobke/Weinmann*, Arbeitskampfrechtssprechung und Tarifpraxis, S. 25/26.
[557] *Hindrichs/Mäulen/Scharf*, Neue Technologien und Arbeitskampf, V. 4.1.4., S. 416 unter Verweis auf *Apitzsch*, „den Arbeitnehmern könnte nur das kollektive Betteln übrig bleiben," in: Frankfurter Rundschau v. 29.03.1987.
[558] *Hindrichs/Mäulen/Scharf*, Neue Technologien und Arbeitskampf, V. 4.1.5., S. 417.
[559] Siehe *Teil III* I. 2. (Urteil v. 17. 12. 1976).
[560] Vgl. *Teil III* II. 2. (Urteil v. 12.09.1984).
[561] Siehe oben *Teil III* II. 2. (Urteil v. 21.06.1988).
[562] Siehe zur Kritik im Einzelnen *Rüthers*, DB 1990, 113 (118 f.) und *ders.*, Beschäftigungskrise und Arbeitsrecht, S. 111; ebenso *Stege*, Festschrift Hanau, S. 107 (121), der dabei an den dreitägigen sog. Warnstreik der *IG Metall* in den Werken der *Mercedes-Benz AG* Anfang Oktober 1996 erinnert. Dadurch sei mit in Wirklichkeit wilden Streiks nach der Rechtsprechung des *BAG* ein Unternehmen in Geiselhaft genommen worden, das den Mut aufbrachte, die soeben aufgrund des arbeitsrechtlichen Beschäftigungsförderungsgesetzes 1996 eingeführte gekürzte Entgeltfortzahlung im Krankheitsfall auf 80 % im Unternehmen auszusetzen.

wegen der für sie ungeahnten Vorteile. Die Streikkasse wird kaum belastet, denn für einen Lohnausfall von zwei, drei oder vier Stunden verlangen die Gewerkschaftsmitglieder häufig keine Streikunterstützung, soweit in den Satzungen der Gewerkschaften dafür überhaupt Leistungen vorgesehen sind.

Ein besonders anschauliches Beispiel für die Wirksamkeit und Effektivität der Warnstreiks sind die Tarifverhandlungen des Jahres 1999[563]:

Die *IG Metall* startete mit einer Forderung von 6,5 % mehr Lohn, um den privaten Verbrauch in der Bundesrepublik Deutschland anzukurbeln und so die Binnennachfrage zu stärken. Von den Arbeitgebern wurde diese Forderung zu Beginn der Tarifverhandlungen als realitätsfern abgelehnt[564]. Nachdem die ersten Verhandlungsrunden ohne konkretes Angebot von Seiten der Arbeitgeber verliefen, begannen in der Metallindustrie Mitte Januar 1999 die ersten Drohungen mit Warnstreiks nach Ablauf der tariflichen Friedenspflicht[565]. Am 29.01.1999 fanden dann die ersten Warnstreiks statt, in der mehr als 200 000 Metallarbeitnehmer in den Ausstand traten[566]. In der Folgezeit gab es bundesweite Warnstreiks[567]. Anschließend scheiterten sämtliche Tarifverhandlungen, Erzwingungsstreiks standen unmittelbar bevor[568]. Zur Vermeidung schlugen die Arbeitgeber eine Schlichtung vor. Dieses Angebot nahm die *IG Metall* sofort an. Als Schlichter wurde der frühere SPD-Vorsitzende *Vogel* bestellt. Gleichzeitig rief die *IG Metall* in Baden-Württemberg zur Urabstimmung über einen Streik auf[669]. Obwohl noch während der Schlichtung die Arbeitgeber eine ertragsabhängige Einmalzahlung durchsetzen wollten, waren sie nicht erfolgreich. Ergebnis der Schlichtung war eine Lohnerhöhung von 3,6 %[570]. Bereits unmittelbar danach wurde diese effektive Lohnerhöhung von Arbeitgeberseite als arbeitsplatzvernichtend bezeichnet[571], in anderen Bezirken wurde von Unternehmensseite die Übernahme des „Kompromisses von Böblingen" verweigert[572]. Die Kritik gipfelte in dem Vorwurf des Präsidenten des *Bundesverbandes der deutschen Industrie, Hans-Olaf Henkel*, die *IG Metall* habe wieder einmal die gesamte deutsche Gesellschaft in Geiselhaft genommen[573].

An diesem Beispiel wird deutlich, daß es Arbeitgeber aus wirtschaftlichen Gründen in der derzeitigen Situation in der Bundesrepublik weder auf einen Streik noch auf eine Aussperrung ankommen lassen können. Allein die Durchführung von Warnstreiks und Urabstimmungen durch die Gewerkschaften reicht aus, um die Arbeitgeber zum Einlenken zu bewegen. Wirksame Gegenmaßnahmen gegen die Warnstreiks stehen der Arbeitgeberseite nicht zur Verfügung. Im Tarifkonflikt 1999 in der Metallbranche wurde ein Schlichterspruch akzeptiert, der sofort unmittelbar danach als eigentlich unannehmbar bezeichnet wurde. Dies dokumentiert in Bezug auf die Verhandlungsparität in den Tarifverhandlungen auch im tatsächlichen Bereich eine Übermacht der Arbeitnehmerseite, deren Ursache letztlich in der Zulassung des Warnstreiks auch in Form der Neuen Beweglichkeit und des Wellenstreiks gewesen ist[574]. Daß die Gewerkschaften den Schlichterspruch von Böblingen akzeptierten,

---

[563] Siehe zu diesem Arbeitskampf ausführlich unten *Teil IV* VIII. 3. b).
[564] SZ v. 14.10.1998, Nr. 236, S. 25; SZ v. 08.12.1998, Nr. 283, S. 7; SZ v. 15.12.1998, Nr. 289, S. 6; SZ v. 17.12.1998, Nr. 291, S. 6; gleiches geschah bei den Gewerkschaften *ÖTV* und *DAG*, die mit einer Tarifforderung von 5,5 % in die Tarifrunden starteten - siehe SZ v. 18.12.1998, Nr. 292, S. 6.
[565] SZ v. 21.01.1999, Nr.16, S. 5; SZ v. 23./24.01.1999, Nr. 18, S.1 und 6; SZ v. 26.01.1999, Nr. 20, S. 6.
[566] SZ v. 30./31.01.1999, Nr. 24, S. 1 und S. 5.
[567] Vgl. SZ v. 02.02.1999, Nr. 26, S. 1 und 6; SZ v. 03.02.1999, Nr. 27, S. L 1; SZ v. 04.03.1999, Nr. 28, S. 1; SZ v. 05.02.1999, Nr. 29, S. 5; SZ v. 09.02.1999, Nr. 32, S. 5.
[568] Siehe SZ v. 10.02.1999, Nr. 33, S. 1, 4, 5 und 6; SZ v. 11.02.1999, Nr. 34, S. 6; SZ v. 12.02.1999, Nr. 35, S. 1 und 5.
[569] Siehe die SZ v. 15.02.1999, Nr. 37, S. 1; SZ v. 18.02.1999, Nr. 40, S. 1.
[570] Vgl. dazu die SZ v. 19.02.1999, Nr. 41, S. 21.
[571] So der Chef von *Gesamtmetall Stumpfe* in SZ v. 19.02. 1999, Nr. 41 S. 1.
[572] SZ v. 20./21.02.1999, Nr. 42, S. 5.
[573] So *Henkel* in einem Interview der „Welt am Sonntag", zitiert nach SZ v. 22.02.1999, Nr. 43, S. 2.
[574] Ein sehr anschauliches Beispiel in diesem Zusammenhang stellen auch die Tarifstreitigkeiten des (in der vorliegenden Arbeit nicht behandelten) Öffentlichen Dienst der Jahre 1998/99 und 2000 dar:

- Der Tarifstreit 1998/99 begann zeitgleich mit dem Metallkonflikt Ende 1998, ging aber erst nach dem Blöblinger Schlichterspruch in die entscheidende Phase. Trotz der von allen Beteiligten anerkannten schlechten Haushaltslage der öffentlichen Kassen setzte die *ÖTV* eine Lohnerhöhung von 3,1 % durch war allein auf den politischen Druck von seiten der Öffentlichkeit zurückzuführen. Ursache war nicht der von den Arbeitgeber erzeugte Verhandlungsdruck. Daß politischer Druck derzeit insbesondere bei der *IG Metall* die Entscheidungen auch im Rahmen von Arbeitskämpfen bestimmt, ergab sich eindeutig aus den Interviews[575].

cc) Die Rechtsprechungsentwicklung und die daraus folgende Risikoverteilung beim Warnstreik nach *Bünger*[576]

(1) Der Untersuchungsansatz von *Bünger*

Bünger arbeitet in seiner Dissertation die Warnstreikrechtsprechung des *BAG* in drei Schritten auf. Zuerst stellt er die Warnstreikrechtsprechung bis zur Rechtsprechungsänderung im Jahr 1988 dar, um in einem zweiten Block die aktuelle Warnstreikrechtsprechung mit ihrer veränderten rechtlichen und ordnungspolitischen Konzeption und ihren vielfältigen Auswirkungen auf das gesamte Arbeitskampfrecht kritisch analysieren zu können. In einem abschliessenden Teil stellt der Autor dann eigene Orientierungspunkte und Leitlinien für eine sachge-rechte Lösung der Problematik des verhandlungsbegleitenden gewerkschaftlichen Warn-streiks dar[577].

(2) Die Ergebnisse *Büngers*

Seine Untersuchung endet mit der Feststellung, daß die neuere Arbeitskampfrechtsprechung des *BAG* seit dem Jahr 1988 von einem grundlegenden, dogmatisch wie auch praktisch folgenreichen Wandel in der Gesamtkonzeption beherrscht wird. Die neuere Rechtsprechung sei von einem deutlichen Deregulierungsschub gekennzeichnet, der sich darin zeige, daß an die Stelle der vorherigen rechtlichen Differenzierung zwischen Warn- und Erzwingungsstreik ein einheitlicher Streiktypus getreten ist, für den durchgängig dieselben arbeitskampfrechtlichen Regeln gelten[578]. Hinzu komme die Reduktion des ultima-ratio-Prinzips durch den Verzicht auf eine ausdrückliche Erklärung des Scheiterns der Verhandlungen.

(vgl. dazu die SZ v. 23.02.99, Nr. 44, S. 5; SZ v. 24.02.99, Nr. 45, S. L 1; SZ v.26.02.99, Nr. 47, S. 5 und die SZ v. 01.03.99, Nr. 49, S. 5).

- Im Jahr 2000 waren für die *ÖTV* neben den Lohnsteigerungen die Hauptziele die Angleichung der Ostlöhne an das Westniveau und die Sanierung der Zusatzalterversorgung für die öffentlichen Bediensteten. Die Schlichter schlugen im Zusammenhang damit eine Einkommenssteigerung von 1,8 % vor. Die Gewerkschaften lehnten den Schlichterspruch ab. Nach erfolgreichen Urabstimmungen standen Streiks unmittelbar bevor. Kurz vor deren Beginn einigten sich die öffentlichen Arbeitgeber und die Gewerkschaften auf eine Lohnerhöhung von 2 %, gleichzeitig wurde die Laufzeit des Tarifvertrages von 24 auf 31 Monaten verlängert. Die Gewerkschaftsbasis akzeptierte dieses Ergebnis, obwohl das Volumen des Arbeitgeberangebotes sich wegen der Laufzeit von 31 Monaten nicht erhöht worden war (siehe im einzelnen die SZ v. 24.05.2000, Nr. 119, S. 5; SZ v. 26.05.2000, Nr. 121, S. 1 und 4; SZ v. 29.05.2000, Nr. 123, S. 1; SZ v. 31.05./01.06.2000, Nr. 125, S. 1; SZ v. 02.06.2000, Nr. 126, S. 1 und 4; SZ v. 03./04.06.2000, Nr. 127, S. 6; SZ v. 05.06.2000, Nr. 128, S. 6; SZ v. 06.06.2000, Nr. 129, S. 6; SZ v. 09.06.2000, Nr. 132, S. 1 und 3; SZ v. 13.06.2000, Nr. 134, S. 5; SZ v. 14.06.2000, Nr. 135, S. 1; SZ v. 15.06.2000, Nr. 136, S. 5 und 25; SZ v. 20.06.2000, Nr. 140, S. 7; SZ v. 23.06.2000, Nr. 142, S. 2; SZ v. 24./25.06.2000, Nr. 143, S. 5) . Schon unmittelbar nach Abschluß dieses Tarifvertrages wurde von Seiten der Arbeiter in der ÖTV bei einer weiterhin positiven wirtschaftlichen Entwicklung die Forderung eines Lohnnachschlages erhoben (SZ v. 17.07.2000, Nr. 162, S. 8).

[575] Interviewangaben - siehe Anhang.

[576] Siehe hierzu oben Gliederungspunkt *Teil II* I. 2. und 3 sowie II. 2 und 3.

[577] *Bünger*, Der verhandlungsbegleitende Warnstreik, S. 29 ff.

[578] *Bünger*, Der verhandlungsbegleitende Warnstreik, S. 381.

Diese Deregulierung sei ebenso bei der Bestimmung der höchstzulässigen Intensität der Abwehraussperrung festzustellen. Vom ursprünglichen Modell der quotenmäßigen Bestimmung des Umfangs einer verhältnismäßigen Aussperrung nehme das *BAG* mehr und mehr Abstand und stelle im Rahmen der Verhältnismäßigkeitskontrolle stattdessen auf allgemeinere Kriterien, wie etwa die Dauer der Aussperrung ab[579].

Gleichwohl sei trotz dieser Deregulierung sichergestellt, daß vom Mittel des Arbeitskampfes nur in moderatem Umfang Gebrauch gemacht werde, da der Griff zu Arbeitskampfmaßnahmen nach der Konzeption des BAG für beide beteiligte Seiten mit erheblichen Risiken verbunden sei. Diese Risikoverteilung ist nach *Bünger* im Detail nicht ganz paritätisch. Die stärkere Belastung der Gewerkschaften begründet der Autor mit der Zulassung von Streikbruchprämien. Dadurch würden die Arbeitnehmer dazu motiviert, dem gewerkschaftlichen Streikaufruf nicht zu folgen[580]. Hinzu komme die Möglichkeit der Betriebsstillegung[581].

Unter Bezugnahme auf die gesamte übrige Rechtsprechung des *BAG*, insbesondere zu den möglichen Schadensersatzverpflichtungen der Gewerkschaften[582], gelangt *Bünger* zu dem Ergebnis, daß die gewerkschaftlichen Handlungsspielräume auf der Ebene der konkreten Durchführung des Arbeitskampfes durch indirekt wirkende Einschränkungen wesentlich stärker eingeengt seien als die der Arbeitgeber[583].

(3) Kritik

Bünger stellt den vom *BAG* verfolgten Deregulierungsansatz sehr anschaulich dar, ebenso die gesamte Warnstreikproblematik durch die neuesten Entscheidungen des Gerichts an sich. Zuzustimmen ist ihm in der Feststellung, daß durch die Abschaffung des verhandlungsbegleitenden Warnstreiks das Risiko für die Gewerkschaften gestiegen ist, daß die Arbeitgeber sofort mit einer Aussperrung reagieren. Ob seine Kritik hinsichtlich einer zu formellen Sichtweise des *BAG* berechtigt ist oder nicht, mag an dieser Stelle dahingestellt bleiben. Im Hinblick auf die angeblich ungleiche und somit paritätswidrige Risikoverteilung ist ihm aber vorzuwerfen, daß er konkret auf die Durchführung eines Arbeitskampfes abstellt. Das darf schon nach der abstrakt-formellen Paritätsbetrachtung des *BAG* nicht sein[584]. Hier zeigt sich eine gesamtparitätische[585] bzw. eine abstrakt-konkrete Sichtweise des Kräftegleichgewichts[586]. Das *BAG* lehnt diese aber zu Recht mangels Praktikabilität ab[587].

Zuzugeben ist *Bünger* weiterhin, daß die Zulassung von Streikbruchprämien grundsätzlich in rechtlicher Hinsicht die Arbeitskampffähigkeit der Arbeitgeber wieder verstärkt hat. Gleichwohl ist zu beachten, daß tatsächlich in keiner der angeführten Entscheidungen des *BAG* diese Prämien als zulässig eingestuft wurden[588]. Bei der Entscheidung über die Gewährung von derartigen Sonderzahlungen fand das Gericht immer eine entgegenstehende tarifvertragliche Norm.

---

[579] Vgl. dazu *BAG*, Urt. v. 07.06.1988, E 58, 332 (336); *BAG*, Urt. v. 12.03.1985, E 48, 195 (208) und E 71, 92 (100 und 101).
[580] *Bünger*, Der verhandlungsbegleitende Warnstreik, S. 382/383.
[581] *Bünger*, Der verhandlungsbegleitende Warnstreik, S. 384.
[582] Siehe hierzu insgesamt *Teil II* I. 2. und II. 2.
[583] *Bünger*, Der verhandlungsbegleitende Warnstreik, S. 384.
[584] Siehe *Teil I* III. 4. a).
[585] Siehe oben *Teil I* III. 5. b) bb).
[586] Vgl. *Teil I* III. 5. b) cc).
[587] Siehe *Teil I* III. 4. a) cc) und dd).
[588] Vgl. *Teil II* II. 3. D) dd) (2).

dd) Schlußfolgerung aus der faktischen Aufgabe des ultima-ratio-Prinzips

Die Arbeitskampfrechtsordnung in der Bundesrepublik wird durch die Zulassung von neuen Kampfmitteln im Sinne der Neuen Beweglichkeit umgebaut. Die Preisgabe des ultima-ratio-Prinzips begünstigt vermeidbare oder gar überflüssige Arbeitskämpfe rechtlich[589]. Die sich bereits im Jahre 1980 abzeichnende rechtliche Imparität wurde in der Zeit danach sowohl durch die Beibehaltung des Warnstreiks wie im besonderen durch die Aufgabe des ultima-ratio-Prinzips verstärkt. Das zeigt auch der Arbeitskampf im öffentlichen Dienst 1998/99[590]: In diesem Tarifbereich spielen wirtschaftliche Überlegungen wie die Aufrechterhaltung des Betriebes kaum eine Rolle. Dennoch ist dort der Warnstreik zu dem Arbeitskampfmittel geworden, nachdem auch der Arbeitgeber im Öffentlichen Dienst keinerlei wirksame Abwehrmaßnahmen ergreifen kann.

Gegen diese Schlußfolgerung kann man auch nicht ins Feld führen, durch die Gleichstellung von Warnstreiks mit Erzwingungsstreiks sei eine Verschiebung des Kräftegleichgewichts zu Lasten der Arbeitnehmer eingetreten. Für diese Behauptung ist nämlich zuerst die Feststellung erforderlich, daß vor dieser Rechtsprechungsänderung ein Kräftegleichgewicht tatsächlich bestanden hat. Aber allein schon durch die grundsätzliche Zulassung von Warnstreiks wurde in rechtlicher Hinsicht die Kampfparität verschoben, wie die Interviews mit den Arbeitgebervertretern ergaben. Die Arbeitgeber sehen zudem aktuell keinerlei Möglichkeit, diese Rechtsprechung zu ändern. Aufgrund der Mißerfolge vor dem *BAG* in der Vergangenheit fühlen sie sich unterlegen.

Andererseits ist es angesichts dieser Rechtsprechungsentwicklung interessant festzustellen, daß auch gewerkschaftsnahe Autoren deutliche Kritik an der Warnstreikentscheidung aus dem Jahr 1988 üben und die Gleichstellung von Warnstreiks mit Erzwingungsstreiks als nicht von der Wirklichkeit gedeckt ansehen. Rein tatsächlich unterscheiden die Gewerkschaften nach diesem Urteil zwischen Warnstreikphase und Erzwingungsstreik. Hinzu kommt für sie die Schwierigkeit, ihren Mitgliedern erklären zu müssen, daß Warn- und Erzwingungsstreiks dasselbe sind und jeder Warnstreik die Gefahr in sich birgt, daß die Arbeitgeber den Verhandlungstisch verlassen. Den Gewerkschaften selbst ist letztendlich durch die vollständige Preisgabe des ultima-ratio-Prinzips nicht gedient.

e) Die Auswirkung der Zulässigkeit der Betriebsstillegung auf die Kampfparität

Angesichts der Tatsache, daß das *BAG* auf Seiten der Arbeitgeber das Kampfmittel der Betriebsstillegung etabliert hat, stellt sich die Frage, ob das rechtliche Ungleichgewicht nicht wieder beseitigt wurde. Dieses neue Kampfmittel wird in der Literatur äußerst kritisch diskutiert, insbesondere was dessen Paritätsrelevanz betrifft. In der Praxis spielte es bislang keine Rolle[591].

aa) Die Ansicht von *Oetker*[592]

Oetker vertritt die Auffassung, daß das Urteil des *BAG* vom 22.03.1994 das Arsenal der der Arbeitgeberseite zur Verfügung stehenden Arbeitskampfmittel mit dem auf das Kampfgebiet beschränkten Stillegungs- und Suspendierungsrecht erweitert habe, ohne daß dadurch zugleich der Lehre vom Lohnverweigerungsrecht zur allgemeinen Anerkennung verholfen

---

589 Vgl. hierzu *Rüthers*, Beschäftigungskrise und Arbeitsrecht, S. 112.
590 Siehe oben Fn. 175.
591 Interviewangaben - siehe Anhang.
592 *Oetker*, Anmerkung zu *BAG*, AP Nr. 130 zu Art. 9 GG Arbeitskampf.

worden sei. Gleichwohl erkennt er gravierende Begründungsdefizite in der *BAG*-Entscheidung[593].

bb) Die Einschätzung von *Hanau*

Ausgehend von der Einordnung der Betriebsstillegung in die Nähe der zur Arbeitskampfrisikolehre modifizierten Betriebsrisikolehre, sieht *Hanau* in dieser neuen Entdeckung des *BAG* eine sinnvolle Fortbildung von Betriebsrisiko- und Arbeitskampfrisikolehre. Entscheidend sei dabei, daß das oberste deutsche Arbeitsgericht die Abwehrmöglichkeiten des bestreikten Arbeitgebers verbessern wolle[594].

Dagegen könne man nicht anführen, daß der Arbeitgeber seine Stellung gar nicht verbessere, wenn er nur das von der Gewerkschaft erstrebte Ziel herbeiführe, den Betrieb infolge des Streiks ganz zu schließen. Denn die Arbeitgeber gerieten in eine außerordentlich mißliche Situation, wenn die Schließung des Betriebs die ihnen am besten dienende Reaktion auf den Streik sei, sie aber daran gehindert seien, weil einzelne Arbeitnehmer weiterbeschäftigt werden könnten oder jedenfalls behaupten, daß dem so sei. Es liege keineswegs fern, daß die Parität gefährdet wäre, wenn die Arbeitgeber bestreikter Betriebe in der Bemessung ihrer Reaktion nicht frei wären, sondern den Betrieb erst schließen dürften, wenn alle Arbeitnehmer nicht mehr beschäftigt werden können. *Hanau* ist der Ansicht, daß der Senat die Interessen bestreikter Arbeitgeber ausreichend und besser verstanden habe als seine Kritiker[595].

cc) Die Meinung von *Konzen*[596]

Konzen ist einer der führenden Kritiker der *BAG*-Entscheidungen zur Betriebsstillegung[597]. Die wesentlichen Ansatzpunkte seiner Kritik sind folgende:

(1) Das Recht auf Betriebsstillegung sei entscheidend durch die Bindung an den gewerkschaftlichen Streikbeschluß geprägt. Von der Stillegung würden somit nur solche Arbeitnehmer erfaßt, die nach dem Willen der Gewerkschaft am Streik hätten teilnehmen können. Die Rechtsausübung ermögliche trotz fehlenden Streikwillens der Arbeitnehmer den perfekten Vollzug des gewerkschaftlichen Streikbeschlusses. Dadurch führe der Arbeitgeber den Streikbeschluß in einer Weise aus, welche die Gewerkschaft niemals erreichen könne: Daß der Lohnanspruch von Streikbrechern, insbes. Außenseitern, entfalle, liege im Gewerkschaftsinteresse. Eine Verschiebung der Kampfgewichte trete daher nicht ein[598]. Im Hinblick auf die Kampfparität sei das neue Recht somit harmlos. Die Gewerkschaft habe kein Interesse, Lohn an Streikbrecher zu zahlen. Sie werde abtrünnigen Mitgliedern und arbeitswilligen Außenseitern nach der Stillegung auch keine Gemaßregeltenunterstützung zahlen[599].

---

[593] Vgl. *Oetker*, Anmerkung zu *BAG*, AP Nr. 130 zu Art. 9 GG Arbeitskampf.

[594] So *Hanau*, NZA 1996, 841 (846).

[595] Vgl. *Hanau*, a.a.O., 846.

[596] *Konzen*, Gemeinsame Anmerkung zu *BAG*, AP Nr. 137, 138 und 139 zu Art. 9 GG Arbeitskampf.

[597] In fast sämtlichen längeren Abhandlungen wurde die Betriebsstillegung negativ beurteilt: z.B. *Lieb*, SAE 1995, 257 ff.; *derselbe*, SAE 1996, 182 ff.; *Fischer/Rüthers*, Anm. EzA Art. 9 GG Arbeitskampf Nr. 115, S. 33 ff.; *Thüsing*, DB 1995, 2607 ff.

[598] So *Konzen*, Gemeinsame Anmerkung zu *BAG*, AP Nr. 137, 138 und 139 zu Art. 9 GG Arbeitskampf, unter II.1. unter Hinweis auf *BAG*, AP Nr. 130 zu Art. 9 GG Arbeitskampf.

[599] Bestätigt v. *BAG*, DB 1995, 2271; *Löwisch/Rieble*, Schlichtungs- und Arbeitskampfrecht, RN 317; *Seiter*, Streikrecht und Aussperrungsrecht, S. 339 ff.; *Scholz/Konzen*, Die Aussperrung im System v. Arbeitsverfassung und kollektivem Arbeitsrecht, S. 149 ff.; anderer Ansicht ist wohl *Zöllner/Loritz*, Arbeitsrecht, S. 414.

(2) Für die Arbeitgeber sei der Sinn dieses Stillegungsrechts schwer verständlich, da diese in der Regel an der Aufrechterhaltung des Betriebes interessiert seien. Dieses Interesse zeigten eindeutig die Zahlung von Streikbruchprämien und die Politik der offenen Tür. Gegenbeispiele gebe es im Öffentlichen Dienst wegen der dortigen Besonderheiten, was mit dem fehlenden Gewinnziel und der Tatsache zu tun habe, daß die Nachteile eines Streiks hauptsächlich Dritte und die Allgemeinheit treffen[600].

Der privatwirtschaftliche Arbeitgeber habe von einem kampfbedingten Stillegungsrecht keinen nennenswerten Nutzen zu erwarten. Er könne allenfalls in gewissem Umfang eine Aussperrungswirkung ohne Zustimmung des Arbeitgeberverbandes erreichen. Wegen der Bindung an den gewerkschaftlichen Streikbeschluß bleibe dieses Recht ohne finanzielle Einbußen für die Gewerkschaften und damit ohne Verhandlungsdruck. Für die Gewerkschaften entstehe ein politischer Vorteil. Der Arbeitgeber könne lediglich gegenüber den Streikbrechern Lohn sparen, den er wegen der andernfalls einschlägigen Grundsätze der Arbeitskampfrisikolehre aber ohnehin nur zu zahlen hätte, wenn die mögliche und wirtschaftlich sinnvolle Gegenleistung erbracht werde. Weitere Opfer des Stillegungsrecht seien die Außenseiter, in deren Vertragsrechte durch dieses neue Kampfmittel eingegriffen werde, ohne daß dadurch Druck auf den sozialen Gegenspieler ausgeübt werde[601].

(3) Eine gesetzliche Grundlage für dieses neue Arbeitskampfmittel fehle. Es fällt *Konzen* schwer, in der Betriebsstillegung nicht nur eine rechtspolitisch motivierte Außenseiterbelastung zur effizienten Durchsetzung des gewerkschaftlichen Streikbeschlusses und eine Rettung der flankierenden Notdienstvereinbarungen des Öffentlichen Dienstes zu erblicken[602].

(4) Der Schluß von der Aussperrung auf das mildere Mittel Betriebsstillegung werde der Eigenart der kampfbedingten Betriebsstillegung nicht gerecht[603]. Kampfmittel dienten immer der Durchsetzung eines Tarifvertrages. Im Rahmen eines Verbandstarifvertrages müßten sie aber von den Tarifparteien gesteuert werden. Eine Suspendierung von Arbeitsbeziehungen allein durch einen einzelnen Arbeitgeber lockere daher, soweit es nicht um einen Firmentarifvertrag geht, ohne Grund die enge Verbindung des Arbeitskampfes mit der Tarifautonomie. Die Betriebsstillegung begünstige allein den sozialen Gegenspieler und habe allein die Zielrichtung der Reglementierung von arbeitswilligen Streikbrechern, speziell Außenseitern[604].

dd) Eigene Ansicht

Im Hinblick auf die tatsächliche Relevanz für die Kampfparität der Tarifvertragsparteien überzeugen die Ausführungen von *Konzen* vollauf.

Schon das Begründungsdefizit im Hinblick auf die Zulässigkeit und die rechtlichen Grundlagen der Betriebsstillegung zeigen deutlich, daß es dem *BAG* in den betreffenden Entscheidungen vorrangig um die Notdienstvereinbarungen und die in ihnen oder im Zusammenhang mit ihnen vereinbarten Nichtbeschäftigungsklauseln ging, die speziell für den Öffentlichen Dienst aufrechterhalten werden sollten. Daß und warum derartige Klauseln vor allem im Öffentlichen Dienst abgeschlossen werden, hat *Konzen* überzeugend dargestellt[605].

---

600 Vgl. *Lieb*, SAE 1995, 258.
601 *Konzen*, Gemeinsame Anmerkung zu *BAG*, AP Nr.137,138 und 139 zu Art. 9 GG Arbeitskampf, unter II.1.
602 *Konzen*, Gemeinsame Anmerkung zu *BAG*. AP Nr. 137,138 und 139 zu Art. 9 GG Arbeitskampf, unter II.2.b.
603 Siehe *Teil II* II. 4. e) aa).
604 *Konzen*, Gemeinsame Anmerkung zu *BAG*, AP Nr. 137, 138 und 139 zu Art. 9 GG Arbeitskampf, unter II.2.c.
605 *Konzen*, Gemeinsame Anmerkung zu *BAG*, AP Nr. 137, 138 und 139 zu Art. 9 GG Arbeitskampf, unter II.2.c.

Entscheidender Gesichtspunkt für die fehlende Paritätsrelevanz dieses neuen Kampfmittels ist aber, daß die Arbeitgeber nur im Rahmen des gewerkschaftlichen Streikbeschlusses den Betrieb stillegen dürfen. Im Endeffekt vollziehen sie so den gewerkschaftlichen Streikbeschluß perfekt und unterstützen damit ihren sozialen Gegenspieler. Obwohl die Betriebsstillegung auf den ersten Blick günstig für die Arbeitgeber erscheint, dient sie in Wirklichkeit den Gewerkschaften und kann das oben gefundene Ergebnis einer Verschiebung der rechtlichen Parität zu Lasten der Arbeitgeber nicht in Frage stellen. Die Betriebsstillegung stellt keinen Ausgleich dar.

In praktischer Hinsicht kommt hinzu, daß Arbeitgeber der Privatwirtschaft an einer Stillegung des gesamten Betriebes in aller Regel überhaupt nicht interessiert sind (Ausnahme: schlechte wirtschaftliche Lage des Unternehmens)[606]. Das ergibt sich auch aus der oben dargestellten Rechtsprechung zur Zulässigkeit (bzw. im Ergebnis zur Unzulässigkeit) von Streikbruchprämien. Diese Entscheidungen ergingen fast zur gleichen Zeit wie das erste Urteil zur Betriebsstillegung. Sie zeigen deutlich, daß die privaten Arbeitgeber im Rahmen von Arbeitskämpfen versuchen, die Produktion so weit wie möglich aufrecht zu erhalten. Gründe dafür sind Lieferverpflichtungen, Marktanteile, ausländische Konkurrenz sowie die laufenden Fixkosten des Betriebes, die nicht nur aus den Löhnen und Gehältern für die Arbeitnehmer bestehen[607].

Stege stellt hier die (rhetorische) Frage, welcher Unternehmer - außer in einem Betrieb des öffentlichen Nahverkehrs - während eines Streiks nicht daran interessiert wäre, den bestreikten Betrieb oder Betriebsteil soweit wie möglich aufrecht zu erhalten[608].

Daß die Betriebsstillegung für die Privatwirtschaft praktisch ohne Relevanz ist, bestätigten im Rahmen der durchgeführten Umfragen auch alle Interviewpartner Die Gewerkschaftsvertreter betonten zudem die sehr positiven Auswirkungen einer solchen Stillegung für die Durchsetzung des gewerkschaftlichen Streikbeschlusses und meinten damit die für sie günstigen Auswirkungen auf nichtorganisierte Streikbrecher[609]. Im Arbeitgeberlager zeigte sich Unverständnis für dieses Mittel, da rein faktisch kein Unterschied zu einer Aussperrung gesehen wird. Einige Gesprächspartner kannten diese noch relativ neue Rechtsprechung des *BAG* überhaupt nicht[610].

Lediglich für einen Interviewpartner könnte die Betriebsstillegung theoretisch ein alternatives Kampfmittel für die Arbeitgeber in der Privatwirtschaft sein, wenn man die Vernetzung der Fabriken in der Automobilindustrie berücksichtige (Just-in-time). Legt ein einzelner Unternehmer den bestreikten Betrieb still, dann können spätestens drei Tage später viele andere Betriebe innerhalb und außerhalb des Tarifgebietes nicht mehr arbeiten, da die notwendigen Teile für die Produktion fehlen. Die Lohnzahlungspflicht der Arbeitgeber entfällt in der Folge nach den allgemeinen Grundsätzen des Arbeitskampfrisikos. Diese Problematik wurde vom *BAG* so mit Sicherheit nicht gesehen[611].

Als Ergebnis kann daher festgehalten werden, daß die Zulassung der Betriebsstillegung am rechtlichen Ungleichgewicht nichts geändert hat. Sie wirkt nicht zugunsten der Arbeitgeber.

---

[606] Interviewangaben - siehe Anhang.
[607] Interviewangaben - siehe Anhang.
[608] *Stege*, Festschrift für Hanau, S. 122.
[609] Interviewangaben: Ein Gewerkschaftsvertreter bezeichnete die Betriebsstillegung sogar als toll!
[610] Interviewangaben - siehe Anhang.
[611] Interviewangaben - siehe Anhang.

Nicht einmal die Arbeitgeber selbst sind dieser Ansicht. In psychologischer Hinsicht ist das aber der entscheidende Gesichtspunkt.

f) Stellungnahme

aa) Verschiebung des Kräftegleichgewichts in rechtlicher Hinsicht

Obgleich es sich an den reinen Zahlen nicht nachweisen läßt, hat das *BAG* in seiner Rolle als Ersatzgesetzgeber seiner Neutralitätsverpflichtung nicht Genüge getan und das bereits 1980 bestehende rechtliche Ungleichgewicht zwischen den Tarifvertragsparteien in den letzten 20 Jahren weiter verschoben. Dazu muß man sich nur die Urteile zum Warnstreik, zur Quotenregelung bei der Aussperrung, zur Zulassung der Neuen Beweglichkeit sowie die faktische Aufgabe des ultima-ratio-Prinzips vor Augen halten. Auch die Entscheidung zur Betriebsstillegung ändert daran nichts. Tatsächlich wirkt sie sogar zu Lasten der Arbeitgeber.

Bestätigt wird dieses Ergebnis durch die Interviews mit den Vertretern von Arbeitgeberverbänden und Unternehmen, aber auch von den befragten Gewerkschaftsvertretern. Die Arbeitgeber sehen sich selbst unterlegen. Das gilt im besonderen für Unternehmen des Mittelstandes[612], die vornehmlich beklagten, daß die Entscheidungen des *BAG* hauptsächlich auf Sachverhalten der Großindustrie beruhen, die mit den Verhältnissen im Mittelstand nicht vergleichbar seien. Hinzu komme, daß sich die Unternehmen des Mittelstandes keine Spezialisten für das hochkomplizierte Arbeitskampfrecht leisten könnten. Auch insoweit seien die Gewerkschaften im Vorteil.

bb) Verschiebung des Kräftegleichgewicht in tatsächlicher Hinsicht

Die Folgen dieser rechtlichen Imparität kann man dann auch im tatsächlichen Bereich feststellen:

Keiner der Interviewpartner aus dem Arbeitgeberlager würde es - abgesehen von wirtschaftlich schlechten Zeiten - mehr wagen, eine Aussperrung durchzuführen. Die Unsicherheit über die Rechtsprechung ist zu groß. Die Quotenrechtsprechung wurde bislang allenfalls stillschweigend fallengelassen[613]. Entscheidungen des *BAG* können nicht prognostiziert werden. Praktische Belange und Probleme finden vor Gericht kaum Gehör. Bei manchen Gesprächspartnern war teilweise sogar schon Resignation zu verspüren[614].

Im Gegensatz dazu sind sich die großen Gewerkschaften ihrer Kampfkraft und ihrer Vorteile bewußt (Warnstreiks, Minimax-Strategie, Neue Beweglichkeit, Wellenstreiks). Sie setzen diese im Rahmen von Arbeitskämpfen auch ein - in dem Bewußtsein, daß die Arbeitgeber dagegen kaum eine Abwehrmöglichkeit haben[615].

Diese Beispiele zeigen deutlich, wie das zu Lasten der Arbeitgeber verschobene rechtliche Kräftegleichgewicht die Kampfparität in tatsächlicher Hinsicht beeinflußt. Die psychologischen Auswirkungen der Gerichtsentscheidungen zugunsten der Arbeitnehmer und der Gewerkschaften haben auf Arbeitgeberseite dermaßen verunsichert, daß Arbeitskämpfe so

---

612 Siehe zu der schwierigen Definition des sog. Mittelstandes in der Bundesrepublik Deutschland und auch aus internationaler Sicht die Unternehmensgrößenstatistik 1997/1998 - Daten und Fakten - Nr. 96, herausgegeben v. Bundesministerium für Wirtschaft, Juli 1997, S. 1 - 15.

613 Interviewangaben - siehe Anhang.

614 Interviewangaben - siehe Anhang.

615 Interviewangaben - siehe Anhang.

weit wie möglich vermieden werden. Folgen davon sind Fehlsteuerungen bei der kollektiven Entgeltfestsetzung in den Tarifverträgen und dadurch fehlende Investitionsbereitschaft ausländischer Anleger, Störungen der inländischen Preisbildung und dadurch mangelnde Konkurrenzfähigkeit der tarifgebundenen Unternehmen, Verlust von Märkten etc[616].

Diese gravierenden Folgen nicht zuletzt des „Unterlegenheitsgefühls" auf Seiten der Arbeitgeber bestätigen eindrucksvoll die Behauptung, daß schwach ist, wer sich schwach fühlt, und stark, wer sich stark fühlt. Die psychologischen Auswirkungen von Rechtsprechungsentscheidungen und deren Folgen haben gerade im Arbeitskampfrecht eine immense Bedeutung.

---

[616] Ebenso Rüthers, Beschäftigungskrise und Arbeitsrecht, S. 112.

Teil IV: Änderungen in den tatsächlichen Verhältnissen seit dem Jahr 1980

I. Einleitung

Wie bereits mehrfach erwähnt, traten in den 80er und 90er Jahren des 20. Jahrhunderts im tatsächlichen Bereich sowohl auf der Betriebs- und Unternehmensebene als auch in den Rahmenbedingungen der Wirtschaft der Bundesrepublik Deutschland eine Vielzahl von Veränderungen ein, die nicht nur Auswirkungen auf die Arbeitswelt als solche, sondern auf alle Bereiche der Gesellschaft hatten und gegenwärtig noch haben. Die Globalisierung des Welthandels, wirtschaftliche Konzentrationsprozesse, Unternehmenszusammenschlüsse über nationale Grenzen hinweg, Rationalisierung auf internationaler Ebene und die zunehmende Beschleunigung des Wandels seien an dieser Stelle nur stellvertretend genannt. Als Folge dieser Entwicklungen etablierten sich eine Vielzahl neuer Managementmethoden und innovativer Grundsätze der Unternehmensführung in Deutschland, die den Arbeitsplatzinhalt und den Arbeitsalltag fast aller Arbeitnehmer in den Betrieben veränderten. Dadurch wurde und wird das Kräftegleichgewicht zwischen den Tarifvertragsparteien im Rahmen von Arbeitskämpfen tangiert. Als weitere Konsequenz wird die sog. kartellierende Wirkung der Flächentarifverträge und der Arbeitskämpfe zunehmend in Frage gestellt[617].

Der folgende Abschnitt beschäftigt sich mit der Frage, ob aufgrund dieser neuen Entwicklungen eine Verschiebung des Kräftegleichgewichts im tatsächlichen Bereich eingetreten ist. Dazu werden zunächst die Veränderungen auf der betrieblichen wie auf der überbetrieblichen Ebene dargestellt und dann deren Auswirkungen auf das Kampf- bzw. Verhandlungsgleichgewicht. Im Anschluß daran wird versucht, die gefundenen Resultate anhand weiterer Indizien zu überprüfen. Grundlage für die Feststellung von Veränderungen sowie den daraus zu ziehenden Schlußfolgerungen waren wiederum die mit den betroffenen Kreisen geführten Interviews.

Auch die Literatur hat sich seit den 80er Jahren vereinzelt mit der Problematik der Verschiebung der Kampfparität auseinandergesetzt. Die Schlußfolgerungen der Autoren basieren dabei zumeist auf Plausibilitätsannahmen. Empirische Untersuchungen liegen kaum vor. Eine Ausnahme ist der Untersuchungsbericht von *Hindrichs/Mäulen/Scharf* über das Forschungsprojekt „Wirkungen neuer Technologien auf Inhalte, Organisations- und Verlaufsformen von Arbeitskämpfen".

---

[617] Siehe die SZ v. 22.11.1999, Nr. 270, S. 6.

II. Bisherige Reaktionen in der Literatur auf diese Änderungen

1. Überblick

Die unstreitig eingetretenen Veränderungen in tatsächlicher Hinsicht wurden im juristischen Schrifttum nur selten behandelt. Noch geringer war die Aufmerksamkeit, die das *BAG* diesen Punkten widmete[618]. Aber nicht nur in juristischer, auch in empirischer Hinsicht fehlt es an den nötigen Forschungsgrundlagen. Beispielsweise sind empirische Untersuchungen darüber, wie sich Arbeitslosigkeit, befristete Arbeitsverträge, der zunehmende internationale Konkurrenzdruck auf die Unternehmer und die sog. Globalisierung auf die Fähigkeit von Gewerkschaften auswirken, ihre Tarifforderungen durchzusetzen, kaum vorhanden[619]. Ebenso fehlen Abhandlungen darüber, ob und wie sich diese Gesichtspunkte auf die Arbeitskämpfe und das Kräftegleichgewicht der Tarifvertragsparteien auswirken oder doch zumindest auswirken können.

2. Die Untersuchung von *Plander*[620]

Plander stellt zu Beginn seines Aufsatzes den Mangel sowohl an empirischer wie auch an juristischer Vorarbeit zu diesem Themenbereich fest[621]. Anschließend beschreibt er aktuelle Entwicklungen und deren Einfluß auf die Arbeitskämpfe, die seiner Ansicht nach das Kräftegleichgewicht zu Lasten der Gewerkschaften verschoben haben:

- Aufgrund der hohen Arbeitslosigkeit und der Rationalisierungen durch die Unternehmer müßten die Gewerkschaften zunächst verhindern, daß Arbeitnehmer entlassen werden und sich der Anwendungsbereich geltender Tarifverträge entsprechend verringert. Die Gewerkschaften würden dadurch auf ihre Verteidigungslinien zurückgeworfen.

- Durch zunehmende Rationalisierungen und Einsatz neuer Technologien werde die Existenz der Gewerkschaften immer mehr gefährdet, falls rationalisierungs-bedingte Entlassungen und Umstrukturierungen zu Entlassungen von Gewerkschaftsmitgliedern führen. Der Einsatz von neuen Technologien entwerte generell die Qualifikationen der Arbeitnehmer.

- Aufgrund der hohen Arbeitslosigkeit in Deutschland seien die Gewerkschaften besonders verpflichtet, zum Wiedererreichen eines hohen Beschäftigungsstandes beizutragen. Dies stelle hohe Anforderungen an die Gewerkschaftsmitglieder, wenn sie die Belange Arbeitsloser nicht nur beim Aufstellen von Tarifforderungen berücksichtigen, sondern sich dafür auch in Arbeitskämpfen aktiv einsetzen und hinsichtlich ihres Lebensunterhaltes Einbußen hinnehmen sollen.

- Die tarifliche Ausgangslage der Gewerkschaften werde dadurch verschlechtert, daß in Zeiten hoher Arbeitslosigkeit die Arbeitgeber die Möglichkeit hätten, mit Hilfe der Vereinbarung spezifischer Modalitäten (Teilzeitkräfte, Arbeit auf Abruf, befristete

---

[618] Die gleiche Feststellung trifft *Plander*, Arbeitslosigkeit, Neue Technologien und gewerkschaftliche Streikfähigkeit in DB, Beilage Nr. 13/87, S. 2.

[619] Siehe zu all diesen Punkten *Plander*, Arbeitslosigkeit, Neue Technologien und gewerkschaftliche Streikfähigkeit in DB, Beilage Nr. 13/87, S. 3.

[620] Vgl. *Plander*, Arbeitslosigkeit, Neue Technologien und gewerkschaftliche Streikfähigkeit in DB, Beilage Nr. 13/87.

[621] Vgl insbesondere *Hanau* in FAZ Nr. 2/87 v. 03.01.1987; *Klebe/Roth* im Handelsblatt v. 17.03.1986; *Plander*, AuR 1986, 194 f.; *Wolter* in *Däubler* (Hrsg.), Arbeitskampfrecht RN 889 ff.; *Zechlin*, AuR 1986, 285 ff.

Arbeitsverhältnisse) bei der Wiederbesetzung frei gewordener oder der Besetzung neu geschaffener Arbeitsplätze bereits vereinbarte Tarifverträge ganz oder teilweise leerlaufen zu lassen.

- Durch die langandauernde hohe Arbeitslosigkeit liefen die Gewerkschaften Gefahr, in größerer Anzahl arbeitslose Mitglieder zu verlieren oder doch, sofern diese ihre Mitgliedschaft aufrecht erhalten, auf deren Beiträge ganz oder teilweise verzichten zu müssen. Bei Streiks fielen arbeitslose Mitglieder als Mitkämpfer aus, und im übrigen sei dadurch ein Verlust gewerkschaftlicher Präsenz in den Unternehmen zu verzeichnen.

- Die Beiträge der Arbeitnehmer, die an die Gewerkschaften bezahlt werden, dienten insbesondere der Zahlung von Arbeitskampfunterstützungen. Erstere sänken aber aufgrund des Mitgliederschwundes. Hinzu kommen nach *Plander* erhöhte Ausgaben in Arbeitskämpfen für Unterstützungsleistungen auch an mittelbar von einem Streik betroffene Arbeitnehmer, deren Anzahl infolge der vermehrten Nutzung von neuen Technologien (Just-in-time-Produktion) und als Folge der Novellierung des § 116 AFG steige[622].

- Die Arbeitslosigkeit sei als streikhemmender Faktor anzusehen, da Arbeitnehmer aus Furcht vor Entlassungen zögerten, Streiks zu beschließen oder sich an solchen zu beteiligen. Hinzu kämen die Ausweitung atypischer Beschäftigungsverhältnisse (Teilzeitarbeit und befristete Arbeitsverhältnisse) und Kommunikationserschwernisse der Arbeitnehmer untereinander aufgrund Neuer Technologien (z.B. Telearbeit).

- Auf der anderen Seite böten die Arbeitslosigkeit und der Einsatz Neuer Technologien eine Vielzahl von Möglichkeiten für die Arbeitgeber, auf Streiks zu reagieren. Nach *Plander* hat die hohe Arbeitslosigkeit zur Folge, daß Streikbrucharbeit wesentlich häufiger geleistet wird. Das zeige sich daran, daß die Auseinandersetzungen zwischen Streikenden, potentiellen Streikbrechern und Unternehmensvertretern in den letzten Jahren bei manchen Arbeitskämpfen an Schärfe zugenommen hätten[623]. Durch die Neuen Technologien könne mit Hilfe einiger weniger Streikbrecher die Produktion aufrecht erhalten werden, notfalls sogar mit Leiharbeitnehmern. Möglich sei auch, während eines Streiks Arbeiten örtlich zu verlagern und die Produktion in nicht bestreikten Betrieben im In- oder Ausland fortzusetzen.

Plander kommt zu dem Ergebnis, daß eine Imparität zu Lasten der Gewerkschaften besteht. Arbeitslosigkeit, Einsatz Neuer Technologien und, im Kontext damit, neuere gesetzliche Regelungen seien geeignet, die Durchsetzungskraft der Gewerkschaften erheblich zu schwächen. Insbesondere das *BAG* müsse richterrechtliche Beeinträchtigungen des Streikrechts beseitigen, wie beispielsweise die für Solidaritätsstreiks aufgestellten Hürden. Neue Arbeitskampfmittel, wie etwa das Verweilen im Betrieb während eines Streiks müßten, zugelassen werden[624].

---

[622] § 116 AFG entspricht heute § 146 SGB III.
[623] *Plander* beruft sich diesbezüglich auf den der Entscheidung des LAG Köln EzA Art. 9 GG Arbeitskampf Nr. 53 zugrundeliegenden Sachverhalt.
[624] *Plander*, DB 1987, Beilage Nr. 13/87, 11/12.

3. Die Ansicht von *Wolter*[625]

Dieser gewerkschaftsnahe Autor ist ebenfalls der Auffassung, daß das Streikabwehrpotential der Arbeitgeberschaft erheblich gewachsen sei. Seit Erlaß der Aussperrungsurteile 1980 sei das durch technische, arbeitsorganisatorische und unternehmensorganisatorische Rationalisierung in einem derartigen Umfang geschehen, daß die Fähigkeit der Gewerkschaft, einen effektiven Arbeitskampf zu führen, ernstlich bedroht erscheine[626]. Folgende Aspekte hebt *Wolter* hervor:

- Bereits grundsätzlich seien die alternativen Arbeitskampfmittel auf der Arbeitgeberseite wesentlich zahlreicher: Produktionsverlagerung, Lieferhilfeabkommen, Wettbewerbsverbote zugunsten bestreikter Unternehmen, vorausschauende Produktions- und Lagerpolitik, Solidaritätsabkommen, Arbeitskampfklauseln in allgemeinen Geschäftsbedingungen und Lieferverträgen. Auf Gewerkschaftsseite habe man nur die Möglichkeit eines Streiks, wobei die Struktur der Gewerkschaften als Massenorganisationen interne Probleme bei der Organisation von Streiks bedingten. Hinzu komme der Druck von Krise und Arbeitslosigkeit auf die Motivation und Kampfbereitschaft der Arbeitnehmer. Die Arbeitgeber hätten wesentlich weniger organisatorische Probleme bei der Durchführung von Kampfmaßnahmen. Das Kapital und die Unternehmermacht seien in den Arbeitgeberverbänden konzentriert und zentralisiert. Hinzu komme die Zentralisation von Tarifpolitik im „Tabu-Katalog"[627] usw.[628]

- Sowohl in den hoch organisierten, streikfähigen und -erfahrenen wie auch in gewerkschaftspolitisch nicht so starken Branchen hätten sich technische, arbeits- und unternehmensorganisatorische Rationalisierungsprozesse vollzogen, welche die streikimmanenten Restriktionen potenziert hätten:
  Datenverbundnetze mit zentralen Produktionssteuerungskapazitäten im europäischen und weltweiten Maßstab in der Automobilindustrie und die damit einhergehende Standardisierung von Maschinen und Produktion machten Produktionsverlagerungen per Knopfdruck weltweit möglich[629]. EDV-Verbundnetze (Dispositions- und Produktionssteuerungssysteme) gebe es in der rechnergesteuerten Satzherstellung in der Druckindustrie und in vielen anderen Branchen[630].

- Eine wesentliche Rolle spielt nach *Wolter* auch die „Erosion des Normalarbeitsverhältnisses". Entsprechend den praktischen Erfahrungen sei bei Heim- und Leiharbeitnehmern, bei unständig und befristet Beschäftigten, bei Teilzeitkräften und Arbeitnehmern auf Abruf die Streikbereitschaft nicht besonders hoch[631].

- Hinzu kämen zu Lasten der Gewerkschaften unternehmensorganisatorische Rationalisierungen durch Betriebsaufspaltungen und Unternehmensteilungen[632]. Dadurch würden rechtlich wie faktisch betriebliche Solidarzusammenhänge der Arbeitnehmer-

---

[625] *Däubler/Wolter*, Arbeitskampfrecht, RN 889 ff.
[626] *Däubler/Wolter*, Arbeitskampfrecht, RN 889a.
[627] Der „Tabu-Katalog" ist veröffentlicht in „druck + papier, Heft 3/1979; Frankfurter Rundschau v. 26.01.1979.
[628] *Däubler/Wolter*, Arbeitskampfrecht, RN 889; speziell zum Pressebereich vgl. *Knoche/Krüger*, Presse im Druckerstreik.
[629] *Klebe/Roth*, Die Verursacher in der Rolle des Opfers, in *Apitzsch u.a.*, § 116 AFG: Kampf um das Streikrecht, S. 27 ff.
[630] *Däubler/Wolter*, Arbeitskampfrecht, RN 889d.
[631] *Däubler/Wolter*, Arbeitskampfrecht, RN 889e.
[632] Vgl. hierzu *Henssler*, NZA 1994, 294 ff.; *Blank u.a.*, Arbeitnehmerschutz bei Betriebsaufspaltung und Unternehmensteilung.

schaft zerschlagen. Die Streikfähigkeit der Gewerkschaften werde geschwächt. Von gewerkschaftlicher Seite wird das unter dem Problemkreis „Tarifflucht und Arbeitskampf" beschrieben. Durch den Weggang von Arbeitgebern aus tarifstarken Branchen käme es zu einer schwächenden Zersplitterung des tariflichen Kontextes. Gleiches trete bei verstärktem Einsatz von Leih- und Heimarbeitnehmern auf[633].

- Ebenfalls einen negativen Einfluß auf die Streikfähigkeit habe die Flexibilisierung der Arbeitszeiten. In einem Betrieb mit 60 oder gar 240 verschiedene Arbeitszeiten sei ein Streik ungleich schwerer zu organisieren und aufrecht zu erhalten als dort, wo die gesamte Belegschaft oder doch etwa ein Drittel der Belegschaft zum selben Zeitpunkt die Arbeit aufnehme.

- Streikhindernd sei auch der Einsatz neuer betrieblicher Informationssysteme, die über die Registrierung, Auswertung und langfristige Speicherung von Arbeitszeiten, Fehlzeiten und Fehlzeitengründen das Arbeitskampfverhalten sehr genau und gezielt festhalten könnten. Gerade in Zeiten sehr hoher Arbeitslosigkeit gehe hiervon ein immenser Konformitätsdruck aus[634].

4. Die Meinungen von *Seiter*[635] und *Kirchner*[636]

Diese beiden Autoren vertreten die Gegenposition zu den Standpunkten von *Plander* und *Wolter*. Auffällig ist, daß die Ausführungen zu den hier interessierenden Fragen sowohl bei *Seiter* als auch bei *Kirchner* schon dem Umfang nach wesentlich kürzer ausfallen.

Nach *Seiter* gehen die Gewerkschaften einer immer größeren Machtentfaltung entgegen. Die soziale Machtergreifung durch sie könne Wirklichkeit werden[637].

Kirchner gelangt ebenfalls zu dem Ergebnis, daß die Kampfparität zu Lasten der Arbeitgeber gestört und die Funktionsfähigkeit der Tarifautonomie erschüttert sei. Er beruft sich auf die volkswirtschaftlichen Schäden von Arbeitskämpfen, die nach seinen Berechnungen im Laufe der Jahrzehnte erheblich zugenommen hätten. Für den Arbeitskampf 1984 um die 35-Stunden-Woche schätzt er den Schaden auf 15,5 Mrd. DM[638]. Zudem hänge die Sicherheit vieler Arbeitsplätze davon ab, ob eine neue Fertigungstechnik, ein Produktionssystem auf Abruf mit denkbar knapper Lagerhaltung und präzisen Lieferfristen entwickelt werde. Je größer die dadurch hervorgerufene Wettbewerbsfähigkeit, um so stärker sei die Streikanfälligkeit. Im Streikfall komme es dann zu den im Jahr 1984 beobachteten Kaskadeneffekten[639].

---

[633] *Däubler/Wolter*, Arbeitskampfrecht, RN 889f.
[634] *Däubler/Wolter*, Arbeitskampfrecht, RN 889h.
[635] *Seiter*, AfP 1985, 195.
[636] *Kirchner*, RdA 1986, 159 ff.
[637] *Seiter*, AfP 1985, 195.
[638] *Kirchner*, RdA 1986, 159 ff. (160).
[639] *Kirchner*, RdA 1986, 159 ff. (160).

5. Die Ausführungen von *Gamillscheg*

Gamillscheg weist gegenüber dem Bild von der gewerkschaftlichen Ohnmacht auf folgendes hin:

- Die Gewerkschaften in Deutschland hätten in der Vergangenheit unbestritten sehr große Erfolge erzielt und den westdeutschen Arbeitnehmern eine Spitzenstellung in den Industriestaaten verschafft [640].

- Auf Seiten der Gewerkschaften bestehe ein großer politischer Einfluß, insbesondere von *DGB* und *DAG*, und eine sehr gute Solidarität der *DGB*-Gewerkschaften untereinander[641].

- Die Unternehmer seien bei Stillstand der Produktion aufgrund von Arbeitskämpfen mit den Festkosten belastet[642]. Dem Stillstand könne auch nicht vorgebeugt werden, denn Vorratshaltung sei bei den heutigen Formen des wirtschaftlichen Verbundes nicht mehr möglich, sondern würde die Unternehmen noch verwundbarer machen. Den mit einer solchen unwirtschaftlichen Vorsorge verbundenen Belastungen wären nicht nur die bestreikten, sondern auch alle anderen Unternehmen unterworfen. Man wisse ja vorher nicht, welches von ihnen mit dem Streik oder seinen Folgen überzogen werde[643].

- Vorhol- und Nacharbeiten seien technisch nicht stets möglich. Eine Tageszeitung könne beispielsweise nicht nachgearbeitet werden. Auf alle Fälle seien sie wegen der Überstundenzuschläge teuerer.

- Produktionsverlagerungen in andere Betriebe oder ins Ausland setzten freie Kapazitäten an anderer Stelle voraus und funktionierten nur im Konzernverbund, nicht aber im Zusammenwirken mit Konkurrenzunternehmen. Diese Art der Streikabwehr werde immer schwieriger, je komplizierter und höherentwickelter das Produkt ist.

- Streikhilfeabkommen deckten nur die laufenden Kosten, nicht aber den entgangenen Gewinn. Stillhalteabkommen seien oftmals nicht zu erreichen, vor allem nicht bei ausländischen Geschäftspartnern.

- Der Sorge der Arbeitnehmer stehe die Angst des Unternehmers vor der Abwanderung schwer ersetzbarer Fachkräfte gegenüber. Bei wirtschaftlich angeschlagenen Unternehmen komme die Angst vor dem eigenen Untergang hinzu.

- Letztendlich verlange eine Aussperrung stets den Entschluß des einzelnen Arbeitgebers, sich selbst zu schädigen, während eine kämpferische Gewerkschaftsleitung im Streik vielfach einen eigenen Zweck sehe, der mit den Interessen der zum Streik aufgerufenen Arbeitnehmer nicht immer übereinstimmen müsse.

---

[640] *Gamillscheg*, Kollektives Arbeitsrecht, S. 972.
[641] *Gamillscheg*, Kollektives Arbeitsrecht, S. 972.
[642] Vgl. hierzu auch *BAG* E 50, 179 (200) = AP Nr. 4 zu § 2 TVG Tarifzuständigkeit: Eine Paritätsstörung kann auch daraus erwachsen, daß die Mitbewerber des bestreikten Unternehmens v. Ausgang des Kampfes nicht berührt werden.
[643] *Gamillscheg*, Kollektives Arbeitsrecht, S. 972.

- Die gewerkschaftliche Taktik, einzelne Unternehmen danach auszusuchen, wie weit sich ihre Stillegung auf andere Unternehmen auswirkt (Minimax-Strategie), kehre sich gegen den Arbeitgeber, wenn dieser den Lohn weiter zahlen müsse, ohne seine Arbeitnehmer beschäftigen zu können. Die Vorgehensweise wirke sich zu Lasten der Gewerkschaft aus, wenn der Lohnanspruch entfalle. Dieser Druck werde aber aufgefangen, wenn die Bundesanstalt für Arbeit Leistungen an die Arbeitnehmer erbringe.

6. Die Sichtweise von *Mückenberger*

Dieser Autor legt seiner Dissertation[644] über Verfassungsfragen zur Neufassung des § 116 AFG[645] im Zusammenhang mit dem Streit um die rechtliche Verteilung der Risiken von Fernwirkungen von Arbeitskämpfen die tatsächlichen Risikoentwicklungen zugrunde, die ihrerseits auf den produktionsstrukurellen Wandel insbesondere im Metallbereich zurückzuführen seien. Diese hätten sich in der allseits konstatierten erhöhten Störanfälligkeit der Wirtschaft niedergeschlagen. Dabei beruhe die Störanfälligkeit auf einem sich rapide ausbreitenden neuen industriellen Integrationstyp, den er „systematische Rationalisierung" nennt. Darunter versteht *Mückenberger* die elektronische Vernetzung selbständiger Unternehmenseinheiten - bei gleichzeitiger Verringerung der betrieblichen Fertigungstiefe - in einen engen produktionstechnischen Verbund („logische Ketten"). Das führe zu einer Verlagerung von mit Produktionsunterbrechungen verbundenen Risiken von den dominierenden Unternehmen innerhalb der logischen Ketten auf vor- und nachgelagerte Unternehmen, auf Arbeitnehmer und ihre Interessenvertretungen[646]. *Mückenberger* geht von dieser Entwicklung als Selbstverständlichkeit aus. Er will nach dem Verursacherprinzip die Folgenverantwortung für derartige Risikoentwicklungen an die Sachherrschaft koppeln. Diese Risiken weist er den diesen neuen industriellen Integrationstyp beherrschenden Unternehmen zu[647].

7. Zusammenfassung

Die Ansichten aller eben genannten Autoren beruhen - unabhängig vom Ergebnis ihrer Ausführungen - fast ausschließlich auf Plausibilitätsannahmen. Konkrete Forschungsprojekte, die sich mit diesen Fragen beschäftigen, gibt es kaum[648]. Plausibilität ist jedoch kein Wahrheitskriterium[649]. In der empirischen Sozialforschung hat sich in der Vergangenheit schon häufig herausgestellt, daß auf Plausibilitätsannahmen beruhende Behauptungen nicht der Wirklichkeit entsprochen haben[650].

---

[644] *Mückenberger*, Produktionsverflechtung und Risikoverantwortung.
[645] § 116 AFG ist inzwischen in § 146 SGB III übergegangen. Im einzelnen unten *Teil IV* VIII. 1.
[646] *Mückenberger*, Produktionsverflechtung und Risikoverantwortung, S. 197/198 mit Verweis auf Kapitel IV., II. S. 75 ff.
[647] *Mückenberger*, Produktionsverflechtung und Risikoverantwortung, S. 198 mit Verweis auf Kapitel IV., II. S. 75 ff.
[648] Das liegt unter anderem wohl auch daran, daß Forschungsmittel für groß angelegte Untersuchungen zu diesem Themenkomplex nur äußerst schwierig zu bekommen sind.
[649] *Diekmann*, Empirische Sozialforschung, S. 24.
[650] *Diekmann*, Empirische Sozialforschung, S. 23 ff.

III. Der Untersuchungsbericht von *Hindrichs/Mäulen/Scharf* über das Forschungsprojekt „Wirkungen neuer Technologien auf Inhalte, Organisations- und Verlaufsformen von Arbeitskämpfen“[651]

1. Untersuchungsgrundlage

Grundlage dieser Untersuchung ist die Feststellung, daß der Einsatz von Informations-, Kommunikations- und Steuerungstechnologien auf der Basis der Mikroelektronik eine Vielzahl von ökonomischen Auswirkungen hat, die die gesamte Arbeitswelt verändern und damit auch Einfluß auf Arbeitskämpfe und Arbeitskampffähigkeit nehmen. Zu Beginn ihres Forschungsberichts nennen die Autoren folgende Wirkungen:

- Die Schaffung noch günstigerer Voraussetzungen einer Konzentration, Zentralisation und Internationalisierung des Kapitals.

- Die fortschreitende Aufspaltung der Ökonomie in hochtechnisierte, kapitalintensive und marginale, auch alternative, arbeitsintensive Sektoren (z.B. im Dienstleistungsbereich).

- Die erhebliche Veränderung der Arbeitsmarktstrukturen (langanhaltende Massenarbeitslosigkeit, Polarisierung der Qualifikationen, Auflösung traditioneller Berufe)[652].

Unter Zugrundelegung dieser Folgewirkungen werden die Auswirkungen der neuen Technologien auf Arbeitskämpfe und Arbeitskampffähigkeit von Einzelgewerkschaften des *DGB* in sechs Branchen dargestellt. Quellenbasis sind Intensivinterviews mit Experten, sekundäranalytische Monographien, unveröffentlichte Dokumente und Unterlagen, Veröffentlichungen in wissenschaftlichen Periodika und die Berichterstattung in den Tageszeitungen[653]. Bewußt wurde dabei die gewerkschaftliche Sichtweise des Problemkreises gewählt, da nach Ansicht der Autoren eine angemessene Berücksichtigung beider Sozialpartner am besten durch getrennte Forschung verschiedener Forschungsteams möglich ist[654].

2. Der Untersuchungsverlauf

Der Untersuchungsbericht zeigt zunächst anhand von Beispielen auf, wie die neuen Technologien bereits beim Aufstellen der gewerkschaftlichen Forderungen im Vorfeld von Tarifverhandlungen Einfluß nehmen[655]. Sodann werden die Auswirkungen der neuen Technologien bei der Organisation und dem Verlauf von einzelnen Arbeitskämpfen dargestellt[656]. Insbesondere für Arbeitskämpfe in der Metallindustrie sind auch die künftigen Entwicklungen arbeitskampfrechtlicher Faktoren, wie z.B. Just-in-time-Produktion, Verringerung der Fertigungstiefe, flexible Automatisierung, weltweite konzerninterne Arbeitsteilung und Verdrängung von Facharbeit durch CNC-Technologie im Maschinenbau[657] zentrale Punkte.

---

[651] Diese Untersuchung wurde v. Ministerium für Arbeit, Gesundheit und Soziales des Landes Nordrhein-Westfalen im Rahmen des Programms „Mensch und Technik – Sozialverträgliche Umweltgestaltung“ finanziert.
[652] *Hindrichs/Mäulen/Scharf*, Neue Technologien und Arbeitskampf, I.1., S. 2.
[653] *Hindrichs/Mäulen/Scharf*, Neue Technologien und Arbeitskampf, I.4., S. 16.
[654] Siehe *Hindrichs/Mäulen/Scharf*, Neue Technologien und Arbeitskampf, Vorwort.
[655] *Hindrichs/Mäulen/Scharf*, Neue Technologien und Arbeitskampf, III., S. 45 ff.
[656] *Hindrichs/Mäulen/Scharf*, Neue Technologien und Arbeitskampf, IV., S. 153 ff.
[657] *Hindrichs/Mäulen/Scharf*, Neue Technologien und Arbeitskampf, IV.4.3., S. 249 ff.

3. Festgestellte Veränderungen

a) im Hinblick auf Arbeits- und Produktionsorganisation:

- Individualisierung versus Kollektivierung von Arbeitsprozessen,
- Just-in-time-Produktion und neue Logistikstrukturen,
- Systematische Rationalisierung und das Problem der Beherrschung von Anlagen und Produktionsprozessen,
- Produktionssubstitution und Streikbruch im Ausland.

b) bezüglich Unternehmensorganisation, -politik und -beziehungen:

- Zentralisation von Entscheidungsmacht in Konzernen,
- faktische Konzernierung, d.h. ökonomische Abhängigkeit rechtlich selbständiger Unternehmen,
- Betriebsaufspaltung, Betriebsteilung und Unternehmensteilung.

c) der Belegschaftsstruktur:

- Veränderungen traditioneller Facharbeitergruppen,
- wachsende Bedeutung von technischen Angestellten und EDV-Fachleuten,
- befristete Beschäftigungsverhältnisse, Teilzeitarbeit, Leiharbeit, Fremdfirmeneinsatz und elektronische Fernarbeit,
- kollektive Aneignung des Produktionsprozesses.

d) der politischen Rahmenbedingungen:

- Verbandsmacht: Unterstützungssystem der Arbeitgeberverbände und Streikfonds der Gewerkschaften,
- die Bedeutung der Öffentlichkeit und der Politik,
- Konfrontation mit der Staatsmacht: Polizeieinsätze im Arbeitskampf.

e) der gewerkschaftsorganisatorischen Bedingungen:

- das gewerkschaftliche Unterstützungssystem bei Streik und Aussperrung,
- Mitgliederbeteiligung und Mitgliederbewußtsein,
- Zentralisierung und Dezentralisierung,
- Grenzen des Industrieverbandsprinzips,
- Probleme internationaler gewerkschaftlicher Organisation[658].

4. Ergebnis

Die Untersuchung von *Hindrichs/Mäulen/Scharf* kommt wegen der Kosten für Streikunterstützungszahlungen und der strategischen Einkreisung der Gewerkschaften durch das *BAG* im Ergebnis zu einer Beeinträchtigung der gewerkschaftlichen Streikfähigkeit. Trotzdem erkennen die Autoren, daß aufgrund des Abbaus von Lagerhaltung und der damit parallelen Entwicklung der Just-in-time-Produktion die Arbeitgeberseite wesentlich störanfälliger für Streikmaßnahmen geworden ist[659]. In rechtlicher Hinsicht wird eine Verbesserung der gewerkschaftlichen Kampfmöglichkeiten durch die Zulassung von Warnstreiks als Er-

---

[658] Vgl. zu all diesen Punkten: *Hindrichs/Mäulen/Scharf*, Neue Technologien und Arbeitskampf, V., S. 353 ff.
[659] *Hindrichs/Mäulen/Scharf*, Neue Technologien und Arbeitskampf, V.1.2., S. 355.

zwingungsstreiks bejaht, was aber durch die gleichzeitigen Verschlechterungen aufgrund des Einsatzes neuer Technologien kompensiert werde[660].

5. Eigene Stellungnahme

An diesem Ergebnis zeigt sich die (unausgesprochene) Grundthese aller gewerkschaftsnahen Autoren, nämlich daß die umwälzenden Veränderungen in der Arbeitswelt letztlich durch bewußte und gewollte Maßnahmen der Arbeitgeber verursacht würden. Daher dürften daraus allenfalls negative Konsequenzen für die Arbeitgeberseite gezogen werden (Verursacherprinzip)[661].

Dabei wird verkannt, daß im Vordergrund jeder unternehmerischen Entscheidung zunächst die Verbesserung der eigenen Wettbewerbsfähigkeit steht. Gerade das muß im Zeitalter von sich öffnenden Grenzen das primäre Ziel eines jeden Unternehmers sein, um die vorhandenen Arbeitsplätze zu sichern und neue Arbeitsplätze zu schaffen[662]. Hinzu kommt, daß die Einführung von neuen Technologien und Arbeitsabläufen immer in Zusammenarbeit mit den Arbeitnehmervertretern im Betrieb (Betriebsrat) oder mit den Arbeitnehmern selbst geschieht. Daher können den Arbeitgebern gerade nicht die gesamten Folgen und Auswirkungen dieser Änderungen aufgebürdet werden, selbst wenn der Anstoß dazu von ihnen ausgegangen ist. Der von *Mückenberger* aufgestellten These der ausschließlichen Folgenverantwortung der Arbeitgeber für die Änderungen im tatsächlichen Bereich[663] ist entschieden entgegenzutreten.

Darüber hinaus kann man sich bei der Heranziehung von gewerkschaftsorganisatorischen Argumenten, d.h. vor allem des Mitgliederverlustes bei den als früher besonders kampfstark, weil hoch organisiert, geltenden Gewerkschaften des Eindrucks nicht erwehren, daß eigene Fehler der Gewerkschaften bei der Mitgliederwerbung und -pflege den Arbeitgebern angelastet werden sollen.

---

660 *Hindrichs/Mäulen/Scharf*, Neue Technologien und Arbeitskampf, V.4.2., S. 420.
661 Vgl. Mückeberger, Produktionsverflechtung und Risikoverantwortung, S. 197/198 - siehe auch Gliederungspunkt *Teil IV* II. 6.
662 Interviewangaben - siehe Anhang.
663 Siehe *Teil IV* II.6.

IV. Veränderungen auf betrieblicher Ebene

1. Neue Entwicklungen in der Arbeitsorganisation der Unternehmen

a) Begriff

Arbeitsorganisation ist die Form, in der eine Vielzahl von Arbeitnehmern zusammenarbeitet, um gemeinsam ein Produkt herzustellen. Dieser Begriff kam gleichzeitig mit der Industrialisierung auf. Ursprünglich wurden ausschließlich handwerkliche Fertigungsmethoden angewandt. Dabei stellt ein Arbeiter das Produkt ganz oder zumindest großenteils allein her[664]. Eine Darstellung neuer Entwicklungen kann sich aber nicht auf die Arbeitsorganisation beschränken. Die aktuellen Produktionsmethoden sind heutzutage dermaßen komplex und miteinander verschränkt, daß jede Änderung auch Auswirkungen auf die Arbeitsorganisation und somit die Stellung der Arbeitnehmer im Betrieb oder Unternehmen hat.

b) Massenproduktion

aa) Hauptmerkmale

Diese Produktionsmethode war und ist in vielen Ländern der Erde die vorrangige Art, die industrielle Herstellung zu organisieren. Ihre Grundsätze wurden von *W. Taylor* in seinem Buch *„Scientific Management"* 1911 erstmals vorgestellt. Obwohl sie in einer Fabrik von *Henry Ford* bereits 1914 in die Praxis umgesetzt wurde, setzten sich die Gedanken *Taylors* in der Arbeitsorganisation der Industrieländer erst nach dem Zweiten Weltkrieg durch[665]. So auch in Deutschland, wo parallel dazu das *BAG* seine Rechtsprechung zum Arbeitskampfrecht und zur Kampfparität entwickelte.

Das Hauptelement der Massenproduktion ist nicht das Fließband. Es sind vielmehr die vollständige und passgenaue Austauschbarkeit der Bauteile und die Einfachheit ihres Zusammenbaus. Durch diese Neuerungen in der Fertigung wurde das Fließband erst möglich[666]. Dadurch konnte beispielsweise *Henry Ford* bereits im Jahre 1914 die ausgebildeten Monteure einsparen, die bis dahin die Masse der Arbeitskräfte jedes Automobilwerkes ausmachten. Jeder Monteur führte in der Folge nur noch einen einzigen Arbeitsschritt durch. So wurde die Montagezeit erheblich verringert und gleichzeitig die Produktivität in bemerkenswerter Weise erhöht[667].

Hinzu kommt neben dieser Aufteilung der Arbeit in klar definierte Aufgaben die Austauschbarkeit der Arbeiter[668]. Detaillierte Anweisungen und strenge Aufsicht über die Arbeitnehmer waren die Folge[669].

bb) Zeitlicher Höhepunkt dieser Produktionsart in Deutschland

Höhepunkt dieser Art der Produktion war in der Automobilindustrie in den USA das Jahr 1955[670], also genau das Jahr, in dem die Grundentscheidung des *BAG* zum deutschen Arbeits-

---

[664] Vgl. *Bobke*, Lean Production, S. 10; zu den typischen Merkmalen der handwerklichen Produktion in er Automobilindustrie siehe *Womack/Jones/Roos*, Zweite Revolution, S. 28.

[665] Vgl. *Bobke*, Lean Production, S. 10.

[666] So *Womack/Jones/Roos*, Zweite Revolution, S. 31.

[667] Siehe *Womack/Jones/Roos*, Zweite Revolution, S. 32.

[668] Vgl. *Womack/Jones/Roos*, Zweite Revolution, S. 35.

[669] *Womack/Jones/Roos*, Zweite Revolution, S. 35/36.

kampfrecht erging. Obwohl in Europa und in Deutschland die Grundideen der Massenproduktion bereits lange vor dem Zweiten Weltkrieg bekannt waren, verbreiteten sie sich erst in den fünfziger Jahren. Ende der fünfziger Jahre produzierte beispielsweise *VW* in Wolfsburg in Größenordnungen, die mit den amerikanischen Vorbildern (*Ford, General Motors*) vergleichbar waren[671]. Indiz und gleichzeitig typisches Merkmal für diese Produktionsmethode in Deutschland ist die Tatsache, daß die austauschbaren Montagearbeiter sehr häufig Immigranten, zumeist Türken und Jugoslawen, waren.

Im Hinblick auf die Situation dieser Arbeiter und ihrer tariflicher Forderungen führen *Womack/Jones/Roos* in ihrem Untersuchungsbericht über die Automobilindustrie aus:

„Schließlich merkten die Arbeiter in Turin, Paris und Wolfsburg, wie seiner Zeit in den Vereinigten Staaten, daß die Arbeit in der Fabrik keine Durchgangsstation auf dem Weg zur Selbständigkeit in der Heimat war, sondern Arbeit für den Rest ihres Lebens. Plötzlich schienen die Austauschbarkeit und die sackgassenähnliche Monotonie der Massenproduktionsfabriken unerträglich zu werden. Eine Welle von Unruhen folgte.
Die europäischen Massenproduktionssysteme wurden in den 1970er Jahren durch Erhöhung der Löhne und ständige Verkürzung der Wochenarbeitszeit nachgebessert ... Außerdem dämpfte die sich verschlechternde wirtschaftliche Lage nach 1973 die Erwartungen der Arbeiter und verminderte die Beschäftigungsalternativen.
... In den 80er Jahren fanden die europäischen Arbeiter die Massenproduktionsarbeit weiterhin so unbefriedigend, daß in den Tarifverhandlungen die weitere Reduzierung der Arbeitszeit zur ersten Priorität wurde."[672]

c) Von *Taylor* abweichende Theorien der Arbeitsorganisation

Die von *Taylor* entwickelten Vorstellungen wurden zum ersten Mal 1946 durch die Theorien einer Londoner Gruppe von Verhaltensforschern, dem *Tavistock Institute of Human Relations*, in Frage gestellt. Die von *Eric Trist* geleitete Gruppe hatte eine vollkommen andere Vorstellung vom Menschen und dessen Rolle im Produktionssystem. Sie konzentrierte sich weniger auf den einzelnen, sondern vielmehr auf die Gruppe und ging davon aus, daß der Arbeiter ein denkendes und lernfähiges Wesen sei, das seine Situation am Arbeitsplatz selbst gestalten und entwickeln könne, sofern ihm die Gelegenheit dazu geboten werde[673]. Diese in den fünfziger Jahren entwickelten soziotechnischen Theorien wurden erstmals in Norwegen in den sechziger Jahren im Rahmen der ersten Versuche mit selbständigen Arbeitsteams getestet und leiteten eine Auseinandersetzung über neue Formen der Arbeitsorganisation ein. Die Verfechter der Teamarbeit hielten diese Organisationsform nicht nur für humaner und vorteilhafter für den Arbeitnehmer, sondern auch für produktiver[674]. Die vorgelegten Beweise und Untersuchungen konnten die Skeptiker damals nicht überzeugen[675]. Diese Organisationsform setzte sich folglich nicht durch. Auch in den 1970er Jahren, als sich die Arbeitnehmer der Monotonie und der sonstigen Nachteile der Massenproduktionsmethoden bewußt wurden und Abhilfe forderten, wurden nur marginale Experimente mit Gruppenarbeit in der Automobilindustrie unternommen[676].

---

[670] Siehe dazu *Womack/Jones/Roos*, Zweite Revolution, S. 48 und die Abbildung 2.2 auf S. 49.
[671] Nach *Womack/Jones/Roos*, Zweite Revolution, S. 50.
[672] *Womack/Jones/Roos*, Zweite Revolution, S. 52.
[673] *Eric Trist and Hugh Murray*: The Social Engagement of Social Science; University of Pennsylvania Press, USA, 1993 - zitiert nach *Bobke*, Lean Production, S. 10, Fn. 1.
[674] Vgl. *Thorsrud und Emery*: Medinflytande och engagemang i arbetet.
[675] Vgl. *Bobke*, Lean Production, S. 10.
[676] Ein derartiger Versuch wurde im *Volvo*-Werk in Kalmar durchgeführt. Die handwerkliche Arbeitsweise wurde dort wiedereingeführt und einer kleinen Gruppe von Arbeitern die Verantwortung für die Montage eines kompletten Fahrzeugs übertragen - Beispiel nach *Womack/Jones/Roos*, Zweite Revolution, S. 52.

d) Die japanischen Erfolge und ihre Auswirkungen

aa) Der Ausgangspunkt

Unbestritten erzielte Japans verarbeitende Industrie seit den sechziger Jahren des 20. Jahrhunderts beeindruckende Erfolge auf dem Weltmarkt. Anfangs wurde dies mit der besseren Technologie, dem Engagement der Arbeitskräfte und der spezifischen japanischen Industriepolitik[677] erklärt. Erst in den achtziger Jahren wurde den restlichen Industrienationen klar, daß Japan seinen Erfolg anderen Faktoren zu verdanken hatte. Die wichtigsten waren die neuartige Arbeitsorganisation und die besseren Fertigkeiten und Sachkenntnisse der Arbeitskräfte. Die japanische Fertigungsphilosophie ging ebenso wie die soziotechnische Theorie davon aus, daß der Mensch ein denkendes, lern- und entwicklungsfähiges Wesen sei. Sie stützte sich auf die Arbeitsgruppe als Grundlage der sozialen Unterstützung und Wechselbeziehungen. Die großen japanischen Hersteller verfügten damals über wesentlich besser qualifiziertes Personal als westliche Unternehmen. Sie förderten den Erfindergeist der Mitarbeiter in einem im Westen unbekannten Umfang und verwandten Systeme zur kontinuierlichen Verbesserung, die Anregungen der Arbeitnehmer berücksichtigten[678].

bb) Die Übernahme der japanischen Erfolgsrezepte im Westen

Erst im Laufe der achtziger Jahre wurde ein Reihe von Prinzipien der japanischen Arbeitsorganisation im Westen eingeführt, wobei diese Grundsätze zum Teil direkt aus Japan importiert, vielfach jedoch von amerikanischen Beratungsfirmen zusammengestellt und als amerikanische Erfindungen verkauft wurden[679].

cc) Lean Production nach dem *International Motor Vehicle Programm (IMVP)*

(1) Die Begründer dieses Konzepts und ihre Untersuchungsgrundlage

Das Konzept der Lean Production (schlanke Produktion) ist 1990 durch die bereits mehrfach zitierte Studie von *Womack/Jones/Roos* vorgestellt worden. Dieses System beschreitet nicht nur andere Wege in der Arbeitsorganisation, sondern ist ein umfassendes Konzept für die Neuorganisation einer Fabrik, angefangen von der Arbeitsorganisation über die Förderung von Fertigkeiten der Arbeitnehmer, die Zusammenfassung der Produktentwicklung und Fertigungstechnologie bis hin zu den Beziehungen zum Lieferanten[680].

Grundlage dieses Forschungsberichts ist eine Untersuchung des *IMVP*, die über fünf Jahre hinweg die Unterschiede zwischen der Massen- und der schlanken Produktion in der Automobilindustrie weltweit erforschte. In diesem Rahmen wurden 116 Forschungsberichte erstellt, welche die drei Projektleiter in ihrem Buch *„Die zweite Revolution in der Automobilindustrie"* zusammenfaßten. Dabei kamen sie zu dem Ergebnis, daß sich die Grundsätze der Lean Production in gleicher Weise in jeder Industriebranche der Erde anwenden ließen und die Übernahme der schlanken Produktion eine tiefgreifende Wirkung auf die menschliche Gesellschaft habe und „wahrhaft die Welt verändern" werde[681].

---

[677] Das Ministerium für Handel und Industrie - MITI - und die großen japanischen Hersteller spielten dabei die entscheidende Rolle.
[678] Siehe *Bobke*, Lean Production, S. 11.
[679] So *Bobke*, Lean Production, S. 11.
[680] Vgl. *Bobke*, Lean Production, S. 12.
[681] *Womack/Jones/Roos*, Zweite Revolution, S. 13, 14.

(2) Die Merkmale der schlanken Produktion nach japanischem Vorbild

(a) Das Montagewerk

Grundlage für die Arbeitsorganisation im Montagewerk war für die Japaner die Erkenntnis, daß Montagearbeiter die meisten Funktionen im Fertigungswerk übernehmen konnten, die in Betrieben der Massenproduktion Spezialisten ausübten, die keinerlei Wertschöpfung am produzierten Fahrzeug als solchem erbrachten. Die Arbeiter im Montagewerk wurden zu „Teams" gruppiert, die einen Teamleiter hatten, der für abwesende Arbeiter einsprang. Den „Teams" wurden mehrere Arbeitsschritte übertragen, die sie auf dem bestmöglichen Weg nach eigenen Vorstellungen lösen sollten. Sie führten auch die Tätigkeiten des Reinigers, kleinere Werkzeugreparaturen und die Qualitätsprüfung aus. Schließlich räumte man ihnen Zeit ein, gemeinsame Wege zur Verbesserung des Ablaufs zu finden (Qualitätszirkel oder japanisch „kaizen"). Jeder Arbeiter wurde angewiesen, bei Auftauchen eines Problems, das nicht sofort beseitigt werden konnte, unverzüglich das gesamte Fließband anzuhalten, um dann im Team jeden Fehler vollständig zu beseitigen. Auf diese Weise sank der Umfang der am Bandende üblichen Nacharbeiten um ein Vielfaches, während gleichzeitig die Qualität der hergestellten Autos immer besser wurde[682].

(b) Die Zulieferkette

Bei der Herstellung eines Automobils ist die Montage der Hauptbaugruppen zu einem kompletten Fahrzeug die Aufgabe der Endmontage, beansprucht aber nur etwa 15% des gesamten Produktionsprozesses. Der Hauptanteil des Prozesses entfällt auf die Konstruktion und Herstellung von mehr als 10.000 Einzelteilen und deren Zusammenbau zu etwa 100 größeren Aggregaten - z.B. Motore, Getriebe etc. Im Prinzip das Gleiche ist bei jeder anderen industriellen Produktion der Fall. Diesen Prozeß so zu koordinieren, daß stets die richtigen Teile zum richtigen Zeitpunkt mit hoher Qualität und niedrigen Kosten zusammentreffen, ist die ständige Herausforderung an jedes Montagewerk.

Die Zulieferer wurden in Japan daher in funktionalen Stufen organisiert, ohne Rücksicht auf die rechtlichen und formalen Beziehungen zwischen Zulieferer und Montageunternehmen. Auf jeder Stufe bekamen Firmen verschiedene Verantwortlichkeiten. Zulieferer der ersten Stufe wirkten als integraler Bestandteil des Produktentwicklungsteams bei der Entwicklung eines neuen Produkts mit[683].
Gleichzeitig wurde der Informationsaustausch zwischen den Zulieferern der ersten Stufe gefördert.

Jeder Zulieferer der ersten Stufe bildete dann eine zweite Stufe von Zulieferern hinter sich, denen die Aufgabe der Herstellung spezieller Teile übertragen wurde. Diese Zulieferer waren meistens Fertigungsspezialisten, normalerweise ohne viel Fachwissen in Konstruktion, aber mit großen Erfahrungen in Prozeßablauf und Fabrikbetrieb. Auch hier wurde bei fehlender Konkurrenzsituation ein Informationsaustausch in speziellen Zuliefererverbänden organisiert[684].

Obwohl prinzipiell die Zulieferer und der Produktionsbetrieb völlig selbständige Unternehmen darstellten, waren sie vielfach miteinander verzahnt, z. B. dadurch daß sie Anteile am Eigenkapital hielten und Arbeitskräfte zum Abbau von Arbeitslastspitzen bereit stellten.

---

[682] *Womack/Jones/Roos*, Zweite Revolution, S.61, 62, 63.
[683] Vgl. *Womack/Jones/Roos*, Zweite Revolution, S. 66.
[684] *Womack/Jones/Roos*, Zweite Revolution, S. 66.

Gipfelpunkt eines perfekt funktionierenden Zuliefersystems bei der schlanken Produktion ist schließlich das Just-in-time-System, in Japan „kanban" genannt. Ziel ist es dabei, eine riesige Gruppe von Zulieferern und Teilefabriken in eine einzige große Maschine umzuwandeln. Bei jedem Arbeitsschritt werden nur noch so viele Teile produziert, wie nötig, um den unmittelbaren Bedarf der nächsten Fertigungsstufe zu decken. Die praktische Umsetzung dieser Idee ist extrem schwierig, da sie alle Lagerbestände beseitigt und den Stillstand des gesamten Systems bedeutet, wenn auch nur ein einziges kleines Teil des riesigen Produktionssystems fehlt. Die Erfinder *Eiji Toyoda* und *Ohno* brauchten mehr als 20 Jahre, um dieses System bei Toyota zu verwirklichen. Gerade diese schlanke Zuliefererkette ist eine der wesentlichen Stärken des schlanken Produktionssystems ist.[685]

e) Die vorherrschende Produktionsmethode in Europa und in Deutschland in der Automobilindustrie

Im Rahmen ihrer Untersuchung machten *Womack/Jones/Roos* eine weltweite Erhebung, um die von ihnen gestellten Fragen über den Einfluß von Automation, fertigungsgerechter Konstruktion, Produktvielfalt und Managementpraktiken auf den Unternehmenserfolg, insbesondere die Produktivität und die Qualität (Präzision) zu beantworten. Die Ergebnisse, die sie dabei erzielten, fielen völlig entgegen den Erwartungen aus[686]. Für Europa kamen sie zu folgender Schlußfolgerung:

„Am erstaunlichsten waren vielleicht unsere Feststellungen bezüglich Europa. Framingham[687], die nordamerikanische Fabrik, die gegenüber Takaoka[688] so schlecht abschnitt und jetzt geschlossen ist, hatte 1986 tatsächlich eine bessere Produktivität als die durchschnittliche europäische Fabrik im Jahre 1989. Als wir durch eine Fabrik nach der anderen gingen, kamen wir zu einer bemerkenswerten Schlußfolgerung: Europa, einst die Wiege der Handwerksproduktion in der Autoindustrie, ist jetzt (d.h. im Jahre 1989 - Anm. des Verfassers) wahrhaft die Heimat der klassischen Massenproduktion. Die durchschnittliche amerikanische Leistungsfähigkeit hat sich - unter dem unablässigen Druck der japanischen Zweigwerke in Nordamerika - dramatisch verbessert, teilweise durch Schließung der schlechtesten Fabriken wie Framingham, und auch teilweise durch Übernahme von Techniken der schlanken Produktion in anderen Fabriken, Europa dagegen hat nicht einmal begonnen, die Wettbewerbslücke zu schließen."[689]

Diese eben dargestellten Schlußfolgerungen treffen aber nur für Autos des Massenmarktes zu, nicht für Luxuskarossen. *Womack/Jones/Roos* führten daher eine gesonderte Studie von Fabriken durch, die Luxusautos herstellen. Darunter fallen die großen deutschen Hersteller *Audi*, *BMW* und *Mercedes*.

„Die Ergebnisse öffneten uns die Augen. Der japanische Musterbetrieb benötigt die Hälfte des Aufwandes der amerikanischen Luxuswagen-Werke, die Hälfte des Aufwandes der besten europäischen Anlagen, ein Viertel der Arbeitszeit des durchschnittlichen europäischen Werks und ein Sechstel des Arbeitseinsatzes des schlechtesten europäischen Produzenten von Luxusautos. Gleichzeitig übersteigt das Qualitätsniveau des japanischen Betriebes das aller Werke bei weitem, bis auf eines in Europa - und dieses benötigt viermal so viel Zeit für die Montage eines vergleichbaren Produkts."[690]

---

685 Vgl. *Womack/Jones/Roos*, Zweite Revolution, S. 68.

686 Siehe hierzu und zu den Ergebnissen *Womack/Jones/Roos*, Zweite Revolution, S. 88 ff., insbesondere Abb. 4.3. und 4.4.

687 Framingham war ein Montagewerk von General Motors, gelegen in Massachusetts, ein paar Meilen südlich von Boston - klassische Massenproduktion.

688 Takaoka ist ein *Toyota*-Montagewerk in *Toyota City* - das Beispiel für eine schlanke Fabrik nach *Womack/Jones/Roos*.

689 *Womack/Jones/Roos*, Zweite Revolution, S. 90/91; siehe insbesondere die Abb. 4.7. auf S. 97.

690 *Womack/Jones/Roos*, Zweite Revolution, S. 93 und vgl. Abb. 4.5. und 4.6.

f) Die Auswirkungen der *IMVP*-Studie in Deutschland

aa) Allgemeines

Die Studie und ihre Ergebnisse erregten vor allem in der Bundesrepublik Deutschland großes Aufsehen, wurden viel gelesen und diskutiert. Lean Production wurde zu einem weit verbreiteten Begriff, der die moderne Arbeitsorganisation im allgemeinen beschrieb[691].

bb) Die Besonderheiten der Automobilindustrie der Bundesrepublik Deutschland

Obwohl Westeuropa und Deutschland im Jahre 1989 Hochburgen der Massenproduktion waren, wiesen diese Gebiete im Vergleich zum reinen Massenproduzenten nach der Studie von *Womack/Jones/Roos* schon immer Besonderheiten auf. Eine dieser Spezialitäten findet sich im Zuliefersystem, das schon aus geschichtlichen Gründen mehr Nähe zur schlanken Produktion hat als zu deren Gegenform. Bedingt war dies dadurch, daß die europäischen Hersteller immer kleiner und auch zahlreicher waren als die nordamerikanischen. Daher hatten sie nicht die Größe und die finanziellen Mittel, um eine komplette Eigenfertigung in Betracht zu ziehen. Es gab in Europa immer starke Zulieferer[692] mit klarer technischer Vorrangstellung in bestimmten Bereichen, die komplette Komponenten für das Endprodukt selbst entwickelten[693]. Gleichzeitig ließen sich die europäischen Zulieferer räumlich in der Nähe ihrer Abnehmer nieder und hielten langfristige Beziehungen aufrecht. Entschieden unschlank am europäischen System war jedoch zum Zeitpunkt der *IMVP*-Studie die Anzahl der Zulieferer je Hersteller - zwischen 1.000 und 2.000[694]. Diese Anzahl wurde und wird verringert. Beispielsweise werden zwischenzeitlich ganze Baugruppen des Endproduktes an Zulieferer vergeben.

Die *IMVP*-Studie wurde Ende der 80er Jahre veröffentlicht, also genau zu einem Zeitpunkt, als die deutschen Unternehmen im internationalen Wettbewerb schon große Schwierigkeiten hatten. Folglich wurde die schlanke Produktion auch in Deutschland perfektioniert. Eine immer weitere Verringerung der Lagerhaltung in den Montagebetrieben und eine permanente Vernetzung der Herstellungs- mit den Zulieferbetrieben mittels Computer und Datenautobahnen sind nur einige der Folgen. Die Zulieferer werden für die Hersteller immer wichtiger. Diesen werden immer mehr Kompetenzen übertragen. So hat beispielsweise *Porsche* an der Wertschöpfung seiner Sportwagen nur noch einen Anteil von 20 %. Den Rest erwirtschaften die Zulieferer und die Zulieferer der Zulieferer[695].

Die Umfragen bestätigten zudem, daß insbesondere in der Metall- und Elektroindustrie die Ergebnisse der *MIT*-Studie sehr rasch und rigoros umgesetzt wurden. „Die Auswirkungen der *MIT*-Studie auf Deutschland waren gravierend"[696]. In den 90er Jahren erfolgte eine Umstrukturierung und Umorganisation der Betriebe in Deutschland, die die Produkivität der deutschen Fabriken derart ansteigen ließ, daß die japanischen Vorbilder überflügelt wurden. Insbesondere die Just-in-time-Produktion und der Abbau von Lagerbeständen wurden zur Perfektion[697] getrieben. Gruppenarbeit wurde eingeführt. Dabei muß jeder Mitarbeiter eines

---

[691] *Bobke*, Lean Production, S. 12.
[692] z.B. *Bosch* und *SKF* (Kugellager).
[693] *Womack/Jones/Roos*, Zweite Revolution, S. 172/173.
[694] Siehe hierzu die Abb. 6.3. in *Womack/Jones/Roos*, Zweite Revolution, S. 174
[695] Kritische Stimmen äußerten im Rahmen der durchgeführten Interviews sogar die Frage, ob Deutschland hier nicht über das Ziel hinausgeschossen sei.
[696] So fast durchgehend die Stellungnahmen der Interviewpartner.
[697] Zitat eines Interviewpartners.

Teams jeden Arbeitsgang ausführen können. Die Teammitglieder können und müssen sich untereinander vertreten[698].

cc) Die Eigenheiten in anderen Branchen

Wenn man sich die oben dargestellten Punkte ansieht, so darf man nicht vergessen, daß die Studie von *Womack/Roos/Jones* allein die Automobilindustrie einschließlich ihrer Zulieferer betraf. Diese Studie erregte gleichwohl in ganz Deutschland großes Aufsehen, da die Automobilindustrie die Schlüsselindustrie schlechthin darstellt.

Die Merkmale der Lean Production finden sich aber in anderen Branchen zum Teil bereits seit langer Zeit. Nur beispielhaft sei die holzverarbeitende Industrie erwähnt, bei der schon immer die Maschinen im Vordergrund standen. Aufgrund von Lieferabkommen und den Besonderheiten in diesem Industriezweig werden die hergestellten Produkte (beispielsweise Verpackungsmaterial) „Just-in-time" angeliefert[699]. Veränderungen aufgrund der Studie von *Womack/ Roos/Jones* haben sich in diesem Industriesegment nicht ergeben.

Trotz aller branchenspezifischer Unterschiede zeigt dieses Beispiel, daß das Grundsystem der schlanken Produktion entweder schon immer eingesetzt wird oder aber zumindest in den letzten Jahren vermehrt zur Anwendung kommt. Die Auswirkungen der *MIT*-Studie sind seit Anfang der 90er Jahre quer durch alle Branchen in der Bundesrepublik Deutschland zu beobachten. Gefördert wird das durch die Informationstechnologie. Derzeit haben drei von vier Unternehmen in den Branchen Pharma und Chemie, Maschinen- und Anlagenbau sowie in der Automobilindustrie ein sog. *Supply Chain Management-Projekt (SCM)* begonnen oder bis 2004 geplant[700].

dd) Weitere Beispiele schlanker Produktion

- Der Automobilzulieferer *Bertrand Faure*, der *BMW, Audi und VW* mit Autositzen versorgt, hat seine Werke nach dem japanischen Vorbild ausgerichtet. Er übertrug die japanischen Vorgaben, wie z.B. das Erreichen der bestmöglichen Maschinenlaufzeit, das Optimieren von Produktionsabläufen und die Mitarbeitermotivation auf die europäischen Verhältnisse.

- Gleiches vollbrachte der Automobilhersteller *BMW* in seinen Produktionsstätten in Dingolfing, wo die Vorgaben der Lean Production in perfekter Weise umgesetzt werden[701].

g) Schlußfolgerungen für die Rechtsprechung des *BAG* zur Kampf- bzw. Verhandlungsparität

Die eben beschriebenen Veränderungen haben in der Bundesrepublik Deutschland weite Verbreitung gefunden. Das ist zwischen den Tarifparteien unstreitig. Durch die minutiöse Vernetzung des gesamten Produktionsprozesses und die präzise Einhaltung der Materialzulieferungszeiten beim jeweiligen Fertigungsschritt hat sich eine extreme Störanfälligkeit beim Ausbleiben auch nur kleinerer Beiträge zu diesem zentral gesteuerten Verfahren ergeben. Durch die gegenwärtige Vernetzung der Zuliefer- mit den Herstellerfirmen durch Computer

---

[698] Siehe Schaub, Lean production und arbeitsrechtliche Grundlagen, BB 1993, Beilage 15, 1 ff.
[699] Interviewangaben - siehe Anhang.
[700] SZ v. 21.03.2000, Nr. 67, S: 26.
[701] Interviewangaben - siehe Anhang.

wird dieses System in absehbarer Zukunft noch empfindlicher werden. Der Ausfall auch nur des kleinsten Rädchens kann das gesamte System der Produktion zum Stillstand bringen.

Diese Strukturen haben die Gewerkschaften, insbesondere die *IG Metall*, im Rahmen ihrer Arbeitskampftaktiken ausgenutzt[702]. Mit minimalem Einsatz von Streikenden wurde schon die gesamte Autoindustrie im Südwesten Deutschlands lahmgelegt[703]. Die Vorteile dieser Minimax-Strategie liegen auf der Hand: Einige wenige Arbeitnehmer bestreiken die entscheidenden Positionen im Verbundnetz der Just-in-time-Produktion. In der Folge steht der gesammte Produktionsprozeß still. Dadurch wird auf die Arbeitgeber ein immenser wirtschaftlicher Druck ausgeübt, und zwar nicht nur im Kampfgebiet, sondern auch außerhalb. Denn die Just-in-time-Stukturen enden nicht an den Grenzen des Tarifgebiets, sondern erstrecken sich sogar über die Grenzen der Bundesrepublik Deutschland hinaus[704]. Gleichzeitig wird die Streikkasse der Gewerkschaft geschont. Durch das Prinzip der Neuen Beweglichkeit kann diese Strategie sehr variabel gestaltet werden.

Wegen dieser veränderten Produktionsabläufe und des daraus folgenden wirtschaftlichen Drucks auf die Arbeitgeber im Falle eines Streiks ist das Kräftegleichgewicht zu ihren Lasten verschoben worden. Es handelt sich dabei um strukturelle Änderungen in der Wirtschaftsrealität der Bundesrepublik Deutschland, obwohl sich die tatsächlichen Auswirkungen erst im Rahmen eines konkreten Arbeitskampfes anhand der konkreten wirtschaftlichen Situation bei den Arbeitgebern zeigen. Die Rechtsprechung des *BAG*, wonach die konkrete Wettbewerbssituation der Unternehmen und die wirtschaftlichen Auswirkungen von Streiks mangels Bezifferbarkeit der wirtschaftlichen Nachteile in der Regel keinen Einfluß auf die Kampfparität nehmen dürfen[705], darf somit keine Anwendung finden. Die gegenwärtige Problemsituation kann damit nicht erfaßt werden.

Dazu kommt, daß sich in den Interviews gezeigt hat, daß diese Veränderungen von den Arbeitgebern als besonders schwerwiegend für ihre Kampfkraft eingeschätzt werden. Streiks müssen so weit wie nur irgend möglich vermieden werden, an Aussperrung ist gar nicht zu denken. Auch den Gewerkschaften ist diese Situation der Arbeitgebern bewußt[706]. Nicht nur die tatsächlichen Veränderungen selbst, auch deren psychologische Auswirkungen haben folglich das Kräftegleichgewicht zu Lasten der Arbeitgeber verschoben.

Im übrigen ist es nicht möglich, diese Veränderungen über den Gedanken der Sachherrschaft und der Risikoverantwortung den Arbeitgebern aufzubürden[707]. Die Hauptursachen für die aktuellen Entwicklungen auf betrieblicher Ebene sind die fehlende Wettbewerbsfähigkeit und der damit verbundene Kostendruck auf die Unternehmen. Zudem wurde der Gedanke einer Folgenverantwortung der Arbeitgeber für die neuen Entwicklungen auf betrieblicher Ebene bei den Interviews selbst von den Gewerkschaftsvertretern nicht erwähnt.

---

[702] Hierzu muß man sich nur den Arbeitskampf in der Metallindustrie im Jahr 1984 vor Augen führen. Allein durch das Bestreiken der Zulieferfirma *Bosch* mit ihren 200 Mitarbeitern wurde die gesamte Automobilproduktion im Südwesten Deutschlands zum Erliegen gebracht. Dieser Streik war dann auch Anlaß zur Änderung des § 116 AFG durch den Gesetzgeber im Jahr 1986.

[703] Zum Beispiel beim Arbeitskampf in der Metallindustrie 1984 um die 35-Stunden-Woche; zu den Einzelheiten siehe *Teil IV* VIII.1.c).

[704] Siehe dazu *Teil IV* V.1. und VII.3.a).

[705] Dazu zuletzt *BAG*, Urt. v. 15.12.1998, DB 1999, 1022 f. (1023).

[706] Interviewangaben - siehe Anhang.

[707] So aber der Gedanke von *Mückenberger*, Produktionsverflechtung und Risikoverantwortung, S. 197/198 - vgl. auch *Teil IV* II. 6.

2. Die Neuorganisation von Unternehmen und Betrieben, das Outsourcing

a) Definition

Die Definition dieses Begriffes erschöpft sich normalerweise in der sinngemäßen Übersetzung des in den USA geprägten Wirtschaftsbegriffes: „Mittel von außen gebrauchen“[708] oder „Resourcen in die Verantwortung Dritter übergeben“[709]. Das Wort „Outsourcing“ setzt sich aber aus „outside“, „resource“ und „using“ zusammen. Es hat somit eine weitere Bedeutung als die eben dargestellten Übersetzungen.

Bloße Übersetzungsversuche werden diesem Phänomen nicht gerecht. Am besten läßt sich der Begriff umschreiben: Outsourcing ist eine Möglichkeit zur wirtschaftlichen Optimierung von Unternehmensstrukturen, Funktionen und Prozessen. Diese Optimierung erfolgt durch die Nutzung von externen Dienstleistungs- oder Produktionsangeboten an Stelle der bisherigen Inanspruchnahme interner Funktionseinheiten. Im Gegensatz zum reinen Fremdbezug von Leistungen oder Produkten (bloßes „buy“ anstelle von „make“) umfaßt Outsourcing auch die mittel- bis langfristige Fremdausübung von betrieblichen Funktionen oder Teilfunktionen durch ein externes Unternehmen unter Beibehaltung der internen Verantwortung für Planung und Kontrolle der Funktionsausführung. Das alles ist mit dem Ziel verbunden, die eigene Leistung zu verbessern[710].

Aufgrund der betriebswirtschaftlichen Zielsetzung des Outsourcing sind derartige Maßnahmen in aller Regel mit internen Umstrukturierungsmaßnahmen verbunden. Dabei werden Unternehmens- und Betriebsteile zunächst intern organisatorisch abgegrenzt und danach ausgegliedert, ausgelagert oder stillgelegt. Gleichzeitig oder im unmittelbaren Anschluß daran erhalten entweder ein fremder Dritter oder die ausgelagerten Einheiten den Auftrag zur Lieferung oder Leistung zum erwünschten Zeitpunkt und zum vereinbarten Preis, zumeist im Rahmen eines Dauerschuldverhältnisses[711]. Die externen Geschäftspartner sind entweder völlig unabhängig von der auslagernden Firma oder letztere ist stark daran beteiligt. Gleichzeitig beschränkt sich das Unternehmen auf sein Kerngeschäft und verringert somit die eigene Fertigungstiefe in der Leistungserstellung oder Produktion[712].

b) Arten

Die Erscheinungsformen des Outsourcing sind vielfältig. Die zwei wesentlichen Hauptformen sind das externe und das interne Outsourcing.

aa) Das externe Outsourcing

Diese Art der Auslagerung wird häufig als echtes Outsourcing bezeichnet[713]. Es erfolgt meist durch Auslagerung und Übertragung der eigenen Ressourcen an einen völlig fremden Dritten; die Infrastruktur und die Arbeitsverhältnisse gehen auf das rechtlich und wirtschaftlich selbstständige dritte Unternehmen über. Aber ebenso ist die Stillegung der eigenen Kapazitäten und die reine Fremdvergabe von Aufträgen an einen fremden Dritten davon erfaßt. Eine weitere Variante des echten Outsourcing ist das Management-Buy-Out. Mitarbeiter, in der Regel

---

[708] *Mühlein/Heck*, Outsourcing und Datenschutz, S. 11.
[709] *Köhler/Frost*, Outsourcing, S. 13.
[710] Vgl. dazu *Balze/Rebel/Schuck*, Outsourcing, RN 3 unter Hinweis auf *Horchler*, Outsourcing, S. 1 und *Wißkirchen*, Outsourcing von Logistik, S. 8.
[711] Siehe *Horchler*, Outsourcing, S. 2.
[712] Vgl. *Balze/Rebel/Schuck*, Outsourcing, RN 4.
[713] *Rheinbay*, Rechtsfragen des Outsourcings, S. 3.

Führungskräfte eines Bereichs, übernehmen einen bestimmten Funktionsbereich des Unternehmens und führen diesen als ihr eigenes Unternehmen selbständig weiter[714].

In der Praxis sind von externen Outsourcingsmaßnahmen meistens die Bereiche Haustechnik, Archiv, Kantine, Bewachung, Post, Telefonzentrale und Telefonservice, Reinigung, Fahrdienst, Logistik, Instandhaltung von Gebäuden und Maschinen, Werkstätten, Fertigung von Einzelteilen, Lohn- und Gehaltsabrechnung, betriebliche Pensionsverwaltung, EDV, Rechenzentrum, Weiterbildung, Gebäudeverwaltung, Vertrieb, Lager, Rechts- und Steuerberatung, Wirtschaftsprüfung, Controlling, Finanz- und Rechnungswesen etc. betroffen. Alle diese Funktionsbereiche sind zumeist funktionell und organisatorisch selbständig und somit auslagerbar. Es spielt keinerlei Rolle, ob es sich um Produktions-, Dienstleistungs- oder Querschnittsfunktionen handelt.

Speziell im Bereich der Auslagerung von Datenverarbeitungsaufgaben kommt ein Outsourcing durch Funktionsübertragung auf Dritte für das Erstellen von Softwareprodukten, den Einkauf von Datenverarbeitungsinformationen sowie die Erbringung von Datenverarbeitungs- und Organisationsdienstleistungen in Betracht[715].

bb) Internes Outsourcing

Davon spricht man, wenn die eben dargestellten Bereiche in eine rechtlich selbständige Einheit innerhalb eines Konzernverbundes (vgl. § 17 AktG, Mehrheitsbeteiligung) ausgegliedert werden[716].

cc) Das sog. Inhouse-Outsourcing

Von einem Inhouse-Outsourcing ist die Rede, wenn die Leistungserbringung räumlich unverändert erfolgt. Das kann sowohl durch externes als auch durch internes Outsourcing erfolgen. Beispiele sind die Fremdvergabe von Gebäudereinigungsleistungen und die rechtliche Verselbständigung von Datenverarbeitungsbereichen, bei denen die Einsatzorte gleich bleiben. Auch Dienstleistungspartnerschaften gehören dazu, ebenso die Ausgliederung einer Vertriebsgesellschaft unter Fortführung des ursprünglichen Unternehmens als Produktionsgesellschaft[717].

dd) Beteiligungsoutsourcing

Es handelt sich um einen Unterfall des internen Outsourcing. Ein Unternehmensbereich wird in der Form einer rechtlich selbständigen Beteiligungsgesellschaft ausgegliedert[718]. Eine große Rolle spielen dabei Kooperationspartnerschaften in Form von strategischen Allianzen und Joint Ventures. Im Unterschied zur Dienstleistungspartnerschaft steht das Zusammenwirken zur Erreichung gemeinsamer Ziele im Vordergrund[719].

---

[714] Siehe dazu *Balze/Rebel/Schuck*, Outsourcing, RN 7.
[715] *Balze/Rebel/Schuck*, Outsourcing, RN 10.
[716] *Köhler-Frost*, Outsourcing, S. 13.
[717] Vgl. *Bork*, BB 1989, 2181.
[718] Siehe *Rheinbay*, Rechtsfragen des Outsourcings, S. 3.
[719] *Horchler*, Outsourcing, S. 19 f.

ee) Die Betriebsaufspaltung

Beim Grundtyp der echten Betriebsaufspaltung wird das bestehende einheitliche Unternehmen in eine reiche, aber nicht haftende Besitzgesellschaft und in eine haftungsrechtlich arme Betriebsgesellschaft aufgeteilt. Es werden regelmäßig der gesamte Produktionsbetrieb, die personellen Produktionsmittel und das Umlaufvermögen ausgegliedert und auf eine Betriebsgesellschaft in der Rechtsform einer GmbH übertragen. Die verbleibende Besitzgesellschaft in Form einer Personengesellschaft behält das Anlagevermögen und verpachtet es an die Betriebsgesellschaft[720].

c) Ursachen für die Entwicklung des Outsourcing

Wie bereits oben erwähnt, sind Auslöser für Outsourcingsmaßnahmen überwiegend Kostengründe. Der enorme Fixkostendruck führt zur Rückbesinnung auf die eigentlichen Kernkompetenzen des Unternehmens und damit zur Entscheidung für das Outsourcing. Hier spielen die Gedanken von Lean Production und Lean Management eine ganz wesentliche Rolle[721]. Das Outsourcing ist eines der Mittel, mit dem versucht wird, diese Ziele zu erreichen.

Die Entwicklung begann in Deutschland bereits in den 50er Jahren und wurde früher als Funktionsausgliederung bezeichnet. Schon damals wurden Abteilungen aus Unternehmen verselbständigt, damit sich diese als eigenständige Anbieter von Produkten oder Dienstleistungen mit der auf dem Markt bereits vorhandenen Konkurrenz messen und somit marktgerechte Preise für die Leistung ermittelt werden konnten[722]. Später kam als weiterer Grund die Reduzierung des Haftungsrisikos von Unternehmen durch Betriebsaufspaltungen hinzu.

Eine signifikante Entwicklung in diese Richtung ist ab dem Ende der 80er Jahre zu beobachten, die mit den Profit-Centern begann[723]. Das damit verfolgte Ziel war dabei ein typisch unternehmerisches, nämlich Gewinnmaximierung.

In den 90er Jahren wurde der Begriff der Funktionsausgliederung durch den umfassenden amerikanischen Begriff Outsourcing ersetzt. Die Wirtschaftlichkeitsoptimierung von Unternehmensfunktionen und -prozessen wurde entscheidend vorangetrieben. Der Kostenaspekt spielte auch dabei immer die entscheidende Rolle. Hinzu kam die Notwendigkeit der Nutzung von externem Know-how[724]. Aufgrund von immer spezieller werdenden Anforderungen in vielen Teilbereichen der Industrie und Wirtschaft kam es zur Konzentration auf das eigene Kerngeschäft und auf Spezial-Know-how („do what you can do best, outsource the rest"[725]). Der zunehmende ökonomische Druck auf die Unternehmen ist im wesentlichen auf die Internationalisierung und Dynamik der Märkte zurückzuführen[726]. Das ist bereits durch mehrere empirische Untersuchung nachgewiesen und bestätigte sich in den vom Verfasser selbst durchgeführten Interviews[727]. Ziel eines Ausgliederungs- und Auslagerungsprozesses ist es primär, die eigenen Fixkosten in variable, aufwands- und auftragsbezogene Fremdkosten umzuwandeln[728].

---

[720] Vgl. *Henssler*, NZA 1994, 194, 195.
[721] Vgl. *Köhler/Frost*, Outsourcing, S. 13.
[722] *Müthlein/Heck*, Outsourcing und Datenschutz, S. 12.
[723] Obwohl es sich dabei an sich nicht um eine eigenständige Form des Outsourcing handelt; siehe *Teil IV* IV. 2. b) ff); *Horchler*, Outsourcing, S. 16 und 20.
[724] Vgl. dazu *Horchler*, Outsourcing, S. 4.
[725] *Wißkirchen*, Outsourcing von Logistik, S. 8.
[726] Siehe dazu *Teil IV* V. 1. - Stichwort Globalisierung und *Balze/Rebel/Schuck*, Outsourcing, RN 19.
[727] Siehe Anhang.
[728] *Balze/Rebel/Schuck*, Outsourcing, RN 19.

Darüber hinaus gibt es noch eine Reihe weiterer Ursachen für derartige Umstrukturierungsmaßnahmen, die entsprechend der wirtschaftlichen Situation eines Unternehmens eine große oder eine nicht so bedeutende Rolle bei den Outsourcingentscheidungen spielen: Externe Anlässe sind z.B. steigende Kundenanforderungen oder erfolgreiche Outsourcingbeispiele anderer Unternehmen. Weitere interne Ursachen können steigende allgemeine Kosten, erforderliche Investitionen oder Auslastungsschwankungen sein. Hinzu kommen Argumente wie Problem- und Risikotransfer auf den externen Dritten, Steigerung der eigenen Flexibilität, bessere Steuerungs- und Kontrollmöglichkeiten durch Ware, Abgrenzung, Steigerung des Servicegedankens, höhere Innovationsrate, geringeres Haftungsrisiko, geringeres Streikrisiko, Verbesserung der Motivation der Mitarbeiter, Profit durch mögliche Drittleistungen, Verbesserung der Kooperationsfähigkeit des Unternehmens und Erhöhung der Lohn- und Gehaltsflexibilität[729].

Zusammenfassend ist festzuhalten, daß bei den auch heute noch anhaltenden Outsourcingtendenzen für viele Unternehmen in ihrer strategischen Zielsetzung die Konzentration auf eigene Kernkompetenzen im Vordergrund steht. Outsourcing ist zunächst ein rein betriebswirtschaftliches Problemlösungs- und Optimierungskonzept. Die Outsourcingziele werden genau auf die Anforderungen des jeweiligen Unternehmens abgestimmt. Zugleich müssen alle erforderlichen Rahmenbedingungen für die Umsetzung der Outsourcingmaßnahme erfüllt sein.

d) Die rechtlichen Problembereiche des Outsourcing

Die oben dargestellten Formen des Outsourcing können in rechtlicher Hinsicht in zwei generell voneinander zu unterscheidenden Formen durchgeführt werden:

aa) Einzelrechtsnachfolge

Die Abwicklung des Outsourcings durch Einzelrechtsnachfolge erfolgt im Wege des Abschlusses von schuldrechtlichen Verträgen zur Übertragung von Einzelgegenständen auf Dritte (z.B. durch Kauf, Pacht, Leasing). § 613 a BGB ist bei dieser Gestaltung sehr sorgfältig zu prüfen. Die Anwendbarkeit des Umwandlungsgesetzes ist bei der Einzelrechtsnachfolge ausgeschlossen.

bb) Die Universalsukzession bzw. die partielle Gesamtrechtsnachfolge

Bei dieser Abwicklungsart kommt seit dem 1.1.1995 das neue Umwandlungsgesetz (abgekürzt: UmwG) mit seinem für gesellschaftsrechtliche Umwandlungen gemäß § 1 II UmwG geltenden gesetzlichen Typenzwang zur Anwendung. Durch das UmwG n.F. wurde die Möglichkeit der Spaltung von Unternehmen, die bisher nur in Teilbereichen möglich war, generell in das Gesellschaftsrecht eingeführt. Dadurch soll den Unternehmen die gesellschaftsrechtliche Umstrukturierung und Anpassung an veränderte Rahmenbedingungen erleichtert werden. Mit den drei in § 123 UmwG genannten Formen der Aufspaltung, Abspaltung und Ausgliederung wurden neue Möglichkeiten zur Verkleinerung von Unternehmenseinheiten geschaffen. Es treten neben die Rechtsfolgen des § 613 a BGB zusätzlich noch die besonderen Vorschriften des UmwG[730].

---

[729] Siehe zu all diesen Argumenten *Balze/Rebel/Schuck*, Outsourcing, RN 21.

[730] *Balze/Rebel/Schuck*, Outsourcing, RN 17.

Es würde zu weit führen, an dieser Stelle alle mit Outsourcingmaßnahmen verbundenen rechtlichen Probleme, insbesondere die des § 613 a BGB und des UmwG, auch nur andeutungsweise darzustellen. Auf die einschlägige Literatur darf verwiesen werden[731]. Auffällig ist, daß der Großteil dieser Kommentare und Monographien erst Mitte der 90er Jahre erschienen ist. Auch das ist ein wesentliches Indiz dafür, daß in den 90er Jahre eine Outsourcing-Welle Deutschland überzogen hat.

e) Outsourcing und Tarifvertrag

Ebenso wie sich seit Mitte der 90er Jahre die Literatur zu den rechtlichen Problemen des Outsourcing häuft, ist seit diesem Zeitpunkt eine Entwicklung zu beobachten, die landläufig mit Tarifflucht von Unternehmen bezeichnet wird[732]. Vor allem in Branchen, die sehr hohe Lohn- und Gehaltstarife haben, ist festzustellen, daß die Unternehmen versuchen, für sie ungünstige Arbeitsbedingungen und kostenintensive Lohn- und Gehaltstarifverträge durch gezielte Outsourcingmaßnahmen zu umgehen, um so in billigere Tarifverträge zu gelangen.

Hinzu kommt, daß für die Verhandlungsposition der Arbeitgeber das oft die einzige Möglichkeit ist, Druck auf die Gewerkschaften auszuüben, vor allem bei Themen, die aus der Sicht der Arbeitnehmervertreter zu einer Verschlechterung der tariflichen Rechte führen (wie z.B. Arbeitszeit).

f) Outsourcing und Arbeitskampf

Outsourcing ist ein Mittel, das Streikrisiko zu verringern. Die Streikbereitschaft der Arbeitnehmer nimmt nach solchen Maßnahmen häufig ab, vor allem dann, wenn die Arbeitnehmer den Betriebsinhaber persönlich kennen. Hinzu kommt die Angst vor einem Arbeitsplatzverlust, denn wirtschaftliche Schwierigkeiten sind in kleineren Einheiten meistens allen bekannt.

Nachdem die Aussperrung als das vom *BAG* für die Arbeitgeber vorgesehene Kampfmittel fast bedeutungslos ist[733], gehen einige Autoren heute schon soweit, Outsourcing als die „moderne Form der Aussperrung nach dem Ende des Streiks“ zu bezeichnen[734]. Letzteres geschieht vor dem Hintergrund, daß Outsourcingmaßnahmen zumeist mit Produktionsverlagerungen ins Ausland kombiniert werden.

g) Auswirkungen auf die Kampfparität

Die starke Entwicklung des Outsourcing in den 90er Jahre zeigt, daß ein tatsächliches Kräftegleichgewicht zwischen den Tarifvertragsparteien zumindest damals nicht mehr vorhanden war. Ansonsten wären Outsourcingmaßnahmen nicht in diesem Ausmaß durchgeführt worden. Die Kombination zwischen der äußerst restriktiven Rechtsprechung des *BAG* zur Aussperrung und dem extremen wirtschaftlichen Druck aufgrund der veränderten Wettbewerbsituation führte dazu, daß sich die Arbeitgeber andere Wege suchen mußten, um für sie ungünstige Arbeitsbedingungen abzubauen und Kosten zu senken, um wieder Druck auf die

---

[731] Mit diesen Problemen beschäftigen sich auführlich *Balze/Rebel/Schuck*, Outsourcing und *Hromadka/Maschmann/Wallner*, Der Tarifwechsel m.w.N.
[732] *Hensche*, AuR 1996, 331 stellt dazu fest, daß seit Beginn der 90er Jahre in den Neuen Bundesländern mehr als die Hälfte aller Zeitungsbetriebe entweder dem Arbeitgeberverband gar nicht beigetreten sind oder diesen wieder verlassen haben, sobald ein westdeutscher Verlagskonzern von der Treuhand den Zuschlag erhalten hat. Seit 1994 häufen sich in dieser Branche die Austritte in den alten Bundesländern ebenfalls.
[733] Interviewergebnis - vgl. Anhang.
[734] So *Stege*, Festschrift Hanau, S. 122.

Gegenseite bei Tarifvertragsverhandlungen ausüben zu können. Das Outsourcing war und ist dafür ein geeignetes Mittel[735].

Insgesamt ist damit festzuhalten, daß das Outsourcing ein Indikator für ein verschobenes tatsächliches Kräftegleichgewicht zu Lasten der Arbeitgeber ist.

Outsourcingmaßnahmen haben selbstverständlich auch Einfluß auf die Kampfparität. Das ist allerdings ein Nebeneffekt, der in den Interviews teilweise für unwichtig, teilweise für extrem bedeutsam gehalten wurde[736]. Die konkreten Folgen von Umstrukturierungen wirken jedoch nur zeitlich sehr begrenzt im Rahmen eines einzelnen Arbeitskampfes. Weitere mittelbare Auswirkungen derartiger Umstrukturierungen zeigen sich allenfalls noch in einem Mitglieder- und damit Mächtigkeitsverlust der Gewerkschaften[737]. Unmittelbare strukturelle Änderungen des Kräftegleichgewichts ergeben sich daraus nicht.

3. Telearbeit

a) Definition

Unter dem Begriff Telearbeit versteht man heute üblicherweise[738] eine Tätigkeit, die mit Hilfe informationstechnischer Endgeräte zumindest teilweise außerhalb der zentralen Betriebsstätte des Arbeitgebers ausgeführt wird, wobei die Verbindung zum Auftraggeber über Telekommunikationsmedien erfolgt[739].

b) Formen der Telearbeit

aa) Ausschließlich externe Telearbeit

Der Beschäftigte wird allein in seiner Wohnung (oder an einem anderen Ort) tätig, ohne daß er noch einen Arbeitplatz im Betrieb hat. Sie ist nur für wenige Tätigkeiten geeignet und hat keine weite Verbreitung gefunden[740].

bb) Alternierende Telearbeit

Hierbei erbringt der Beschäftigte einen Teil seiner Arbeitsleistung im Betrieb, einen Teil an einem externen Telearbeitsplatz zu Hause. Beispielsweise arbeitet der Telearbeiter jeweils die ersten drei Tage der Woche zu Hause, den Rest an seinem Arbeitsplatz im Büro. Damit werden die Vorteile des unmittelbaren persönlichen Kontakts im Betrieb mit denen der Arbeit zu Hause verbunden[741].

---

[735] Vgl. *Stege*, Festschrift Hanau, S. 122.
[736] Interviewangaben - siehe Anhang.
[737] Siehe dazu unten *Teil IV* VI.
[738] Üblicherweise deshalb, da der Begriff nicht einheitlich definiert wird: Die Bundesregierung stützt sich auf die nachfolgende Definition, die Europäische Kommission erfaßt ein wesentlich weiteres Spektrum von Tätigkeiten darunter; siehe hierzu: Telearbeit, Chancen für neue Arbeitsformen, mehr Beschäftigung und flexible Arbeitszeiten, herausgegeben von *Bundesministerium für Wirtschaft und Technologie*, S. 7.
[739] *Kilian/Borsum/Hoffmeister*, Telearbeit und Arbeitsrecht, S. 4; *Peter*, DB 1998, 573; *Wank*, Telearbeit, RN 13; *Stern/Prütting, Bd. 71*, S. 75.
[740] *Stern/Prütting*. Bd. 71, S. 75 (81 f.).
[741] *Pfarr/Drüke*, Rechtsprobleme der Telearbeit, S. 21.

cc) Satelliten- und Nachbarschaftsbüros

Unter Satellitenbüros versteht man aus einem Unternehmen ausgegliederte Einheiten, die sich an einem kostengünstigen oder für die Arbeitnehmer räumlich günstig gelegenen Ort befinden[742]. Nachbarschaftsbüros hingegen werden von mehreren Unternehmen getragen, wobei sich deren Lage vorrangig am Wohnort der Mitarbeiter orientiert[743]. Bei diesen beiden Möglichkeiten der Telearbeit besteht ein sehr enger Zusammenhang mit dem Outsourcing[744].

dd) Mobile Telearbeit

Damit bezeichnet man eine Tätigkeit, die ohne ständige Anwesenheit an einem festen Arbeitsplatz ausgeübt wird. Eine feste Verbindung mit der Zentrale wird über moderne Kommunikationsmittel hergestellt. Dabei handelt es sich vorwiegend um Außendiensttätigkeiten, z.B. von Versicherungsvertretern, Reportern oder Servicepersonal[745]. Im Gegensatz zu den zuvor beschriebenen Erscheinungsformen der Telearbeit wurden diese Tätigkeiten schon vor der Entwicklung der Informations- und Kommunikationstechnologie dezentral ausgeführt; es hat sich lediglich die Kommunikation erleichtert. Die übrigen Formen der Telearbeit sind dagegen erst durch die Entwicklung der Informations- und Kommunikationstechnologie möglich geworden[746].

c) Die Entwicklung und der Umfang der Telearbeit in der Bundesrepublik Deutschland

Die wissenschaftliche Auseinandersetzung mit dem Themenbereich Telearbeit begann in Deutschland Anfang der 80er Jahre, als die vom *Batelle-Institut* in Frankfurt im Auftrag des *Bundesministerums für Wirtschaft* erstellte Studie zu den Möglichkeiten von informationstechnisch ausgestalteten Heimarbeitsplätzen erschien. Zahlen über ihre damalige tatsächliche Verbreitung beruhen nur auf Schätzungen. 1982 wurde diese Form der Arbeit in der Bundesrepublik Deutschland von ca. 1000 Frauen und Männern ausgeübt[747].

Derzeit ist die alternierende Telearbeit am weitesten verbreitet[748]; von 1996 bis 1999 stieg die Anzahl dieser Telearbeiter von 150 000 auf 800 000 bundesweit[749].

d) Die rechtlichen Problembereiche

Die richtige Einordnung der Telearbeit ist maßgeblich vom Arbeitnehmerbegriff abhängig (individual- und betriebsverfassungsrechtlich), also von der Frage, ob die jeweiligen Telearbeiter als Arbeitnehmer einzustufen sind. Die Einstufung als Selbständige würde den Rechtsstatus der in Telearbeit Beschäftigten erheblich verschlechtern. Probleme ergeben sich daraus, daß das *BAG* die Einordnung als Arbeitnehmer oder als Selbständiger anhand einer

---

[742] *Pfarr/Drüke*, Rechtsprobleme der Telearbeit, S. 22.
[743] *Pfarr/Drüke*, Rechtsprobleme der Telearbeit, S. 23.
[744] Siehe *Teil IV* IV. 2.
[745] *Stern/Prütting, Bd. 71*, S. 75 (81); *Wank*, Telearbeit, RN 78 ff.
[746] *Kappus*, Rechtsfragen der Telearbeit, S. 51.
[747] Siehe *Fenski*, Außerbetriebliche Arbeitsverhältnisse, RN 264; *Kreibich*, in Telearbeit, Elektronische Einsiedelei oder neue Form der persönlichen Entfaltung?, ist der Ansicht, daß trotz der geringen praktischen Relevanz der Telearbeit die Zahl der Modellversuche, Forschungsprojekte, Dissertationen und anderer Veröffentlichungen zu diesem Thema die Zahl der Telearbeitsplätze übersteigt.
[748] *Wank*, Telearbeit, Rn 73 ff.
[749] SZ v. 19.05.1999, Nr. 113, S. L5.

Abwägung aller Umstände des jeweiligen Einzelfalls vornimmt[750]. Soweit Telearbeit in den einzelnen Unternehmen eingeführt wird, werden die damit zusammenhängenden rechtlichen Probleme in aller Regel durch entsprechende Betriebsvereinbarungen gelöst[751]. Der Arbeitnehmerstatus der Telearbeiter ist darin zumeist explizit festgehalten und damit ein wesentlicher Anhaltspunkt im Rahmen der Gesamtabwägung des *BAG*.

e) Auswirkungen dieser neuen Arbeitsform auf die Kampfparität

Während insbesondere die Politik die Schaffung von Telearbeitsplätzen als Möglichkeit ansieht, neue Arbeitsplätze zu schaffen, haben die Gewerkschaften die Befürchtung, daß dadurch zum einen der Rechtsstatus der verschlechtert wird und zum anderen die sozialen Kontakte unter den Arbeitnehmern verloren gehen[752]. Folgen davon wären der Verlust von Mitgliedern der Gewerkschaften und fehlende Neueintritte sowie eine schlechtere Ausgangsposition bei Tarifverhandlungen, da die gewerkschaftlichen Vertrauensleute in den Betrieben auf viele (auch unorganisierte) Arbeitnehmer nicht mehr durch persönlichen Kontakt Einfluß nehmen können. Gleichwohl hat der erste Probebetrieb von Telearbeit, der auf der Basis eines Tarifvertrages zwischen der *Deutschen Telekom* und der *Deutschen Postgewerkschaft* durchgeführt wurde, diese Befürchtungen nicht bestätigt[753].

Unabhängig von den oben dargestellten Zahlen über die gegenwärtige Verbreitung von Telearbeit haben die Interviews ergeben, daß diese Arbeitsform derzeit eine verschwindend geringe Rolle in den Betrieben spielt. Lediglich in Unternehmen, die das zur Telearbeit notwendige Equipment herstellen, findet sie weite Verbreitung. Auch im internationalen Vergleich hinkt Deutschland den Spitzenreitern hinterher[754].

Tatsächlich kommt diese Arbeitsform nur bei hochqualifizierten Arbeitnehmern in Betracht, die für den Betrieb nicht oder nur schwer zu ersetzen sind. Andere, die für den Betrieb bzw. das Unternehmen nicht derartig wichtige Arbeiten ausführen, werden in der Regel „outgesourct". Anders verhält sich das nur, wenn Telearbeit zur Unternehmensphilosophie gehört oder Alternativen zu den Outsourcingkonzepten gesucht werden müssen[755]. Zudem ist der gewerkschaftliche Organisationsgrad bei den Angestellten traditionell sehr gering. Dort kommt Telearbeit aber vorwiegend in Betracht.
Irgendwie geartete Auswirkungen durch derartige Entwicklungstendenzen auf die Kampfparität sind zwar denkbar, aber zumindest gegenwärtig noch nicht verifiziert. Die Umfragen ergaben keinerlei Anhaltspunkte in diese Richtung.

---

[750] *Wank*, NZA 1999, 225 (235); Eine Darstellung der gesamten Problembereiche, die diese neue Arbeitsform in rechtlicher Hinsicht mit sich bringt, würde den Rahmen dieser Arbeit sprengen. Auf die einschlägige Literatur wird verwiesen: *Kappus*, Rechtsfragen der Telearbeit; *Fenski*, Außerbetriebliche Arbeitsverhältnisse - Heim- und Telearbeit; Forschungsbericht „Telearbeit und Arbeitsrecht" des Instituts für Rechtsinformatik der Universität Hannover im Auftrag des *Bundesministers für Arbeit und Sozialordnung*; *Kilz/Reh*, Einführung in die Telearbeit, S. 56 ff.; *Lenk*, Telearbeit; *Wedde*, Telearbeit und Arbeitsrecht.

[751] Vgl. z.B. die „Betriebsvereinbarung Telearbeit" der Siemens AG, München v. 22. 07.1998.

[752] Siehe SZ v. 29./30.08.1998, Nr. 198, S. 35.

[753] Vgl. dazu die SZ v. 29.07.1998, Nr. 172, S. 5.

[754] SZ v. 10.07.1998, Nr. 156, S. 24.

[755] Vgl. dazu *Kilz/Reh*, Einführung in die Telearbeit, S. 15: Telearbeit als Alternative zu den Outsourcingmaßnahmen ist nach Meinung dieser Autoren ein Denkansatz, nachdem der *EuGH* die Anwendung der traditionellen Outsourcingkonzepte erheblich beschnitten habe (*EuGH*, BB 1994, 1310). Durch die Anwendung des § 613 a BGB in diesen Fällen könnten durch Auslagerung die dadurch angestrebten Vorteile, wie die Reduzierung der Arbeitskosten, nur mehr bedingt realisiert werden. Die Alternative dazu sei aber die Telearbeit.

4. Mitarbeiterbeteiligung an Unternehmen

a) Begriffliches

Mitarbeiterbeteiligung ist ein Sammelbegriff für die Beteiligung der Arbeitnehmer am/im Unternehmen bzw. Betrieben.

Unterschieden wird zwischen immaterieller und materieller Mitarbeiterbeteiligung. Zur immateriellen Mitarbeiterbeteiligung gehören die typischen im BetrVG geregelten Betätigungsfelder der Betriebsräte, wie z.B. die Mitwirkung an Arbeitszeitgestaltungen, Arbeitslohnregelungen, Arbeitsorganisationsfragen, Arbeitsplatzgestaltungen samt Qualitätszirkeln und betrieblichem Vorschlagswesen. Von materieller Mitarbeiterbeteiligung ist bei Beteiligung am Kapital des arbeitgebenden Unternehmens bzw. am Ertrag/Gewinn die Rede, die man weiter u.a. in Ergebnisbeteiligung, schuldrechtliche und Wertpapierbeteiligung und in gesellschaftrechtlich orientierte Beteiligungen untergliedern kann[756].

Schließlich differenziert man bei der materiellen Mitarbeiterbeteiligung zwischen der direkten betrieblichen (Mitarbeiter werden direkt am arbeitgebenden Unternehmen), der mittelbaren betrieblichen (Arbeitnehmer beteiligen sich an einer Beteiligungsgesellschaft des arbeitgebenden Unternehmens) und der außerbetrieblichen (Mitarbeiter beteiligen sich z.B. an Unternehmensbeteiligungsgesellschaften oder Investmentfonds oder fremden Unternehmen, z.B. durch Erwerb börsennotierter Aktien fremder Unternehmen) Beteiligung.

Eine letzte Unterscheidung ist diejenige zwischen der Mitarbeiterbeteiligung einerseits und ihrer Förderung. So sind z.B. das 5. Vermögensbildungsgesetz (VermBG[757]) und § 19 a Einkommenssteuergesetz (EStG) Ausdruck bestimmter steuerlich orientierter Förderungskomponenten der Mitarbeiterbeteiligung. Sie sind jedoch nicht Ausdruck der Mitarbeiterbeteiligung schlechthin[758].

b) Ziele der Mitarbeiterbeteiligung

Die Mitarbeiterbeteiligung versucht eine stärkere Beteiligung von Mitarbeitern am Produktivvermögen der Wirtschaft zu schaffen. Das wird vor allem durch das VermBG gefördert. Dabei geht die Mitarbeiterbeteiligung von einer partnerschaftlichen Integration der Arbeitnehmer aus[759], was in der Folge zu einem Abbau des dualistischen Interessengegensatzes von Kapital und Arbeit führen soll.

Die Mitarbeiterbeteiligung hat in der Bundesrepublik Deutschland zwischenzeitlich einen eigenen Stellenwert erreicht. Sie soll die Arbeitnehmer am Ertrag des mitgeschaffenen Erfolges materiell beteiligen, um so die Motivation und Verantwortung im und für das arbeitgebende Unternehmen zu steigern. Bei investiver Mitarbeiterbeteiligung soll ein Beitrag zur Verbesserung der Eigenkapitalstruktur des Unternehmens mit der Sekundärfolge der Sicherung des Arbeitsplatzes erreicht werden[760].

---

[756] *Wagner*, Management Buy Out - Führungskräftebeteiligung, Arbeitnehmerbeteiligung, S. 19.
[757] Die Förderung über das 5. VermBG basiert auf vier Bausteinen: den vermögenswirksamen Leistungen, dem Anlagekatalog, dem Förderrahmen und der Sparzulage; vgl. dazu *Juntermanns* in: *Guski/Schneider*, MAB, Fach 3200.
[758] *Wagner*, Management Buy Out - Führungskräftebeteiligung, Arbeitnehmerbeteiligung, S. 20.
[759] *Hesse*, DB Beilage 1/87, S. 1.
[760] *Wagner*, Management Buy Out - Führungskräftebeteiligung, Arbeitnehmerbeteiligung, S. 26.

c) Zwischenergebnis

Wie die eben dargestellten Einteilungen und Ziele der Mitarbeiterbeteiligung zeigen, handelt es sich um einen umfangreichen Themenkomplex[761]. Von Bedeutung für die vorliegende Arbeit ist im Hinblick auf die Kampfparität zwar grundsätzlich jede Art der Mitarbeiterbeteiligung, da jeder Abbau des Interessengegensatzes zwischen Arbeit und Kapital auch die Macht und den Einflußbereich der Gewerkschaften schwächen kann. Gleichwohl wird schon aus Raumgründen die folgende Darstellung auf die sog. materielle Mitarbeiterbeteiligung beschränkt. Vor allem Erfolgsbeteiligungsmodelle finden sich in jüngster Vergangenheit in vielen Tarifverträgen quer durch alle Branchen wieder. Diese sind auch typisch für das Gedankengut der Lean Production.

d) Arten der materiellen Mitarbeiterbeteiligung im einzelnen

Man unterscheidet die Erfolgsbeteiligung und die Kapitalbeteiligung der Arbeitnehmer am Unternehmen.

aa) Erfolgsbeteiligung:

Es gibt folgende Arten

- die Leistungsbeteiligung (Produktbeteiligung, Produktivitätsbeteiligung, Kostenersparnisbeteiligung),
- die Ertragsbeteiligung (Umsatzbeteiligung, Wertschöpfungsbeteiligung, Nettoertragsbeteiligung),
- die Gewinnbeteiligung (Bilanzgewinnbeteiligung, Auschüttungsgewinnbeteiligung, Substanzgewinnbeteiligung).

bb) Kapitalbeteiligung

Bei den Elementen der Kapitalbeteiligung der Mitarbeiter am Unternehmen ist zwischen der Mittelaufbringung und der Mittelverwendung zu unterscheiden:

- Mittelaufbringung

Man differenziert die unternehmensbezogene Mittelaufbringung und die mitarbeiterbezogene Mittelaufbringung.

- Mittelverwendung

Es gibt die Verwendung dieser Mittel als Fremdkapital (Mitarbeiterdarlehen, Schuldverschreibung), als stille Beteiligung und Genußrechte und als Eigenkapital (Belegschaftsaktien,

---

[761] Hier sei auf die einschlägige Literatur verwiesen, unter juristischen Aspekten vgl. *Spät*, Mitarbeiterkapitalbeteiligung durch Gesetz oder Tarif; *Silberberg*, Der Partizipationsschein als Möglichkeit einer Mitarbeiterkapitalbeteiligung; *Wagner*, Management Buy Out - Führungskräftebeteiligung, Arbeitnehmerbeteiligung.

GmbH-/KG-Anteile, Genossenschaftsanteile, betriebliche Investmentfonds, Arbeitnehmerstiftungen, Mitarbeiterunternehmen usw.)[762].

Der entscheidende Unterschied zwischen der Erfolgsbeteiligung und der Kapitalbeteiligung ist, daß die Erfolgsbeteiligung seitens des Arbeitnehmers nur seine Mitarbeit im Unternehmen/Betrieb voraussetzt, nicht aber seine Kapitalbeteiligung. Das Beteiligungsergebnis wird dem Arbeitnehmer in der Regel in bar ausgeschüttet, kann aber - je nach Modellgestaltung - wieder in das arbeitgebende Unternehmen investiert werden[763]. Ein aus einer Erfolgsbeteiligung abgeleiteter Beteiligungslohn ist somit eine Teilhabe des Mitarbeiters am Erfolg des Unternehmens ohne eigene Kapitalbeteiligung.

Im Gegensatz dazu versteht man unter Investivlohn die Verwendung von Lohn zu investiven Zwecken, um sich dadurch am Kapital des Unternehmens zu beteiligen. Letzteres wird durch das staatliche Fördersystem des 5. VermBG/E 19 a EStG gefördert.

In der Praxis finden sich oft Kombinationen dieser beiden Mitarbeiterbeteiligungsmodelle, sei es zeitlich nacheinander oder parallel geschaltet sowie an unterschiedliche Adressaten gerichtet, einmal als Erfolgs-, das andere Mal als Kapitalbeteiligungsmodell.

e) Erfolgsbeteiligung und Lean Production

Das Konzept der Lean Production basiert auf der Abflachung von Hierarchien in den Unternehmen und Betrieben sowie der Delegation der Verantwortung in Arbeitsgruppen vor Ort. Bisher an anderer Stelle angesiedelte Vorbereitungs- und Kontrollfunktionen werden in die Projekt-Teams bzw. Arbeitsgruppen verlagert[764].

Wenn durch eine solche Delegation von Verantwortung eine Erfolgsoptimierung mittels eines Projekt-Teams oder einer Arbeitsgruppe erreicht wird, dann liegt es nahe, die Mitarbeiter dieser Teams und Gruppen an dem von ihnen mit geschaffenen Erfolg zu beteiligen. Die Erfolgsbeteiligung stellt dabei die vergütungsmäßige Entsprechung dieses Konzepts dar[765].

f) Verbreitung von Mitarbeiterbeteiligungen in der Bundesrepublik Deutschland

Nicht zuletzt aufgrund der intensiven Übernahme des Konzeptes der schlanken Produktion in Deutschland seit 1990 ist auch die Anzahl der Mitarbeiterbeteiligungen deutlich angestiegen. Die damit eng verbundene Erfolgsbeteiligung fand zwischenzeitlich trotz oft erheblicher Widerstände von Seiten der Gewerkschaften Eingang in Tarifverträge und Betriebsvereinbarungen[766].

Auch die Tarifrunde in der Metall- und Elektroindustrie im Jahr 1999 drehte sich um das Reizthema ertragsabhängige Entlohnung. Die Arbeitgeberseite wollte eine ertragsabhängige Komponente in den Flächentarif einführen. Sie scheiterte am energischen Widerstand der *IG Metall*, obgleich in anderen Industriebereichen derartige Erfolgsbeteiligungen schon seit längerem Bestandteil der Flächentarifverträge sind. Hauptargument der *IG Metall* war, daß man nicht über Lohnanteile das unternehmerische Risiko mit tragen wolle. Die Arbeitgeber versuchten mit der Einführung dieser Regelung eine Flexibilisierung der Flächentarife zu erreichen. Die

---

[762] Einteilung all dieser Elemente der materiellen Mitarbeiterbeteiligung nach *Wagner*, Management Buy Out - Führungskräftebeteiligung, Arbeitnehmerbeteiligung, S. 43.

[763] *Guski/Schneider*, MAB, Fach 3700, RN 3.

[764] Siehe oben Gliederungspunkt *Teil IV* IV. 1. d) cc).

[765] Ebenso *Maaßen*, MAB, Fach 3710, RN 3/10; *Wagner*, Management Buy Out - Führungskräftebeteiligung, Arbeitnehmerbeteiligung, S. 228.

[766] Die Frage, ob letzteres wegen § 77 III BertrVG rechtlich überhaupt zulässig ist, sei an dieser Stelle offengelassen, nachdem in der Praxis diese Bestimmung keine große Relevanz besitzt.

unterschiedlichen Ertrags- und Wettbewerbssituationen der tarifgebundenen Unternehmen sollten bei der Frage der Entlohnung mit berücksichtigt werden[767], insbesondere bei Jahressonderzahlungen (z.B. dem Weihnachtsgeld)[768].

Kapitalbeteiligungen von Mitarbeitern in Form von Belegschaftsaktien gab es Anfang 1987 in ca. 1364 Unternehmen, wobei 1984 bis 1986 Zuwächse von 125 neuen Beteiligungsunternehmen pro Jahr zu verzeichnen waren. Insgesamt waren 1987 1,1 Millionen Arbeitnehmer am Kapital des arbeitgebenden Unternehmens beteiligt. Das Beteiligungskapital betrug damals 14,2 Milliarden DM[769]. Diese Zahlen steigerten sich nochmals bis zum Jahr 1996: Es gab dann rund 1,6 Millionen Belegschaftsaktionäre, die Beteiligungen von insgesamt 22 Milliarden DM hielten[770]. Die steigende Tendenz ist deutlich sichtbar. Teilweise werden die verschiedenen und kombinierten Formen der Mitarbeiterbeteiligungen sogar als „Wettbewerbsfaktor“ und „Königsweg für die Wirtschaft“ bezeichnet[771].

Noch keine Bedeutung hat in der betrieblichen Praxis die Verknüpfung von flexibler Arbeitszeit und Mitarbeiterbeteiligung. Bei der Nutzung flexibler Arbeitszeiten stellte man immer häufiger fest, daß Freizeitguthaben auf den Arbeitszeitkonten vieler Mitarbeiter erstaunlichen Umfang erreichten. Selbst ihr tariflich geförderter Einsatz bei der Realisierung eines vorgezogenen Ruhestandes bietet dafür oft keinen Ausgleich. Folglich sind einige wenige Unternehmen dazu übergegangen, die angesparten Zeitguthaben so zu vergüten, daß die Mitarbeiter die Möglichkeit haben, für Freizeitguthaben Anteile am Unternehmenskapital zu erwerben. Die Mehrheit der Unternehmer lehnt diese Vorschläge jedoch ab - die Gewerkschaften sowieso[772].

g) Auswirkungen auf die Kampfparität

Die Gewerkschaften befürchten, daß durch Mitarbeiterbeteiligungen der Interessengegensatz von Arbeit und Kapital abgebaut werden und somit ihr Einfluß schwinden könnte. Hinzu kommt das nicht zu leugnende Risiko, daß bei Kapitalbeteiligungen die Arbeitnehmer sowohl das Arbeitsplatz- wie auch das Insolvenzrisiko des Unternehmens tragen. Dennoch wird von Gewerkschaftsseite diese Art der Mitarbeiterbeteiligung schon seit langer Zeit gefördert wird, was auf den politischen und innergewerkschaftlichen Druck der Mitglieder zurückzuführen ist. Die Förderung geht quer durch alle Arbeitnehmervereinigungen, mögen sie nun als besonders kämpferisch eingestuft werden oder als eher friedliebend[773].

Im Gegensatz dazu haben die Interviews weit größere Vorbehalte gegen eine Erfolgsbeteiligung von Arbeitnehmern gezeigt. Die Ursache für diese Position dürfte in der Angst der Gewerkschaften vor einem Verlust ihres Einflusses liegen. Sie fürchten um ihre Kampfkraft. In den Gesprächen wurde diese Position jedoch damit begründet, daß man nicht glaube, daß durch Erfolgsbeteiligungen die Motivation der Mitarbeiter tatsächlich gefördert werde[774].
Die obigen Zahlen zeigen trotz der steigenden Tendenz, daß Kapitalbeteiligungen in der Wirklichkeit keine große Rolle spielen. *Loritz* stellt fest, daß im Hinblick auf diesen Themenbereich die merkwürdige Situation gegeben ist, daß viele Arbeitgeber sich verbal zu Beteili-

---

767 Vgl. *Maier-Mannhart* in der SZ v. 07.09.1999, Nr. 155, S. 25.
768 Siehe die SZ v. 20.07.1999, Nr. 164, S. 2
769 Diese Zahlenangaben nach *Guski/Schneider*, MAB, Fach 4100, RN 10 ff.
770 SZ v. 28.08.1998, Nr. 171, S. 17.
771 *Fiedler-Winter*, Innovative Mitarbeiterbeteiligung in der SZ v. 03.11.1998, Nr. 253, S. 28.
772 Vgl. die SZ-Umfrage von *Rosemarie Fiedler-Winter* in der SZ v. 03.11.1998, Nr. 253, S. 28.
773 Interviewangaben - siehe Anhang.
774 Vgl. Anhang.

gungen der Arbeitnehmer am Produktivvermögen bekennen, aber nur sehr wenige Unternehmen tatsächlich ihren Mitarbeitern diese Möglichkeiten anbieten[775].

Folglich wurde das tatsächliche Kräftegleichgewicht zwischen den Tarifvertragsparteien dadurch in keiner Weise beeinflußt. Eine Verschiebung der Kampfparität konnte trotz der leicht steigenden Zahlen von Mitarbeiterbeteiligungen an Unternehmen nicht eintreten. Auch als Indiz für eine Verschiebung können diese Zahlen nicht verwendet werden.

---

[775] *Loritz*, ZFA 1998, 543 ff. mit Hinweis auf die interne Studie von *Arentz/Stihl* u.a., Vermögensbildung in Arbeitnehmerhand, Wege zu einer Gesellschaft von Teilhabern; hrsg. von der Konrad-Adenauer-Stiftung 1998.

V. Neue Entwicklungen auf überbetrieblicher Ebene

1. Die zunehmende Globalisierung

a) Allgemeines

Die sog. Globalisierung ist im Grunde kein neues Thema in der Wirtschaftswelt. Bereits seit der Überwindung des Merkantilismus, der den Schutz der heimischen Wirtschaft zum Ziel hatte, läuft die Entwicklung in die globale Richtung[776]. Die deutsche Wirtschaft hat schon immer ihre Beziehungen, „joint ventures" und Direktinvestitionen, in das Ausland genutzt, um sich auf diesen Märkten einzukaufen, dort den Absatz zu steigern oder zu produzieren. Diese Tendenzen haben sich in jüngster Zeit erheblich verstärkt[777].

Der Globalisierung liegt das Prinzip der Arbeitsteilung zugrunde. Die Grunderkenntnis dabei ist, daß der Wohlstand aller wächst, wenn sich jeder dem widmet, was er am besten beherrscht. Globalisierung ist Arbeitsteilung über die Ländergrenzen hinweg. Der hohe Wohlstand der Industrieländer heute ist darauf zurückzuführen, daß sie auf dem Pfad der internationalen Arbeitsteilung weit fortgeschritten sind, Schutzzölle und andere Handelsschranken beseitigt und so offene Märkte geschaffen haben, auf denen der Wettbewerb dafür gesorgt hat, daß alle Resourcen - Arbeit, Kapital, Rohstoffe, Boden - optimal eingesetzt werden[778]. Dem entspricht auch das neueste Denkmodell zur Globalisierung von *Burda* und *Dluhosch*[779]: Herausragendes Kennzeichen der gegenwärtigen Entwicklung sei die Zerlegung der Wertschöpfungsketten über die Landesgrenzen hinweg.
Die aktuelle Dynamik der gegenwärtigen Globalisierung erklärt sich aus einer Vielzahl von grundlegenden Veränderungen, wie z.B. Zusammenführung der nationalen Einzelmärkte zu einem gemeinsamen europäischen Markt, Öffnung der osteuropäischen Angebots- und Nachfragemärkte nach dem Fall des Eisernen Vorhangs und dem Zusammenbruch der Sowjetunion[780]. Hinzu kommt die Revolution auf dem Gebiet der Kommunikationstechnik. Aufgrund der Vernetzung der gesamten Welt ist jede Information an jedem Ort der Welt in Sekundenschnelle verfügbar. Dadurch wurden die nationalen Grenzen endgültig gesprengt[781].

b) Die maßgeblichen Faktoren der Globalisierung

aa) Der freie Kapitalverkehr

Die Geschwindigkeit des freien Kapitalverkehrs bei sinkenden Transaktionskosten verbessert die Möglichkeit weltweiter Direktinvestitionen für jedes international aktionswillige Wirtschaftssubjekt. Das Kapital ist auf der Suche nach der höchsten Rendite weltweit mobil. Die global tätigen Unternehmen investieren dort, wo sie die günstigsten Rahmenbedingungen vor-

---

[776] *Maier-Mannhart* in der SZ v. 19./20.09.1998, Nr. 216, S. 21.
[777] *Rüthers*, Beschäftigungskrise und Arbeitsrecht, S. 26.
[778] Ebenso *Maier-Mannhart* in der SZ v. 19./20.09.1998, Nr. 216, S. 21.
[779] *Michael Burda* (Professor an der Berliner Humbold Universität) und *Barbara Dluhosch* (eine Kölner Ökonomin) schlugen dieses Denkmodell in einem gemeinsamen Papier in Kiel vor. Es steht im Gegensatz zum bisher vorrangig vertretenen *Hecker-Ohlin-Theorem*: Danach ist für knappe Produktionsfaktoren (in der Regel Kapital und Wissen) gut, wenn sich ein Land der Weltwirtschaft öffnet, aber schlecht für Produktionsfaktoren, die reichlich vorhanden sind (in der Regel Arbeit). Diese Theorie wird aber durch die Wirklichkeit nicht bestätigt, da die Globalisierung zu einem erheblichen Teil zwischen Industriestaaten stattfindet, in denen die Arbeit oft ähnlich teuer ist und man bei Arbeitsplatzverlusten häufig nicht weiß, ob diese auf ausländische Konkurrenz oder technischen Wandel zurückzuführen ist; *Piper*, SZ v. 27./28.96.1998, Nr. 146, S. 21.
[780] *Rüthers*, Beschäftigungskrise und Arbeitsrecht, S. 26.
[781] *Maier-Mannhart* in der SZ v. 19.20.09.1998, Nr. 216, S. 21.

finden[782]. So stiegen die weltweiten Direktinvestitionen in Milliarden Dollar von 1980 bis 1996 um das Sechsfache:

Zeitraum/Jahr	**Weltweite Direktinvestitionen insgesamt**[783]
1980	519 Milliarden Dollar
1990	1.691 Milliarden Dollar
1996	3.178 Milliarden Dollar[784]

bb) Die wirtschaftliche Betätigungsfreiheit

Die Möglichkeiten, sich wirtschaftlich zu betätigen, sind ebenfalls in den letzten Jahren erheblich gestiegen, vor allem im asiatischen Raum. Waren-, Personen- und Dienstleistungen können weitgehend ungehindert über Ländergrenzen hinaus ausgetauscht werden, so daß umfassende Weltmärkte für Kapital, Rohstoffe, Waren und Dienstleistungen entstehen.

Ein solcher Weltmarkt ist auch möglich an jedem Personalcomputer, der an ein internationales Datennetz angeschlossen ist[785]. Besonders deutlich wird das an dem Internetmarktplatz der Konzerne *Daimler-Chrysler*, *Ford*, *General Motors* und *Renault/Nissan* für die Materialbeschaffung[786]. *Ford* konnte beispielsweise bei den ersten zehn „Auktionen“, die über den elektronischen Marktplatz für die Zulieferindustrie ausgeschrieben wurden, 17 % an Kosten gegenüber der herkömmlichen Ausschreibung sparen[787].
Auch in anderen Branchen (z.B. Pharma, Chemie, Maschinen- und Anlagenbau) ist die Beschaffung per Internet auf dem Vormarsch[788].

Verstärkt wird das dadurch, daß sich viele, vor allem weltweit tätige Firmen zusammenschließen und diese Zusammenschlüsse von den Wettbewerbshütern in der Regel gebilligt werden[789]. Herausragendes Beispiel für diese Entwicklung ist die Fusion der Automobilriesen *Daimler-Benz AG, Stuttgart*, und des amerikanischen Automobilkonzerns *Chrysler Corp., Auburn Hills/Michigan*, die sowohl die deutschen bzw. europäischen wie auch die amerikanischen Kontrollgremien genehmigten[790]. In diesem für Deutschland wesentlichen Industriezweig gibt es daneben eine Vielzahl von weltumspannenden Allianzen und Übernahmen, wie z. B. die Verbindungen *Ford (USA) - Mazda (Japan), General Motors (USA) -*

---

[782] *Rüthers*, Beschäftigungskrise und Arbeitsrecht, S. 26.
[783] Vgl. die Graphik in der Süddeutschen Zeitung v. 02.07.1998, Nr. 149, S. 21.
[784] Davon tätigten die USA mit 794 Milliarden Dollar, gefolgt von Großbritannien mit 356 Milliarden Dollar, Japan mit 330 Milliarden Dollar und Deutschland mit 288 Milliarden Dollar.
[785] *Rüthers*, Beschäftigungskrise und Arbeitsrecht, S. 27.
[786] Vgl. die SZ v. 29.02.2000, Nr. 49, S. 25, 28 und die SZ v. 01./02.04.2000, Nr. 77, S. 25.
[787] Siehe die SZ v. 14./15.08.2000, Nr. 186, S. 26; *Wolfgang Reitzle*, der Chef der *Ford-Luxusdivision PAG* rechnet dort die Ersparnis für den Endproduzenten in diesem Interview vor: Ein durchschnittliches Auto hat durchschnittlich 7.000 Dollar Materialkosten. Durch die Internetplatform würden 30 % dieser Kosten eingespart, die Ersparnis liege also bei 500 Dollar pro Auto. Hochgerechnet auf rund sieben Millionen Fahrzeuge wären das 3,5 Milliarden Dollar an Ersparnis.
[788] SZ v. 21.03.2000, Nr. 67, S. 26.
[789] Trotz der Vielzahl der kritischen Stimmen, die für eine Beschränkung der Zulassung von derartigen Fusionen sind, ist man sich einig, daß Protektionismus und eine Beschränkung der Kapitalströme die gegenwärtige Entwicklung nicht verhindert. Ein derartiges Vorgehen würde für das Land sehr negative Auswirkung haben, da sich der Wettbewerb so allenfalls verzögern ließe, so ein Sondergutachten der Monopolkommission; vgl. die SZ v. 03.07.1998, Nr. 150, S. 21 und die SZ v. 10.08.1998, Nr. 182, S. 15.
[790] Siehe hierzu die SZ v. 24.07.1998, Nr. 168, S. 24 und die SZ v. 01./02.08.1998, Nr. 175, S. 21.

Saab (Schweden)[791], *Volkswagen (Deutschland) - Seat (Spanien)* oder die geplante Übernahme von *Scania* durch *Volvo*[792].

Diese Entwicklung ist nicht nur in der Autoindustrie zu beobachten, sondern in fast allen Branchen: die Fusion der *Deutschen Bank* mit *Bankers Trust*; die Computerallianz *Fujitsu - Siemens*[793], die Fusion der Energiekonzerne *Veba* und *Viag* oder die geplante Verschmelzung von *RWE* und *VEW*[794], die Verschmelzung der Stahlriesen *British Steel (Großbritannien)* und *Hoogovens (Niederlande)*[795], die Milliardenfusion der Chemiekonzerne *Dow Chemical* und *Union Carbide* in den USA[796], die Fusion der französischen und deutschen Luft- und Raumfahrt durch den Zusammenschluß von *Dasa* und *Aérospatiale*[797].

Die größten und teuersten Fusionen und Übernahmen im Jahr 1999 waren die Folgenden[798]:

Zielobjekt	**Branche**	**Interessent**	**Branche**	**Volumen in Millionen Dollar**
Mobil Corp.	Öl	*Exxon*	Öl	78.964
Ameritech	Telekom.	*SBC Com.*	Telekom.	62.593
AirTouch	Telekom.	*Vodafone*	Telekom.	60.286[799]
Tele-Communic.	Kabelfernsehen	*AT&T*	Telekom.	60.287
Telecom Italia	Telekom.	*Olivetti*	Telekom.	34.758
Astra	Pharma	*Zeneca*	Chemie	34.637
Orange	Telekom.	*Mannesmann*	Mischkonzern	32.595
Höchst	Chemie/Fasern	*Rhône-Poulenc*	Chemie	21.918
Ascend	Telekom.	*Lucent*	Telekom.	21.423
Ente Nationale	Energieversorger	*Investorengruppe*		18.734
Sun Amerika	Versicherung	*American Intern.*	Versicherung	18.117
Bank Boston	Bank	*Fleet Financial*	Bank	15.925
Honeywell	Anlagen	*AlliedSignal*	Anlagen	15.001
NTT	Telekom.	*Investorengruppe*		15.080
HBO	Gesundheit	*McKesson*	Pharma	14.320
One 2 One	Telekom.	*Deut. Telecom*	Telekom.	13.629
Paribas	Bank	*BNP*	Bank	13.201
YPF	Öl	*Repsol*	Öl	13.152
Fred Meyer	Handel	*Kroger*	Handel	12.890
Marconi	Elektronic	*Brit. Aerospace*	Luft-/Raumfahrt	12.863

Die Besonderheit an all den eben genannten Fusionen ist, daß sich ertragsstarke und gewinnträchtige Unternehmen zumeist ohne akute wirtschaftliche Not zusammenschließen. Sie wollen auf diese Weise ihre weltweite Präsenz festigen, um dem zunehmenden internationalen Wettbewerb standhalten zu können. Erreicht werden sollen zudem Einsparungen durch

[791] Auch gingen teilweise Gerüchte einer vollständigen Übernahme von *Saab* durch *GM* durch die Presse - siehe die SZ v. 19.07.1999, Nr. 163, S. 23.
[792] Vgl. die SZ v. 07.08.1999, Nr. 180, S. 23.
[793] Vgl. dazu die SZ v. 18.06.1999, Nr. 137, S. 23 und 25.
[794] Siehe hierzu die SZ v. 22.10.1999, Nr.245, S. 25.
[795] SZ v. 28.06.1999, Nr. 145, S. 21.
[796] SZ v. 05.08.1999, Nr. 178, S. 21.
[797] SZ v. 16./17.10.1999, Nr. 240, S. 25.
[798] Die nachstehende Tabelle wurde übernommen aus der SZ v.31.08.2000, Nr. 200, S. 26.
[799] Siehe hierzu im einzelnen SZ v. 18.01.1999, Nr. 13, S. 19.

Synergieeffekte bei den Sach- und Personalkosten[800] und ein Schutz vor „feindlichen Übernahmen"[801] aufgrund der durch den Zusammenschluß erreichten Größe des neuen Unternehmens.

cc) Die Neuorientierung der internationalen Arbeitsteilung

Die bis Ende der 80er Jahre vorhandene technologische Überlegenheit der traditionellen Industrieländer ging zwischenzeitlich fast völlig verloren. Das trifft vor allem den Industriestandort Deutschland. Auch auf dem High-Tech-Sektor, also in den sog. Zukunftsbranchen (wie z.B. der Computerindustrie), befindet sich nach den Einschätzungen vieler Experten die Bundesrepublik Deutschland derzeit auf dem Abstellgleis[802]. Besonders deutlich wurde das an den Diskussionen um die „Green Cards" für ausländische Computerexperten[803].

Hinzu kommt, daß durch den erleichterten Technologie- und Wissenstransfer eine Produktion überall dort möglich ist, wo ein ausreichendes Know-how vorhanden ist[804]. Der Transport vom Produzenten auf den Markt ist kein wirtschaftliches Hindernis mehr, vor allem wenn es um geistige Produkte geht[805].

dd) Zusammenfassung

Derzeit bestimmen die folgenden Faktoren die Entwicklung einer vernetzten Weltwirtschaft:

- globale Qualitätsfähigkeit, d.h. die Möglichkeit, qualitative Spitzenprodukte mit den modernen Produktionstechniken nahezu überall auf der Welt herzustellen,
- global fast ungehemmter und unverzüglicher Kapitalverkehr,
- global verbesserter Arbeitskräfte- und Dienstleistungsaustausch,
- globale Kommunikations- und Informationstechniken,
- globale günstige Transportmöglichkeiten,
- globaler Wettbewerb (Markt), der aus dem Zusammenwirken dieser Faktoren entstand[806].

c) Die Vorteile eines globalen Unternehmens

aa) Handelsschranken und Währungsverschiebungen

Der Aufbau eines kompletten Produktionssystems in der Nähe des Absatzmarktes bzw. der Zusammenschluß mit einem Unternehmen vor Ort bzw. dessen Übernahme schützt den Unternehmer zum einen effizient vor Handelsschranken, zum anderen aber auch vor

---

[800] Kritiker derartiger Fusionen weisen dabei darauf hin, daß Synergiepotentiale im Personalbereich fast immer durch Entlassungen zustande kämen - vgl. *Fritsche* in der SZ v. 20./21.11.1999, Nr. 269, S. V 1/1: Die Autorin stellt aber im übrigen die mit Fusionen verbundenen Problemen vor allem im Personalbereich sehr anschaulich dar.
[801] Interviewangaben - siehe Anhang.
[802] Vgl. hierzu nur die SZ v. 09.07.1998, Nr. 155, S. 18.
[803] Siehe dazu die SZ v. 15.05.2000, Nr. 111, S. 5.
[804] Vgl. z.B. den sog. Shared 3D-Viewer, der am Fraunhofer-Institut für Graphische Datenverarbeitung in Darmstadt entwickelt wurde. Das System: der Entwickler fertigt zunächst mit seinem Standardprogramm einen dreidimensionalen Entwurf an. Anschließend wird das Modell mit dem 3D-Viewer gelesen und verschickt. Die Skizze erscheint gleichzeitig in Osaka, Turin und Berlin auf dem Monitor. Die beteiligten Designer und Konstrukteure können dann gleichzeitig am selben Entwurf arbeiten, wobei jeder Teilnehmer eine bestimmte Farbe hat, so daß erkennbar ist, von wem eine Änderung/Vorschlag stammt.
[805] *Rüthers*, Beschäftigungskrise und Arbeitsrecht, S. 27.
[806] Zitiert nach *Rüthers*, Beschäftigungskrise und Arbeitsrecht, S. 28.

Währungsverschiebungen. *Womack/Jones/Roos* veranschaulichen den Unsicherheitsfaktor Währungsschwankungen mit folgendem Beispiel:

„Dem Unternehmen, das nur an einem Ort in einer Region produziert, wie *Jaguar* in Großbritannien und *Saab* in Schweden, können Währungsverschiebungen Zufallsgewinne aus dem Export verschaffen - wie zum Beispiel die hohen Gewinne, die diese Unternehmen Mitte der 80er Jahre in den Vereinigten Staaten erzielten, als der Dollar im Verhältnis zu den europäischen Währungen stark war.

Aber Katastrophen sind in gleicher Weise möglich. Zwischen 1987 und 1989 verschlechterten *Jaguar* und *Saab* sich nicht in der Autoproduktion. Unsere *IMVP*-Untersuchung der Montagewerke zeigte vielmehr eine leichte Verbesserung in der Produktivität und Produktqualität. Außerdem führten beide Unternehmen neue Modelle ein, die ihr Produktangebot verstärkten. Aber in diesem Zeitraum verwandelte eine schwächere Währung in den USA, dem Hauptabsatzmarkt beider Unternehmen, *Jaguar* und *Saab* von Hochfliegern in Fastbankrotteure. Sie wurden dann von *Ford* bzw. *General Motors* übernommen, Unternehmen mit multiregionaler Produktionsbasis."[807]

bb) Produktionsvielfalt

Durch den Aufbau eines multiregionalen kompletten Produktionssystems erreicht man eine wesentlich größere Produktionsvielfalt. Unternehmen mit einem größeren Gesamtproduktionsvolumen haben für die Summe ihrer Produkte einen Wettbewerbsvorteil. Größe erfordert Ende des 20./Anfang des 21. Jahrhunderts in jeder größeren Region zu produzieren[808].

cc) Resistenz gegen zyklische Schwankungen

Jede Wirtschaft und jeder Markt hat Zyklen, in denen der Absatz boomt und in denen Verluste eingefahren werden. Die einzelnen Phasen eines derartigen Zyklus treten nicht in jedem Land gleichzeitig ein, sondern meist zeitlich versetzt. Ein international tätiges Unternehmen spürt die zyklischen Marktbewegungen weniger, da häufig eine Abschwungphase in einem Land durch einen Boom in einem anderen ausgeglichen wird. Der japanische Automobilmarkt beispielsweise befand sich Ende der 80er Jahre in einem Boom, während der amerikanische Markt in einer Abschwungphase war[809].

dd) Schutz gegen den Marktzugang von neuen Konkurrenten

Die Entwicklung eines umfassenden Produktionssystems in jedem der Hauptmärkte verwehrt gleichzeitig den Konkurrenten den Zugang zu den verteidigten Märkten. Dadurch können diese aus den verteidigten Märkten keine Gewinne abschöpfen, die sie dann für Konkurrenzkämpfe in anderen Märkten irgendwo auf der Welt gegen das global tätige Unternehmen einsetzen können[810].

d) Der Gemeinsame Europäische Markt

Durch den Beitritt von Österreich, Finnland und Schweden stellt die Europäische Union einen Wirtschaftsraum von über 360 Millionen Menschen dar, in dem die für den globalen Markt eben beschriebenen Verhältnisse in noch weit stärkerem Maße gegeben sind als weltweit. Die Europäische Union versteht sich zudem als Rechtsgemeinschaft, welche die Realisierung des unverfälschten Wettbewerbs im Binnenmarkt verfolgt. Hinzu treten das Fehlen bzw. der

---

[807] *Womack/Jones/Roos*, Die Zweite Revolution, S. 214, 215.
[808] Interviewangaben - siehe Anhang.
[809] Vgl. *Womack/Jones/Roos*, Die Zweite Revolution, S. 218.
[810] Siehe dazu *Womack/Jones/Roos*, Die Zweite Revolution, S. 219/220.

schrittweise Abbau schützender nationaler Schranken und der unmittelbare Wettbewerb des deutschen Arbeitsrechts mit dem anderer EU-Länder[811]. *Rüthers* führt dazu aus:

Diese Tendenz zu wesentlich mehr Wettbewerb der europäischen Staaten untereinander wurde durch die Einführung der gemeinsamen europäischen Währung *Euro* nochmals verstärkt. Vor allem für mittelständische Unternehmen[812] ist dieser steigende Wettbewerb neben der höheren Preistransparenz die bedeutendste Folge der Einführung des *Euro*[813].

Man darf aber nicht vergessen, daß für die Wirtschaft der Bundesrepublik Deutschland der europäische Markt lebenswichtig ist. Im Jahr 1997 gingen beispielsweise 55 % der gesamten deutschen Exporte in EU-Partnerländer[814].

Umgekehrt belegen die hohen Exporte anderer europäischer Länder in die benachbarten EU-Länder (z.B. Portugal mit 80 %) anschaulich, wie sich die Konkurrenz und somit der Wettbewerb in den einzelnen Mitgliedstaaten zwangsläufig verschärfen mußte.

e) Auswirkungen auf die Kampfparität

Obwohl die Entwicklung der Globalisierung nicht neu ist, verändert die derzeitige Tendenz, insbesondere unter der Berücksichtigung der globalen Kapitalströme und der wachsenden Bedeutung der Kapitalmärkte, das gesamte wirtschaftliche Handeln der Unternehmen. Hinzu kommt die zunehmende Innovationsgeschwindigkeit, die rasante Entwicklung der Informations- und Kommunkationstechnologie[815]. Dadurch haben sich die Grundlagen verändert, auf denen die bisherige Rechtsprechung des *BAG* zum Arbeitskampfrecht und das gegenwärtige Tarifvertragssystem aufbauen.

Das Arbeitskampfrecht entwickelte sich bis ca. Ende der 80er Jahre in einem relativ geschlossenen ökonomischen System. Die Bundesrepublik ist zwar schon seit jeher ein auf Export ausgerichtetes Land. Solange die Globalisierung noch nicht zu weit fortgeschritten war, war jedoch die Anzahl von ausländischen Firmen, die in Deutschland produzierte und verkaufte, nicht sehr hoch. Für den Import wurden zusätzlich Handelsschranken zum Schutz der inländischen Wirtschaft aufgebaut (meist Zölle). In diesem System konnten die Tarifvertragsparteien, insbesondere die Arbeitgeber, mit wenig Rücksicht auf die ausländische Konkurrenz und Wettbewerbsdruck von außen Tarifverträge abschließen. Bei teueren Tarifabschlüssen wurden die Mehrkosten auf die Preise weitergeben. Man spricht nicht von ungefähr von einem „Tarifkartell" und der „kartellierenden Wirkung der Tarifverträge"[816].

Gerade wegen der internationalen Wettbewerbssituation kann das bisherige System des Tarifrechts mit der kartellierenden Wirkung der Tarifverträge und des Arbeitskampfrechts die

---

[811] So *Rüthers*, Beschäftigungskrise und Arbeitsrecht, S. 29.

[812] Zum Begriff mittelständisches Unternehmen siehe *Teil III* II. 4. f) bb) (2).

[813] Vgl. SZ v. 19./20.06.1999, Nr. 138, S. 28, die sich dabei auf die Studie *European Business Survey 99* der internationalen Wirtschaftsprüferorganisation *Grant Thornton* stützt.

[814] So die Graphik in der SZ v. 05.08.1998, Nr. 178, S. 23.

[815] SZ v. 31.08.2000, Nr. 200, S. 26.

[816] Die Bezeichnung „Kartellwirkung" benutzen z.B. *Wiedemann/Stumpf*, TVG, Einleitung RN 34 ff.; *Gamillscheg*, Kollektives Arbeitsrecht, S. 499; *Junker*, ZfA 1996, 383, 3989; *Löwisch/Rieble*, TVG, Grundlagen RN 6 bevorzugen hingegen den Begriff „kartellähnliche Nebenwirkungen"; *Kempen/Zachert*, TVG, Grundlagen RN 95 bevorzugen „Kartellfunktion"; dagegen *Söllner*, Grundriß des Arbeitsrechts, § 17 I (S. 147 fff.): „Die staatliche Sozial-, Finanz- und Wirtschaftspolitik hat die demnach die frei ausgehandelten kollektiven Regelungen der Tarifvertragsparteien als ... nicht abzuändernde Daten in Rechnung zu stellen. Auch mit Hilfe des Kartellrechts kann der Staat nicht gegen unliebsame Tarifabschlüsse einschreiten, denn der Tarifvertrag ist kein Kartell und die Tarifautonomie durch Art. 9 III GG von vornherein dem Kartellrecht entzogen."

mit der Globalisierung verbundenen Probleme nicht mehr bewältigen. Teuere Tarifabschlüsse werden gegenwärtig in Deutschland durch Rationalisierung und Arbeitsplatzabbau aufgefangen[817]. Das zeigt die Arbeitslosenzahl in der BRD seit Anfang der 80er Jahre, die trotz wirtschaftlicher Erfolge und Konjunkturaufschwungphasen auf sehr hohem Niveau stagniert[818]. Aufgrund der internationalen Lieferbeziehungen ist ein Stillstand der Produktion aufgrund von Streik und Aussperrung wirtschaftlich nicht mehr vertretbar ist[819].

Bei den eben angesprochenen Problemen handelt es sich um strukturelle Veränderungen der Rahmenbedingungen, unter denen die Tarifvertragsverhandlungen und Arbeitskämpfe stattfinden. Das führte tatsächlich zu einer Verschiebung des Kräftegleichgewichts zu Lasten der Arbeitgeber.

Sämtliche Interviewpartner waren sich hinsichtlich der Grundproblematiken einig. Die Arbeitgebervertreter sahen darin eine eindeutige Verschiebung des Kräftegleichwichts zu ihren Lasten. Derartige Schlußfolgerungen zogen die Arbeitnehmervertretungen nicht - sie gaben ihre Ansichten zu diesem Thema nicht preis[820].

In diesem Zusammenhang ist noch einmal darauf hinzuweisen, daß die mit der Globalisierung und Internationalisierung der Märkte verbundenen Probleme und Auswirkungen auf die Kampfkraft der Arbeitgeber auch nicht mit dem von *Mückenberger* entwickelten Gedanken der Sachherrschaft und Folgenverantwortung sinnvoll gelöst werden können[821]. Sicherlich werden die Fusionen von den Arbeitgebern in die Wege geleitet. Diese Maßnahmen sind aber notwendig, um im internationalen Wettbewerb bestehen zu können, der durch die Globalisierung verursacht wurde. Dafür können die Arbeitgeber nichts.

---

[817] Interviewangaben - siehe Anhang; Vgl. auch die Reaktion von *Gesamtmetall* zum Tarifabschluß 1999: „Ca. 50.000 Arbeitsplätze sind durch den Abschluß gefährdet",SZ v. 10.02.1999, Nr. 41, S. 1.
[818] Siehe oben *Teil IV* V.3.a).
[819] Interviewangaben - siehe Anhang; All diese Gesichtspunkte weisen natürlich einen sehr engen Zusammenhang mit der Problematik Lean Production und Just-in-time-Produktion auf - vgl. oben *Teil IV* IV.1.
[820] Interviewangaben - siehe Anhang.
[821] Vgl. dazu *Mückenberger*, Produktionsverflechtung und Risikoverantwortung; *Mückenberger* selbst spricht die Problematik der Globalisierung in seiner Arbeit nicht an.

2. Die Entwicklung der Wettbewerbsfähigkeit und der Arbeitskosten in der Bundesrepublik Deutschland im internationalen Vergleich

a) Die Wettbewerbsfähigkeit nach der Einschätzung des *Weltwirtschaftsforums (WEF)*

Rang	**Land**	**Wettbewerbs-Index**
1	Singapur	2,12
2	USA	1,58
3	Honkong (China)	1,41
4	Taiwan	1,38
5	Kanada	1,33
6	Schweiz	1,27
7	Luxemburg	1,25
8	Großbritannien	1,17
9	Niederlande	1,13
10	Irland	1,11
11	Finnland	1,11
12	Australien	1,04
13	Neuseeland	1,01
14	Japan	1,00
15	Norwegen	0,92
16	Malaysia	0,86
17	Dänemark	0,85
18	Island	0,59
19	Schweden	0,58
20	Österreich	0,58
21	Chile	0,57
22	Südkorea	0,46
23	Frankreich	0,44
24	Belgien	0,39
25	**Deutschland**	**0,39**
...	...	...
58	Ukraine	-1,94
59	Rußland	2,02

Die Konkurrenzfähigkeit der einzelnen Staaten auf dem Weltmarkt wurde vom *Weltwirtschaftsforum* anhand von acht Kriterien gemessen: Finanzkraft, Regierungspolitik, Handelsbeschränkungen, technologische Entwicklung, Management, Arbeitsbedingungen, Wirtschaftsinstitutionen und -infrastruktur. Die dazu erforderlichen Daten stammen aus nationalen und internationalen Statistiken und aus einer Umfrage unter knapp 4000 Managern und Regierungsbeamten in den Teilnehmerländern. Als Maßstab für die Wettbewerbsfähigkeit wurden die langfristigen Wachstumsaussichten einer Wirtschaft definiert [822].

Auffällig ist die schlechte Position der Bundesrepublik Deutschland nicht nur hinter vielen Industrieländern wie Kanada oder der Schweiz, sondern auch hinter Staaten, die von der Asienkrise in den Jahren 1998/99 direkt oder indirekt betroffen waren, wie z.B. Malaysia.

[822] Vgl. die SZ v. 14.07.1999, Nr. 159, S. 23 basierend auf den Berechnungen des *WEF*.

Ursache hierfür sind zahlreiche makroökonomische Faktoren: hohe Steuersätze und Staatsausgaben, Subventionen und Arbeitskosten[823] sowie die geringen Investitionen[824].

Einen gleichermaßen schlechten Rang nimmt die Bundesrepublik Deutschland nach einem internationalen Vergleich der Nettoumsatzrenditen internationaler Unternehmen durch das *Institut der Deutschen Wirtschaft (IW)* ein: Sie steht an 20. Stelle[825]. Nachdem dieses Ranking viel über die Leistungsfähigkeit der darin enthaltenen Konzerne aussagt und nur sehr wenig über die nationalen Investitions- und Produktionsstandorte, wertete das *IW* auch 100.000 unkonsolidierte Gewinn- und Verlustrechnungen kleiner und mittelständischer Unternehmen in Europa aus. Bei dieser Einstufung schnitt Deutschland nicht viel besser ab - Rang 15[826]. Insgesamt hat die Bundesrepublik im Vergleich der Renditen das europäische Durchschnittsniveau noch nicht erreicht [827].

b) Die Entwicklung in der Struktur der Arbeitskosten am Beispiel der verarbeitenden Industrie

Die Veränderung der Struktur der Arbeitskosten in der Bundesrepublik kann man anschaulich aus der folgenden Tabelle entnehmen[828]:

Zeit/ Jahr	**Arbeitskosten je Stunde insgesamt**	**Davon: Direktentgelt**	**Davon: Personalzusatzkosten**
1970	8,61 DM	5,84 DM	2,77 DM
1980	22,62 DM	12,92 DM	9,69 DM
1990	35,69 DM	19,73 DM	15,96 DM
1995	45,52 DM	25,08 DM	20,44 DM
1996	47,28 DM	25,96 DM	20,44 DM
1997	47,92 DM	26,36 DM	21,56 DM
1998	47,96 DM	26,38 DM	21,58 DM
1999	49,28 DM	27,11 DM	22,12 DM

Diese Zahlenangaben beziehen sich nur auf die Struktur der Arbeitskosten in Westdeutschland. Vergleichszahlen für Deutschland (Ost) werden erst seit 1995 statistisch erfaßt. Da die vorliegende Untersuchung aber eine Entwicklungslinie ab dem Jahr 1980 zeigen soll, wurden nur die Zahlen der früheren BRD dargestellt. Diese Zahlen differieren in den verschiedenen Statistiken, jedoch lagen die Angaben in anderen Zusammenstellungen im Schnitt immer höher. Beispielsweise werden die Arbeitskosten je Stunde in Deutschland von *Eurostat* mit 53,00 DM bei 23,6 % Sozialabgaben angegeben.

Die Bundesrepublik Deutschland liegt damit im internationalen Vergleich an der Spitze. Alle übrigen Länder haben niedrigere Arbeitskosten je Stunde[829]. Insbesondere die Personalzusatz-

---

[823] Siehe dazu gleich im Folgenden unter b).
[824] Vgl. die SZ v. 14.07.1999, Nr. 159, S. 23.
[825] Vgl. SZ v. 08.12.1999, Nr. 284, S. 29 basierend auf *Karl Lichtblau*, Internationaler Vergleich der Umsatzrenditen in der gewerblichen Wirtschaft, iw-trends 4/99.
[826] Vgl. SZ v. 08.12.1999, Nr. 284, S. 29 unter Berufung auf *Karl Lichtblau*, Internationaler Vergleich der Umsatzrenditen in der gewerblichen Wirtschaft, iw-trendes 4/99.
[827] Vgl. SZ v. 08.12.1999, Nr. 284, S. 29.
[828] Die folgenden Zahlen für die Jahre 1970 bis 1997 wurden entnommen aus „Wirtschaft in Zahlen 1998", hrsg. v. *BMWi*, Stand August 1998, S. 23; die Angaben für 1998 stammen aus „Wirtschaft in Zahlen 1999", hrsg. v. *BMWi*, Stand November 1999, S. 23, diejenigen für 1999 basieren auf einem Bericht des *Instituts der deutschen Wirtschaft (IW)*, zitiert nach der SZ v. 16.08.2000, Nr. 187, S. 22.
[829] Siehe dazu „Wirtschaft in Zahlen 1998", hrsg. v. *BMWi*, Stand: August 1998, S. 23, 24, 25.

kosten sind in vielen Ländern im Vergleich zum Direktentgelt wesentlich geringer. Verglichen mit den europäischen Nachbarländern ist Deutschland „führend". In Europa kommen nur noch die Belgier auf über 50 DM je Stunde. Wesentlich niedriger, nämlich unter 20 DM je Arbeitsstunde, liegen die Kosten in den südeuropäischen Ländern Griechenland und Portugal. Prozentual die niedrigsten Sozialabgaben gibt es in Dänemark[830].

Im Gegensatz zu diesen Ergebnissen stehen zwei Studien, eine von der *Vereinigung der Steuerzahler in Europa* und eine andere vom *Deutschen Gewerkschaftsbund*. Die eine trifft die Kernaussage, daß die deutsche Steuer- und Abgabenquote (inclusive Sozialbeiträge) bei 37, 3 % liege, während sie im Durchschnitt aller EU-Mitglieder 41 % betrage. Die andere gipfelt in dem Argument, daß man bei so großen, die Wettbewerbsfähigkeit attestierenden Exportüberschüssen keinesfalls von zu hohen Arbeitskosten sprechen kann[831].

c) Produktivität und Lohnstückkosten

Grundsätzlich entwickeln die Zahlen über die Arbeitskosten erst dann Aussagekraft, wenn sie in Bezug zur Produktivität gesetzt werden: die sog. Lohnstückkosten steigen immer dann, wenn nominelle Lohnsteigerungen über den Produktivitätsfortschritt hinausgehen, sie sinken, wenn die zusätzliche Wertschöpfung pro Arbeitsstunde die Lohnzuwächse überwiegt[832]. Lohnstückkosten sind die Arbeitskosten je Produktionseinheit.

Seit 1993 veränderten sich die Produktivität und die Lohnstückosten wie folgt[833]:

Jahr	**Produktivtät in DM**	**Veränderung gegen Vorjahr in %**	**Lohnstück-kosten (Stand 6/99)**	**Veränderung gegen Vorjahr in %**
1993	92.500	0,5	**60,1**	-
1994	95.000	2,7	**60,4**	**0,5**
1995	96.700	1,8	**61,1**	**2,0**
1996	98.200	1,6	**62,0**	**0,6**
1997	100.700	2,5	**61,3**	**- 1,1**
1998	102.600	1,9	**61,0**	**- 0,5**

Von 1993 bis 1996 stiegen die Lohnstückkosten. Die nominellen Lohnsteigerungen waren höher als die Produktivität. In den Folgejahren sanken die Lohnstückkosten, die Lohnzuwächse lagen unter dem Produktivitätsfortschritt.

d) Schlußfolgerungen im Hinblick auf die Kampfparität

In der permanenten Steigerung der Arbeitskosten in der verarbeitenden Industrie, aber auch in der Entwicklung der Lohnstückkosten läßt sich der Erfolg der gewerkschaftlichen Lohnpolitik gut ablesen. Da für Gewerkschaften erfolgreiche Tarifverhandlungen die Lohn- und die Lohnzusatzkosten erhöhen, zeigen steigende Arbeitskosten die Erfolge der gewerkschaftlichen

[830] Vgl. hierzu die Graphik in der SZ v. 09.09.1999, Nr. 208, S. 23.
[831] Siehe hierzu SZ v. 11.11.1999, Nr. 261, S. 25 und den Kommentar von *Maier-Mannhart* in der SZ v. 12.11.1999, Nr. 262, S. 25.
[832] Vgl. *Bertold*, Wirtschaftsdienst 1994, S. 167 (169); Sachverständigenrat zur Begutachtung der gesamtwirtschaftlichen Entwicklung: Jahresgutachten 93/94, „Zeit zum Handeln - Antriebskräfte stärken" 1993, Ziff. 379; *Reichold*, ZfA 1998, 238.
[833] Die nachfolgende Tabelle beruht auf den Angaben des Statistischen Bundesamtes und wurde entnommen aus „Wirtschaft in Zahlen 1999", hrsg. v. *BMWi*, Stand November 1999, S. 49; Die Zahlen für die Jahre 1995, 1996, 1997 und 1998 sind vorläufig.

Lohnpolitik. An dieser Beurteilung ändert der nur mäßige Anstieg in den Jahren 1995 - 1997 nichts. Die Gewerkschaften hielten sich damals bewußt mit ihren Lohnforderungen zur Schaffung von neuen Arbeitsplätzen zurück[834]. Folglich sanken in diesem Zeitraum die Lohnstückkosten, wenn auch zunächst nur leicht. In den Jahren zuvor lagen hingegen die nominellen Lohnsteigerungen über dem Produktivitätsfortschritt.

Andererseits ist die Tatsache, daß im internationalen Vergleich die Bundesrepublik Deutschland unstreitig die höchsten Arbeitskosten aufweist, für die Wettbewerbsfähigkeit und die Marktpositionen der deutschen Firmen auf dem Weltmarkt wie auch im heimischen Markt wegen der offenen Grenzen äußerst negativ. Daraus ergibt sich auch der schlechte Rang Deutschlands im Rahmen der Beurteilung der Wettbewerbsfähigkeit. Die Erkenntnis, daß die Standortqualität Deutschlands von den Arbeitszeiten und den Arbeitskosten abhängt, kann heute als Allgemeingut bezeichnet werden[835]. Die Globalisierung hat zu einem Standortwettbewerb zwischen den Staaten geführt.

Soweit in diesem Zusammenhang die oben dargestellten Untersuchungen der *Vereinigung der Steuerzahler Europas* und des *Deutschen Gewerkschaftsbundes* gerade das Gegenteilige behaupten, so verkennen sie, daß die maßgeblichen deutschen Konkurrenten in den *USA*, in *Japan* und den *„Tigerstaaten"* sitzen. Dort ist die Abgabenbelastung der Unternehmen wie auch der Bürger wesentlich niedriger. Es bleibt außer Acht, daß anderswo ähnliche Probleme bestehen, die sich in der Arbeitsmarktstatistik negativ niederschlagen: eine zu hohe Belastung der mittelständischen Wirtschaft und der Arbeitnehmer mit Steuern und Abgaben, die demotivierend ist[836]. Hinzu kommt, daß heutzutage billigere Anbieter keineswegs schlechtere Ware liefern.

An diesem Ergebnis ändert die sehr hohe Produktivität der deutschen Fabriken nichts. Denn wenn dieser Gesichtspunkt für die internationale Wettbewerbsfähigkeit entscheidend wäre, dann wäre die Einstufung Deutschlands im Rahmen der Studie des *WEF* nicht so ausgefallen, wie sie tatsächlich ausgefallen ist. Entscheidend sind die psychologischen Auswirkungen des Faktores Arbeitskosten. Von allen Interviewpartnern der Arbeitgeberseite wurden sie einhellig als im internationalen Vergleich viel zu hoch eingestuft, obwohl gleichzeitig auf die hohe Produktivität hingewiesen wurde[837].

Daraus läßt sich deutlich ablesen, daß durch die Globalisierung das Kräftegleichgewicht im Arbeitskampf zu Lasten der Arbeitgeber tatsächlich verschoben ist. Hätten die Arbeitgeber wirksam Verhandlungsdruck in den Arbeitskämpfen aufbauen können, dann wären die oben dargestellten Zahlen mit Sicherheit nicht dermaßen negativ. Auch die Angaben in den Interviews wären andere gewesen.

Abschließend sei noch darauf hingewiesen, daß die Grundsätze der Sachherrschaft und Folgenverantwortung[838] auch hier versagen. Das ergibt sich schon aus dem untrennbaren Zusammenhang der eben genannten Gesichtspunkte mit der Globalisierung[839]. Darüber hinaus sind die zum Teil mangelnde Wettbewerbsfähigkeit und insbesondere auch die hohen Arbeitskosten eindeutig den Gewerkschaften zuzurechnen. Denn letztere wurden durch hohe Tarifabschlüsse aufgrund von entsprechenden gewerkschaftlichen Forderungen verursacht.

---

[834] Interviewangaben - siehe Anhang.
[835] Ebenso *Reichold*, ZfA 1998, 238.
[836] So *Maier-Mannhart* in der SZ v. 12.11.1999, Nr. 262, S. 25.
[837] Interviewangaben - siehe Anhang.
[838] *Mückenberger*, Produktionsverflechtung und Risikoverantwortung; mit dieser Problematik beschäftigt er sich ebenfalls nicht.
[839] Siehe oben *Teil IV* V. 1.

3. Die Entwicklung der Arbeitslosigkeit

a) Tatsächliche Feststellungen[840]

Zeit/ Jahr	Anzahl der Arbeitslosen	Arbeitslosen-quote
1980	888.990	3,8 %
1990	1.883.100	7,2 %
1993	2.270.300	8,2 %
1994	2.556.000	9,2 %
1995	2.565.000	9,3 %
1996	2.796.200	10,1 %
1997	3.020.900	11,4 %
1998	2.904.339	11,1 %

Hinzu kommen noch die Neuen Bundesländer: 1997 waren dort insgesamt im Jahresdurchschnitt 1.363.600 Personen ohne Beschäftigung, was einer Arbeitslosenquote von 19,5 % entspricht[841]. 1998 belief sich die Anzahl der Menschen ohne Beschäftigung dort auf 1.374.948 und verblieb somit bei 19,5 %[842].

Die Ursachen für die hohen Arbeitslosenzahlen sind vielfältig und umstritten. Einig ist man sich aber unter den Experten, daß es sich gegenwärtig um eine strukturelle Arbeitslosigkeit handelt. Bedingt sind diese Zahlen mit Sicherheit auch durch die Wirtschaftskrisen[843] und durch die hohen Arbeitskosten[844].

b) Folgerungen für die Kampfparität

Aufgrund der langandauernden hohen Arbeitslosigkeit sind die Gewerkschaften immer mehr dem Druck ausgesetzt, in Tarifverhandlungen nicht nur die Interessen ihrer Mitglieder, sondern auch beschäftigungspolitische Aspekte und somit letztendlich die Arbeitslosen zu vertreten. Diese Notwendigkeit fördert die Zufriedenheit der Gewerkschaftsmitglieder nicht, da die Lohnerhöhungen dann geringer ausfallen. Gleichwohl sind die Gewerkschaften nicht in der Lage, die Interessen der Arbeitslosen auch nur annähernd zu deren Zufriedenheit wahrzunehmen.

Die Arbeitgeber verwenden im Rahmen von Tarifverhandlungen vermehrt das Schlagwort „Abbau von Arbeitsplätzen". Folge davon ist die Angst der Arbeitnehmer vor dem Verlust des Arbeitsplatzes. Das schwächt die Verhandlungsposition der Gewerkschaften. Es wird für sie immer schwieriger, ihre Mitglieder und die Nichtorganisierten für einen Arbeitskampf zu gewinnen und eine Forderung notfalls mittels eines Streiks durchzusetzen. Eine Auswirkung auf die Kampfparität zu Lasten der Arbeitnehmer erscheint daher plausibel.

---

[840] Die folgenden Zahlen wurden entnommen aus „Wirtschaft in Zahlen 1997", „Wirtschaft in Zahlen 1998", „ Wirtschaft in Zahlen 1999", hrsg. v. *BMWi*, Stände: November 1997, August 1998 und November 1999; diese Angaben beziehen sich nur auf das frühere Bundesgebiet.

[841] Diese Angaben wurden entnommen aus „Wirtschaft in Zahlen 1998", S. 16, hrsg. v. *BMWi*, Stand: August 1998.

[842] BArbBl. 3/1999, S. 5 ff. (8).

[843] Siehe *Teil III* III. 1.

[844] Vgl. dazu *Teil IV* V. 2. b).

Andererseits wird von den Gewerkschaften wie auch von den Arbeitgebern im Vorfeld von Tarifverhandlungen detailliert abgeschätzt, welche Forderungen mittels Streik bzw. Aussperrung durchsetzbar sind und welche nicht. Ergibt sich dabei, daß eine Position für die Arbeitnehmer sehr wichtig ist und gehen die Arbeitgeber nicht darauf ein, dann ändert die Drohung mit dem Abbau von Arbeitsplätzen an der Streikbereitschaft nichts. Prallen die Fronten der Tarifvertragsparteien erst einmal aufeinander, dann geht es alleine um die eigenen Forderungen. Es ist Arbeits*kampf*[845]! Im übrigen hat eine solche Drohung von Arbeitgeberseite immer nur eine sehr begrenzte Wirkung im Rahmen eines einzelnen Arbeitskampfes. Die Kampfparität ist aber generell-abstrakt zu beurteilen. Die hohe Arbeitslosigkeit hat folglich - entgegen dem ersten Anschein - kaum Auswirkungen auf das Kräftegleichgewicht im Rahmen von Tarifvertragsverhandlungen.

---

[845] Interviewangeben - siehe Anhang.

VI. Veränderungen im Bereich der Gewerkschaften

1. Die Entwicklung der Mitgliederzahlen in den letzten Jahren

a) Allgemeines

Die Spitzenorganisation der meisten Einzelgewerkschaften[846] in der Bundesrepublik Deutschland ist der *Deutsche Gewerkschaftsbund (DGB)*. Zum 31.12 1996 betrug seine Mitgliederzahl 8,9 Millionen. Die *Deutsche Angestellten Gewerkschaft (DAG)* hatte zum gleichen Zeitpunkt 501.009 Mitglieder. Daneben gibt es noch eine Reihe von sog. Minderheitsgewerkschaften, von denen die wichtigsten der *Christliche Gewerkschaftsbund (CGB)* mit 303.106 Mitgliedern und der *Deutsche Beamtenbund (Bund der Gewerkschaften des öffentlichen Dienstes)* mit 1.101.598 Mitgliedern sind[847].

Nach den jüngsten Erhebungen des *Instituts der Deutschen Wirtschaft* haben die Arbeitnehmerorganisationen seit dem Jahr 1991 ein Viertel ihrer Mitglieder (in absoluten Zahlen ca. 3,5 Millionen) verloren. Somit gehört nur noch jeder vierte Beschäftigte in Deutschland einer Gewerkschaft an. Besonders betroffen sind die Mitgliedsgewerkschaften des *DGB*: Zwischen 1991 und 1998 gab ein Drittel der Mitglieder die Mitgliedschaft auf. Insgesamt sank die Zahl der Gewerkschaftsmitglieder von 11,8 auf ca. 8,3 Millionen. 1999 waren es nur noch 8,036 Millionen[848]. Darunter finden sich auch immer mehr Rentner und Arbeitslose, die nicht den vollen Beitrag zahlen. Die dramatischsten Verluste hat der *DGB* im Jugendbereich (Altersgrenze 25 oder 30 Jahre - je nach Gewerkschaft) zu verzeichnen: Waren es Ende 1998 noch 570.608 jugendliche Mitglieder, so ist diese Zahl bis Ende 1999 um 48.535 (= 8,5 %) auf 522.073 gesunken[849].

In Bayern sind insgesamt ca. 970.000 Arbeitnehmer Mitglieder in Gewerkschaften (Platz 3 im bundesdeutschen Vergleich), gleichwohl ist im Durchschnitt nur jeder fünfte Beschäftigte Gewerkschaftsmitglied (im Bundesdurchschnitt hingegen jeder vierte).

b) Die *IG Metall*

Die *IG Metall* profitierte von der Wiedervereinigung im Jahr 1990 und der Ausdehnung auf das Gebiet der ehemaligen DDR im Hinblick auf ihre Mitgliederzahlen besonders. Nach der deutschen Einheit war die Zahl ihrer Mitglieder sprunghaft von 2,68 Millionen auf 3,64 Millionen im Jahr 1991 gestiegen[850]. Grund war die Übernahme vieler Mitglieder der früheren Einheitsgewerkschaft der ehemaligen DDR *FDGB*[851]. Seit 1993 verlor sie dann jährlich drei Prozent ihrer Mitglieder - insgesamt ca. 500.000. Ende des Jahres 1997 belief sich der Mitgliederstand der größten Einzelgewerkschaft der Welt auf nur noch 2,6 Millionen[852], mit weiter sinkender Tendenz. Allein von Dezember 1998 bis zum Mai 1999 (5 Monate) verlor sie rund 40.000 Mitglieder[853].

---

[846] Die einzelnen Gewerkschaften sind dargestellt bei *Söllner*, Grundriß des Arbeitsrecht, § 10 I (S. 72).

[847] Vgl. zu den Zahlenangaben das Statistisches Jahrbuch für die Bundesrepublik Deutschland 1997, Wiesbaden 1997; zusammenfassend vgl. auch *Wollenschläger*, Arbeitsrecht, RN 285 ff. und *Söllner*, Grundriß des Arbeitsrecht, § 10 I (S. 72 f.).

[848] SZ v. 31.08.2000, Nr. 200, S. 5.

[849] SZ v. 31.08.2000, Nr. 200, S. 5.

[850] SZ v. 14.04.1999, Nr. 85, S. 3.

[851] *FDGB = Freier Deutscher Gewerkschaftsbund.*

[852] Siehe die SZ v. 02.12.1998, Nr. 278, S. 6, wonach auch in Zukunft von Seiten der *IG Metall* mit großen Mitgliederverlusten gerechnet wird.

[853] Interviewangaben basierend auf den Zahlen der Mitgliederentwicklung der *IG Metall* v. 31.05.1999.

2. Die Ursachen für diese Entwicklung

Die Gründe für die abnehmende Bereitschaft von immer mehr Arbeitnehmern, sich gewerkschaftlich zu betätigen, sind vielfältig und im einzelnen kaum vollständig zu erfassen. Die Interviews haben dennoch einige Punkte ergeben, die quer durch alle Gewerkschaften hindurch als die Hauptursachen für die Mitgliederverluste angesehen werden:

a) Die hohen Mitgliedsbeiträge

Nach den Angaben der meisten Gewerkschaften ist der Hauptgrund für den Austritt vieler Mitgliedern die finanzielle Belastung durch die Beiträge. Je nach Gewerkschaft betragen diese zwischen 0,8 und 1,2 % des Bruttolohnes[854]. Hinzu kommt die Tatsache, daß auch Nicht-Gewerkschaftsmitglieder nach den von den Gewerkschaften ausgehandelten Tarifen bezahlt werden. Für die Arbeitnehmer besteht folglich keine Notwendigkeit, in den Gewerkschaften zu bleiben und den hohen Mitgliedsbeitrag zu bezahlen. Sie erhalten die Ergebnisse der gewerkschaftlichen Tätigkeit ohne Mitgliedschaft somit billiger. Die sonstigen von den Gewerkschaften angebotenen Leistungen[855] spielen nur eine sehr untergeordnete Rolle[856].

Interessanterweise wurde die steuerliche Absetzbarkeit der Mitgliedsbeiträge als Kompensation in den Umfragen nicht erwähnt. Das mag daran liegen, daß ein voller wirtschaftlicher Ausgleich dadurch nicht erzielt werden kann. Zum anderen vermindert sich durch die Beitragszahlung das aktuell den Mitgliedern zur Verfügung stehende Geld. Steuerrückerstattungen im Folgejahr spielen bei diesen Überlegungen offensichtlich keine Rolle.

b) Abschmelzung der Zuwächse aus der deutschen Wiedervereinigung

Unbestritten ist der rückläufige Trend vor allem in Ostdeutschland zu beobachten[857]. Hier finden derzeit die Abschmelzungseffekte statt, welche die Folge der Mitgliederzuwächse durch die Integration der früheren (Zwangs-) Mitglieder des *FDGB* Anfang der 90er Jahre sind[858]. Die davon stark betroffene *IG Metall* weist diesem Erklärungsversuch jedoch nur wenig Bedeutung zu. Entscheidend sei, daß sie in den neuen Bundesländern nicht richtig Fuß habe fassen können. Auch seien die hohen Mitgliedsbeiträge verbunden mit der dortigen hohen Arbeitslosigkeit die Hauptursachen für den Mitgliederschwund[859].

c) Die Veränderungen in der Arbeitswelt - der Weg zur Dienstleistungsgesellschaft

Die Wirtschaft der Bundesrepublik Deutschland befindet sich auf dem Weg in eine Dienstleistungsgesellschaft[860]. Die klassische Industrieproduktion und somit die Arbeiterschaft verliert zunehmend an Boden und an Einfluß. Die neu entstehenden Berufe und Branchen, insbesondere im Dienstleistungssektor, schaffen primär Arbeitsplätze für hochqualifizierte Angestellte. Das sind aber Arbeitnehmergruppen, die nicht die klassische Klientel der Industriegewerkschaften darstellen. Bei der *IG Metall* z.B. befinden sich unter den derzeit 2,6

---

[854] Die *IG Metall* verlangt 1 % des Bruttoeinkommens, die sich in Gründung befindende Dienstleistungsgewerkschaft Ver.di wird ebenfalls 1 % des Bruttoeinkommens als Mitgliedsbeitrag verlangen, siehe die SZ v. 20./21.11.1999, Nr. 269, S. 5.

[855] Wie z. B. Rechtsberatung und sonstige Serviceleistungen.

[856] Interviewangaben - siehe Anhang.

[857] Vgl. die SZ v.14.04.1999, Nr. 85, S. 3.

[858] Interviewangaben; ebenso *Deckstein* in der SZ v. 20./21.11.1999, Nr. 269, S. 4.

[859] Interviewangaben - siehe Anhang.

[860] Siehe oben *Teil III* III. 2.

Millionen Mitgliedern gerade mal ca. 500.000 Angestellte - ein Beleg dafür, daß sie für diese Arbeitnehmergruppe nicht attraktiv ist[861].

d) Die Angst vor Arbeitslosigkeit

Daß aufgrund der Zugehörigkeit zur Gewerkschaft und der derzeit sehr hohen Arbeitslosigkeit[862] die Arbeitnehmer Angst vor Repressalien der Arbeitgeber hätten und dies zu Austritten aus den Gewerkschaften führt, ist allenfalls in Ausnahmefällen von Bedeutung. Eine wesentliche Ursache für die derzeitigen Mitgliederverluste ist dieser Gesichtspunkt nicht[863].

e) Die Diskrepanz zwischen Gewerkschaftswille und dem Willen der Mitglieder

Einer der wesentlichen Gründe für die aktuelle Austrittswelle ist die mangelnde Identifikation der Gewerkschaftsmitglieder mit den erklärten Zielen der gewerkschaftlichen Führungsspitzen[864]. Betrachtet man die gewerkschaftliche Strategie vor allem in Unternehmenskrisen, so gelangt man mit *Rüthers* zu folgendem Obersatz: „Was für die Arbeitnehmer dieses Unternehmens günstig ist, bestimmen wir, die Gewerkschaft, und zwar auch gegen die geschlossene Überzeugung aller im Unternehmen Beteiligten und Betroffenen.“[865]

- Der Fall *Viessmann/Allendorf*

Dieses Unternehmen hatte als Folge der nachlassenden Bautätigkeit im 2. Halbjahr 1995 einen erheblichen Umsatzrückgang zu verzeichnen und mußte in Allendorf (Nordhessen) 450 Arbeitsplätze abbauen. Vor dem Einbruch war in Myto bei Prag eine neue Produktionsstätte mit 250 Mitarbeiter baureif geplant. Die Lohnkosten betrugen in Myto 5,73 DM/h, in Deutschland 41,80 DM/h. Um den Arbeitsplatzabbau in Deutschland zu verhindern, wurde mit 90 % der 3.700 Arbeitnehmer einzelvertraglich vereinbart, daß diese ab 01.05.1996 anstatt der tarifvertraglich vorgesehenen 35 Stunden wieder 38 Stunden in der Woche arbeiten, und zwar ohne zusätzlichen Lohn. Im Gegenzug hatte sich die Firma verpflichtet, den Aufbau der Produktionsstätte in Tschechien zu stoppen und bis zum 30.04.1999, also 2 Jahre lang, keine betriebsbedingten Kündigungen mehr vorzunehmen. Der dadurch erzielte Spareffekt (19,1 Mio. DM) lag in der gleichen Größenordnung wie die Einsparungen bei einer Produktionsverlagerung nach Tschechien (20 Mio. DM)[866].

Der Betriebsrat hatte die Annahme des einzelvertraglichen Angebot empfohlen. Da die betroffene Gewerkschaft gegen die Einzelabreden nichts unternehmen konnte, versuchte sie die Mehrheit der nichtorganisierten Betriebsratmitglieder wegen ihrer Empfehlung gerichtlich aus dem Betriebsrat entfernen zu lassen[867].

- Der Fall *„Verbandsklagerecht“*

Das *BAG* hat in seinem Beschluß vom 20.04.1999 den Gewerkschaften auf der Grundlage des § 1004 BGB i.V.m. der Koalitionsfreiheit des Art. 9 III GG einen unmittelbaren Unterlas-

---

[861] Interviewangaben – siehe Anhang: bemerkenswert, daß diese Einschätzung von den Gewerkschaften und den Arbeitgebervertretern geteilt wird.
[862] Vgl. hierzu die Zahlen unter *Teil IV* V. 3.
[863] Interviewangaben - siehe Anhang.
[864] Siehe dazu auch die SZ v. 25.03.2000, Nr. 95, S. 5.
[865] *Rüthers*, Beschäftigungskrise und Arbeitsrecht, S. 137.
[866] Die gesamte Problemtik ist sehr übersichtlich bei *Rüthers*, Beschäftigungskrise und Arbeitsrecht, S. 135, 136 dargestellt.
[867] *Rüthers*, Beschäftigungskrise und Arbeitsrecht, S. 137.

sungsanspruch bei tarifwidrigen betrieblichen Regelungen gegeben[868]. Dem lag folgender Sachverhalt zugrunde:

Das betroffene Unternehmen hatte aufgrund der schwierigen Wettbewerbssituation zunächst einen ihrer Druckbetriebe mit 600 Mitarbeitern schließen müssen. Mit einem weiteren Standort sollten Einsparungen von ca. 40 Mio. DM erreicht werden. Aus diesem Grund wandte sich die Unternehmensleitung zur Durchsetzung kostensenkender Maßnahmen an die Mitarbeiter und den Betriebsrat. Nach Verhandlungen mit dem Betriebsrat wurde das Sparvolumen auf 30 Mio. DM jährlich beschränkt und eine Betriebsvereinbarung (Rahmenvereinbarung) abgeschlossen, in welcher der Sparmaßnahmenkatalog im einzelnen beschrieben war. Die Regelungen wichen vom gültigen Tarifvertrag zuungunsten der Arbeitnehmer ab. 98,5 % aller Arbeitnehmer des Betriebes unterschrieben eine Erklärung, wonach die im Katalog enthaltenen Regelungen auch Inhalt des Arbeitsvertrages sein sollten. Nachdem in der Folge ein Firmentarifvertrag nicht abgeschlossen werden konnte, klagte die betroffene Gewerkschaft gegen die Vereinbarungen und das *BAG* gab ihr Recht.

Erst die Zukunft wird zeigen, wie sich dieser Erfolg auf die Mitgliederentwicklung und Akzeptanz der Gewerkschaften auswirken wird. Denn immerhin hatten 98,5 % der Arbeitnehmer des betroffenen Unternehmens zur Standortsicherung die Vereinbarungen unterschrieben, die von der Gewerkschaft zu Fall gebracht worden sind. Die Folgen bezüglich des Standortes des betroffenen Betriebes sind derzeit noch nicht abzusehen.

- Der Fall *Holzmann*

Auch die Sanierung des angeschlagenen Baukonzerns *Holzmann* Ende 1999 mit einem ursprünglich vorgesehen Lohnverzicht der Arbeitnehmer von 6 % zur Rettung des Konzerns und der Arbeitsplätze und die nachfolgenden Diskussionen wegen des Verstoßes gegen das geltende Tarifrecht zeigen, daß die Interessen der Gewerkschaften nicht immer mit denjenigen der Arbeitnehmer eines Unternehmens übereinstimmen. Letztere wollten - selbst unter Inkaufnahme von Lohnverzicht - ihre Arbeitsplätze verständlicherweise erhalten. Die Gewerkschaften sind daran zwar auch interessiert, für sie ist aber die Funktionsfähigkeit des Flächentarifvertrages ein übergeordnetes Ziel[869]. Nur so ist es zu erklären, daß die *IG BAU* im Fall *Holzmann* zunächst dem Lohnverzicht zustimmte, dann aber sehr schnell kritische Stimmen die Oberhand gewannen[870]. Folge war die Gefährdung der Sanierung des Konzerns. Die *IG BAU* lehnte trotz der anfänglichen Zustimmung den vereinbarten Sanierungsbeitrag ab und drohte eine Verbandsklage an, falls *Holzmann* das Belegschaftsopfer zur Rettung in Anspruch nehmen sollte[871]. Nach zähen Verhandlungen einigte man sich als Sanierungsbeitrag der Arbeitnehmer auf fünf unbezahlte Überstunden pro Woche für den Zeitraum von Januar 2000 bis Juni 2001, die über ein Zeitkonto ausgeglichen werden sollen[872]. In der Folgezeit stimmten die Arbeitgeberverbände nicht zu. Nach deren Meinung wurde der

[868] Durch diese Entscheidung wurde die Diskussion um die Rolle des *BAG* als „Ersatzgesetzgeber“ wieder neu entflammt, vgl. *Teil II* II.1. (FN 80).
[869] Zwar ist dies aus Gründen des Wettbewerbs sogar sinnvoll, aber dieses Argument tröstet einen Arbeitnehmer, der aus diesem Grund seinen Arbeitsplatz verloren hat, sicherlich nicht.
[870] Vgl. dazu SZ z.B. v. 03.12.1999, Nr. 280, S. 2; *Deckstein*, SZ v. 03.12.1999, Nr. 280, S. 23.
[871] Vgl. die SZ v. 13.12.1999, Nr. 288, S. 25; SZ v. 18./19.12.1999, Nr. 293, S. 25; SZ v. 21.12.1999, Nr. 295, S. 24 SZ v. 27.12.1999, Nr. 299, S. 26.
[872] Vgl. die SZ v. 03.01.2000, Nr. 1, S. 25: Daß diese Lösung kein tatsächlicher Beitrag der Arbeitnehmer sein kann, ergibt sich daraus, daß die zu leistenden ausgleichspflichtigen Überstunden eine Übertragung der Lasten auf die Zukunft darstellt.

Gleichbehandlungsgrundsatz im Hinblick auf mittelständische Unternehmen verletzt[873]. Die *IG BAU* lehnte Neuverhandlungen ab[874]. Der Tarifvertrag in dieser Form scheiterte[875]. Es wurde dann ein neuer Kompromiß gefunden, den die Betriebsräte und auch die *IG BAU* annahmen. Als Gegenleistung sollen danach die Beschäftigten für ihren Beitrag zur Gesundung des Konzerns mit Unternehmensbeteiligungen belohnt werden[876].

Dieser schnelle Positionswechsel der *IG BAU*, insbesondere die Drohung mit einer Klage gegen das Belegschaftsopfer, wurde völlig zu Recht als der Glaubwürdigkeit der Gewerkschaft allgemein abträglich angesehen[877].

3. Folgen für die Kampfparität

In weiten Teilen der Literatur wird als Folge des zunehmenden Mitgliederschwundes bei den Gewerkschaften ein Verlust der Mächtigkeit gesehen. Die Mitgliedsbeiträge sänken, was wiederum die Rückstellungen und die Streikkasse der Gewerkschaften schädige. Folglich gehe die Kampffähigkeit verloren[878].

Diese Behauptungen stützen sich alleine auf Plausibilitätsannahmen, durch die Wirklichkeit sind sie nicht gedeckt. In den Interviews insbesondere mit den Gewerkschaftsvertretern zeigte sich gerade das Gegenteil[879]. Zwar ist bei der Bewertung der Interviewaussagen zu berücksichtigen, daß die Gewerkschaften einen Verlust ihrer Kampffähigkeit kaum zugeben und der Bestand der Streikkassen das am besten gehütete Geheimnis ist. Die Umfrageergebnisse werden jedoch durch folgende Gesichtspunkte erhärtet:

- Trotz der hohen Mitgliederverluste in den letzten Jahren ergeben sich aus der Bilanz der *IG Metall* für das Jahr 1998 Rückstellungen in Höhe von ca. 123 Millionen DM[880]. Obgleich unbekannt ist, wieviel davon in die Streikkasse fließt, kann unterstellt werden, daß alles bis auf einige wenige Millionen, mit denen die laufenden Ausgaben gedeckt werden, dorthin gelangt. Lang dauernde und somit für die Gewerkschaften teuere Streiks gab es in den letzten Jahren kaum. Die Streikasse ist somit gut gefüllt und die Streikfähigkeit der Gewerkschaften insoweit vorhanden.

- Wegen der erhöhten Störanfälligkeit der deutschen Wirtschaft aufgrund der immer perfekter funktionierenden Just-in-time-Produktion[881], reicht es aus, kleine neuralgische Punkte zu bestreiken. Das gesamte Produktionssystem steht dann nach sehr kurzer Zeit still[882]. Die Streikkosten und die Unterstützungsleistungen sind für die Gewerkschaften nicht besonders hoch, zumal satzungsgemäß an Mitglieder, die von den

[873] Vgl. die SZ v. 29./30.01.2000, Nr. 23, S. 25: Dabei kommt es den Bauarbeitgebern aber entscheidend darauf an, wie aus der „Lex Holzmann" mit zusätzlichen Vereinbarungen eine Regelung gemacht werden kann, die bei Bedarf der ganzen Branche zugute kommen soll, SZ v. 01.02.2000, Nr. 25, S. 23.
[874] SZ v. 31.01.2000, Nr. 24, S. 25.
[875] SZ v. 01.03.2000, Nr. 50, S. 26.
[876] SZ v. 08./09.04.2000, Nr. 83, S. 25 und SZ v. 11.04.2000, Nr. 85, S. 29.
[877] Ebenso *Schwarz* in der SZ v. 03.01.2000, Nr. 1, S. 25 und v. 29./30.01.2000, Nr. 23, S. 25
[878] Siehe dazu oben *Teil IV* II. 2. (Spiegelstriche 5 und 6)
[879] Interviewangaben - siehe Anhang.
[880] Interviewangaben basierend auf den Angaben der *IG Metall*-Kasse für das Jahr 1998.
[881] Siehe *Teil IV* IV.1.d.
[882] Vgl. hierzu nur das Bestreiken des Autozulieferers *Bosch* - siehe hierzu *Teil IV* IV.1.g).

Fernwirkungen eines Streiks betroffen sind, in der Regel keine Streikunterstützung gezahlt wird[883].

- Nach den Angaben der Interviewpartner sind die Ursachen für den Mitgliederschwund in allererster Linie die finanziellen Belastungen der Mitglieder mit den Gewerkschaftsbeiträgen. Diesen Austrittsgrund haben aber allein die Gewerkschaften zu verantworten. Im Rahmen der Kampfparität kann das nicht zu Lasten der Arbeitgeber berücksichtigt werden. Diese Sichtweise wird durch die Tatsache bestärkt, daß der *DGB* mit einer bundesweiten Werbekampagne sein Image verbessern will[884].

- Nicht zu vergessen ist, daß einer der wesentlichen Gründe für die aktuelle Austrittswelle ein Glaubwürdigkeitsverlust der Gewerkschaften ist. Insbesondere bei den jugendlichen Mitglieder spielt das eine große Rolle. Diese wollen authentische, glaubwürdige Organisationen, in denen sie ohne Verbiegung mitarbeiten können[885]. Wenn die Gewerkschaften diese Anforderungen nicht erfüllen können, dann kann das aber keinesfalls über den Umweg des Einflusses auf das Kräftegleichwicht im Arbeitskampf zu Lasten der Arbeitgeber gehen.

Wegen der gegenwärtigen Veränderungen in der Arbeitswelt ist die Mitgliederzahl der Gewerkschaften und somit das Beitragsaufkommen für die Finanzierung eines Streiks wesentlich weniger wichtig. Die Streikkassen sind gut gefüllt. Auswirkungen der aktuellen Mitgliederverluste auf die Kampffähigkeit der Gewerkschaften und somit auf die Kampfparität zu Lasten der Gewerkschaften sind entgegen dem ersten Anschein nicht gegeben.

Im übrigen entspricht dieses Ergebnis den Grundsätzen der Sachherrschaft und der Folgenverantwortung von *Mückenberger*[886], falls man sie konsequent anwendet.

4. Konzentrationstrends bei den Gewerkschaften selbst

a) Die Entwicklung

Die Fusionen auf dem Gewerkschaftssektor begannen im Jahr 1989, als sich die Drucker, Künstler und Journalisten mit der *IG Metall* zusammenschlossen. Dann vereinigten sich die *IG Chemie* und die *Bergbau- und Ledergewerkschaft*, die *IG Metall* und die *Textil- und Holzgewerkschaft*, die *IG BAU* und die *Gartenbaugewerkschaft*[887]. Zuletzt schlossen sich die *IG Metall* und die *Gewerkschaft Holz und Kunststoff* zusammen[888].

Die derzeitige Großfusion ist der Zusammenschluß von fünf Gewerkschaften auf dem Dienstleistungssekor. Die Gewerkschaften *ÖTV*[889], *Postgewerkschaft*[890], *IG Medien*[891], *HBV*[892] und *DAG*[893] planen derzeit ihre Verschmelzung für das Jahr 2001 zu der *Vereinigten*

---

[883] Interviewangaben. Ob trotzdem aus politischen Gründen entsprechende Leistungen erbracht werden, kann keine Berücksichtigung finden, nachdem es eben keine Pflicht und somit keinen einklagbaren Anspruch der Mitglieder gibt.
[884] SZ v. 25.01.2000, Nr. 19, S. 2.
[885] Vgl. die SZ v. 31.08.2000, Nr. 200, S. 5.
[886] Vgl. *Mückenberger*, Produktionsverflechtung und Risikoverantwortung,
[887] Vgl. die SZ v. 28.10.1998, Nr. 248, S. 25.
[888] Siehe die SZ v. 06.12.1999, Nr. 282, S. 6.
[889] Mitgliederzahl: 1.582.776 (Quelle: DGB, Ver.di-Gewerkschaften; Stand: 31.12.1998).
[890] 474.094 Mitglieder (Quelle: DGB, Ver.di-Gewerkschaften; Stand: 31.12.1998).
[891] 184.656 Mitglieder (Quelle: DGB, Ver.di-Gewerkschaften; Stand: 31.12.1998).
[892] Mitgliederzahl: 471.333 (Quelle: DGB, Ver.di-Gewerkschaften; Stand: 31.12.1998).
[893] 480.225 Mitglieder (Quelle: DGB, Ver.di-Gewerkschaften; Stand: 31.12.1998).

Dienstleistungsgewerkschaft, abgekürzt *Ver.di*. Dadurch entsteht eine Organisation mit 3,2 Millionen Mitgliedern[894], nach der Mitgliederzahl sogar noch größer als die *IG Metall*[895]. Die Planungen sind bei den beteiligten Gewerkschaften derzeit in der Hochphase[896]. Die Gründungsorganisation *Go Ver.di* soll die Verschmelzung vorbereiten, eine Satzung und einen Überleitungsvertrag ausarbeiten und gemeinsame Vorstellungen und Strategien in der Gewerkschaftspolitik entwickeln[897]. Gleichwohl kommen die Diskussionen über das Scheitern dieses Zusammenschlusses nicht zur Ruhe, nachdem es unsicher ist, ob innerhalb der *ÖTV* die notwendige Mehrheit zustande kommt[898]. Zwischenzeitlich liegen sogar Pläne für ein „Vier-plus-eins-Auffangmodell" auf dem Tisch[899].

b) Schlußfolgerungen hinsichtlich der Kampfparität

Wenn man sich diese Fusionitis[900] vor Augen führt, so drängt sich im Hinblick auf das Kräfteverhältnis der Tarifvertragsparteien die Vermutung auf, daß auch die Gewerkschaften der Ansicht sind, daß kleine Organisationen den Arbeitgebern nicht mehr Paroli bieten können[901]. Man kann diese Fusionswelle als ein Indiz für eine Kräfteverschiebung zu Lasten der Gewerkschaften werten, zumal sich auch der *DGB* durch die Schaffung von *Ver.di* eine Stärkung der Arbeitnehmerschaft insgesamt erhofft[902]. Gegen diese Schlußfolgerung sprechen aber mehrere Gründe:

- Nach den gewerkschaftseigenen Angaben sollen durch die Fusionen die Gewerkschaftsarbeit effektiver gemacht und Einsparungen bei den Personal- und Verwaltungskosten erzielt werden[903]. Diesem Ziel entsprechen die Pläne des *DGB*, wonach sich die Zahl der Landesverbände von bisher 12 auf 8 verringert[904]. Diese Bestrebungen haben mit den Arbeitgebern und der Kampfparität nichts zu tun. Wenn die Ursache dafür der Mitgliederschwund bei den Gewerkschaften ist, so wurde bereits oben ausgeführt, warum das bei der Beurteilung der Parität keine Rolle spielen darf.

- Durch die Schaffung von *Ver.di* entsteht eine riesige Dienstleistungsgewerkschaft aus Einzelgewerkschaften, die bis auf die (kleine) *IG Medien* als nicht besonders streikgeneigt gelten. Die Hauptursache für die Verschmelzung ist eine Verbesserung der Effektivität der Gewerkschaftsarbeit. Das Schaffen von großen schlagkräftigen Einheiten für den Fall eines Arbeitskampfes steht nicht im Vordergrund.

---

[894] Siehe hierzu die SZ v. 19.03.1999, Nr. 65, S. 2.

[895] Bemerkenswert ist an diesem Zusammenschluß, daß die *DAG*, die seit Jahrzehnten eine Konkurrenzgewerkschaft zum *DGB* ist, nach diesem Zusammenschluß zu *Ver.di* wieder in die Reihen der *DGB*-Gewerkschaften zurückkehren wird. Der Vorsitzende des *DGB Schulte* bezeichnete diese Tatsache als „historische Tat" (vgl. die SZ v. 14.10.1999, Nr. 238, S. 25). Die *IG Metall* hat im Gegensatz dazu derzeit insgesamt 2,7 Mio. Mitglieder. Siehe im übrigen zur Entwicklung der Mitgliederzahlen der *IG Metall* oben Gliederungspunkt VI. 1. b)

[896] Siehe dazu die SZ v. 13.07.1998, Nr. 158, S. 5; SZ v. 28.10.1998, Nr. 248, S. 25; SZ v. 19.03.1999, Nr. 65, S. 2; SZ v. 30.06.1999, Nr. 147, S. 26; SZ v. 20./21.11.1999, Nr. 269, S. 5; SZ v. 19.11.1999, Nr. 268, S. 6; SZ v. 05./06.02.2000, Nr. 29, S. 30; SZ v. 24.03.2000, Nr. 70, S. 6; SZ v. 10.04.2000, Nr. 84, S. 26.

[897] Siehe die SZ v. 22.12.1999, Nr. 296, S. 8; zu den Problemen während dieser Phase vgl. die SZ v. 28.07.2000, Nr. 172, S. 23 und die SZ v. 07.08.2000, Nr. 180, S. 21.

[898] SZ v. 25.08.2000, Nr. 195, S. 23.

[899] SZ v. 28.08.2000, Nr. 197, S. 5; Vgl. *Deckstein* in der SZ v. 29.08.2000, Nr. 198, S. 21.

[900] So die Bezeichnung von *Deckstein* in der SZ v. 28.10.1998, Nr. 248, S. 25.

[901] Siehe hierzu die Karikatur „Fusionierte Schlagkraft" von *Gottscheber* in der SZ von 20./21.11.1999, Nr. 269, S. 25.

[902] So der *DGB*-Vorsitzende *Schulte*, SZ v. 22.11.1999, Nr. 270, S. 6.

[903] Vgl. die SZ v. 19.03.1999, Nr. 65, S. 2.

[904] SZ v. 06.12.1999, Nr. 282, S. 6.

- Die Gründung von *Ver.di* und der Beitritt der *DAG* schafft unter dem Dach des *DGB* eine Konkurrenz zur mächtigen *IG Metall*. Dadurch soll das Kräftegleichgewicht innerhalb des *DGB* wiederhergestellt werden[905].

- Große Einheiten können die speziellen Interessen der einzelnen Mitgliedergruppen kaum ausreichend vertreten. Diese Befürchtung wird von Kritikern dieser Entwicklung schon immer formuliert[906]. Sie herrscht auch zunehmend bei den einfachen Gewerkschaftsmitgliedern in den Betrieben vor, also bei der Gruppe, die letztendlich im Falle eines Arbeitskampfes von Gewerkschaftsseite mobilisiert werden muß. Je größer die Gewerkschaft und je geringer die Identifikation der Mitglieder mit den durch einen Streik zu erreichenden Zielen, desto weniger Gewerkschaftsmitglieder werden sich an einem Arbeitskampf beteiligen. Diese Überlegung spricht somit im Hinblick auf die Kampfparität gegen große Gewerkschaftsorganisationen mit vielen unterschiedlichen Berufsgruppen unter einem Dach[907].

Zusammenfassend ist festzuhalten, daß Zusammenschlüsse von Gewerkschaften kein Ausdruck von Schwäche bei Tarifverhandlungen sind. Die Ursachen für diese Fusionen sind überwiegend gewerkschaftsorganisatorischer und -politischer Natur. Schlußfolgerungen im Hinblick auf die Kampfparität können daraus nicht gezogen werden.

---

[905] So die SZ v. 19.11.1999, Nr. 268, S. 6.

[906] So z.B. *Deckstein* in der SZ v. 28.10.1998, Nr. 248, S. 2; ebenso die Sorge einiger Delegierter bei den entscheidenden Abstimmungen der fusionierenden Gewerkschaften, siehe SZ v. 20./21.11.1999, Nr. 269, S. 5.

[907] Die Sorge um die Eigenständigkeit der Gewerkschaft veranlaßte im Ergebnis die *Gewerkschaft Erziehung und Wissenschaft (GEW)* schon am Anfang zum Ausstieg aus den Verhandlungen über eine Beteiligung an *Ver.di*. Innerhalb der ÖTV kommt diese Diskussion ebenfalls nicht zur Ruhe und führt zu Überlegungen des „Vier-plus-eins-Modells“ - siehe SZ v. 25.08.2000, Nr. 195, S. 23 und SZ v. 28.08.2000, Nr. 197, S. 5.

VII. Veränderungen bei den Arbeitgeberverbänden

1. Veränderungen in letzter Zeit

a) Allgemeines

Die *Bundesvereinigung der Deutschen Arbeitgeber (BDA)* ist die Spitzenorganisation von 46 Fachspitzenverbänden (z.B. *Gesamtverband der metallindustriellen Arbeitgeberverbände e.V. = Gesamt-Metall)* als Zusammenschlüsse regionaler Fachverbände (z.B. Verband der Bayerischen Metall- und Elektroindustrie). Gemischt gewerbliche Arbeitgebervereinigungen bestehen nicht nur auf Landes-, sondern auch auf Bezirks- oder Ortsebene[908].

Auch die Arbeitgeberverbände haben im Hinblick auf die Mitgliederentwicklung Probleme zu bewältigen. Die Organisationsquote sinkt, besonders in Ostdeutschland. *Gesamt-Metall* zählte zu Anfang der 90er Jahre 10.000 Mitglieder. Im Jahr 2000 waren es aber nur noch 6.800[909]. In Sachsen beispielsweise sind von ca. 700 Metallunternehmen nur 160 im Arbeitgeberverband, also nur noch jedes vierte Unternehmen[910]. Der *Verlegerverband Sachsen-Anhalt* existiert nur noch auf dem Papier - er hat kein einziges Mitglied. Der *Thüringer Verband* hat sich Ende 1995 nach dem Austritt der letzten drei Mitglieder ganz aufgelöst[911].

Erheblich gesunken ist die Zahl der Beschäftigten in den Mitgliedsunternehmen. Bedingt ist diese Entwicklung hauptsächlich durch die Rationalisierung in den Unternehmen. Beispielsweise sind im *Arbeitgeberverband Nordrhein-Westfahlen* derzeit ca. 500.000 bis 600.000 Beschäftigte in den Mitgliedsunternehmen, vor der Rationalisierungsphase lag diese Zahl knapp unter 1 Million[912].

Ein großes Problem für die Verbände ist gleichwohl die Entwicklung, die man unter dem Begriff Verbandsflucht versteht. Durch Umstrukturierungen, veränderte Schwerpunkte in der Produktion, neue Technologie und durch Outsourcing wachsen viele Unternehmen aus dem bisher zuständigen Arbeitgeberverband heraus. Hinzu kommt die Tatsache, daß vor allem mittelständische Betriebe keinen Arbeitgeberverbänden mehr angehören.

b) Die abnehmende Solidarität innerhalb der Arbeitgeberverbände

Die Arbeitgeber beeinträchtigt im Bereich des Arbeitskampfrechts wesentlich mehr als die Verbandsaustritte die abnehmende Solidarität ihrer Mitglieder wie auch die der Arbeitgeberverbände untereinander.

Die einzelnen Verbandsspitzen tragen „harte, fast duellähnliche Konflikte auf offenen Szene aus“[913]. In der Tarifrunde 1995 verkündeten zum Beispiel die Repräsentanten der drei Verbände, die Arbeitgeberinteressen vertreten (*BDI, BDA, DIHT*), unterschiedliche, oft gegenläufige Thesen, die in der Regel bald darauf widerrufen und durch neue, wiederum umstrittene Positionen ersetzt wurden[914]. Ähnliches war im Vorfeld der Lohntarifrunde 1998/99 der Fall. Der Präsident von *Gesamtmetall Stumpfe* tat öffentlich kund, daß die Arbeitnehmer mit

---

[908] Vgl. *Wollenschläger*, Arbeitsrecht, RN 287.
[909] SZ v. 13./14.05.2000, Nr. 110, S. 30.
[910] FAZ v. 06.03.2000, Nr. 55, S. 19.
[911] *Rüthers*, Beschäftigungskrise und Arbeitsrecht, S. 134.
[912] Interviewangaben - siehe Anhang.
[913] *Rüthers*, Beschäftigungskrise und Arbeitsrecht, S. 130.
[914] *Rüthers*, Beschäftigungskrise und Arbeitsrecht, S. 131.

realen Lohnerhöhungen rechnen könnten. Der *BDI*-Präsident *Henkel* sprach sich jedoch vehement dagegen aus[915].

Auch die Verbandstreue vieler Unternehmer ist nicht mehr gegeben. Vor allem kleine und mittelständische Unternehmen sind nicht mehr bereit, die Entscheidungen der Arbeitgeberverbände im Arbeitskampf mitzutragen. Sie fühlen sich in den Arbeitgeberverbänden nicht ausreichend repräsentiert. Zudem sehen sie während eines Streiks und einer Aussperrung die Möglichkeit, durch die Nichtteilnahme an den Arbeitskämpfen gute Gewinne zu machen. Das ist Ausfluß der immer schärfer werdenden nationalen und internationalen Wettbewerbssituation und gilt um so mehr, wenn der Pilotabschluß in einem Tarifbezirk verhandelt wird, Aussperrungen jedoch von Arbeitgebern in einem noch nicht bestreikten Tarifbezirk erfolgen müßten[916].

c) Die OT-Verbände

Die Arbeitgeberverbände, insbesondere der Metallindustrie versuchen diese unzufriedenen Mitglieder in jüngster Vergangenheit durch das Angebot von sog. OT-Verbänden weiter an sich zu binden. Gleichzeitig sollen bislang nicht organisierte Arbeitgeber mit aufgenommen werden. Dadurch soll dieser Zielgruppe die Möglichkeit eröffnet werden, in den Genuß von Verbandsleistungen ohne gleichzeitige Tarifbindung zu kommen. Umfragen der Arbeitgeberverbände im Vorfeld der Gründungen haben ergeben, daß viele bisher nicht organisierte Unternehmen landesweiten „Service-Verbänden" ohne Tarifbindung beitreten würden[917]. Zwischenzeitlich haben alle Regionalverbände mit Ausnahme von Niedersachsen OT-Verbände eingerichtet[918]. Von den Gewerkschaften werden diese Entwicklungen zum Teil sogar aktiv bekämpft[919].

d) Fusionstendenzen

Bei den Arbeitgebern zeigen sich zwischenzeitlich als Alternative zu den OT-Verbänden erste Ansätze von Verbandszusammenschlüssen. So vereinigen sich z.B. der *Verband der Metallindustrie Baden-Württemberg (VMI)* und der *Verband der Metall- und Elektroindustrie Südwest (Südwestmetall)* zum *Verband der Metall- und Elektroindustrie Baden-Württemberg e.V. - Südwestmetall -*[920]. Dieser neue Verband hat dann 1100 Mitgliedsunternehmen mit 1300

---

915 Siehe hierzu die SZ v. 31.08.1998, Nr. 199, S. 18.

916 Interviewangaben: Zur Solidarität der Arbeitgeber untereinander brachte dieser Interviewpartner noch folgendes Beispiel: Der Gesetzgeber änderte im Jahre 1996 das Entgeltfortzahlungsgesetz und setzte die Lohnfortzahlung im Krankheitsfall nach der gesetzlichen Regelung auf 80 % herab. In der Folge mußte dann die Frage beantwortet werden, wie sich diese Gesetzesänderung auf die gültigen Tarifverträge auswirkte. Waren die Regelungen in den einzelnen Tarifverträgen konstitutiv oder nur deklaratorisch? Insbesondere die *IG Metall* drohte im Zusammenhang mit dieser Frage massive Warnstreiks an und verlangte tarifvertraglich eine 100 %ige Lohnfortzahlung. Die Arbeitgeber waren bei dieser Frage im Vorfeld grundsätzlich zum Durchhalten entschlossen, vor allem die Großunternehmen. Tatsächlich schaffte es nur *Daimler-Benz*, diese Entschlossenheit auch im Rahmen des Arbeitskampfes umzusetzen. Das Unternehmen wurde insgesamt 3 Tage lang bestreikt. Dann mußte es die volle Lohnfortzahlung akzeptieren.

917 Hinsichtlich der rechtlichen Problematik von Verbänden ohne Tarifbindung siehe *Besgen*, Mitgliedschaft im Arbeitgeberverband ohne Tarifbindung; *Buchner*, NZA 1995, 761 ff.; ablehnend: *Däubler*, ZTR 1994, 448, 452ff.

918 Siehe dazu die SZ v. 26.03.1999, Nr. 71, S. 5 (für die Bestrebungen des *Arbeitgeberverbandes der Metall- und Elektroindustrie Rheinland-Rheinhessen*) und die SZ v. 09./10.10.1999, Nr. 234, S. 26 bzw. SZ v. 13.01.2000, Nr. 9, S. 23, SZ v. 15./16.01.2000 Nr. 11, S. 25 (hinsichtlich der Bemühungen für Bayern) und die FAZ v. 06.03.2000, Nr. 55, S. 19 und SZ v. 13./14.05.2000, Nr. 110, S. 30.

919 Vgl. z.B. die Kampagne „Stoppt die Tarifflucht" der *IG Metall Bayern*, SZ v. 26.07.2000, Nr. 170, S. 24.

920 SZ v. 29.06.2000, Nr. 147, S. 25.

Betrieben, in denen 530 000 Arbeitnehmer beschäftigt sind[921]. Erklärtes Ziel ist die Erhaltung der Arbeitskampffähigkeit, um die notwendigen Veränderungen in den Flächentarifverträgen durchsetzen zu können[922].

e) Die Zukunfts- und High-Tech-Branchen

Soweit in diesem Sektor überhaupt Interessenvertretungen bestehen, waren sie lange in zahlreiche Einzelorganisationen zersplittert. Die Marktführer wie die *Deutsche Telekom, Viag Intercom* und *Mannesmann* haben Firmentarifverträge[923] und sind nicht in tariffähigen Vereinigungen organisiert[924]. Viele mittelständische Unternehmen der Telekommunikations- und Informationswirtschaft gründeten erst in jüngster Zeit einen nicht tariffähigen Spitzenverband, den *Bundesverband Informationswirtschaft, Telekommunikation und Medien* (*BITKOM*). Darin sind etwa 1.000 Unternehmen mit 700.000 Beschäftigten und einem Jahresumsatz von 200 Milliarden DM vereinigt. Das entspricht 95 % der Branche[925].

2. Folgerungen

Gemäß § 3 I TVG sind nicht nur die Arbeitgeberverbände, sondern auch jeder einzelne Arbeitgeber tariffähig. Eine Mächtigkeit der Arbeitgeberverbände ist im Gegensatz zu den Gewerkschaften nicht Voraussetzung für die Tariffähigkeit. Daher können die verbandsinternen Querelen und Entwicklungen bei der Beurteilung der Kampfparität keine Rolle spielen.

Andererseits zeigt die Entwicklung bei den Arbeitgeberverbänden eine Tendenz in Richtung OT-Verbände. Die Ursachen dafür sind die zunehmenden Verbandsaustritte, Mitgliederverluste infolge von Umstrukturierungsmaßnahmen in den Unternehmen und die Angst vor solchen Maßnahmen bei den Arbeitgeberverbänden[926]. Im Rahmen der veränderten nationalen und internationalen Wettbewerbssituation und des damit verbundenen Kostendrucks suchen die Unternehmen Einsparungsmöglichkeiten in jeder Hinsicht. Die Personalkosten sind dafür ein wesentlicher Ansatzpunkt. Da letztere nicht mit den herkömmlichen Mitteln des Arbeitskampfes (Aussperrung) gesenkt werden können, versucht man in billigere Tarifverträge zu gelangen, die Tarifbindung vollständig zu beseitigen oder sie bei Neugründungen zu vermeiden[927].

Die vermehrte Gründung von OT-Verbänden ist folglich eine Reflexwirkung auf die Übermacht der Gewerkschaften und ein Indiz für eine Verschiebung des Kräftegleichgewichts zu Lasten der Arbeitgeber. Wäre ein Gleichgewicht vorhanden, dann hätten die Arbeitgeber die ungünstigen Arbeits- und Lohntarifverträge im Verhandlungsweg abbauen können. Die herkömmlichen Mittel hätten dazu ausgereicht. Die Gründung dieser Verbände wäre nicht erforderlich gewesen und wohl auch nicht erfolgt.

---

[921] SZ v. 29.06.2000, Nr. 147, S. 25.

[922] SZ v. 29.06.2000, Nr. 147, S. 25. Der *VMI*-Vorsitzende *Fritsche* wörtlich: „Wir werden nicht die Fahne der Schwäche vor uns her tragen."

[923] Interviewangaben - siehe Anhang.

[924] Unter dem Dach der Bundesvereinigung der Deutschen Arbeitgeberverbände ist aber von der *Deutschen Telekom* gemeinsam mit anderen Netzbetreibern eine *„Sozialpolitische Arbeitsgemeinschaft Telekommunikation"* ins Leben gerufen worden, deren Aufgabe darin besteht, die Interessen ihrer Mitglieder auf dem Gebiet der Arbeits- und Sozialpolitik zu koordinieren und den gegenseitigen Erfahrungsaustausch zu fördern.

[925] Vgl. die SZ v. 29.10.1999, Nr. 251, S. 24.

[926] Interviewangaben - siehe Anhang.

[927] Interviewangaben - siehe Anhang.

VIII. Indizien für die Veränderung der Kampfparität im tatsächlichen Bereich

1. Die Änderung des § 116 AFG durch den Gesetzgeber im Jahre 1986

a) Die Gesetzeslage vor der Neufassung

Vor der Änderung 1986 hatte diese Vorschrift, die zwischenzeitlich in § 146 SGB III übergegangen ist, folgenden Wortlaut:

„(1) Durch die Gewährung von Arbeitslosengeld darf nicht in Arbeitskämpfe eingegriffen werden.
(2) Ist der Arbeitnehmer durch Beteiligung an einem inländischen Arbeitskampf arbeitslos geworden, so ruht der Anspruch auf Arbeitslosengeld bis zur Beendigung des Arbeitskampfes.
(3) Ist der Arbeitnehmer durch einen inländischen Arbeitskampf, an dem er nicht beteiligt ist, arbeitslos geworden, so ruht der Anspruch auf Arbeitslosengeld bis zur Beendigung des Arbeitskampfes, wenn
1. der Arbeitskampf auf eine Änderung der Arbeitsbedingungen in dem Betrieb, in dem der Arbeitnehmer zuletzt beschäftigt war, abzielt oder
2. die Gewährung von Arbeitslosengeld den Arbeitskampf beeinflussen würde.
Die *Bundesanstalt für Arbeit* kann Näheres durch Anordnung bestimmen; sie hat dabei innerhalb des Rahmens des Satzes 1 die unterschiedlichen Interessen der von den Auswirkungen der Gewährung oder Nichtgewährung Betroffenen gegeneinander abzuwägen.
(4) Ist bei einem Arbeitskampf das Ruhen des Anspruchs nach Absatz 3 für eine bestimmte Gruppe von Arbeitnehmern ausnahmsweise nicht gerechtfertigt, so kann der Verwaltungsausschuß des Landesarbeitsamtes bestimmen, daß ihnen Arbeitslosengeld zu gewähren ist. Erstrecken sich die Auswirkungen eines Arbeitskampfes über den Bezirk eines Landesarbeitsamtes hinaus, so entscheidet der Verwaltungsrat. Dieser kann auch in Fällen des Satzes 1 die Entscheidung an sich ziehen."

Vorläufer dieser Bestimmung waren die §§ 94 AVAVG 1927 und 84 AVAVG 1957. Beide Vorschriften untersagten die Gewährung von Arbeitslosengeld an Arbeitnehmer, die wegen eines inländischen Arbeitskampfes arbeitslos geworden waren. Einzige Ausnahme war der Fall, daß die Versagung der Leistung eine unbillige Härte darstellte[928].

b) Die Neutralitäts-Anordnung

Grundlage der Ermächtigung in § 116 III S. 2 AFG die sog. Neutralitäts-Anordnung[929]. § 2 bestimmte das Ruhen der Leistungen, wenn der Streik oder die Aussperrung unbeteiligte Arbeitnehmer wegen eines Arbeitskampfes im eigenen Betrieb stattfand. § 3 ordnete das Ruhen an, wenn der Arbeitnehmer in einem anderen Betrieb im umkämpften Tarifgebiet seine Arbeit verloren hatte und die Früchte des Arbeitskampfes ihm später (normativ oder kraft Vereinbarung) zugute kamen. Beide Fälle waren unstreitig und sind heute in § 146 SGB III enthalten. Problematisch war der Anspruch der Arbeitnehmer außerhalb des Kampfgebietes.
§ 4 der Neutralitäts-Anordnung legte fest:

„Der Anspruch des nicht beteiligten Arbeitnehmers (§ 1) auf Arbeitslosengeld ruht nach § 116 III S. 1 Nr. 1 und 2 AFG, wenn der Arbeitnehmer seine Beschäftigung in dem Betrieb verloren hat, weil in einem anderen Betrieb ein Arbeitskampf geführt wird, sofern
1. dieser Arbeitskampf auf die Änderung von Arbeitsbedingungen eines Tarifvertrages gerichtet ist und der Betrieb, in dem der Arbeitslose zuletzt beschäftigt war, zwar nicht dem räumlichen, aber dem fachlichen Geltungsbereich des in Frage kommenden Tarifvertrages zuzuordnen ist und

[928] Siehe hierzu im Einzelnen *Gamillscheg*, Kollektives Arbeitsrecht, S. 1265 mwN.
[929] Texte bei *Kittner*, Arbeits- und Sozialrecht, Nr. 4 a.

2. die Gewerkschaften für den Tarifvertragsbereich des arbeitslosen nicht beteiligten Arbeitnehmers nach Art und Umfang gleiche Forderungen wie für die am Arbeitskampf beteiligten Arbeitnehmer erhoben haben und mit dem Arbeitskampf nach Art und Umfang gleiche Arbeitsbedingungen durchgesetzt werden sollen."

Grund für das Aussetzen von Leistungen war somit nicht, daß ihre Gewährung den Arbeitskampf beeinflußte - wie es § 116 AFG voraussetzte und Art. 9 III GG forderte -, sondern daß der Arbeitnehmer später in den Genuß der umkämpften Leistung gelangen würde[930].

c) Der Arbeitskampf 1984 um die 35-Stunden-Woche

Bei diesem Arbeitskampf handelte es sich mit 51 Streiktagen um den zweitlängsten der Nachkriegszeit[931].

Kernforderung war die 35-Stunden-Woche in allen Tarifgebieten, daneben wurden Lohnerhöhungen von unterschiedlicher Höhe verlangt. Es kam in 14 Zulieferfirmen der Automobilindustrie mit rund 12.000 Arbeitnehmern in Baden-Württemberg und Hessen (= 2 % der betroffenen Arbeitnehmer im Kampfgebiet) zum Streik. Nach Angaben von *Gesamtmetall*[932] waren vom Streik rund 70.000, von der Aussperrung rund 130.000 Arbeitnehmer betroffen. Durch die Stillegung der großen Autowerke außerhalb des Kampfgebietes verloren in der Folgezeit weitere 280.000 Arbeitnehmer ihren Lohn[933]. Rund 10 Millionen Arbeitstage fielen aus, davon etwa die Hälfte in den mittelbar betroffenen Unternehmen (eine weitere Million Arbeitstage wurden als Urlaubstage neutralisiert). 1.600 Warnstreiks begleiteten das Geschehen. Der Produktionsausfall während des Streiks wird von *Kirchner* mit 12 Milliarden DM, der Ausfall an Entgelt mit 1,6 Milliarden DM beziffert. Die *IG Metall* mußte rund eine halbe Milliarde DM an Unterstützungen zahlen[934], die *Bundesanstalt für Arbeit* 205 Millionen DM an Kurzarbeitergeld[935]. Der Arbeitskampf wurde schließlich auf der Grundlage eines Vorschlags der beiden Schlichter *Georg Leber* und *Bernd Rüthers* mit dem sog. *Leber-Kompromiß* beendet[936].

Aufgrund der Vielzahl der mittelbar von dem Streik Betroffenen stand bald die Frage im Mittelpunkt, ob diese Arbeitnehmer außerhalb des Kampfgebietes Leistungen der *Bundesanstalt für Arbeit* beanspruchen konnten. Der Präsident der *BA Franke* wies die Arbeitsämter zunächst an, kein Kurzarbeitergeld an die Beschäftigten der stillgelegten Werke zu zahlen[937]. Diese Versagung war ein ungeheures Druckmittel gegen die Gewerkschaft, da die *IG Metall* - unabhängig davon, was ihre Satzung besagte - mit den Forderungen ihrer Mitglieder konfrontiert war[938].

---

930 Deswegen war die Neutralitäts-Anordnung starker Kritik ausgesetzt; vgl. *Gamillscheg*, Kollektives Arbeitsrecht, S. 1266, Fn. 113.

931 *Hindrichs/Mäulen/Scharf*, Neue Technologien und Arbeitskampf, S. 75 ff.; *Linnenkohl* (Hrsg.), Arbeitszeitflexibilisierung: 140 Unternehmen und ihre Modelle; *Richardi*, DB 1990, 1613.

932 *Kirchner*, RdA 1986, 159 ff. (160).

933 Zahlen der *IG Metall*, Direkt 1995/4: 57.500 Streikende, 255.000 Ausgesperrte, 372.000 mittelbar betroffene Arbeitnehmer.

934 So die offizielle Angabe der *IG Metall*; nach dem Geschäftsbericht der *IG Metall*, RdA 1990, 114, betrugen die Ausgaben für Arbeitskampfunterstützungen 1983 bis 1985 327 Millionen.

935 Siehe *Gamillscheg*, Kollektives Arbeitsrecht, 921.

936 Vgl. insgesamt *Gamillscheg*, Kollektives Arbeitsrecht, 813 mwN.

937 Sog. *Franke-Erlaß*: Text abgedruckt in RdA 1987, 5; NZA 1984, 80.

938 Vgl. *Kittner*, Arbeits- und Sozialordnung, S. 268: „Der gesamte Vorgang war für die kampfführende *IG Metall* von existentieller Bedeutung. Ohne die Leistungen der *BA* hätten alle Betroffenen an das Sozialamt verwiesen werden müssen ... Es ist unschwer zu ermessen, was für ein Druckmittel dies in der Hand der Arbeitgeber in der aktuellen Tarifauseinandersetzung darstellt."

Die Folge davon war, daß die Gewerkschaft vor den Sozial- und Landessozialgerichten Frankfurt und Bremen einstweilige Anordnungen erwirkte, die die *BA* zur Aufnahme der Zahlungen verpflichtete[939]. Dadurch erhöhte sich nach eigener Aussage die Kampfkraft der IG Metall (und damit der Druck auf die Gegenseite) ungeheuer.

d) Die Folgen dieses Arbeitskampfes

Diese Ereignisse ließen den Ruf nach einer gesetzlichen Klärung und einer Neuregelung des § 116 AFG laut werden. Das wurde von den Gewerkschaften in zahlreichen Demonstrationen und rechtswidrigen Demonstrationsstreiks als Angriff auf die Streikfreiheit selbst bekämpft[940]. Die geplante Änderung dieser Bestimmung wurde als so gravierend angesehen, daß sogar ein Generalstreik mit in die Überlegungen der Gewerkschaften einbezogen wurde. Mangels gesellschaftlicher Akzeptanz war letzterer aber nicht durchsetzbar[941]. Nach mühseligen und langwierigen Anhörungen von Sachverständigen und anderen Persönlichkeiten wurde durch den Bundesausschuß für Arbeit und Sozialordnung § 116 AFG im Gesetz vom 15.5.1986 neu gefaßt[942]. Diese Neuregelung verstößt auch nicht gegen Art. 9 III GG[943].

Kern des Streits um die Neuregelung waren die Fälle des § 116 III Z. 2 AFG n.F. Es geht um Arbeitnehmer in Betrieben derselben Branche (desselben fachlichen Geltungsbereichs) außerhalb des umkämpften Tarifgebiets, denen infolge des Arbeitskampfrisikos kein Lohn gezahlt wird.

„Ist der Arbeitnehmer durch einen inländischen Arbeitskampf, an dem er nicht beteiligt ist, arbeitslos geworden, so ruht der Anspruch auf Arbeitslosengeld bis zur Beendigung des Arbeitskampfes nur, wenn der Betrieb, in dem der Arbeitslose zuletzt beschäftigt war,

1. ...
2. nicht dem räumlichen, aber dem fachlichen Geltungsbereich des umkämpften Tarifvertrages zuzuordnen ist und im räumlichen Geltungsbereich des Tarifvertrages, dem der Betrieb zuzuordnen ist,
   a) eine Forderung erhoben worden ist, die einer Hauptforderung des Arbeitskampfes nach Art und Umfang gleich ist, ohne mit ihr übereinstimmen zu müssen, und
   b) das Arbeitskampfergebnis aller Voraussicht nach in dem räumlichen Geltungsbereich des nicht umkämpften Tarifvertrages im wesentlichen übernommen wird.

   Eine Forderung ist erhoben, wenn sie von der zur Entscheidung berufenen Stelle beschlossen worden ist oder aufgrund des Verhaltens der Tarifvertragsparteien im Zusammenhang mit dem angestrebten Abschluß des Tarifvertrages als beschlossen anzusehen ist. Der Anspruch auf Arbeitslosengeld ruht nach S. 1 nur, wenn die umkämpften oder geforderten Arbeitsbedingungen nach Abschluß eines entsprechenden Tarifvertrages für den Arbeitnehmer gelten oder auf ihn angewendet würden."

[939] Vgl. *LSG Hessen und Bremen*, Urt. v. 22.06.1984, NZA 1984, 100 = EzA Nr. 1 zu § 116 AFG; NZA 1984, 137; *SG Frankfurt* (Hauptverfahren), Urt. v. 27.02.1986, DB 1986, 1477; *LSG Bremen*, Urt. v. 13.12.1988, NZA 1989, 736 (Hauptverfahren), bestätigt durch *BSG*, Urt. v. 05.06.1991, AP Nr. 2 zu § 116 AFG = E 69, 25; Darstellung bei *Otto*, RdA 1987, 1 ff. und *Gamillscheg*, Kollektives Arbeitsrecht, S. 1267.

[940] Vgl. dazu beispielsweise die Entscheidungen und die zugrunde liegenden Sachverhalte *LAG Rheinland-Pfalz*, Urt. v. 05.03.1986, NZA 1986, 264 = LAG E Nr. 26 zu Art. 9 GG Arbeitskampf; *ArbG Arnsberg*, Urt. v. 03.02.1986 und *ArbG Bocholt*, Urt. v. 04.02.1986, NZA 1986, 170; Darstellung bei *Gamillscheg*, Kollektives Arbeitsrecht, S. 1101 mwN.

[941] Interviewangaben - siehe Anhang.

[942] Zu den Stadien des Gesetzgebungsprozesses siehe *Mückenberger*, Produktionsverflechtung, S. 17 ff.

[943] Siehe *Teil II* II. 1. b) cc) und III. 4. c).

e) Probleme der Neuregelung

aa) Positiv an dieser Neuregelung[944] ist, daß die Voraussetzung für das Ruhen dann gegeben ist, wenn die erhobene Forderung mit der Hauptforderung nach Art und Umfang gleich ist, ohne übereinstimmen zu müssen. Weiterhin muß nur das Kampfergebnis aller Voraussicht nach im Bereich des stillgelegten Betriebes übernommen werden. Daraus wird deutlich, daß das Motiv dieses Gesetzes nicht der Eingriff in den Kampf, sondern der Umstand ist, daß der Arbeitnehmer später in den Genuß der umkämpften Leistung gelangen wird[945]. Dadurch wird auf den Einfluß dieser Zahlungen auf das Verhandlungsgleichgewicht explizit verzichtet[946].

bb) Wird die Arbeit wegen eines Arbeitskampfes in einem anderen fachlichen, wenn auch im gleichen oder einem anderen räumlichen Tarifgebiet eingestellt und ist auch dieselbe Gewerkschaft zuständig, so bleiben die Ansprüche aufrecht erhalten, auf koalitionsrechtliche Verbindungen der Unternehmen kommt es nicht an. Das Gesetz verläßt hier vollständig den Gedanken der Neutralität des Staates[947].

cc) Besonders heftig kritisiert wird diese Neuregelung von gewerkschaftsnahen Autoren. *Mückenberger* beispielsweise ist der Ansicht, daß entgegen der Rede vom nur klarstellenden Charakter des § 116 AFG nF sich die Rechtslage zu Lasten der Gewerkschaften verschlechtert habe. Sie mache für die Individuen den Bezug von Lohnersatzleistungen im Falle mittelbarer Arbeitskampfbetroffenheit unwahrscheinlicher. Sie verschlechtere die finanziellen, organisatorischen und moralischen Kampfbedingungen der Gewerkschaften. Die Fernwirkungen von Arbeitskämpfen kämen heute im Ergebnis weitgehend einer Aussperrung gleich. In Verbindung mit der Arbeitskampfrisikolehre führe das dazu, daß einer Gewerkschaft, die einen eng begrenzten Tarifkonflikt anzielt, ein in dem Ausmaß unüberschaubarer Konflikt aufgezwungen werden kann, wenn es die Gegenseite nur wolle. § 116 AFG habe zur Folge, daß die Gewerkschaften auch mit der Möglichkeit des Entzuges von Lohnersatzleistungen für sämtliche mittelbar betroffene Mitglieder im ganzen Bundesgebiet rechnen müssen, wenn nur eine gewisse Nähe der erhobenen Forderungen bestehe[948].

dd) Die Neufassung dieser Vorschrift besagt auch nichts über die mittelbaren Folgen eines Arbeitskampfes um einen Firmentarifvertrag. Nach der h.M. ruhen die Leistungen

---

[944] Diese Neuregelung hat eine große Anzahl von Stellungnahmen in der Literatur hervorgerufen: je ein Gutachten des früheren Präsidenten des *BVerfG Benda* (1986; dagegen ausführlich *Löwisch/Bittner*, RN 817 ff.; *Seiter*, Staatsneutralität, S. 304 ff.) und des früheren Präsidenten des *BAG Müller* (1985; dazu *Buchner*, RdA 1986, 7 ff.), jeweils mit unterschiedlichen Schlußfolgerungen; das *BVerfG* hat die beiden Gutachten nicht erwähnt. - Vgl. zu Entwurf und Neufassung weiter (berichtend) MünchArbR/*Otto*, § 283 RN 84 ff.; (meist ablehnend) *Löwisch/Bittner*, RN 600 ff. und 792 ff.; *Däubler/Colneric*, Arbeitskampfrecht, RN 830 a; *Seiter*, Staatsneutralität im Arbeitskampf; *Ossenbühl/Richardi*, RdA 1987, 165 ff.; *Schmidt*, ZfA 1985, 159 ff.; *Isensee*, DB 1985, 681 ff. und DB 1986, 429 ff.; *Schulin*, DB 1985, Beilage 32; *Denck*, ZfA 1986, 109 ff. und 1987, 433 ff.; *Löwisch*, NZA 1986, 345 ff. und 1987, 1351 ff.; *Papier*, DVBl. 1986, 577 ff.; *Schmidt-Preuß*, DB 1986, 2488 ff.; *Adomeit*, NJW 1987, 33 ff.; *Otto*, RdA 1987, 1 ff.; *Herschel*, AuR 1985, 373 ff.; *Kittner/Unterhinninghofen*, AuR 1986, 1 ff.; *Colneric*, AuR 1986, 8 ff.; *Bieback*, DB 1987, 1351 ff. und BB 1987, 676 ff.; *Apitzsch/Klebe/Schumann* (Hrsg.), § 116 AFG; *Mückenberger*, Produktionsverflechtung.

[945] So *Gamillscheg*, Kollektives Arbeitsrecht, S. 1270 unter Hinweis auf *BSG*, Urt. v. 04.10.1994, NZA 1995, 320 (332); dieser Grundsatz liege nahe, sei ein einleuchtendes Kriterium, so das *BVerfG*, AP Nr. 4 zu § 116 AFG = E 92, 365 (397).

[946] *BSG*, Urt. v. 04.10.1994, NZA 1995, 320 (397).

[947] Vgl. *Gamillscheg*, Kollektives Arbeitsrecht, 1272 unter Hinweis auf *Seiter*, Staatsneutralität, S. 225 („stümperhafte Gesetzgebung") und NJW 1987, 1 ff. (6).

[948] *Mückenberger*, Produktionsverflechtung, S. 196/197; *ders.*, DuR 1981, 179 ff.; *Bieback et al.*, BB 1987, 676 ff.; *Schmidt-Preuß*, DB 1986, 2488 ff.

dann aber nicht, da es an der Gleichheit des fachlichen Geltungsbereichs und der Übernahme des Tarifvertrages fehlt, mag das (Groß)Unternehmen auch tatsächlich Vorreiter der Tarifentwicklung sein[949].

f) Schlußfolgerungen aus der Änderung des § 116 AFG

Der Verlauf des Arbeitskampfes um die 35-Stunden-Woche 1984 zeigt, daß damals die *Bundesanstalt für Arbeit* sowohl durch die Nichtgewährung von Unterstützungsleistungen an mittelbar vom Streik betroffene Arbeitnehmer als auch durch die spätere Zahlung auf das Kräftegleichgewicht zwischen den Tarifvertragsparteien massiv eingewirkt hat. Im Ergebnis erreichte die kampfführende *IG Metall* ihr Ziel. Berücksichtigt man weiter, daß sich die deutsche Wirtschaft damals in einer Krise befand und der Kompromißvorschlag der Schlichter wider Erwarten angenommen wurde, so kann darin ein Indiz für fehlende Verhandlungsparität zu Lasten der Arbeitgeber gesehen werden[950]. Logische Folge waren dann Überlegungen, wie der Gesetzgeber die ursprüngliche Regelung des AFG ändern könnte, um eine ähnliche Einflußnahme auf einen Arbeitskampf wie im Jahr 1984 in Zukunft zu verhindern[951].

Bei der Neufassung des § 116 AFG hat man versucht, die Voraussetzungen für die Zahlung von Kurzarbeitergeld während eines Arbeitskampfes unabhängig von einer konkreten Einflußnahme im Arbeitskampf auszugestalten. Das ist trotz der oben dargestellten Widersprüchlichkeiten und Unstimmigkeiten der richtige Weg, um zum einen die Neutralität des Staates im Arbeitskampf sicherzustellen und zum anderen gleichzeitig das Kräftegleichwicht zu Gunsten der unterlegenen Arbeitgeber etwas zu verändern. Denn welches Gremium sollte während eines Streiks und einer Aussperrung die Entscheidung treffen, ob durch Unterstützungsleistungen der *Bundesanstalt für Arbeit* auf das Kräftegleichgewicht eingewirkt wird oder nicht?

Deutlich läßt sich im übrigen aus dem Arbeitskampf 1984 die Streiktaktik der *IG Metall* nach der sog. Minimax-Strategie erkennen. Durch das Bestreiken weniger Zulieferbetriebe werden ganze Wirtschaftszweige lahmgelegt. Einen Großteil der so dadurch entstandenen Lohnausfallkosten trägt der Staat und damit letztendlich der Steuerzahler. 1984 zeigten sich zum ersten Mal die Folgen der immer enger werdenden Lieferbeziehungen zwischen den Unternehmen bei Arbeitskämpfen in dieser Größenordnung[952]. Die Neuregelung des § 116 AFG war der erste Versuch, die negativen Auswirkungen dieser Entwicklungen im Arbeitskampf abzumildern und Verschiebungen im Kräftegleichgewicht zwischen den Tarifvertragsparteien auszugleichen. Das geschah zu einer Zeit, als die engen Verbundsysteme zwischen den Unternehmen erst in der Ausbauphase waren und die Globalisierung noch in den Anfängen steckte.

Die Änderung des § 116 AFG im Jahr 1986 ist daher ein wesentliches Indiz dafür, daß zum damaligen Zeitpunkt eine Verschiebung des Kräftegleichgewichts zu Lasten der Arbeitgeber eingetreten war. Auch der Gesetzgeber war dieser Auffassung.

---

[949] *Seiter*, Staatsneutralität, S. 232 ff.; *Däubler/Colneric*, Arbeitskampfrecht, RN 831 w.; *Gamillscheg*, Kollektives Arbeitsrecht, S. 1274.

[950] *Däubler/Däubler*, Arbeitskampfrecht, RN 49 spricht von einem Dauerbeschuß von konservativer Seite.

[951] Diese Intention des Gesetzgebers sieht auch *Mückenberger*, Produktionsverflechtung, S. 195, die aber seiner Ansicht nach durch die Neuregelung des § 116 AFG nicht erreicht wurde.

[952] Siehe dazu oben *Teil IV* VIII. 1. c).

2. Die Anzahl der Arbeitskämpfe

a) Feststellungen

Aus den offiziellen Statistiken zu den Ausfalltagen durch Streiks und Aussperrungen geht hervor, daß seit 1980 die Zahl der Ausfalltage in der Bundesrepublik Deutschland kontinuierlich zurückgegangen ist. Die BRD befindet sich in der Spitzengruppe derjenigen Länder, die die wenigsten Streiks und Aussperrungen aufweisen. Allerdings muß man mit derartigen Statistiken und deren Auswertung sehr vorsichtig sein, denn eine Vielzahl von kleinen Streiks und Aussperrungen wird davon nicht erfaßt[953]. Der Trend jedoch ist eindeutig[954]:

Zeitraum	Ausfalltage je 1000 abhängig Beschäftigte[955]
1970 – 1979	52
1980 – 1989	28
1990 – 1992	17
1993	18
1994	7
1995	8
1996	3
1997	2

Auch im internationalen Vergleich ist Deutschland eines der streikärmsten Länder der Welt[956].

b) Folgerungen

Der Rückgang der Ausfalltage durch Streiks bzw. Abwehraussperrungen in den Jahren 1994 bis 1996 beruhte auf einer Verständigung der Tarifpartner dahingehend, durch Lohnzurückhaltung die internationale Wettbewerbsfähigkeit der deutschen Unternehmen zu steigern und damit einen Beitrag zum Abbau der strukturellen Arbeitslosigkeit zu leisten.

In den 90er Jahren haben keine Abwehraussperrungen in nennenswertem Umfang mehr stattgefunden. Die Ursachen hierfür sind zwischen Gewerkschaften und Arbeitgebern umstritten. Dennoch kann man aus dem Fehlen von Aussperrungen schließen, daß sich aus Arbeitgebersicht nicht mehr lohnen.

Diese Schlußfolgerung wurde in den Interviews von den Arbeitgebern einhellig bestätigt. Wegen des wirtschaftlichen Drucks aufgrund des immensen Wettbewerbs können die Arbeitgeber heutzutage keine Aussperrungen mehr riskieren[957].

Unabhängig davon, ob diese Behauptung richtig ist, kann aus der Vielzahl der Äußerungen ein wesentlicher psychologischer Faktor abgelesen werden: Die Arbeitgeber haben Angst davor, daß bei Streiks und Aussperrungen Konkurrenzbetriebe - gleich ob inländische oder ausländische - ihre Kunden abwerben und sie so Marktanteile verlieren. Dieser Gesichtspunkt ist bei der Beurteilung der Parität im Arbeitskampf ganz entscheidend. Es kommt weniger

---

953 Vgl. dazu *Kalbitz*, Aussperrungen in der BRD, S. 11 ff.

954 Diese Tabelle wurde erstellt nach den Angaben des *BMWi* in „Wirtschaft in Zahlen 1998“ und „Wirtschaft in Zahlen 1999, Stand: August 1998 und November 1999, jeweils S. 22.

955 Durch Streiks und Aussperrungen; bis einschließlich 1992 sind nur die alten Bundesländer erfaßt.

956 Vgl. „Wirtschaft in Zahlen 1998“, hrsg. v. *BMWi*, Stand: August 1998, S. 22.

957 Interviewangaben - siehe Anhang.

darauf an, was sich durch Zahlen nachweisen läßt, als vielmehr auf die Meinungen und subjektiven Einschätzungen der beteiligten Kreise.

Auch die Tatsache, daß Deutschland eines der streikärmsten Länder ist, zeigt, daß die Arbeitgeber mit allen Mitteln versuchen, Arbeitskämpfe zu verhindern. Es ist für sie aufgrund der wirtschaftlichen Zwänge leichter, überteuerte Tarifverträge zu akzeptieren, als Streiks zu verkraften. Die Kosten der Tarifverträge versucht man dann mittels Rationalisierung oder Outsourcing einzusparen. Die geringe Zahl an Ausfalltagen durch Arbeitskämpfe ist somit ein weiteres Indiz für eine Verschiebung der Kampfparität zu Lasten der Arbeitgeber.

3. Eskalierte Arbeitskämpfe der letzten Jahre

a) Die Tarifrunde 1994/95 in der Metallindustrie

Ausgangspunkt dieser Tarifrunde war ein Metallarbeiterstreik in Bayern 1994. Neu und für die Arbeitgeber überraschend war dabei die Streiktaktik der *IG Metall*. Seit Beginn der 80er Jahre organisierte sie Streiks nach dem Minimax-Prinzip und dem Prinzip der Neuen Beweglichkeit. Bestreikt wurden Zulieferbetriebe der Automobilindustrie - kurze Zeit später waren dann die Endproduzenten lahmgelegt. 1995 hingegen bestreikte die *IG Metall* entgegen allen Erwartungen die Endproduzenten, und zwar vornehmlich Betriebe aus dem Mittelstand. Darauf war man nicht vorbereitet. Abwehraussperrungen halfen nichts, denn es hätten Unternehmen aussperren müssen, die mit dem Streik unmittelbar nichts zu tun hatten (anderer Tarifbezirk - z.B. in Nordrhein-Westfalen). Mittelbare Auswirkungen des Streiks auf diese Unternehmen waren nicht vorhersehbar. Die Arbeitgeber entschieden sich damals gegen eine Aussperrung, und zwar aus folgenden Gründen:

- Rechtliche Bedenken

Es war und ist nicht eindeutig geklärt, ob eine Aussperrung in einem Tarifbezirk zulässig ist, wenn die aussperrenden Firmen nicht wenigstens mittelbar betroffen sind. Zwar existierten bereits damals positive Rechtsgutachten zu dieser Problematik (z.B. von *Lieb*), ob das *BAG* aber diese Ansicht geteilt hätte, war angesichts seiner gesamten Rechtsprechung zum Arbeitskampfrecht mehr als zweifelhaft - so die Einschätzung der betroffenen Arbeitgeberverbände[958].

- Probleme aufgrund der tatsächlichen Entwicklung in den Unternehmen

Rein tatsächlich kann eine Aussperrung nur dann funktionieren, wenn das gesamte Unternehmen bzw. der ganze Betrieb stillgelegt wird. Es ist nicht möglich, nur einen Teil der Belegschaft auszusperren und so einen Teil der Produktion aufrecht zu erhalten. Die Just-in-time-Produktion erstreckt sich wegen der Globalisierung nicht mehr nur auf Deutschland, sondern bereits in andere Länder Europas und darüber hinaus. Dazu kommt, daß die Autozulieferer zusätzlich zu ihrer Zuliefertätigkeit auch riesige eigene Vertriebsnetze auf der ganzen Welt aufgebaut haben (Direktverkauf). Im Falle einer Aussperrung hätte man sowohl die ausländischen Kunden wie auch die eigenen Vertriebsnetze nicht mehr beliefern können. Das aber wollte keine der beteiligten Firmen riskieren[959].

---

[958] Interviewangaben - siehe Anhang.
[959] Interviewangaben - siehe Anhang.

- Abnehmende Solidarität unter den Arbeitgebern

Dieser Grund steht in sehr engem Zusammenhang mit den Veränderungen der tatsächlichen Verhältnisse, insbesondere der Globalisierung. Wegen der Einzelheiten wird auf die einschlägigen Stellen dieser Arbeit verwiesen[960].

Faktisch war es den Arbeitgebern in dieser Tarifrunde unmöglich, einen wirksamen Verhandlungsdruck gegen den Streik auszuüben. In der Folge kam es zu einem Tarifabschluß, der von allen Seiten (mit Ausnahme der Gewerkschaften) als viel zu hoch eingestuft wurde. Eine Eskalation des Arbeitskampfes trat nicht ein. Wohl auch als Konsequenz dieses überhöhten Abschlusses verständigten sich in den Folgejahren die Tarifparteien auf mäßige Lohnerhöhungen Dabei muß aber betont werden, daß dies allein das Ergebnis politischen Drucks auf die Gewerkschaften gewesen ist.

b) Die Lohnrunde 1998/99

Mitte des Jahres 1998 entfaltete sich ohne konkreten Anlaß der bereits oben angesprochene Disput zwischen dem Präsidenten von *Gesamtmetall Werner Stumpfe* und dem *BDI*-Präsidenten *Olaf Henkel* über die Möglichkeit von Lohnerhöhungen[961], obwohl die eben angesprochene dreijährige moderate Lohnpolitik der Gewerkschaften[962] unstreitig die Lohnstückkosten hätte nachhaltig sinken lassen können. Dadurch wäre zum einen die internationale Konkurrenzfähigkeit Deutschlands gestärkt worden, zum anderen waren auch erste positive Effekte auf dem Arbeitsmarkt zu verzeichnen[963]. Die *IG Metall* verlangte einen deutlich höheren Tarifabschluß als die Jahre zuvor. Das Ende der Bescheidenheit wurde ausgerufen, nachdem in den vorangegangenen Jahren die Lohnsteigerungsrate bei durchschnittlich bei 2,5 % lag[964]. Gleichzeitig wurde von den Metallarbeitgebern eine neue Partnerschaft zwischen den Tarifparteien anstelle alter Rituale gefordert, die auf eine moderate Linie in der Tarifpolitik zielte[965]. In die Tarifrunde startete die *IG Metall* mit einer Forderung von 6,5 % mehr Lohn, um angeblich den privaten Verbrauch in der Bundesrepublik Deutschland anzukurbeln. Von den Arbeitgebern wurde das zunächst als realitätsfern abgelehnt[966]. Die Lohnforderung wurde durch die damals neu gewählte Bundesregierung, insbesondere durch den damaligen Finanzminister *Lafontaine*, unterstützt, die eine zurückhaltende Lohnpolitik für arbeitsmarktschädlich hielt[967]. Im Gegensatz dazu plädierten die meisten unabhängigen Institute auch weiterhin für Lohnzurückhaltung[968].

Die ersten Verhandlungsrunden verliefen ohne konkretes Angebot durch die Arbeitgeber. Mitte Januar 1999 gab es die ersten Drohungen mit Warnstreiks nach Ablauf der tariflichen

---

960 Siehe Gliederungspunkt *Teil IV* V. 1.
961 Siehe oben Gliederungspunkt *Teil IV* VII. 1. b).
962 Vgl. oben Gliederungspunkt *Teil IV* VIII. 3. a) aE.
963 Siehe *Maier-Mannhart*, SZ v. 31.08.1998, Nr. 199, S. 18 (Thema des Tages: Ein spannender Lohndisput); *ders.*, SZ v. 16.09.1998, Nr. 213, S. 23.
964 SZ v. 31.08.1998, Nr. 199, S. 6.
965 SZ v. 01.09.1999, Nr. 200, S. 23.
966 SZ v. 14.10.1998, Nr. 236, S. 25; SZ v. 08.12.1998, Nr. 283, S. 7; SZ v. 15.12.1998, Nr. 289, S. 6; SZ v. 17.12.1998, Nr. 291, S. 6; gleiches ereignete sich bei der *ÖTV* und der *DAG*, die mit einer Tarifforderung von 5,5 % in die Tarifrunden starteten, siehe SZ v. 18.12.1998, Nr. 292, S. 6
967 SZ v. 30.10.1998, Nr. 250. S. 21; der damals parteilose Wirtschaftsminister *Müller* der rot-grünen Bundesregierung forderte im Gegensatz dazu Zurückhaltung bei den Gehältern, was eine allgemeine Empörung bei den Gewerkschaften auslöste, SZ v. 28.12.1998, Nr. 298, S. 1; SZ v. 29.12.1998, Nr. 299, S. 5; SZ v. 30.12.1998, Nr. 300, S. 1; SZ v. 02./03.01.1999, Nr. 1, S. 5; SZ v. 04.01.1999, Nr. 2, S. 21.
968 Siehe dazu beispielhaft die Empfehlungen der Deutschen Bundesbank, SZ v. 17.12.1998, Nr. 291, S. 21.

Friedenspflicht[969]. Am 29.01.1999 fanden die ersten Warnstreiks statt. Mehr als 200.000 Metallarbeitnehmer traten in den Ausstand[970]. In der Folgezeit gab es bundesweite Warnstreiks[971]. Anschließend scheiterten sämtliche Tarifverhandlungen, Erzwingungsstreiks standen unmittelbar bevor[972]. Auch die Politik versuchte, letztere zu verhindern[973]. Die Arbeitgeber schlugen dann eine Schlichtung vor, was von der *IG Metall* sofort angenommen wurde. Der frühere SPD-Vorsitzende *Vogel* wurde zum Schlichter bestellt. Gleichzeitig rief die *IG Metall* in Baden-Württemberg zur Urabstimmung auf[974]. Obwohl noch während der Schlichtung die Arbeitgeber eine ertragsabhängige Einmalzahlung durchsetzen wollten, waren sie nicht erfolgreich. Ergebnis der Schlichtung war eine Lohnerhöhung von 3,6 %, die von beiden Seiten akzeptiert wurde[975].

Auch dieser Arbeitskampf eskalierte aufgrund der Schlichtung und der Annahme des Schlichterspruches nicht. Nach den Reaktionen der Arbeitgebervertreter war das Ergebnis an sich unannehmbar[976]. In anderen Bezirken wurde die Übernahme des „Kompromisses von Böblingen" von den Unternehmern verweigert[977]. Die Arbeitgeber waren jedoch offensichtlich aufgrund der tatsächlichen Verhältnisse zur Annahme des Schlichterspruches gezwungen. Für die Gewerkschaft war das Ergebnis der Schlichtung ein voller Erfolg. Eine Nichtannahme des Schlichterspruches und Lohnerhöhungen über 3,6 % hätte die *IG Metall* politisch nicht ausgehalten[978].

4. Fehlende Angriffsaussperrung durch die Arbeitgeber in den letzten Jahren

Wie bereits oben dargestellt, stiegen die Arbeitskosten in Deutschland auf ein im Vergleich zu den internationalen Mitkonkurrenzen sehr hohes Niveau[979]. Die Folgen für die Wettbewerbsfähigkeit der Bundesrepublik Deutschland sind gravierend[980]. Diese Gesichtspunkte wurden von sämtlichen Interviewpartnern der Arbeitgeberseite als Hauptprobleme in der derzeitigen tatsächlichen Situation angesprochen[981].

Ziel der Arbeitgeber muß es folglich sein, diese für sie ungünstigen Bedingungen insbesondere in den Tarifverträgen zu ihren Gunsten zu ändern. Nachdem der soziale Gegenspieler in der Regel nicht freiwillig auf bereits erkämpfte Rechte verzichtet, steht den Arbeitgebern nur das (umstrittene) Mittel der Angriffsaussperrung zur Verfügung. Derartige Angriffsaussperrungen wurden aber von ihnen in der Vergangenheit nicht vorgenommen. Auch Überlegungen in diese Richtung fanden nicht statt. Derartiges wurde in den Interviews mit keinem Wort erwähnt[982].

---

[969] SZ v. 21.01.1999, Nr.16, S. 5; SZ v. 23./24.01. 1999, Nr. 18, S.1 und 6; SZ v. 26.01.1999, Nr. 20, S. 6.
[970] SZ v. 30./31.01.1999, Nr. 24, S. 1 und S. 5.
[971] Vgl. SZ v. 02.02.1999, Nr.26, S. 1 und 6; SZ v. 03.02.1999, Nr. 27, S. L 1; SZ v. 04.03.1999, Nr. 28, S. 1; SZ v. 05.02.1999, Nr. 29, S. 5; SZ v. 09.02.1999, Nr. 32, S. 5.
[972] Siehe SZ v. 10.02.1999, Nr. 33, S. 1, 4, 5 und 6; SZ v. 11.02.1999, Nr. 34, S. 6; SZ v. 12.02.1999, Nr. 35, S. 1 und 5.
[973] Siehe SZ v. 13./14.02.1999, Nr. 36, S. 5.
[974] Siehe die SZ v. 15.02.1999, Nr. 37, S. 1; SZ v. 18.02.1999, Nr. 40, S. 1.
[975] Vgl. dazu die SZ v. 19.02.1999, Nr. 41, S. 21.
[976] So der Chef von *Gesamtmetall Stumpfe* in SZ v. 19.2.1999, Nr. 41, S. 1.
[977] SZ v. 20./21.02.1999, Nr. 42, S. 5; die Kritik in dem Vorwurf des Präsidenten des *BDI Henkel*, die *IG Metall* habe wieder einmal die gesamte deutsche Gesellschaft in Geiselhaft genommen, SZ v. 22.02.1999, Nr. 43, S. 2.
[978] Interviewangaben - siehe Anhang.
[979] *Teil IV* V. 2. b).
[980] *Teil IV* V. 2. a).
[981] Interviewangaben - siehe Anhang.
[982] Interviewangaben - siehe Anhang.

Die Ursachen dafür sind vor allem die rechtlichen Unsicherheiten über die Rechtmäßigkeit einer Angriffsaussperrung und deren Erfolgsaussichten. Das *BAG* hat dazu mangels Erforderlichkeit noch keine Entscheidung getroffen. Berücksichtigt man dazu, wie sehr auch die Abwehraussperrung eingeschränkt worden ist[983], dann potenzieren sich die Risiken auf der Arbeitgeberseite. Dazu kommen noch die tatsächlichen Probleme, die sich bei Angriffsaussperrung noch in wesentlich höherem Maße stellen als bei einer defensiven Aussperrung[984].

In jedem Fall ist aber das Fehlen einer Angriffsaussperrung in den letzten Jahren ebenfalls ein Indiz dafür, daß die Arbeitgeber im Rahmen von Arbeitskämpfen keinen wirksamen Verhandlungsdruck gegen die Arbeitnehmerseite aufbauen können. Ansonsten hätten die Arbeitgeber mit Sicherheit versucht, aktiv die für sie ungünstigen und „teueren" Regelungen in den Flächentarifverträgen zu verringern.

5. Das Damoklesschwert für die Arbeitgeber: Reine Lohnrunde

Die *IG Metall* ist sich ihrer strukturell besseren Ausgangsposition im Rahmen von Lohntarifverhandlungen bewußt und zögert nicht, diese Machtposition auch außerhalb davon einzusetzen. Das zeigen beispielsweise die Gespräche anläßlich des von der Bundesregierung initiierten Bündnisses für Arbeit 1998.

Ziel dieses Bündnisses war es, durch die Schaffung von zuverlässigen Rahmenbedingungen für die Arbeitgeber und die Gewerkschaften einen Abbau der Arbeitslosigkeit zu erreichen. Nach Ansicht der Gewerkschaften sollte die Tarifpolitik dabei grundsätzlich kein Thema sein[985]. Erst auf einen Vorstoß des ÖTV-Chefs *Mai* hin entzündete sich die Debatte innerhalb der Gewerkschaften um tarifpolitische Zugeständnisse[986].

Die *IG Metall* forderte zur Verringerung der Massenarbeitslosigkeit vorrangig einen weiteren Abbau der Wochenarbeitszeit auf 32 Stunden. Dagegen formierte sich im Arbeitgeberlager erbitterter Widerstand[987], ebenso wie gegen die Forderung nach einer Rente mit 60[988]. Die 32-Stunden-Woche wurde aufgegeben, als die *IG Metall* feststellte, daß sie ihre Mitglieder dafür nicht mobilisieren konnte[989]. Die Arbeitgeber verlangten andererseits Nullrunden bei Tarifabschlüssen. Das stieß auf heftige Ablehnung bei den Gewerkschaften[990]. Gleiches geschah mit der Forderung der Wiedereinführung der 40-Stunden-Woche[991] und der Schaffung eines breiten Niedriglohnsektors[992]. Aufgrund dieser unvereinbar gegensätzlichen Positionen scheiterten sämtliche Bündnisrunden[993].

Die *IG Metall* tat dann kund, daß sie sich aufgrund der Tatsache, daß die Rente mit 60 auf dem Verhandlungsweg nicht zu erreichen sei, auf eine reine Lohnrunde im Rahmen der nächsten Tarifverhandlungen einstelle. Sie wolle nur noch über eine Erhöhung der Löhne und

[983] Vgl. dazu *Teil III*.
[984] Siehe dazu *Teil IV* VIII. 3. a).
[985] Siehe z.B. SZ v. 23.02.1998, Nr. 44, S. 2 und S. 21; SZ v. 07.04.1998, Nr. 79 S. 7.
[986] Vgl. die SZ v. 07.04.1999, Nr. 79, S. 7 und S. 25.
[987] Vgl. dazu nur die SZ v. 09./10.10.1999, Nr. 234, S. 25 und die SZ v. 11.10.1999, Nr. 235, S. 7.
[988] Diese Forderung war nach Ansicht der *IG Metall* eher geeignet, eine Streikbereitschaft bei den Mitgliedern hervorzurufen. Inwieweit dabei die Altersstruktur innerhalb der Mitgliedschaft der *IG Metall* eine Rolle gespielt hat, sei an dieser Stelle dahingestellt.
[989] Siehe die SZ v. 28.06.1999, Nr. 145, S. 2.
[990] Siehe dazu z. B. die SZ v. 29.12.1999, Nr. 251, S. 2.
[991] SZ v. 06.12.1999, Nr. 282, S. 6.
[992] Siehe dazu die SZ v. 15.05.1999, Nr. 112, S. 25.
[993] Vgl. dazu nur die SZ v. 11./12.12.1999, Nr. 287, S. 2 und S. 25; SZ v. 14.12.1999, Nr. 289, S. 4 und 6.

Gehälter für 12 Monate verhandeln. Von Arbeitgeberseite wurde das zu Recht als kaum verhohlenes Ultimatum bezeichnet[994].

Erst auf ein Kompromißpapier von Bundeskanzler *Schröder* hin einigte man sich grundsätzlich auf eine mehrjährige Tarifpolitik, auf branchenspezifische Regelungen über einen vorzeitigen Ruhestand der Arbeitnehmer, um Beschäftigungsbrücken zwischen Jung und Alt herzustellen, und auf einen Verteilungsspielraum bei Lohnverhandlungen, der sich am Produktivitätszuwachs orientierte. Dieser sollte vorrangig für die Beschäftigungsförderung benutzt werden[995]. Trotz dieser Empfehlung kündigte unmittelbar danach der Vorsitzende der *IG Metall, Zwickel*, an, daß in der Tarifrunde 2000 die Forderung der *IG Metall* deutlich über 4 % liegen werde[996]. Tatsächlich wurde diese dann mit 5,5 % beziffert[997] und gleichzeitig die Tarifrente mit 60 als wichtigstes Ziel genannt[998]. Die *IG Metall* kündigte in diesem Zusammenhang wiederum an, im Fall der Nichterfüllung werde eine „knallharte" Lohnrunde für die 3,4 Millionen Metaller folgen[999]. Nach den Zahlen des Sachverständigenrates wurde für das Jahr 2000 nur ein Wachstum der Produktivität um 2,6 % prognostiziert[1000].

Aus diesem Handlungsablauf, der Drohung mit einer reinen Lohnrunde im Jahre 2000 und der Tarifforderung läßt sich gut erkennen, wie sehr sich die *IG Metall* ihrer Macht im Rahmen von Arbeitskämpfen bewußt ist[1001]. Diese realen Machtverhältnisse werden bereits außerhalb und im Vorfeld von Tarifverhandlungen benutzt, um Verhandlungsdruck aufzubauen. Gegendruck von Seiten der Arbeitgeber ist kaum möglich.

Andererseits sind diese Tatsachen ein wesentliches Indiz dafür, daß auch im Rahmen von tariflichen Auseinandersetzungen ein Übergewicht der Arbeitnehmerseite besteht und das Kräftegleichgewicht zu Lasten der Arbeitgeber verschoben ist. Denn bei einer Parität könnten die Gewerkschaften zur Durchsetzung ihrer Positionen nicht mit „knallharten" Lohnrunden drohen - schon gar nicht außerhalb von konkreten Tarifverhandlungen

6. Die zunehmende Anzahl von Haustarifverträgen

a) Die Entwicklung

In den 80er Jahren spielten Haustarifverträge im Bewußtsein der meisten Arbeitgeber kaum eine Rolle. Erst ab dem Jahr 1993 wurde den Firmentarifverträgen vermehrt Aufmerksamkeit geschenkt.

---

[994] SZ v. 19.12.1999, Nr. 290, S. 2.

[995] Siehe dazu die SZ v. 08./09.01.2000, Nr. 5, S. 6; SZ v. 10.01.2000, Nr. 6, S. 1 und 4; SZ v. 11.01.2000, Nr. 7, S. 2 und die Karikatur von *Gabor-Benedek* auf S. 4.

[996] SZ v. 11.01.2000, Nr. 7, S. 21; SZ v. 19.01.2000, Nr. 14, S. 26; SZ v. 20.01.2000, Nr. 115, S. 7; SZ v. 28.01.2000, Nr. 22, S. 6.

[997] Diese Forderung stellte in der Folge dann auch die Gewerkschaft des Bankgewerbes *HBV* auf, vgl. die SZ v. 13.01.2000, Nr. 9, S. 6.

[998] SZ v. 12.01.2000, Nr. 8, S. 1 und 23; im Hinblick auf die Forderung für Bayern siehe die SZ v. 14.01.2000, Nr. 10, S. L8.

[999] SZ v. 15./16.01.2000, Nr. 11, S. 25.

[1000] Siehe die SZ v. 15./16.01.2000, Nr. 11, S. 25.

[1001] Vgl. auch die SZ v. 25./26.03.2000, Nr. 71, S. 25.

Zeit/ Jahr	Gesamtzahl der Firmentarifverträge	Anzahl der neuen Firmen-Tarifverträge pro Jahr
1993	3.200[1002]	-
1994	4.100[1003]	600
1995	4.700[1004]	600
1996	4.700[1005]	-
1997	4.978[1006]	278
1998	5.369[1007]	581

Zwischenzeitlich gelten für jeden zehnten Beschäftigten in der Metall- und Elektroindusrie Haustarifverträge[1008]. Die obigen Zahlenangaben ermöglichen aufgrund des fehlenden Zahlenmaterials für die Zeit vor 1993 zwar keine Vergleichbarkeit, jedoch ist der Trend seit 1993 eindeutig.

Große Unternehmen wie *IBM Deutschland*[1009], *VW Wolfsburg*[1010] oder die *Deutsche Telecom*[1011] haben schon seit jeher Haustarifverträge. Diese weichen in vielen entscheidenden Passagen von den Flächentarifverträgen ab. Die Eigenheiten der betreffenden Branche und die Wettbewerbssituation können dadurch berücksichtigt werden. Geprägt sind darüber hinaus Verhandlungen über Firmentarifverträge vom Grundsatz des partnerschaftlichen Miteinanders. Das führt in der Regel zu für beiden Seiten akzeptablen Lösungen der streitigen Punkte ohne Arbeitskampfmaßnahmen[1012].

Eine Sonderstellung nimmt derzeit der Tarifvertrag bei der *Jenoptik AG* ein. Dieser Konzern, der 1991 aus Teilen des *Zeiss-Kombinates* gegründet wurde, ist das erste größere Unternehmen, das einen Tarifvertrag mit der kleinen *Christlichen Gewerkschaft Metall (CGM)* abgeschlossen hat. Diese wird vom *DGB* nicht als Gewerkschaft anerkannt[1013]. In diesem Haustarifvertrag sind Jahresarbeitszeitkonten sowie leistungs- und ertragsabhängige Lohnbestandteile enthalten, also Regelungen, denen sich die *IG Metall* noch heftig widersetzt. Dementsprechend versuchte die *IG Metall* durch Warnstreiks die Umsetzung dieses Tarifvertrages zu verhindern[1014]. Erfolg hatte sie damit nicht.

[1002] BArbBl. 3/1994, S. 19 (ohne unternehmensbezogene Verbandstarifverträge).
[1003] BArbBl. 3/1995, S. 20 (ohne unternehmensbezogene Verbandstarifverträge).
[1004] BArbBl. 3/1996, S. 21(ohne unternehmensbezogene Verbandstarifverträge).
[1005] BArbBl. 4/1997, S. 5 (ohne unternehmensbezogene Verbandstarifverträge).
[1006] BArbBl. 4/1998, S. 5 (ohne unternehmensbezogene Verbandstarifverträge).
[1007] BArbBl. 3/1999, S: 6 (ohne unternehmensbezogene Verbandstarifverträge).
[1008] FAZ v. 06.03.2000, Nr. 55, S. 19.
[1009] SZ v. 16.12.1998, Nr. 290, S. 25.
[1010] SZ v. 24./25.04.1999, Nr. 94, S. 29 und SZ v. 01.12.1999, Nr. 278, S. 29.
[1011] SZ v. 02.03.1999, Nr. 50, S. 5 und Interviewangaben - siehe Anhang.
[1012] Interviewangaben: Besonders deutlich wurde dieses partnerschaftliche Miteinander bei einem Interview, das mit dem Geschäftsführer eines mittelständischen Stiftungsunternehmens über einen Haustarifvertrag geführt wurde. Die Besonderheit: ein Stiftungsunternehmen kennt keine Kapitaleigner, die Kontrolle des Unternehmens erfolgt ausschließlich durch die der Satzung nach zuständigen Stiftungsgremien, so daß das Unternehmen „quasi sich selbst gehört". Die Arbeitgeber vertreten bei den Tarifverhandlungen somit ausschließlich die Interessen des Unternehmens, auf Kapitaleigner muß keine Rücksicht genommen werden. Daraus erklärt es sich auch, daß bei diesem Unternehmen sogar noch kein einziger Warnstreik stattgefunden hat. Aber auch Unternehmen mit Kapitaleignern wie die *Deutsche Telekom* haben dieses „partnerschaftliche Verhältnis" bestätigt, wenngleich sicherlich der sog. Shareholder Value bei den Tarifverhandlungen in derartigen Großunternehmen eine wesentliche Rolle spielen; meist wird die Öffentlichkeit nur durch ein kurze Zeitungsmeldung über das Ergebnis der Tarifverhandlungen informiert, vgl. z.B. die SZ v. 02.06.2000, Nr. 126, S. 7.
[1013] SZ v. 20./21.03.1 999, Nr. 66, S. 5.
[1014] SZ v. 20./21.03.1999, Nr. 66, S. 5.

b) Firmentarifverträge und Kampfparität

Möglich sind Haustarifverträge aufgrund der Tatsache, daß gem. § 2 I TVG auch einzelne Arbeitgeber tariffähig sind. Auf der anderen Seite stehen den Arbeitgebern große Gewerkschaften wie z.B. die *IG Metall* oder die *DAG* gegenüber. Diese können ihre Ziele bei Verhandlungen um Haustarifverträge aufgrund ihrer finanziellen Überlegenheit leicht durchsetzen. Der einzelne Arbeitgeber hat dem oft nicht viel entgegenzusetzen. Letzteres gilt besonders für Unternehmen des Mittelstandes. Eine Kampfparität gibt es in diesem Bereich an sich nicht. Gleichwohl sind bei den Gewerkschaften Firmentarifverträge nicht beliebt, denn die Durchsetzung erfordert einen hohen organisatorischen Aufwand. Zudem können die Tarifbewegungen nicht mehr einheitlich gesteuert werden. Die Laufzeiten der Tarifverträge driften auseinander[1015].

c) Schlußfolgerungen

Seit 1993 steigt die Anzahl der Firmen mit Haustarifverträgen in bemerkenswerter Weise an. Und das, obwohl der einzelne Arbeitgeber an sich den verhandlungsführenden Gewerkschaften nichts entgegenzusetzen hat.

Gleichwohl wiegen nach Ansicht vieler Interviewpartner die Vorteile der Firmentarifverträge diesen Nachteil auf. Vor allem können spezielle auf das einzelne Unternehmen und seine Ertragslage zugeschnittene Regelungen vereinbart werden. Auch die partnerschaftliche Zusammenarbeit zwischen den Beteiligten beim Aushandeln der Verträge wird von den Gesprächspartnern hervorgehoben[1016].

Demzufolge ist diese Entwicklung ein weiteres Indiz für das zu Lasten der Arbeitgeber verschobene Kräftegleichwicht im Rahmen von Tarifverhandlungen. Wäre ein Verhandlungsgleichgewicht gegeben, dann wären die Arbeitgeberverbände in der Lage gewesen, die von den Mitgliedern benötigten Regelungen im Rahmen der Flächentarifvertragsverhandlungen notfalls mit einem Arbeitskampf durchzusetzen. Da das wegen des verschobenen Gleichgewichts nicht möglich ist, weichen die Unternehmer auf andere Wege aus. Die Flucht aus dem Arbeitgeberverband und der Abschluß von Haustarifverträgen ist ein solcher[1017].

[1015] FAZ v. 06.03.2000, Nr. 55, S. 19.
[1016] Interviewangaben - siehe Anhang.
[1017] Interviewangaben - siehe Anhang.

IX. Zusammenfassung zu *Teil IV*

Derzeit besteht ein Kräftegleichgewicht zwischen den Tarifvertragsparteien beim Aushandeln eines Flächentarifvertrages nicht mehr. Nicht nur wegen der Perfektionierung der Just-in-time-Produktion, vor allem wegen der durch die Globalisierung radikal veränderten Wettbewerbssituation und aufgrund des daraus folgenden ökonomischen Druckes auf die Unternehmen in der Bundesrepublik Deutschland sind die Arbeitgeber nicht mehr in der Lage, Arbeitkampfmaßnahmen von Seiten der Gewerkschaften auszuhalten. Noch weniger können sie selbst aktiv das Arbeitskampfmittel der Aussperrung ergreifen.

Dieses Ergebnis wird durch die folgenden Indizien bestärkt:

- Die Wettbewerbsfähigkeit der Bundesrepublik Deutschland ist im internationalen Vergleich schlecht. Die Arbeitskosten sind im Gegensatz dazu sehr hoch. Die hohe Produktivität kann das nicht kompensieren.
- Die Arbeitgeberverbände gründen Verbände ohne Tarifbindung (OT-Verbände).
- Die Regelung des § 116 AFG wurde 1986 zu Lasten der Gewerkschaften und zugunsten der Arbeitgeber geändert.
- Die Anzahl der Arbeitskämpfe und die dadurch verursachten Ausfalltage sind in den letzten Jahren extrem zurückgegangen.
- Die Arbeitskämpfe eskalierten nicht mehr, obgleich die Ergebnisse von Arbeitgeber- und Expertenseite zumeist als „untragbar" eingestuft wurden.
- Angriffsaussperrungen zum Abbau der für die Arbeitgeber ungünstigen Regelungen in den Tarifverträgen fanden nicht statt. Auch entsprechende Überlegungen gab es kaum.
- Bereits zwischen den Tarifrunden wird von den Gewerkschaften bei Verhandlungen das Damoklesschwert einer reinen Lohnrunde bei den nächsten Tarifverhandlungen als Druckmittel benutzt.
- Die Anzahl der Haustarifverträge hat in den letzten Jahren stark zugenommen.

Wenn von den Gewerkschaften Streiks in den letzten Jahren nicht durchgeführt wurden (z.B. nach der Änderung des § 116 AFG), dann nicht deswegen weil Gegenmaßnahmen der Arbeitgeber erwartet wurden. Entscheidend war allein, daß aus politischen Gründen ein Streik für die Arbeitnehmerverbände nicht möglich war[1018]. Wenn dieser Gesichtspunkt darüber entscheidet, ob gestreikt wird oder nicht, dann zeigt sich auch darin die Verschiebung der Kampfparität zu Lasten der Arbeitgeber: Das reale Kräfteverhältnis zwischen den betroffenen Tarifvertragsparteien spielt keine Rolle mehr. Der Druck, der von den Arbeitgebern ausgeübt werden kann, ist für die Gewerkschaften nicht von Bedeutung. Daß man dann aber nicht mehr von einem Verhandlungsgleichgewicht sprechen kann, ergibt sich von selbst.

Ein tatsächliches Kräftegleichgewicht der Tarifvertragsparteien liegt folglich nicht mehr vor.

[1018] Interviewangaben - siehe Anhang.

Teil V: Zusammenfassung zu *Teil III und IV*: Beurteilung der Parität insgesamt

Aufgrund der untrennbaren Verknüpfung zwischen Kampfparität im rechtlichen und im tatsächlichen Sinn hat die Rechtsprechung schon immer wesentlichen Einfluß auf das tatsächliche Kräfteverhältnis zwischen den Tarifpartnern gehabt. Bereits 1980 war in rechtlicher Hinsicht das Kräftegleichgewicht zu Lasten der Arbeitgeber verschoben. In den darauf folgenden Jahren verstärkte sich das rechtliche Ungleichgewicht weiter und hatte wegen der langen Zeitdauer immer größere Auswirkungen auf das Kräftegleichwicht insgesamt.

Auch tatsächlich hat die Kampfkraft der Arbeitgeber durch veränderte betriebliche Abläufe (Einführung der Just-in-time-Produktion) und wegen der aufgrund der Globalisierung eingetretenen strukturellen Veränderungen erhebliche Einbußen erlitten. Die Arbeitgeber können sich wirtschaftlich gesehen wegen des in- und vor allem des ausländischen Konkurrenzdrucks weder Streiks und noch Aussperrungen leisten. Das zeigt sich auch an einer Vielzahl von Indizien, die oben im einzelnen beschrieben worden sind (schlechte Einstufung der BRD bei der Beurteilung der internationalen Wettbewerbsfähigkeit, Gründung von OT-Verbänden, niedrige Anzahl von Ausfalltagen durch Arbeitskampfmaßnahmen, steigende Anzahl von Haustarifverträgen).

Einer der entscheidenden - wenn nicht sogar der wesentlichste - Gesichtspunkt bei dieser Einschätzung der Kampfparität sind die psychologischen Folgen der Rechtsprechung des *BAG* und der tatsächlichen Entwicklungen auf betrieblicher und überbetrieblicher Ebene. Die Interviews mit den Arbeitgebervertretern haben insgesamt gezeigt, daß sie sich schwach und den Gewerkschaften unterlegen fühlen. Teilweise war sogar Resignation zu verspüren. Bei den Arbeitnehmervertretern ist das Gegenteil der Fall. Diese Feststellungen zeigen zum einen das verschobene Kräftegleichgewicht, zum anderen sind sie auch die Erklärung dafür. Wer sich schwach fühlt, ist bei Verhandlungen in der schlechteren Position, wer sich hingegen glaubt, er sei stark, ist es auch. Und je länger ein solcher Zustand andauert, desto mehr verstärken sich die Auswirkungen.

Man muß daher davon aufgehen, daß derzeit in der Bundesrepublik Deutschland weder in rechtlicher noch in tatsächlicher Hinsicht eine Kampf- und/oder eine Verhandlungsparität bei Tarifvertragsverhandlungen auf der Grundlage des materiell-abstrakten Paritätsverständnisses des *BAG* besteht. Es ist eine Verschiebung zu Lasten der Arbeitgeber eingetreten.

Teil VI: Ergebnisse in Thesen

I. Arbeitskampfrecht und der Grundsatz der Verhandlungs- und/oder Kampfparität

1. In der Funktion als faktischer Ersatzgesetzgeber ist das *BAG* wie der wirkliche Gesetzgeber an die Neutralitätspflicht gebunden. Paritätsverschiebungen können auch durch die Rechtsprechung des *BAG* eintreten, entweder durch einzelne Urteile oder aus dem Zusammenwirken aller Entscheidungen.

2. Weder die Rechtsprechung noch die Literatur hat es bislang geschafft, einen allgemein gültigen und konsensfähigen Maßstab zur Bewertung der Verhandlungsparität zu entwickeln.

3. Es ist zwischen Kampfparität in rechtlicher und in tatsächlicher Hinsicht zu unterscheiden. Diese beiden Teilaspekte sind eng miteinander verflochten:

   - Bei rechtlichem und tatsächlichem Gleichgewicht besteht Kampfparität.

   - Beim Zustand eines rechtlichen und tatsächlichen Ungleichgewichts wird - je länger dieser Zustand andauert - die Paritätsverschiebung immer gravierender. Das Recht ist aufgrund des eigenen Ungleichgewichts nicht in der Lage, Störungen im tatsächlichen Bereich zu beseitigen oder abzumildern.

   - Bei rechtlichem Ungleichgewicht und tatsächlichem Gleichgewicht ist Kampfparität gegeben. Gleichwohl besteht die Gefahr, daß wegen der engen Verflechtung das rechtliche Ungleichgewicht Verschiebungen des Kräftegleichgewichts im tatsächlichen Bereich zur Folge hat, vor allem aufgrund der „klimabildenden Funktion" des Arbeitskampfrechts in der Gesellschaft.

   - Bei rechtlichem Gleichgewicht und tatsächlichem Ungleichgewicht ist die Kampfparität nicht gegeben. Die Rechtsprechung muß das rechtliche Gleichgewicht erhalten und gleichzeitig zu einer Abmilderung des möglicherweise vorhandenen tatsächlichen Ungleichgewichts beitragen.

II. Die Kampfparität in rechtlicher Hinsicht

1. Für den Zeitraum 1955 bis 1980 ergibt die inhaltliche Wertung eine kontinuierliche Ausweitung des Streikrechts, insbesondere durch die Zulassung von Warnstreiks unter Aufgabe des ultima-ratio-Prinzips auf der Arbeitnehmerseite. Die Aussperrung wurde permanent eingeschränkt. Wirksame Gegenmittel gegen Warnstreiks sind auf Arbeitgeberseite nicht vorhanden. Das rechtliche Gleichgewicht war somit schon 1980 nicht mehr gegeben.

2. Diese rechtliche Imparität wurde im Zeitraum von 1980 bis 2000 nicht beseitigt, sondern verstärkt, und zwar durch die Einführung einer Quotenregelung bei der Aussperrung, durch die Zulassung von Warnstreiks in der Form der Neuen Beweglichkeit und durch die faktische Aufgabe des ultima-ratio-Prinzips bei Erzwingungsstreiks. Auch die Entscheidung zur Betriebsstillegung, die auf den ersten Blick zugunsten der Arbeitgeber wirkt, bringt in der Privatwirtschaft keine Verbesserung der Situation im Rahmen von Arbeitskämpfen. Eine Aussperrung würde wegen der Unsicherheit in der

Rechtsprechung niemand mehr durchführen, es sei denn in einer schlechten wirtschaftlichen Situation des Unternehmens.

Die Arbeitgeber sehen sich selbst unterlegen. Das gilt speziell für Unternehmen des Mittelstandes. Diese psychologischen Auswirkungen der Entscheidungen des *BAG* haben die Arbeitgeberseite dermaßen verunsichert, daß Arbeitskämpfe so weit wie nur irgend möglich vermieden werden. Somit hat die rechtliche Imparität wesentliche Auswirkungen auf das tatsächliche Verhandlungsgleichgewicht der Tarifvertragsparteien.

III. Kampfparität in tatsächlicher Hinsicht

1. Die Literatur beschäftigte sich bislang nur wenig mit einer Verschiebung des Kräftegleichgewichts aufgrund von neuen Entwicklungen auf betrieblicher und überbetrieblicher Ebene. Das liegt daran, daß ausreichende empirische Grundlagen kaum geschaffen wurden. Man stützt sich im wesentlichen nur auf Plausibilitätsannahmen. Eine Ausnahme bildet der Untersuchungsbericht von *Hindrichs/ Mäulen/Scharf* über das Forschungsprojekt „Wirkungen neuer Technologien auf Inhalte, Organisations- und Verlaufsformen von Arbeitskämpfen". Diese Autoren untersuchen eine Vielzahl von technischen Veränderungen der Arbeitswelt empirisch und beschreiben deren Wirkungen auf Arbeitskämpfe. Dabei beschränken sie sich auf die gewerkschaftliche Sichtweise.

2. Durch die minutiöse Vernetzung des gesamten Produktionsprozesses und durch den daraus folgenden Zwang, die Materialzulieferungszeiten bei der Just-in-time-Produktion präzise einzuhalten, hat sich eine extreme Störanfälligkeit des gesamten Produktionsablaufes beim Ausbleiben auch nur kleinerer Beiträge zu diesem zentral gesteuerten Verfahren ergeben. Durch Ausnutzen dieser Strukturen ist es den Gewerkschaften möglich, mit geringem Kostenaufwand auf die Arbeitgeber extremen wirtschaftlichen Druck auszuüben (Minimax-Strategie).

3. Outsourcing führt unter anderem zu einer Minimierung des Streikrisikos. *Stege* bezeichnet es sogar als moderne Form der Aussperrung nach Streikende. Wesentliches Ziel des Outsourcing ist jedoch die Verbesserung der wirtschaftlichen Situation des Unternehmens. Gleichwohl werden geplante Auslagerungen und Ausgliederungen von den Arbeitgebern auch dazu benutzt, Verhandlungsdruck aufzubauen. Allerdings wirken derartige Entscheidungen nur sehr begrenzt im Rahmen eines konkreten Arbeitskampfes. Outsourcing als solches kann daher nicht unmittelbar auf das abstrakt-materielle Kräftegleichgewicht Einfluß nehmen.

   Die hohe Zahl der Outsourcingmaßnahmen im Laufe der 90er Jahre ist jedoch gleichwohl ein Indiz für eine Verschiebung des Kräftegleichgewichts zu Lasten der Arbeitgeber.

4. Telearbeit spielt derzeit eine geringe Rolle in den Betrieben. Es ist denkbar, daß durch diese neue Form der Arbeit die sozialen Kontakte unter den Arbeitnehmern verloren gehen und dadurch die Kampffähigkeit der Gewerkschaften beeinträchtigt wird, verifiziert ist diese Behauptung jedoch nicht.

5. Mitarbeiterbeteiligungen, auch in Form von Erfolgsbeteiligungsmodellen, finden sich in letzter Zeit vermehrt in den Unternehmen. Dadurch kann der Gegensatz von Kapital und Arbeit mit den entsprechenden Folgen für die Gewerkschaften abgebaut werden. Mitarbeiterbeteiligungen haben aber derzeit noch keine solche Bedeutung in den Unternehmen, daß sie Einfluß auf das Kräftegleichgewicht zu Lasten der Gewerkschaften hätten.

6. Die Globalisierung mit all ihren Auswirkungen verändert das gesamte wirtschaftliche Handeln der Unternehmen. Wegen der internationalen Wettbewerbssituation und der internationalen Lieferbeziehungen ist ein Stillstand der Produktion aufgrund von Arbeitskampfmaßnahmen für die Arbeitgeber wirtschaftlich nicht mehr tragbar.

   Die Tarifverträge und die Arbeitskämpfe können ihre kartellierende Wirkung nicht mehr entfalten.

7. Die gewerkschaftlichen Tarifverhandlungen waren in der Vergangenheit von Erfolgen geprägt. Die Lohnstückkosten und die Stundenlöhne sind im internationalen Vergleich an der Spitze. Folge davon ist eine sinkende Wettbewerbsfähigkeit. Im internationalen Vergleich nimmt die Bundesrepublik Deutschland nur den 15. Rang ein. Diese schlechte Einstufung ist ein Indiz für die zu Lasten der Arbeitgeber verschobene Kampfparität. Es ist ihnen offensichtlich in den letzten Jahren nicht gelungen, Kosten abzubauen, um die Wettbewerbssituation zu ihren Gunsten zu beeinflussen.

8. Die hohe Zahl der Arbeitslosen hat keine Auswirkungen auf die Gewerkschaften in Form von Mitgliederverlusten. Gleichwohl sind die Gewerkschaften gezwungen, auch die Interessen von Arbeitslosen im Rahmen von Tarifverhandlungen zu vertreten. Die Zufriedenheit der Gewerkschaftsmitglieder mit der gewerkschaftlichen Politik sinkt folglich.

9. Der psychologische Faktor Angst um den Arbeitsplatz schränkt die gewerkschaftliche Streikfähigkeit ein. Die Arbeitnehmer sind schwer zu Arbeitskampfmaßnahmen zu mobilisieren. Hier wirkt sich die hohe Arbeitslosigkeit zu Lasten der Arbeitnehmer und der Gewerkschaften aus.

10. Die Gewerkschaften, insbesondere die *IG Metall*, haben große Mitgliederverluste zu verkraften. Ursache dafür sind nach gewerkschaftseigenen Angaben die hohen Mitgliedsbeiträge. Diese und auch die sonstigen Ursachen (z.B. Abbau der Zuwächse aus der Wiedervereinigung und vor allem die fehlende Glaubwürdigkeit) haben die Gewerkschaften selbst zu vertreten. Obwohl aufgrund der Mitgliedsverluste die Mächtigkeit und damit die Kampffähigkeit der Gewerkschaften abnimmt, kann diese Tatsache nicht als Indiz für eine Verschiebung des Kräftegleichgewichts zu Lasten der Gewerkschaften herangezogen werden.

11. Die zunehmende Anzahl der gewerkschaftlichen Zusammenschlüsse (z.B. die Gründung von *Ver.di*) ist kein Anzeichen für eine Verschiebung des Kräftegleichgewichts zu Lasten der Arbeitnehmervertretungen. Die wesentlichen Gründe hierfür sind eine Verbesserung der Effektivität der Gewerkschaftsarbeit und die Mitgliederverluste. Die Ursachen dafür haben aber die Gewerkschaften selbst geschaffen.

12. Auch die Arbeitgeberverbände leiden an Mitgliederverlusten und vor allem an mangelnder Solidarität untereinander. Durch die Gründung von OT-Verbänden soll dieser Entwicklung entgegengetreten werden. Letzteres ist ein Indiz für eine Übermacht der Gewerkschaften bei Tarifverhandlungen.

13. Abwehraussperrungen fanden in der BRD in jüngster Vergangenheit kaum mehr statt. Die streikbedingten Ausfalltage haben erheblich abgenommen. Das ist ebenfalls ein Indiz für eine Verschiebung der Verhandlungsparität zu Lasten der Arbeitgeber.

14. Eine Eskalation von Arbeitskämpfen und Warnstreiks hin zu lang andauernden Erzwingungsstreiks ist in den letzten Jahren nicht mehr zu beobachten. Lohnrunden werden nach Warnstreiks spätestens durch eine Schlichtung abgeschlossen. Die Arbeitgeber beklagen dann sofort den zu hohen und für sie unerträglichen Tarifabschluß. Auch das ist ein Anzeichen für eine verschobene Kampfparität.

15. Trotz der sehr ungünstigen Bedingungen und Regelungen in den Tarifverträgen und der schlechten Wettbewerbssituation fanden in den letzten Jahren keine Angriffsaussperrungen durch die Arbeitgeber statt. Das ist ein weiteres Anzeigen für eine unterlegene Position der Arbeitgeber.

16. Zwischen den einzelnen Tarifrunden wird von Seiten der Gewerkschaften mit reinen Lohnrunden gedroht. Die Arbeitgeber haben nichts Vergleichbares entgegenzusetzen. Auch daraus zeigt sich, daß die Arbeitnehmervertretungen bei Arbeitskampfmaßnahmen ein Übergewicht haben.

17. Die steigende Zahl von Haustarifverträgen ist ein Anzeichen für die verschobene Parität bei Verhandlungen um Flächentarifverträge zu Lasten der Arbeitgeber. Bei Haustarifverträgen ist aufgrund der finanziellen Überlegenheit eindeutig die bessere Verhandlungsposition bei den Gewerkschaften. Trotzdem überwiegen anscheinend häufig die Vorteile eines Firmentarifvertrages, der die Besonderheiten des jeweiligen Unternehmens im Gegensatz zum Flächentarifvertrag berücksichtigt. Auch sind die Verhandlungen um solche Haustarifverträge von einem partnerschaftlichen Miteinander der Parteien geprägt.

IV. Beurteilung der Parität insgesamt

In rechtlicher Hinsicht ist das Kräftegleichgewicht im Arbeitskampf seit ca. 20 Jahren zu Lasten der Arbeitgeber verschoben. Je länger diese Imparität andauerte, desto größer waren ihre Auswirkungen auf die Kampfparität in tatsächlicher Hinsicht. Auch tatsächlich hat die Kampfkraft der Arbeitgeber durch veränderte betriebliche Abläufe (Einführung der Just-in-time-Produktion) und wegen der aufgrund der Globalisierung eingetretenen strukturellen Veränderungen erhebliche Einbußen erlitten. Die Arbeitgeber können sich wirtschaftlich gesehen weder Streiks noch Aussperrungen leisten. Das zeigt eine Vielzahl von Indizien.

Einer der entscheidenden - wenn nicht sogar der wesentlichste - Gesichtspunkt bei dieser Einschätzung der Kampfparität sind die psychologischen Folgen der Rechtsprechung des *BAG* und der tatsächlichen Entwicklungen. Die Arbeitgeber fühlen sich schwach und haben daher bei den Tarifverhandlungen eine unterlegene Position. Bei den Gewerkschaften ist das Gegenteil der Fall.

Man kann daher davon ausgehen, daß in der Bundesrepublik Deutschland gegenwärtig weder in rechtlicher noch in tatsächlicher Hinsicht eine Kampf- und/oder Verhandlungsparität auf der Grundlage des materiell-abstrakten Paritätsverständnisses des *BAG* vorliegt. Es ist eine Verschiebung zu Lasten der Arbeitgeber eingetreten.

Anhang: Interviewfragen und Zusammenfassung der Anworten:

I. Vorwort

Problemorientierte Interviews, die der Verfasser mit Vertretern von Arbeitgeberverbänden, Gewerkschaften und Unternehmervertretern geführt hat, waren die wesentliche Grundlage für die vorstehende Untersuchung. Diese wurden - soweit wie möglich - als „offene" Interviews gestaltet.

Insgesamt wurden 13 Interviews geführt, davon 5 mit Vertretern von Arbeitgeberverbänden, 4 mit Gewerkschaftsvertretern und 4 mit Repräsentanten von Unternehmen direkt. Die Bereitschaft zu den Gesprächen war bei den Vertretern der Arbeitgeberverbände am größten, dann folgten die Gewerkschaften. Am schwierigsten war es, Interviewpartner in mittelständischen Unternehmen zu finden, vor allem wenn diese nicht Mitglied in einem Arbeitgeberverband waren.

Der Gesprächsverlauf bei jedem Interview wurde - selbstverständlich mit situationsbedingten Abweichungen - wie folgt gestaltet:

- Vorstellung der beteiligten Personen.
- Kurze mündliche Vorstellung des Dissertationsthemas. Die bis zum Interviewzeitpunkt gefundenen Ergebnisse hinsichtlich der rechtlichen Parität wurden nur auf ausdrücklichen Wunsch dargestellt.
- Fragen zur jeweiligen Branche des Gesprächspartners, seinen persönlichen Erfahrungen mit Streiks, Aussperrungen und Arbeitskämpfen allgemein.
- Einschätzung der Rechtsprechung des *BAG* durch den Interviewpartner, insbesondere zur Aussperrung und zum Streik.
- Fragen zu Änderungen auf betrieblicher (Just-in-time-Produktion, Outsourcing, Telearbeit, Mitarbeiterbeteiligung) und auf überbetrieblicher Ebene (Globalisierung/Europäisierung, Arbeitslosigkeit, Mitgliederverluste der Gewerkschaften, Gründung von OT-Verbänden) und ihren Auswirkungen auf die Kampfparität.
- Fragen nach weiteren Gesichtspunkten mit Einfluß auf die Kampfparität und nach der persönlichen Meinung des Interviewpartners im Hinblick auf ein bestehendes oder nicht bestehendes Kräftegleichgewicht.

Im Folgenden werden die Fragen und die Anworten der Interviewpartner wiedergegeben. Die Interviewpartner (=**IP**) werden aus Gründen der Anonymität von 1 - 13 durchnumeriert (**IP** 1, **IP** 2, ...). Die **IP** 1 - 5 stammten von Arbeitgeberverbänden, **IP** 6 - 9 sind Vertreter von Groß- und mittelständischen Unternehmen, die **IP** 10 - 13 Gewerkschaftsvertreter.

II. Interviewfragen und Antworten

1. Wann war in ihrer Branche der letzte Streik und die letzte Aussperrung? Haben Sie das persönlich erlebt? Wie lange dauerten diese Streiks? Gibt es Besonderheiten in ihrer Branche, die es zu beachten gilt?

- **IP 1:** In unserer Branche sind vor allem Warnstreiks nicht zuletzt aufgrund einer existierenden Schlichtungsvereinbarung zu einem gewissen Ritual geworden, die nicht der Sachfindung dienen, sondern ausschließlich von der Gewerkschaft arrangiert sind, um die Mitglieder bei der Stange zu halten und Werbung in eigener Sache zu machen. In der Schlichtungsvereinbarung ist ein einmonatiges Kündigungsrecht vor Ablauf der Mindestlaufzeit eines Tarifvertrages festgeschrieben. Nach Ablauf des Tarifvertrages besteht für beide Seiten eine einmonatige Friedenspflicht. Geregelt ist auch, daß schon kurz nach der Kündigung Verhandlungen stattzufinden haben. Praktisch sieht das aber so aus, daß die Gewerkschaft den Tarifvertrag kündigt. Die erste Verhandlungsrunde stellt eine Farce dar. Die gewerkschaftlichen Forderungen sind viel zu hoch. Auch die nächste Verhandlungsrunde, die immer kurz vor Ablauf der Friedenspflicht stattfindet, bleibt in aller Regel erfolglos. Man kann mit Sicherheit voraussagen, daß bereits am Morgen nach Ablauf der Friedenspflicht Streiks beginnen. Erst danach ist eine Einigung möglich. Das findet immer im Zeitraum Anfang Dezember und Ende Januar statt. Insbesondere bei Entgelttarifverträgen besteht von Seiten der Gewerkschaft kein Wille zur Einigung.
  Die einzige Ausnahme war 1996 der Streit um die Entgeltfortzahlung im Krankheitsfall. Hier drohte die Situation aus dem Ruder zu laufen. Die Gewerkschaft hat das aber durch eine rasche Vereinbarung gestoppt.

- **IP 2:** Ich habe viele Streiks und auch Aussperrungen erlebt. Den Wendepunkt in der Arbeitskampfparität stellt die Tarifrunde 1995 dar, die auf Metallerstreiks 1994 in Bayern zurückgeht. Neu an diesem Streik war die Taktik der Gewerkschaft. Seit Beginn der 80er Jahre wandte die *IG Metall* die Minimax-Strategie und die Strategie der Neuen Beweglichkeit bei ihren Streiks an. Bestreikt wurden grundsätzlich Zulieferbetriebe der

Automobilindustrie - über kurz oder lang waren in der Folge auch die Endproduzenten nicht mehr in der Lage zu produzieren. 1995 hingegen bestreikte die *IG Metall* völlig überraschend für die Arbeitgeber die Endproduzenten. Es handelte sich um Streiks im Mittelstand. Die Unternehmen waren nicht darauf vorbereitet. Abwehraussperrungen hätten nicht geholfen, denn es hätten Unternehmen aussperren müssen, die nichts mit dem Streik zu tun gehabt haben und die noch dazu in einem völlig anderen Tarifbezirk saßen. Mittelbare Auswirkungen auf diese Unternehmen waren nicht vorhanden. Die rechtlichen Bedenken gegen eine Aussperrung waren zu groß. Hinzu kamen noch die tatsächlichen Probleme bei der Durchführung einer Aussperrung wegen der Entwicklung der tatsächlichen Verhältnisse in den Unternehmen (internationale Lieferverpflichtungen, Direktverkauf) sowie die abnehmende Solidarität unter den Arbeitgebern.

- **IP 3:** Der Industriezweig der *papierherstellenden* Industrie befindet sich in einem hart umkämpften internationalen Markt. Viele ausländische Firmen drängen auf den deutschen Markt, der der größte der Welt ist. Die papierherstellende Industrie ist eine kleine hochtechnologische Branche. Entscheidend ist bei der Papierherstellung allein die Maschine. Man kann diese Anlagen auch nicht abschalten, d.h. sie laufen 360 bzw. 365 Tage im Jahr. Das Risiko der beteiligten Gewerkschaft, bei Streiks Schadensersatz leisten zu müssen, ist daher sehr hoch. In der papierherstellenden Industrie fand die letzte Arbeitskampfmaßnahmen in den 50er Jahren statt.

  Die *papierverarbeitende* Industrie ist ebenso eine hochtechnisierte Branche. Typisch ist auch hier, daß alles stillsteht, wenn eine Maschine stillsteht. Wellpappe z.B. kann nicht gelagert werden, sie muß sofort zu dem Kunden, der sie zur Verpackung benötigt. Es gelten schon immer die Grundsätze der Just-in-time-Produktion.
  Die zuständige Gewerkschaft ist sehr streikwillig. Es wird schon fast täglich gestreikt - Nadelstichtaktik, Wellenstreiks von 10 Minuten bis hin zu einer ganzen Stunde. Seit Mitte der 90er Jahre ist zusätzlich eine verstärkte Maschinierung eingetreten. Grund dafür war eine starke Krise der Branche aufgrund eines extremen Preisverfalls. Die Arbeitslosigkeit bei den Druckern hat daher sehr stark zugenommen.

- **IP 4:** Eine Solidarität im Arbeitgeberlager ist nicht vorhanden. Aufgrund der immer enger werdenden Märkte steigt das Konkurrenzdenken permanent. Der letzte Streik, den ich erlebte, war ein Warnstreik 1992. Dieser hatte aber keine wirtschaftlichen Auswirkungen, da durch Nacharbeit die verursachten Schäden ausgeglichen werden konnten. Damals stand auch eine Aussperrung im Raum. Die Arbeitgeber waren sich aber schon vorher einig, daß ein entsprechender Aufruf ins Leere gehen würde. Vom Verband wäre nie eine Aussperrung proklamiert worden.
  Hinzu kommt, daß es keinerlei Kundentreue mehr gibt. Alleine die Preise beherrschen das Geschehen. Die internationale Konkurrenz aufgrund der offenen Grenzen kommt hinzu. Eine Aussperrung wird daher vom Verband nicht mehr zugelassen.

- **IP 5:** Unser Verband organisiert kleine und mittelständische Unternehmen, die nicht in Arbeitgeberverbänden sitzen. Die Organisation wurde deswegen gegründet, da in den Arbeitgeberverbänden die Großunternehmen den wesentlichen Einfluß haben. Man wollte für die kleinen und mittelständischen nicht tarifgebundenen Unternehmen etwas tun.
  Die Besonderheit dieser Unternehmen ist, daß sie sich keine Spezialisten für das Arbeitskampfrecht leisten können. Diese Angelegenheiten betreut der kaufmännische Geschäftsführer in der Regel mit, der zumeist kein Jurist ist und darüber hinaus das Arbeitskampfrecht aufgrund der Komplexität und Spezialität nicht versteht.

- **IP 6:** Der letzte Streik, den ich erlebt habe, war der um den Stufentarifvertrag Ost 1995. Unmittelbar persönlich beteiligt war ich aber nicht. Dabei wurde sehr unter der Gürtellinie gekämpft. Viele westdeutsche Gewerkschaftsmitglieder wurden in den Osten zum Arbeitskampf gebracht. Diese Streiks kann man fast als Spiel bezeichnen, da sie meist nach dem gleichen Schema abliefen. Beim Streik 1995 ist man über das Ziel hinausgeschossen. Es handelt sich aber wohl noch um die Auswirkungen eines historischen Ereignisses, nämlich der Wiedervereinigung 1990.
  Unsere Firma führt auch Streikstatistiken. Sie sind aber sehr ungenau, da viele Streiks bzw. das Streikende häufig nicht erkannt werden. Das liegt vor allem an der Gleitzeit (Vertrauensgleitzeit).
  Die Frage nach einer Aussperrung wegen eines Lohntarifvertrages hat sich bei uns im Unternehmen noch nie gestellt, da es selbst Mitglied im Arbeitgeberverband ist. Es gilt die Philosophie: Ein Verband - ein Flächentarifvertrag. Firmentarifverträge passen nicht zu dieser Philosophie. Von solchen Tarifverträgen wird nämlich nur ein sehr kleiner Teil der Mitarbeiter erfaßt.

- **IP 7:** Eine Aussperrung habe ich selbst nicht mehr erlebt. Ich kenne die Aussperrung 1978 aus Unterlagen und Erzählungen.

Hauptbetroffene von Streiks nach dem Minimax-Prinzip sind die Zulieferfirmen, da sie ihre Lieferverpflichtungen auf den Tag genau einhalten müssen. Sie sind zudem für den Endproduzenten austauschbar, zwischenzeitlich auch international. Aufgrund des knallharten Wettbewerbs wird das gnadenlos gemacht. Bei einem Endproduzenten, wo die Kunden sowieso aufgrund langer Lieferzeiten auf die Produkte warten, sind Streikauswirkungen im Hinblick auf die Kundenbeziehungen nicht problematisch. Spätesten nach 3 Tagen ist die Produktion beim Endproduzenten beim Bestreiken eines Zulieferers zu Ende.
Ein typisches Beispiel ist der Arbeitskampf 1984, an dessen Folgen *Bosch* heute noch zu leiden hat. Dieser Streik war aber nur Ursache der Eskalation des Arbeitskampfes: Auf einer Kundgebung der *IG Metall* hat der Vorsitzende *Klaus Zwickel* wegen des enormen innergewerkschaftlichen Druckes den Streik ausgerufen. Eine Aussperrung war damals nicht erforderlich, denn aufgrund des Produktionsverbundes mußten die weiteren Betriebe sowieso stillgelegt werden. Zudem nimmt eine Aussperrung die Motivation der Mitarbeiter, was nicht im Interesse der Arbeitgeber ist.

- **IP 8:** In unserem Großunternehmen existiert ein Haustarifvertrag. Weder Streik noch Aussperrung habe ich bislang erlebt. Ursache dafür ist, daß die Betriebsräte häufig in Personalunion Mitglieder des Aufsichtsrates und daher über alle wesentlichen wirtschaftlichen Belange des Unternehmens gut informiert sind. Es findet ein großer Informationsfluß statt mit der Folge, daß es bei Tarifvertragsverhandlungen eine partnerschaftliche Zusammenarbeit gibt.

- **IP 9:** Mein mittelständische Unternehmen hat einen Haustarifvertrag. Es weist aber die Besonderheit eines „Stiftungsunternehmens" auf, d.h. es gibt keine Kapitaleigner, auf die bei Tarifverhandlungen Rücksicht genommen werden muß. Die Arbeitgeberseite vertritt daher im Rahmen dieser Verhandlungen ausschließlich die Interessen des Unternehmens. Gleichwohl kommt es zu Lagerbildungen und immer mal wieder zur Drohung mit Arbeitskämpfen. Weder einen Streik noch einen Warnstreik habe ich bislang erlebt. Eine Aussperrung auch nicht. Hinzu kommt, daß das Gehaltsniveau in unserer Branche sehr niedrig ist. Steigerungen sind somit für das Unternehmen leicht verkraftbar.

- **IP 10:** Hauptsächlich bin ich mit Warnstreiks befaßt. Erzwingungsstreiks selbst habe ich noch nicht erlebt. Entscheidend ist bei der Frage, ob gestreikt wird oder nicht, die gesellschaftliche Akzeptanz einer solchen Entscheidung. Warnstreiks werden aber immer akzeptiert, da sie in der Bevölkerung nicht als Erzwingungsstreiks, sondern nur als kurzfristige verhandlungsbegleitende Streiks angesehen werden.

- **IP 11:** Ich habe ständig mit Warnstreiks zu tun. Hauptproblem ist dabei für mich, den Mitgliedern den Begriff Warnstreik für kurzfristige Arbeitsniederlegungen „auszutreiben". Die Arbeitgeber verlassen, wenn sie den Begriff Warnstreik hören, fast immer den Verhandlungstisch. Zumindest werden die Verhandlungen extrem erschwert. Der letzte Erzwingungsstreik war 1999 und dauerte einen Tag. Eine Aussperrung habe ich noch nicht erlebt.

- **IP 12:** Ich bin seit 1981 als Betriebsrat oder als hauptamtlicher Gewerkschaftssekretär tätig. In diesem Zeitraum habe ich noch keine einzige Aussperrung erlebt. Warnstreiks hingegen nahmen in den letzten Jahren sehr zu. Einen Erzwingungsstreik habe ich nur einmal erlebt, als die Lohnfortzahlung im Krankheitsfall vom Gesetzgeber auf 80 % gekürzt wurde und die Gewerkschaften 100 % tarifvertraglich regeln wollten. Ansonsten gab es noch ein paar Urabstimmungen. Die dabei geplanten Streiks wurden aber durch eine kurzfristige Einigung immer verhindert.
  Meine relativ kleine Gewerkschaft hat viele kleine Tarifverträge für die jeweiligen Branchen abgeschlossen. Es existiert kein klassischer Flächentarifvertrag. Lediglich ein einziger Tarifvertrag gilt für ganz Deutschland, faktisch fällt aber nur ein Unternehmen darunter.

- **IP 13:** Der längste Streik in unserer Branche dauerte 10 Monate. Die Arbeitgeber konnten diesen nur deswegen durchhalten, da sie ausländische Streikbrecher hatten und einsetzen konnten. Der letzte Streik davor war im Jahr 1984 oder 1986 und dauerte 2 oder längstens 3 Wochen.
  Ein Streik ist für mich eine elementare Frage der deutschen Wirtschaftsverfassung. Jeder Streik, der länger als 4 Wochen dauert, ist für die Gewerkschaften ein Problem, da dann die Erwartungshaltung der streikbeteiligten Arbeitnehmer extrem steigt. Die Kompromißmöglichkeiten mit zunehmender Streiklänge geringer. Bei längerer Dauer bluten immer die Gewerkschaften, insbesondere wenn eine Aussperrung den Kampfrahmen erweitert.
  Eine Aussperrung kennen wir nicht. Bereits seit vielen Jahren wurde in unserer Branche die Position der Sozialpartnerschaft entwickelt und in der Folge eine Vielzahl von gemeinsamen Einrichtungen von Arbeitgebern und Arbeitnehmern. Dieses System funktionierte reibungslos bis Anfang der 90er Jahre. Dann wollten die Arbeitgeber die Sozialkassen auflösen. Ursache war die veränderte Situation in den Betrieben: Es finden seit diesem Zeitpunkt die Generationswechsel in den Unternehmen statt. Diese werden nun von Managern

geleitet. Die Arbeitnehmer kennen den Chef nicht mehr persönlich, zu dem man früher immer ein gutes Verhältnis hatte.

2. *Welche betrieblichen und überbetrieblichen Veränderungen in den letzten zwei Jahrzehnten hatten wesentlichen Einfluß auf das Kräftegleichgewicht zwischen den Tarifvertragsparteien?*

a) *Wurden in Ihrem Bereich Elemente der lean-production eingeführt? Wie sieht es mit der Just-in-time-Produktion aus? Wie waren die Auswirkungen und die Folgen der MIT-Studie in Ihrer Branche und in Deutschland allgemein? Welche Folgen sehen Sie für das Kräftegleichgewicht im Arbeitskampf?*

- **IP 1:** Die Auswirkungen der *MIT*-Studie in Deutschland waren gravierend. Deutschland wurde klar, daß es lange geschlafen hat. Es fand ein Ausdünnen der Arbeitnehmer statt, ganze Führungshierarchien wurden abgebaut Diese Entwicklung gab es in allen Branchen, ab 1992 kann sie als massiv bezeichnet werden. Zwischenzeitlich hat Deutschland in der Produktivität auf- und sowohl Japan als auch die USA überholt. Die Grundsätze der lean-production wurden fast zur Perfektion getrieben. Die Arbeitskampfanfälligkeit ist dadurch sehr gestiegen.

- **IP 2:** Gleiche Angaben wie **IP 1.**

- **IP 3:** Die Grundsätze der lean-production und insbesondere die Just-in-time-Produktion werden in meiner Branche schon immer aufgrund der hohen Automatisation und fehlenden Lagerfähigkeit der Produkte praktiziert. Änderungen durch die *MIT*-Studie nach 1990 gab es folglich nicht. Eine Nadelstichtaktik der Gewerkschaft hat große wirtschaftliche Folgen (Schadensersatzforderungen von Kunden, Verlust von Kunden, Verlust von Märkten). Effektive Gegenmaßnahmen der Arbeitgeber gibt es nicht. Sie müssen sich auf Mittel zur Deeskalation beschränken.

- **IP 4:** Zulieferketten spielen in meinem Industriezweig keine oder nur eine sehr geringe Rolle. Die Lagerhaltung ist traditionell sehr hoch. Diese wurde zwar etwas verringert, signifikante Änderungen haben sich aber nicht ergeben.

- **IP 5:** Gleiche Angaben wie **IP 1.**

  Der Lagerabbau ist eines der großen Ziele, das seit der Rezession Anfang der 90er Jahre verfolgt wird. Durch den hohen Tarifabschluß 1995 wurde das noch mal verstärkt. Die sonstigen Grundsätze der lean-production wurden ebenfalls übernommen. Ob das durch die *MIT*-Studie ausgelöst wurde, kann ich nicht sagen.
  „lean" bedeutet so wenig Stammbelegschaft wie möglich und reine Orientierung an Prozeßketten. Dazu gehört entscheidend die Flexibilisierung der Arbeitszeiten. Wegen der sehr hohen zyklischen Schwankungen im Auftragseingang und des sehr schweren und komplexen Kündigungsschutzrechts stellt kein Unternehmer bei einem hohen Auftragseingang neue Arbeitskräfte ein. Lieber zahlt er Überstunden.

- **IP 6:** Die Auswirkungen dieser Produktionsmethoden im Hinblick auf die Macht der Gewerkschaften, mit nur sehr kleinen Eingriffen den gesamten, oft überbetrieblichen Produktionszusammenhang zum Erliegen zu bringen, ist heute eine „Binsenweisheit". Darüber besteht auch kein Streit. Man muß sich nur das Beispiel *Opel* ansehen, als der Streik der LKW-Fahrer in Spanien die gesamte Produktion zum Erliegen brachte.
  Bei den Endstufenproduzenten spielt das nicht die entscheidende Rolle, da die Produktion nicht täglich irgendwo hingeliefert werden muß. Vollkommen anders ist die Lage jedoch bei der reinen Zulieferindustrie.

- **IP 7:** Die Auswirkungen der *MIT*-Studie in Deutschland war in den Großunternehmen in Deutschland „über die Maßen stark" zu spüren. In diesen besteht immer die Gefahr, daß eine Zufriedenheit mit dem Erreichten eintritt, also „staatsähnliche Zustände". Den Mitarbeitern fehlt dann die Motivation. Anfang der 90er Jahre gab es in unserem Unternehmen viel zu hohe Belegschaftszahlen. Man kann dabei von einem unüberlegten Umgang mit Resourcen sprechen.
  Die ersten „Mahner" und „Warner" dieser Zuständen traten im Jahr 1988 auf. Diese wurden zunächst von allen belächelt. Erst als das Unternehmen in der Folgezeit katastrophale Einbußen hatte, erkannte man die Sackgasse, in die man geraten war.
  Konsequenz war zunächst, daß man die Kostenverantwortlichkeiten völlig neu für jedes einzelne Werk definierte. Das war die Initialzündung. Hervorragende Fortschritte in der Produktivität waren die Folge. Sie wurde bis heute um über 40 % gesteigert. Das zeigt die Bewußtseinsänderung bei jedem Mitarbeiter. Hinzu kamen noch weitere Maßnahmen wie der Abbau von mehreren Hierarchieebenen und die Delegation der Verantwortlichkeiten. Auch die Zeitspanne eines Modells verkürzte sich von früher ca. 10 Jahre auf gegenwärtig 7 bis 8 Jahre. Der Einsatz von Computern ist heute nicht mehr wegzudenken, auch nicht in Kleinbe-

trieben. Die riesige Anzahl von Prüfern (Nacharbeiten), die es noch bis 1993/94 gab, wurde abgebaut. Parallel dazu auch die Lagerflächen in den Betrieben.
Letzteres ist im Arbeitskampf wegen des „Handlings" ein Problem der Logistik und der Kosten. Auch drängen die Lieferanten und Kunden bei einem Endstufenproduzenten auf die Auslieferung der Produkte. Die Lagerkapazitäten sind bei einem Produktionsstillstand sofort erschöpft.

Im übrigen verwies dieser Interviewpartner auf seine Ausführungen zur **Frage 1.**

- **IP 8:** Keine Angaben.

- **IP 9:** Die *MIT*-Studie hatte auf mein mittelständisches Unternehmen keine Auswirkungen. Es kam nur zu einer Umorientierung im Bereich Service-Kundenorientierung. Im Jahr 1992 wurde diesbezüglich ein Programm aufgelegt und es wurden entsprechende Veränderungen durchgeführt.
Die Maßnahmen der lean-production wurden hauptsächlich im Bereich der Großindustrie durchgeführt. Dort wurde vor allem der Vertrieb abgespeckt und effizienter gemacht. Auch die Lagerhaltung. Entscheidend waren dabei ausschließlich wirtschaftliche Überlegungen, um im Wettbewerb bestehen zu können.

- **IP 10:** Zu den Auswirkungen der *MIT*-Studie und der Einführung der Grundsätze der lean-production konkret kann ich keine Angaben machen. Aufgrund dieser Strukturen haben die Gewerkschaften die Möglichkeit, mit einem kleinen Streik die gesamte Bundesrepublik lahmzulegen. Die Gewerkschaft ist sehr kampffähig. Ein viel größeres Problem ist jedoch die gesellschaftliche Akzeptanz einer solchen Maßnahme. Das würde die Gewerkschaft politisch nicht aushalten.

- **IP 11:** Die *MIT*-Studie und die Grundsätze der lean-production hatten in meiner Branche keine solchen Auswirkungen wie im Bereich der Großindustrie. Die Automation hingegen, insbesondere die Einführung von Computern führte zu einem hohen Arbeitsplatzabbau. Die Entwicklung war dermaßen rasant, daß die Mitarbeiter in den Büros durch die Computerisierung förmlich überrannt wurden.

- **IP 12:** Auswirkungen der lean-production und der *MIT*-Studie gab es bei uns nicht. Soweit in Maschinen investiert wurde, war das schon immer der Fall. Das ist interessanterweise in Branchen zu finden, wo die Arbeitnehmer traditionell sehr gut gewerkschaftlich organisiert sind. Die These, daß die Arbeitgeber gerade wegen dieses hohen Organisationsgrades investiert haben und somit Arbeitsplätze vernichtet haben, ist aber nicht richtig. Auch ich würde in neue Maschinen mit höherer Produktivität investieren, wenn das Geld dazu da ist.

- **IP 13:** Die *MIT*-Studie hatte bei uns keine Auswirkungen.

b) *Haben in Ihrer Branche in den letzten Jahren vermehrt Outsourcingmaßnahmen stattgefunden? Was war die Ursache dafür? Hat das Auswirkungen auf das Kräftegleichgewicht im Arbeitskampf?*

- **IP 1:** Ursprünglich war Outsourcing kein Thema, um aus dem Tarif auszusteigen. Es begann Mitte der 80er Jahre mit den sog. Profitcentern. Erst im Laufe der 90er Jahre wurde Outsourcing dazu benutzt, ungünstige Arbeitsbedingungen bzw. Tarifvorschriften zu umgehen. Dabei spielt weniger die Einkommenshöhe eine Rolle als vielmehr Fragen der Flexibilisierung der Arbeitszeit.

- **IP 2:** Outsourcing ist heute tatsächlich die Antwort auf Streiks. Ich habe das im Laufe meiner Tätigkeit so erlebt. Vor allem mittelständische Betriebe waren und sind gegen Streiks ohnmächtig. Auch die Verbandsseite ist hilflos. In der Folge waren dann immer mehr Auslagerungen im Bereich der mittelständischen Wirtschaft festzustellen. Die Kosten und die Vermeidung von teueren Tarifverträgen war und ist jedoch nur ein positiver Nebeneffekt, nicht die entscheidende Triebfeder für das Outsourcing. Alleine wirtschaftliche Überlegungen des Unternehmens stehen bei einer Outsourcingentscheidung im Vordergrund. Hinzu kommt, daß Arbeitskämpfe in den letzten Jahren kaum mehr eine Rolle gespielt haben, so daß es zu keinem Druck in diese Richtung gekommen ist. Die Entwicklung begann Anfang der 90er Jahre.

- **IP 3:** Outsourcing ist in meiner Branche verstärkt seit Anfang der 90er Jahre zu beobachten. Grund ist die Kostenminimierung. Der Anstoß kommt häufig von den Kapitaleignern, die sich einbilden, mit möglichst wenig Arbeitnehmern möglichst viel produzieren zu müssen. Fuhrparks wurden vollkommen abgeschafft und LKWs an Spediteure verkauft. Entscheidender Grundgedanke war: „Nur Köpfe zählen".

- **IP 4:** Outsourcing spielt in meinem Industriezweig keine Rolle.

- **IP 5:** Allgemein kann der Outsourcingtrend seit 1995 wegen des exorbitanten Tarifabschlusses 1994 als sehr stark bezeichnet werden. Oberziel des Outsourcing ist es, Kosten zu senken. Bei vielen Unternehmen ging es darum, aus dem sehr teueren Metalltarifvertrag wenigstens in Teilbereichen herauszukommen. Daher wurde ausgegliedert.
Diese Maßnahmen sind aber nur großen Unternehmen vorbehalten. Kleine und mittelständische Unternehmen können das nicht. Sie können nicht einfach 90 % ihres Unternehmens ausgliedern, da sich das nicht rechnet. Auch ein Austritt aus dem Arbeitgeberverband hilft wegen §§ 3 III, 4 V TVG nicht weiter.

- **IP 6:** Schwerpunkt des Outsourcing bei uns ist der Chipbereich. Hintergrund ist dabei sicherlich auch der sog. shareholder value. Ziel ist es aber primär, schlagkräftige Einheiten zu bilden und das Bemühen, sich auf das Kerngeschäft zu konzentrieren. Outsourcing wird bei uns sehr weit getrieben. Sogar die Hauspost ist zwischenzeitlich ausgegliedert.
Bei den Outsourcingmaßnahmen spielt es überhaupt keine Rolle, auf diese Art und Weise schwer kündbare Arbeitnehmergruppen oder sonstige schwierige Fälle auf elegante Weise aus dem Betrieb zu entfernen. Auch ist Outsourcing keine moderne Art der Aussperrung. Der Ablauf ist für die Personalabteilung, die sich mit den Problemfällen beschäftigt folgender: Die Geschäftsführung faßt den Beschluß des Outsourcing. Dieser geht dann an die Personalabteilung, die die praktische und rechtliche Umsetzung vornimmt.
Auch die Rechtsprechung des *BAG* spielt bei derartigen Entscheidungen eine Rolle. Outsourcing gab es schon immer. Verstärkt in den letzten Jahren war sie wegen der starken, insbesondere auch internationalen Konkurrenz, zu beobachten. Das machte es für die Unternehmen erforderlich, sich wieder auf ihr Kerngeschäft zu konzentrieren.

- **IP 7:** Im Bereich des Outsourcing gab es bei uns ein extremer Schub ab 1993. Das ist im Zusammenhang mit dem neuen Kostenbewußtsein zu sehen. Hinzu kamen noch neue Techniken, die von einem einzelnen Unternehmen nicht zu machen waren. Endhersteller und Zulieferer waren dadurch gezwungen zusammenzuarbeiten. Das führte dazu, daß es zu ganzen Komponentenangeboten kam. Die Zulieferfirmen wurden mit Hilfe des Endproduzenten aufgebaut. Verflechtungen auf gesellschaftsrechtlicher Ebene sind natürlich vorhanden.
Problematisch ist derzeit, daß die so gegründeten Zulieferfirmen aufgrund des Weltmarktes schon wieder mit dem Rücken zur Wand stehen. Ihre Produktion ist zu teuer (zu geringe Stückzahlen, Hochlohnland Deutschland).

- **IP 8:** Ausgründungen finden bei uns seit 1995 laufend statt. Ziel dabei ist zum einen, näher am Markt und am Kunden zu sein, zum anderen, Kostenverantwortlichkeiten zu schaffen (in personalwirtschaftlicher Hinsicht, im Bereich des Entgelttarifvertrages, bei der Schaffung von marktorientierten Vergütungen). Dazu werden viele Überleitungstarifverträge abgeschlossen, die in eigenständigen Tarifverträgen enden.

- **IP 9:** Bestimmte Bereiche (Pförtner, Reinigung, Kantine) sind bei uns schon längst outgesourct. Andererseits haben sich die Kernkompetenzen nicht verändert, so daß eine Outsourcingwelle in den letzten Jahren nicht nötig war.
Die Motivation für das Outsourcing liegt grundsätzlich alleine im wirtschaftlichen Bereich. Sonstige Folgen sind zwar gern gesehen, aber nicht der entscheidende Handlungsfaktor.

- **IP 10:** Das Outsourcing ist verstärkt seit Anfang/Mitte der 90er Jahre zu beobachten. Es ist primär aus Gründen der Gewinnorientierung und -maximierung durchgeführt worden. Die Effekte des Wegfalls der Tarifbindung und der Verminderung der Lohnkosten durch billigere Tarife sind Nebeneffekte. Für die Unternehmer waren sie gleichwohl wesentliche Gesichtspunkte.
Im Ostdeutschland ging es beim Outsourcing eindeutig darum, die Löhne zu senken. Diese Tendenz wurde durch die Krise 1993 nochmals verstärkt. Die Gewerkschaften haben in den so entstandenen neu geschaffenen Betrieben jedoch sehr schnell wieder eigene Mantel- und Entgelttarifverträge geschlossen. Die Tarifsätze liegen aber immer unter der Industrie.

- **IP 11:** Outsourcing fand vor allem bei Problemgruppen statt. Diese wurden in die ausgegliederten Betriebe übernommen. Alle Risiken (Behinderte, Kranke, Gewerkschaftsmitglieder) waren in diesen Betrieben. Zwar war das von Gewerkschaftsseite zunächst nur Theorie, wurde aber sehr schnell durch praktische Beispiele untermauert. Hinzu kam noch die Absicht der Unternehmer, die Zahl der Betriebsräte zu verringern und Mitbestimmungsrechte nach dem BetrVG zu umgehen. Weiter wollte man auf diese Weise Tarifverträge ändern und in andere günstigere Tarifverträge gelangen, insbesondere in den Bereichen Arbeitszeit und Gehalt.
Die Reaktion der Arbeitnehmer auf diese Vorgänge war „bloß nicht auffallen". Nur sehr wenige traten in Konsequenz den Gewerkschaften bei. Die Entwicklung begann in den 80er Jahren. Sie ging einher mit einer rapiden Verschlechterung der Arbeitsmarktlage.

- **IP 12:** Im Bereich der Fuhrparks fand eine Outsourcingwelle statt. Die Fahrer waren früher als Facharbeiter eingestuft. Nach der Ausgliederung kamen diese in wesentlich billigere Tarifverträge. Outsourcing ist aber gleichwohl nur bei Unternehmen ab einer gewissen Größe interessant. Bei kleineren Unternehmen liegt die Kostenersparnis bei Null. Teilweise sanken sogar die Umsätze nach derartigen Umstrukturierungen.

- **IP 13:** In meiner Branche ging das Outsourcing am weitesten. Man wollte durch Betriebszerschlagungen aus den Tarifverträgen mit der zuständigen Gewerkschaft heraus, insbesondere aus den Sozialkassen. Auf diese Weise gelangten die Unternehmer in andere Tarifverträge mit häufig bis zu DM 5,-- billigeren Stundensätzen. Gleichzeitig fielen viele Arbeitnehmer aus den Sozialkassen und den Altersversorgungseinrichtungen heraus.
  Die zuständige Gewerkschaft hat diese Problematik dann durch den Abschluß eine Rahmentarifvertrages wieder in den Griff bekommen. Dafür mußte sie aber Einschnitte beim Lohn hinnehmen.

c) *Wurde in den letzten Jahren die sog. Telearbeit eingeführt? Hat das in irgendeiner Weise Auswirkungen auf die Arbeitnehmer und die Gewerkschaften?*

- **IP 1:** Telearbeit spielt keine Rolle.

- **IP 2:** Keine Angaben.

- **IP 3:** Keine Angaben.

- **IP 4:** Keine Angaben.

- **IP 5:** Telearbeit ist nicht relevant und wird es wohl auch nie werden.

- **IP 6:** Telearbeit gehört bei unserem Unternehmen zur Philosophie. Entscheidend ist dabei, daß dort, wo man Telearbeit einsetzen kann, kein Outsourcing stattfindet. Diese Philosophie beruht darauf, daß wir unter anderem Produkte herstellen, die man bei der Telearbeit benötigt. Das eigene Beispiel soll natürlich den Absatz fördern.
  Die Vorteile der Telearbeit sind die Steigerung der Produktion, der Motivation der Mitarbeiter und des Know-How. Telearbeit bietet sich im Regelfall nur bei qualifizierten Tätigkeiten an (Entwicklung, Trainer, Personaler).

- **IP 7:** Diese Art der Arbeit hat einen verschwindend kleinen Anteil (unter 1 %). Möglich ist sie nur am Rande der Vernetzung mittels Computer. Die Fremdvergabe ist gleichwohl günstiger. Sie wird daher vorgezogen. Telearbeit wird nur dann eingeführt, wenn die betreffenden Leute spezifisches Know-How haben, auf das man nicht verzichten kann.

- **IP 8:** Telearbeit spielt bei uns eine wesentliche Rolle. Gleichwohl ist diese Art der Arbeit kein Massenphänomen.

- **IP 9:** Keine Angaben.

- **IP 10:** Telearbeit spielt derzeit keine Rolle. Nur im IT-Bereich ist sie machbar. Es handelt sich dabei um hochspezialisierte Leute, die nicht die klassische Klientel der Gewerkschaften darstellen.

- **IP 11:** Die Angst der Gewerkschaften vor Telearbeit ist wegen der Entsolidarisierung der Arbeitnehmer mangels sozialem Kontakt sehr groß. Verträge mit Telearbeitern laufen auf reine Werkverträge hinaus. Diese Arbeitsform spielt derzeit in der Praxis keine Rolle.

- **IP 12:** Keine Angaben.

- **IP 13:** Telearbeit spielt in unserer Branche keine Rolle.

d) *Wurden in den letzten Jahren verstärkt Mitarbeiterbeteiligungen in ihrem Unternehmen eingeführt? Haben Sie derartige Entwicklungen beobachtet? Welche Auswirkungen hatte das auf die Arbeitnehmer und die Gewerkschaften, vor allem bei Arbeitskämpfen?*

- **IP 1:** Mitarbeiterbeteiligungen spielen in der Fläche keine Rolle.

- **IP 2:** Mitarbeiterbeteiligungen haben wenig Auswirkungen auf die Solidarität unter den Arbeitnehmern. Es hat sie schon immer in einzelnen modernen Betrieben gegeben. Eine Breiten- und Wechselwirkung bestand aber nie.

- **IP 3:** Keine Angaben.

- **IP 4:** Mitarbeiterbeteiligungen spielen derzeit überhaupt keine Rolle. Die Arbeitnehmer in der Branche sind alle bodenständig. Derartiges wird von den Arbeitnehmern nicht gewünscht.

- **IP 5:** Keine Angaben.

- **IP 6:** Die wirksamste Mitarbeiterbeteiligung ist die Erfolgsbeteiligung. Der Trend geht jedoch derzeit in Richtung „Definition der persönlichen Ziele der Arbeitnehmer" (ca. 20 % der Belegschaft). Davon sind vor allem Arbeitnehmer im außertariflichen Kreis betroffen.
  Rein tatsächlich ist man mit der Mitarbeiterbeteiligung und deren Einführung noch lange nicht soweit, daß dadurch die Streikbereitschaft der organisierten Arbeitnehmer geschwächt werden würde.

- **IP 7:** Unser Unternehmen bietet seit 27 Jahren Belegschaftsaktien an, die der Vermögensbildung auf Arbeitnehmerseite dienen. Eingeführt wurde das 1973 nach der großen 68er Auseinandersetzung, um das Interesse der Arbeitnehmer am Unternehmen zu wecken. Es gab zunächst großen Widerstand der zuständigen Gewerkschaft. Dieser wurde wegen des Druckes der Belegschaft aber aufgegeben. 80 % der Aktien halten die Angestellten, der Rest befindet sich in den Händen der übrigen Arbeitnehmer.
  Belegschaftsaktien sind keinerlei Anreiz für die Arbeitnehmer, sich an Streiks nicht zu beteiligen.
  Anders verhält es sich seit 1998, als der Gesichtspunkt der Wertorientierung in die Entlohnung eingeführt wurde. Es gibt übertarifliche Zulagen für neue Werte des Unternehmens bzw. Verbesserungen. Auch eine Ergebnisbeteiligung in Form von Sonderzahlungen wurde eingeführt. Die Initiative dafür ging vom Betriebsrat aus. Die zuständige Gewerkschaft versuchte auch nicht, das zu verhindern. Nachprüfbare Auswirkungen auf die Kampfparität hat das bislang noch nicht gehabt. Gleichwohl könnte sich daraus für die Gewerkschaft noch ein Problem entwickeln.

- **IP 8:** Erfolgsbeteiligungen werden bei uns derzeit im Rahmen von variablen Vergütungen in einem Entgelttarifvertrag umgesetzt. Man arbeitet mit Leistungszulagen. Bei leitenden Angestellten werden am Jahresanfang sog. Zielvereinbarungen getroffen. Am Jahresende wird dann überprüft, ob diese Ziele erreicht worden sind. Bei Außendienstmitarbeitern ist der Umsatz das entscheidende Kriterium.

- **IP 9:** Die Mitarbeiterbeteiligung steht wegen der Besonderheit des Stiftungsunternehmens schon seit jeher im Mittelpunkt. In der Stiftungssatzung ist die angemessene Beteiligung der Mitarbeiter am Unternehmenserfolg ausdrücklich vorgeschrieben.

- **IP 10:** Mitarbeiterbeteiligungen an den Geschicken der Betriebe unterstützen wir ausnahmslos. Anders wird das nur bei der Arbeitszeit gesehen. Durch die Einführung der „Vertrauensarbeitszeit" bekommen die Arbeitnehmer das Gefühl, ihre Arbeitszeit frei einteilen zu können, obwohl sie in die Unternehmensstrukturen eingebunden sind. Das stärkt die Identifikation mit dem Unternehmen und schwächt somit zugleich die Gewerkschaften.
  Eine erfolgsabhängige Bezahlung akzeptieren wir nur dann, wenn die Erfolgsanteile über dem Tariflohn liegen. Wir glauben nämlich nicht, daß dadurch die Motivation der Mitarbeiter gefördert wird.

- **IP 11:** Mitarbeiterbeteiligungen fordern wir als Gewerkschaft seit 40 Jahren. In den letzten Jahren gibt es etwas mehr davon. Diese werden aber gleichzeitig mit fehlenden Lohnerhöhungen verquickt. Mitarbeiterbeteiligungen sind ein guter Weg, um die Arbeitnehmer am Unternehmen zu beteiligen. Das Interesse und die Motivation der Arbeitnehmer am Unternehmen und am Produkt wird gefördert. Ängste der Gewerkschaft vor diesen Entwicklungen gibt es nicht. Der Gedanke des Mitgliederverlustes und des Verlustes der Verhandlungsstärke bei Tarifverhandlungen spielt keine Rolle.

- **IP 12:** Mitarbeiterbeteiligungen spielen keine Rolle.

- **IP 13:** Keine Angaben.

e) Wie hat sich die Globalisierung/Europäisierung in Ihrem Unternehmen/Ihrer Branche ausgewirkt? Was hat sich dadurch geändert? Ist dadurch die Kampfparität bei Tarifverhandlungen verschoben worden?

- **IP 1:** Durch den weltweiten Konkurrenzdruck und die weltweit kurzen Lieferzeiten ist es leicht, sich Teile von woanders her zu beschafften. Dadurch steigt die Angst der Unternehmer vor einem Verlust von Marktanteilen.
  Just-in-tim-Produktion findet heute bereits weltweit statt. Die Unternehmen gehen ins Ausland, um die ihrer Ansicht nach ungünstigen deutschen Verhältnisse zu meiden. Es ist zudem heute möglich, von Deutschland aus ein Unternehmen im Ausland via Internet usw. aufzubauen. Im Ausland selbst benötigt man nur wenig Leute. Das ist signifikant seit dem Jahr 1990 zu beobachten. Aber nur bei großen Unternehmen. Kleine können das nicht.
  Eine wesentliche Rolle in Bezug auf die Kampfparität spielt die Angst der Unternehmen, Marktanteile zu verlieren. Innerhalb der Automobilzulieferer herrscht ein ungeheuerer Konkurrenzdruck. Zeigt ein solcher Zulieferbetrieb nicht die geforderte Zuverlässigkeit, dann ist er seinen Vertrag mit dem Endproduzenten los.

- **IP 2:** Die Globalisierung und der daraus folgende internationale Konkurrenzdruck ist ein Faktum, der wesentlichen Einfluß auf die Entscheidungen der Arbeitgeber im Rahmen von Arbeitskämpfen ausübt. Rein tatsächlich verhindern die internationale Just-in-time-Produktion und die damit verbundenen Lieferverpflichtungen Aussperrungen. Die Unternehmer können sich einen Stillstand der Produktion nicht mehr leisten. Die nicht bestreikten Unternehmen sind auch nicht zu Aussperrungen bereit. Erst recht nicht, wenn sie nicht im umkämpften Tarifbezirk ihren Sitz haben. Eine Solidarität unter den Unternehmern gibt es nicht.

- **IP 3:** Deutschland ist ein hart umkämpfter internationaler Markt. Viele ausländische Firmen drängen hierher. Die Unternehmer können sich wegen dieser Konkurrenzsituation Arbeitskampfmaßnahmen nicht mehr leisten. Sie fürchten zu sehr um ihre Marktanteile. Ziel ist es daher, Arbeitskampfmaßnahmen zu vermeiden.

- **IP 4:** Die Märkte brachen ab Mitte der 70er Jahre in unserer Branche auf. Das Kapital internationalisierte sich. Die Lagerhaltung wurde abgeschafft. Die Märkte wurden immer enger mit der Folge des steigenden Konkurrenzdenkens der Unternehmer. Ab diesem Zeitpunkt ist wegen der Änderungen der Wirtschaftsabläufe eine Kampfparität zwischen den Tarifvertragsparteien nicht mehr vorhanden.

- **IP 5:** Durch die Globalisierung verbunden mit der Just-in-time-Produktion ist der Wettbewerbsdruck auf die Arbeitgeber immens geworden. Hinzu kommt, daß jeder siebte Arbeitsplatz in Deutschland direkt oder indirekt von der Automobilindustrie abhängt. Diese wiederum ist auf den internationalen Markt angewiesen. Auch unsere Branche ist sehr exportorientiert. Der Druck auf den Industriezweig wird immer stärker und gleichzeitig die Personaldecke immer dünner. Die deutschen Unternehmen sind daher weder streik- noch aussperrungsfähig.

- **IP 6:** Wir sind in einem extrem umkämpften internationalen Markt tätig. Die Löhne in der Bundesrepublik sind derzeit nicht wettbewerbsfähig. Wird zudem gestreikt, so entsteht ein riesiger wirtschaftlicher Schaden, insbesondere auch für den Wirtschaftsstandort Deutschland.
  Andererseits ist eines klar: Wenn die Rechtsprechung im Hinblick auf die rechtliche Kampfparität überzieht und die Unternehmen zu sehr belastet, dann gehen diese alle ins Ausland (Polen, Tschechien). In Deutschland bleibt dann nur noch der Dienstleistungssektor zurück.

- **IP 7:** Mein Unternehmen ist schon immer international tätig und dem weltweiten Wettbewerbsdruck aufgesetzt. Folgen der schlechten Wettbewerbsfähigkeit waren die oben dargestellten Umstrukturierungsmaßnahmen im Unternehmen (Just-in-time, Outsourcing, Neuschaffung der Kostenverantwortlichkeiten). Interessant sind daher Arbeitskämpfe für Arbeitgeber nur dann, wenn ihnen die Auswirkungen beispielsweise aufgrund einer schlechten wirtschaftlichen Situation passen. Ansonsten kann sich heute kein größeres Unternehmen einen Arbeitskampf wirtschaftlich leisten. Das gilt für reine Zulieferbetriebe noch viel mehr als für Endproduzenten.

- **IP 8:** Aussagen zum Thema Internationalisierung/Globalisierung kann ich nicht machen, ebensowenig zu ausländischer Konkurrenz. Mein Unternehmen ist ausschließlich in Deutschland tätig. Hier ist es die absolute Marktführerin. Ausländische Konkurrenz gibt es nicht.
  Gleichwohl streben auch wir nach außen, rein um Größe zu schaffen und so die Gefahr von feindlichen Übernahmen abzuwehren.

- **IP 9:** In Deutschland gehen derzeit 90 % der insgesamt produzierten Güter in den Export und davon wiederum 50 % in Länder außerhalb Europas. Transportkosten sind zu einer vernachlässigbaren Größe geworden. Dadurch hat sich die Position der Arbeitnehmer sehr verschlechtert, da Arbeitsplätze egal wo beliebig und

sehr schnell geschaffen werden können. Das zieht auch bereits durch den Mittelstand und verursacht einen ungeheueren Druck auf die Arbeitnehmer zur Weiterbildung. Gleichwohl liegen die Standortvorteile Deutschlands in der Beständigkeit der Arbeitnehmer, die in den Billiglohnländern nicht gegeben ist.
Konkret für mein Unternehmen kam es nach der Grenzöffnung zu einem tiefen Einschnitt. Eine sehr starke Konkurrenz aus Fernost und Malaysia war bereits zu diesem Zeitpunkt vorhanden. Das Unternehmen schrieb rote Zahlen. Folge der Grenzöffnung war, daß wir sofort gezielt den Produktionsstandort Deutschland verließen und in Tschechien, Ungarn, Singapur und in Amerika Fertigungsstätten aufbauten. Das führte aber nicht zu einem Arbeitsplatzabbau in Deutschland, sondern gerade zu deren Sicherung. Ohne diese Schritte hätte das Unternehmen nicht überlebt.

- **IP 10:** Derzeit ist es noch nicht möglich, per Knopfdruck die Produktion ins Ausland zu verlegen. Möglich ist aber eine schnelle Umschichtung der Produktion bei einem drohenden Arbeitskampf.

- **IP 11:** Die Globalisierung ist eine Tatsache. Eines der größten Probleme ist dabei, daß man auf diese Entwicklung derzeit nur reagieren kann. Aktive Handlungen sind kaum mehr möglich. Diese Entwicklung wird von den Unternehmen dazu benutzt, die Angst der Arbeitnehmer vor einem Arbeitsplatzverlust zu schüren. Durch die Globalisierung werden die Unternehmen immer größer, weiter und unübersichtlicher. Die Gewerkschaftsarbeit wird so erschwert. Hinzu kommt, daß es selbst in der EU noch keine einheitlichen Sozialstandards gibt. In Deutschland sind diese sehr hoch. Im Zuge einer Vereinheitlichung auf europäischer Ebene käme es in Deutschland zu einem Abbau dieser Standards. Das ist von den Gewerkschaften nicht gewollt. Sie bemühen sich daher, im Ausland die Anhebung der Sozialstandards zu beschleunigen. Bei einer Harmonisierung muß dann die Bundesrepublik nicht so viel abgeben.

- **IP 12:** Keine Angaben.

- **IP 13:** Durch die Globalisierung/Europäisierung kommt es zu einer Verringerung der Macht der Gewerkschaften. Es ist schwierig, eine internationale Gewerkschaft ins Leben zu rufen. Seit Anfang der 90er Jahre gibt es verstärkte Bemühungen in diese Richtung. Ziel der Arbeitnehmervertretungen sind überall starke Gewerkschaften und eine gemeinsame Lohnpolitik. Bei einer Vereinheitlichung würden Länder mit hoher Inflationsrate für die Arbeitgeber als Ausweichländer unattraktiver.

f) Hat die hohe Arbeitslosigkeit Auswirkungen auf die Gewerkschaften? Führt die Angst der Arbeitnehmer vor Arbeitslosigkeit zu einer Verschiebung des Kräftegleichgewichts?

- **IP 1:** Keine Angaben.

- **IP 2:** Keine Angaben.

- **IP 3:** Keine Angaben.

- **IP 4:** Keine Angaben.

- **IP 5:** Keine Angaben.

- **IP 6:** Keine Angaben.

- **IP 7:** Eine besondere Mobilisation der Arbeitnehmer im Rahmen von Arbeitskämpfen wegen der hohen Arbeitslosigkeit habe ich noch nicht beobachtet. Auch das Gegenteil, nämlich mangelnde Solidarität und fehlende Bereitschaft zum Arbeitskampf wegen der Angst vor Arbeitslosigkeit, habe ich nicht festgestellt.
Mein Unternehmen hat derzeit sogar mit einem großen Facharbeitermangel zu kämpfen. Die Ersatzeinstellung von Arbeitskräften als Arbeitskampfmaßnahme ist ausgeschlossen. Die Anlernzeiten sind viel zu lang.

- **IP 8:** Keine Angaben.

- **IP 9:** Trotz der hohen Arbeitslosenzahlen und des Druckes auf die Arbeitnehmer wegen der Globalisierung ist eine Angst vor Arbeitslosigkeit nicht unmittelbar zu spüren. Ein Einfluß auf die Tarifvertragsverhandlungen ist nicht gegeben.

- **IP 10:** Die Angst vor Nachteilen spielt bei den streikenden Arbeitnehmern keine Rolle. Die Kampfkraft wird dadurch nicht geschwächt. Jedoch spielt die Arbeitsplatzangst bei den Forderungsaufstellungen innerhalb der Gewerkschaften eine wesentliche Rolle und führt zu großen Diskussionen. Denn den Mitgliedern in den gewerkschaftlichen Ausschüssen und Diskussionsrunden ist die wirtschaftliche Lage ihrer Unternehmen sehr gut bekannt und wird auch realistisch gesehen. Bei schlechter wirtschaftlicher Lage ist die Angst vor weiterem Stellenabbau und vor Verlagerung ins Ausland sehr groß. Die Arbeitgeber drohen derartige Maßnahmen häufig schon im Vorfeld der Tarifvertragsverhandlungen an. Dann ist es oft schwierig, die Arbeitnehmer vor Ort zu Arbeitskampfmaßnahmen zu bewegen.

- **IP 11:** Die Einführung des Computers hat zu einem hohen Arbeitsplatzabbau geführt. Die Mitarbeiter in den Büros wurden durch die Computerisierung förmlich überrannt. Der Druck auf die Arbeitnehmer stieg, ebenso die Angst vor Arbeitslosigkeit. Bei Verhandlungen von Haustarifverträgen spielt die Angst der Arbeitnehmer vor dem Verlust der Arbeitsplätze eine große Rolle. Arbeitskämpfe zum Abschluß von Haustarifverträgen haben noch nicht stattgefunden.

- **IP 12:** Auswirkungen der Angst vor Arbeitslosigkeit auf das Kräftegleichgewicht hat dieser Gesprächspartner noch nicht festgestellt.

- **IP 13:** Gleiche Angaben wie **IP 12.**

g) Haben sich die Mitgliederzahlen der Gewerkschaften in den letzten Jahren verändert? Was sind Ihrer Meinung nach die Ursachen dafür? Was ist die Folge? Hat das Auswirkungen auf das Kräftegleichgewicht im Rahmen von Tarifvertragsverhandlungen?

- **IP 1:** Der Mitgliederverlust bei der *IG Metall* verläuft seit 1989/90 stetig. Das hat im wesentlichen zwei Ursachen: Zum einen kamen nach der Wiedervereinigung die ostdeutschen Gewerkschaftsmitglieder automatisch zur *IG Metall*, die jetzt die Gewerkschaft wieder verlassen. Die dortige hohe Arbeitslosigkeit spielt dabei eine wesentliche Rolle. Zweite Ursache für den Mitgliederverlust sind die Veränderungen in der Arbeitswelt. Die Anforderungen an die Qualifikation der Arbeitnehmer werden immer größer. Erfahrungsgemäß gehen aber hochqualifizierte Arbeitnehmer in der Regel nicht zur Gewerkschaft.
  Als Folge dieser Austrittswelle werden gravierende Kassenprobleme bei den Gewerkschaften erwartet. Speziell bei der *IG Metall* erwartet man eine Unterdeckung von ca. DM 150.000,--. Diese Entwicklung macht auch den Arbeitgebern Sorgen, denn man befürchtet eine Veränderung der Gewerkschaftsklientel und damit eine Radikalisierung.

- **IP 2:** Die Mitglieder der *IG Metall* sind nicht radikal. Es handelt sich um sehr konservative Arbeitnehmer. Das erkennt man schon an den vielen innergewerkschaftlichen Diskussionen, wenn die Führungsspitze irgendwelche Forderungen aufstellt. Als Ursachen für die Mitgliederverluste wurden genannt:

  - Die Mitglieder der *IG Metall* weisen einen hohen Altersdurchschnitt auf. Daher z.B. auch die jüngste Forderung nach einer Rente mit 60. Die jüngeren Mitglieder sind hier eher sehr skeptisch.
  - Im Osten Deutschlands haben die Gewerkschaften einen schwierigen Stand.
  - Die Problematik Beitragshöhe - Trittbrettfahrer: Kein Unternehmen macht in der Entlohnung zwischen Gewerkschaftsmitgliedern und Nichtmitgliedern Unterschiede. Viele Gewerkschaftsmitglieder sehen daher nicht ein, die hohen Gewerkschaftsbeiträge (1 % vom Bruttolohn) zu bezahlen.
  - Die klassischen Gewerkschaftsmitglieder der *IG Metall* werden wegen der Veränderungen in der Arbeitswelt immer weniger. Die Angestellten fühlen sich in dieser Arbeitnehmervertretung nicht wohl, da die Führung der *IG Metall* aus der alten Arbeiterschaft stammt.
  - Eine Gewerkschaftsmüdigkeit, die darauf beruht, daß keine gemeinsamen Ziele zwischen der Gewerkschaftsbasis und der Führung zustande kommen. Man muß sich nur die Forderung nach der 32-Stunden-Woche vor Augen halten, die die Basis nicht will. Gleiches ergibt sich aus der Verbandsklage, die von der Gewerkschaft gegen eine betriebliche Regelung durchgesetzt hat und an der die Arbeitnehmer über den Betriebsrat mitgewirkt haben.

- **IP 3:** Keine Angaben.

- **IP 4:** Keine Angaben.

- **IP 5:** Der *IG Metall* brechen die Mitglieder wegen der Veränderungen in der Arbeitswelt weg. Angestellte stellen nicht den klassischen Klientel der *IG Metall* dar. Hinzu kommen die „Grabenkämpfe" innerhalb dieser Gewerkschaft, da die Führung eine einheitliche Linie bislang nicht finden konnte. Das hat Auswirkungen auf die Mitglieder. Zur Zeit geht der Trend aber eindeutig in Richtung „Einigelung", was zu einer Radikalisierung dieser Arbeitnehmervertretung führen kann. Die Mitglieder können heute schon fast nur noch mit Parolen und Befürchtungen vor schlechten künftigen Entwicklungen mobilisiert werden - eine sehr bedenkliche Entwicklung.

- **IP 6:** Keine Angaben.

- **IP 7:** Konkrete Kenntnisse über die Veränderungen in den Mitgliedszahlen der *IG Metall* habe ich nicht. Gleichwohl hat sich nichts Dramatisches zu Lasten der Gewerkschaft getan. Klagen über die Mitgliederzahlen und den Organisationsgrad der Gewerkschaften gab es bereits Anfang der 70er Jahre.
  Der Mitgliederverlust der *IG Metall* ist jedoch im Angestelltenbereich gravierend. Eine Radikalisierung der Gewerkschaft ist auch nicht möglich („schlimmer geht's nimmer!").

- **IP 8:** Die Mitgliederstruktur unseres gewerkschaftlichen Gegenspielers ist einem Wandel unterworfen. Diese Gewerkschaft war bis vor kurzem eine der stärksten und reichsten. Unser Unternehmen hat in den letzten Jahren ca. 20.000 neue Mitarbeiter eingestellt. Davon ist aber fast keiner in die Gewerkschaft eingetreten.

- **IP 9:** Keine Angaben.

- **IP 10:** Die Mitgliederentwicklung bei der *IG Metall* ist sehr problematisch, nachdem diese Gewerkschaft von Dezember 1998 bis zum Mai 1999 (also in 5 Monaten) insgesamt 40.000 Mitglieder verloren hat. In den letzten 10 Jahre ist eindeutig eine abnehmende Tendenz zu beobachten. Die Zahl der Austritte übersteigt permanent die Zahl der Neuaufnahmen. Wesentliche Ursachen sind nach einer eigenen Untersuchung der *IG Metall* folgende:

  - Die Mitgliedsbeiträge (1 % vom Bruttolohn) sind zu hoch.
  - Die von der Gewerkschaft ausgehandelten Lohnerhöhungen bekommen alle Arbeitnehmer, auch Außenseiter. Viele sehen daher nicht ein, warum sie in der Gewerkschaft bleiben sollen. Die sonstigen Leistungen der *IG Metall* spielen eine untergeordnete Rolle.
  - Die Arbeitswelt ändert sich und ist auf dem Weg zur Dienstleistungsgesellschaft. Dadurch steigt die Zahl der Angestellten.
  - Die Unzufriedenheit mit der Politik der *IG Metall* spielt keine wesentliche Rolle.
  - Die Abschmelzungstendenzen im Osten sind nicht entscheidend. Die *IG Metall* konnte dort noch nie richtig Fuß fassen.
  - Die Angst vor Arbeitslosigkeit bzw. die Angst vor Benachteiligungen wegen der Mitgliedschaft in der *IG Metall* ist von sehr untergeordneter Bedeutung.

  Gleichwohl ist die *IG Metall* streikfähig. Die Streikkasse ist gut gefüllt, nachdem in den letzten Jahren keine langen und teueren Streiks mehr geführt wurden.

- **IP 11:** Auch die *DAG* hat mit Mitgliederverlusten zu kämpfen. Ursachen dafür sind:

  - Die Mitgliederverluste im Osten der Bundesrepublik Deutschland, die nach der Wende zur *DAG* gekommen sind. Diese Entwicklung ist aber nicht so gravierend wie bei den *DGB-Gewerkschaften*.
  - Der Gewerkschaftsbeitrag mit 1 % des Bruttogehalts ist zu teuer.
  - Das Desinteresse der Arbeitnehmer an der Gewerkschaft.
  - Die Gewerkschaftsangehörigkeit ist heute keine Selbstverständlichkeit mehr.
  - Viele Gewerkschaftsmitglieder gehen in Ruhestand. Auszubildende treten kaum noch in die Gewerkschaft ein.
  - Die Angst der Arbeitnehmer, bei Gewerkschaftszugehörigkeit und -betätigung den Arbeitsplatz zu verlieren und einen neuen wegen einer entsprechenden Formulierung im Arbeitsvertrag nicht mehr zu bekommen.

  Dieser Mitgliederverlust setzte verstärkt mit der sich abschwächenden Konjunktur in Deutschland ein. Das ist die wesentliche und entscheidende Ursache für die Mitgliederverluste. Um diese Probleme in den Griff zu bekommen, wurde die Gründung von *ver.di* initiiert. Dadurch soll die Konkurrenzsituation unter den Gewerkschaften aufgehoben werden.

- **IP 12:** Der Organisationsgrad in den Betrieben liegt bei durchschnittlich 35 %. An diesem Schnitt ändern Personalreduzierungen und Gewerkschaftsaustritte nichts. Besondere Probleme mit den Mitgliedern haben wir nicht.

- **IP 13:** Wir sind derzeit die einzige Gewerkschaft, die einen Mitgliederzuwachs verzeichnen kann, und das trotz des Verlustes von 300.000 Arbeitsplätzen in den letzten Jahren. Bundesweit sind gleichwohl erhebliche Verluste wegen der schlechten wirtschaftlichen Situation im Osten Deutschlands zu verzeichnen. Nach der

Wiedervereinigung waren zudem fast alle Arbeitnehmer in den neuen Bundesländern gewerkschaftlich organisiert. Diese Mitglieder verlieren auch wir derzeit wieder.

h) Welche Veränderung waren in den letzten Jahren innerhalb der Arbeitgeberverbände zu beobachten? Warum werden OT-Verbände gegründet? Wie sieht es mit der Solidarität der Arbeitgeber untereinander aus?

- **IP 1:** OT-Mitgliedschaften werden im Verband intensiv diskutiert. Der Grund dafür ist, der Unzufriedenheit der Mitglieder vorzubeugen. Die Austritte aus dem Verband liegen derzeit unter 5 %.
  Umfragen im Hinblick auf die OT-Mitgliedschaft haben ergeben, daß viele bislang nicht organisierte Arbeitgeber einem solchen Verband beitreten würden, um die Verbandsdienstleistungen beanspruchen zu können, ohne gleichzeitig eine Tarifbindung eingehen zu müssen.

- **IP 2:** Die Mitgliederzahlen im Arbeitgeberverband dieses Interviewpartners sind in den letzten Jahren nicht gesunken. Extrem gesunken sind jedoch die Beschäftigtenzahlen in den Mitgliedsunternehmen (von knapp 1 Mio. auf ca. 500.000 bis 600.000). OT-Verbände sind langsam am Entstehen.
  Unter den Arbeitgeber nimmt die Solidarität vor allem wegen des immer schärfer werdenden Wettbewerbs ständig ab. Es gab sie noch in den 70er und 80er Jahren, heute aber nicht mehr. Zum Beispiel wurde 1996 die Lohnfortzahlung im Krankheitsfall durch den Gesetzgeber auf 80% herabgesetzt. Umstritten war, ob davon auch die Regelungen in den Tarifverträgen betroffen waren (konstitutiv oder deklaratorisch). Die *IG Metall* drohte mit massiven Warnstreiks. Die Arbeitgeber waren zunächst zum Durchhalten entschlossen - vor allem die Großunternehmen. Tatsächlich schaffte es nur Daimler-Benz, diese Entschlossenheit umzusetzen. Das Unternehmen wurde 3 Tage lang bestreikt. Dann mußte es die volle Lohnfortzahlung ebenfalls akzeptieren.

- **IP 3:** Mitgliederverluste sind nicht festzustellen. OT-Mitgliedschaften sind derzeit noch nicht möglich. Gleichwohl gibt es schon einen gewissen Druck der Mitglieder, sie einzurichten. In Kürze wird diese Art der Mitgliedschaft daher wohl angeboten werden.
  Zu berücksichtigen ist die Besonderheit meiner Branche, in der es traditionell zum „guten Ton" gehört, wenn man im Verband ist. Und solange der jetzige Verband guten Service anbietet, bleiben die Mitglieder auch. Der Organisationsgrad liegt bei fast 100 %.

- **IP 4:** Die Holz- und Kunststoffindustrie hat in der jüngsten Vergangenheit eine erhöhte Zahl von Austritten zu verzeichnen. Bei 90 % war die Betriebsaufgabe die Ursache. Davon waren wiederum 90 % im unteren Bereich der Mitgliederzahlen. Wegen des Wachstums der größeren Betriebe blieben die Mitgliedsbeiträge gleich.

- **IP 5:** Wegen der schlechten wirtschaftlichen Situation des Deutschen Maschinen- und Anlagenbau Anfang der 90er Jahre und des hohen Tarifabschlusses 1995 traten zahlreiche kleine und mittelständische Unternehmen aus den Arbeitgeberverbänden aus, da sie keinen Einfluß auf die Entscheidungen in den Verbänden hatten. Diese organisierten sich dann in nicht tariffähigen Verbänden.

- **IP 6:** Die Philosophie dieses Unternehmens ist aktuell die volle Unterstützung des zuständigen Arbeitgeberverbandes. Alle Maßnahmen eines Arbeitskampfes werden mit diesem abgesprochen. OT-Mitgliedschaften und Haustarifverträge sind damit nicht vereinbar.

- **IP 7:** Keine Angaben.

- **IP 8:** Keine Angaben.

- **IP 9:** Keine Angaben.

- **IP 10:** Nach den Gewerkschaftserfahrungen hat das Angebot von OT-Mitgliedschaften die Mitgliederzahlen der Arbeitgeberverbände noch nicht steigen lassen. Ziel ist also, die Mitglieder zu halten.
  Für die Gewerkschaften ist bei einer solchen Entwicklung das Problem, daß sie Betrieb für Betrieb, Unternehmen für Unternehmen wieder „zurückholen" müssen. Ihre örtlichen Verwaltungsstellen sind schon jetzt überlastet. Das führt zu eine Schwächung. Von der Gewichtung her sind jedoch derzeit das Outsourcing und das Zergliedern von Unternehmen ein wesentlich aktuelleres Problem als die OT-Mitgliedschaften.

- **IP 11:** Keine Angaben.

- **IP 12:** Keine Angaben.

- **IP 13:** Keine Angaben.

i) *Ist in den letzten Jahren verstärkt der Abschluß von Haustarifverträgen zu beobachten? Ist dabei ein Kräftegleichwicht zwischen den Verhandlungspartnern vorhanden? Warum kommt es vermehrt zu Haustarifverträgen?*

- **IP 1:** Keine Angaben.

- **IP 2:** Firmentarifverträge spielen eine marginale Rolle. Beim Mittelständler ist dabei eine Kampfparität nicht gegeben. Die einzige Lösung für die Unternehmen wäre es, in den Verbänden zu bleiben.

- **IP 3:** Wegen des hohen Organisationsgrades (siehe oben) gibt es fast keine Firmentarifverträge und Außenseiter im Arbeitgeberlager dieses Interviewpartners.

- **IP 4:** In meiner Branche werden große Firmen aus den Tarifverträgen herausgenommen und Haustarifverträge verstärkt abgeschlossen. Dieser Trend ist schon seit den 70er Jahren zu beobachten. Grund dafür war, daß man im Falle von Streiks bei den großen Firmen eine Aussperrung bei den kleineren Unternehmen nicht durchsetzen konnte. Das hängt mit der Wettbewerbssituation zusammen.

- **IP 5:** Keine Angaben.

- **IP 6:** Keine Erfahrungen.

- **IP 7:** Keine Erfahrungen.

- **IP 8:** In unserem Unternehmen besteht schon immer ein Haustarifvertrag. Tariffähige Verbände gibt es in der Branche noch nicht. Der Vorteil dabei ist, daß die Betriebsräte in Personalunion Mitglieder des Aufsichtsrates und Verantwortliche der Gewerkschaft sind. Sie wissen also über alle wesentlichen wirtschaftlichen Belange des Unternehmens sehr gut Bescheid. Es findet ein so großer Informationsfluß statt, daß man von einer partnerschaftlichen Zusammenarbeit der Gegenspieler sprechen kann.
  Die Neugründung von *Ver.di* sehe ich für uns sehr positiv, da wir dann aus der Fessel des Haustarifvertrages herauskommen. Das Lohnniveau wird sich danach bei uns nach unten bewegen, denn die Konkurrenzfirmen bezahlen derzeit viel weniger.

- **IP 9:** Wir haben einen Haustarifvertrag. Die Verbände spielen bei den Verhandlungen eine wesentliche Rolle. Wegen der Besonderheit eines Stiftungsunternehmens vertreten jedoch auch die Arbeitgeber ausschließlich die Interessen des Unternehmens. Somit existiert ein partnerschaftliches Verhältnis. Zudem macht das sehr niedrige Gehaltsniveau in meiner Branche Lohnerhöhungen leicht verkraftbar.

- **IP 10:** Vermutlich durch die Outsourcing-Welle verursacht ist auch die Anzahl der Haustarifverträge in den letzten Jahren gestiegen. In meiner Branche gab es beispielsweise im November 1998 insgesamt 15 Haustarifverträge (mit Arbeitgebern selbst abgeschlossen) und 91 Anerkennungstarifverträge. Seit 1993 hat die Anzahl der Haustarifverträge somit um 60 bis 70 % zugenommen.
  Im Hinblick auf das Kräfteverhältnis beim Abschluß eines Firmentarifvertrages ist weniger die Verbandsmacht und das Geld der Gewerkschaft entscheidend, als vielmehr der Organisationsgrad in den Betrieben. Je niedriger der Organisationsgrad, desto stärker der Arbeitgeber und umgekehrt.

- **IP 11:** Die Initiative zu Haustarifverträgen geht grundsätzlich von den Arbeitgebern aus. In den letzten Jahren ist die Anzahl sehr gestiegen. Die Ursache dafür ist, daß derartige Tarifverträge im Gegensatz zu Flächentarifverträgen auf die Situation des einzelnen Betriebes eingehen können. Auf diese Weise gelten dann häufig 2 (unterschiedliche) Tarifverträge. Oft erkaufen sich die Unternehmer die Geltung der Firmentarifverträge mit einer Begünstigung der Gewerkschaftsmitglieder. Diese erhalten Sonderzuwendungen.
  Ziel der Firmentarifverträge ist es, die Lohnkosten zu senken, die Zahlung von Weihnachts- und Urlaubsgeld an das Betriebsergebnis zu koppeln und die Arbeitszeiten zu flexibilisieren. Arbeitskämpfe zum Abschluß eines Haustarifvertrages habe ich noch nicht erlebt. Die Arbeitnehmer haben zu viel Angst vor einem Arbeitsplatzverlust.

- **IP 12:** In meiner Branche ist eindeutig eine Tendenz zu Haustarifverträgen festzustellen. Die Ursache dafür ist der verstärkte Austritt von Arbeitgebern aus den Verbänden. Bedeutung haben sie darüber hinaus in Bereichen, wo kein Flächentarifvertrag zustande kommt (z.B. Flexibilisierung der Arbeitszeit, Altersteilzeit, Entgeltfortzahlung im Krankheitsfall).

- **IP 13:** In meiner Branche kommen Firmentarifverträge vor dem Hintergrund der „Flucht" aus den Flächentarifverträgen vermehrt zustande. Flächentarifverträge stellen einen Ordnungsfaktor dar, den Firmentarifverträge nicht haben. Diese Ordnungsfunktion wird vor allem durch die Allgemeinverbindlicherklärung herbeigeführt. Die Gründe für die Tarifflucht sind die hohen Kosten der Flächentarifverträge für die Arbeitgeber und deren Gefühl, von ihren Verbänden schlecht vertreten zu werden.
  Firmentarifverträge sind für die Gewerkschaften leicht durchzusetzen. Man stellt ein wenig Geld zur Verfügung, dann haben die Arbeitgeber bald nichts mehr entgegenzusetzen.

j) Welche weiteren Veränderungen hatten Ihrer Meinung nach wesentlichen Einfluß auf das Kräftegleichgewicht der Tarifvertragsparteien?

- **IP 1:** Die Änderung des § 116 AFG war eine notwendige Reaktion auf die Schwerpunktstreiks 1984, in denen sich die Übermacht der Gewerkschaften zeigte. Zumindest war damals ein Ungleichgewicht vorhanden. Man muß sich nur das Beispiel *Bosch* vor Augen halten, wo ein Streik von 200 Mann die gesamte angeschlossene Industrie lahmlegte und die Kosten zum Großteil der öffentlichen Hand auferlegt wurden.
  Der sog. shareholder value ist ein großes Problem. Es ist klar, daß die Unternehmensmanager in der aktuellen Situation auf kurzfristigen Erfolg ausgerichtet sind. Es ist aber bis jetzt noch nicht nachgewiesen, ob das tatsächlich zum Nachteil für die Unternehmen und die Arbeitnehmer ist.

- **IP 2:** Keine Angaben.

- **IP 3:** Keine Angaben.

- **IP 4:** Ein weiteres Problem ist, daß auf Gewerkschaftsseite ein Trend zu immer größeren Gewerkschaften vorhanden ist. In Zukunft wird es fast keine kleinen Gewerkschaften mehr geben, die sich um kleine Branchen kümmern. Das wird die Inhalte der Tarifverträge verändern.
  Einen Einfluß auf die Kampfparität bei Verhandlungen um Lohntarifverträge hat der Lohnanteil am fertigen Produkt. In meiner Branche beträgt der Lohnanteil ca. 20 bis 22 % des Produktpreises. Ein Bedürfnis für Aussperrungen besteht folglich nicht, ein vorheriges Nachgeben ist für die Arbeitgeber in jedem Fall wirtschaftlich günstiger. Besondere Belastungen für die Arbeitgeber entstehen dadurch nicht. Es gibt auch Produkte, wo bei einem Gerät von DM 800,-- der Lohnkostenanteil DM 1,-- beträgt. Das Risiko von Streiks und Aussperrungen lohnt sich dort wirtschaftlich gesehen nicht.

- **IP 5:** Eine Verschiebung des Kräftegleichgewichts ist allein schon durch die Komplexität des Arbeitskampfrechts eingetreten. Für die Gewerkschaften ist der Arbeitskampf relativ einfach. Sie schicken ihre Mitglieder und auch Nichtmitglieder auf die Straße. Die Verhandlungen müssen nicht einmal mehr formell für gescheitert erklärt werden. Sie haben zudem Arbeitskampfspezialisten.
  Für die Arbeitgeber ist alles wesentlich komplizierter: Quotenrechtsprechung, Betriebsstillegung usw. Die mittelständischen Unternehmen haben keine im Arbeitskampfrecht ausgebildeten Spezialisten. Das macht der kaufmännische Geschäftsführer mit. Aus rechtlicher Sicht ist das ein erheblicher Hemmschuh.

- **IP 6:** Wichtig ist es, sich den Ablauf zu verdeutlichen, wenn ein Streikaufruf von Seiten der Gewerkschaften erfolgt: Das Kampfpotential der Gewerkschaften wird dadurch deutlich. Die Betriebsräte überlegen, ob sie die Streiks unterstützen sollen. Falls in einem Unternehmen schon Tendenzen zu Betriebsverlagerungen ins Ausland vorhanden sind, dann steigt die Angst davor. Die Betriebsräte sehen die Dinge oft anders als die Gewerkschaften, die zumeist sehr kurzfristig denken. Unabhängig davon müssen aber Teile der Belegschaft in jedem Falle streiken. Hinzu kommt auch die Angst der einzelnen Mitarbeiter davor, der Arbeitgeber wisse aufgrund der modernen Techniken alles über ihn. Zwar sind derartige Informationen aus dem Computer abrufbar, die Arbeitgeber haben aber kein Interesse daran. Ziel ist es nämlich, das Mitdenken der Arbeitnehmer fördern und nicht zu einer ständigen Bevormundung zurückkehren.

- **IP 7:** Auch unorthodoxe Kampfmittel wie etwa Briefe nach Hause schreiben haben häufig wesentlichen Einfluß auf die Kampfparität. Dann bekommen die streikenden Ernährer von der Familie einen Druck, der nicht zu unterschätzen ist. Der Gedanke des Arbeitsplatzverlustes bzw. die Angst davor hat dann wesentlichen Einfluß auf die Streikbereitschaft der Arbeitnehmer.

- **IP 8:** Keine Angaben.

- **IP 9:** Keine Angaben.

- **IP 10:** Durch die Änderung des § 116 AFG können nicht vom Arbeitskampf betroffene Arbeitnehmer mit einbezogen werden. Die Gewerkschaften können das im Rahmen eines Streiks politisch nicht durchstehen.

Politisch ist es nicht möglich, mit einem kleinen Streik die gesamte Bundesrepublik lahmzulegen, was aber tatsächlich ohne weiteres möglich wäre. Die gesellschaftliche Toleranz dazu ist nicht vorhanden. Aus diesem Grund ist es beispielsweise bislang immer bewußt vermieden worden, die Autoindustrie und ihre Zulieferer in einen solchen Streik mit einzubeziehen. Dadurch ist ein Gefühl der Verschiebung des Kräftegleichgewichts zu ihren Lasten entstanden.

- **IP 11:** Der sog. shareholder value ist ein großes Problem. Das läuft derzeit um jeden Preis. Wenn Aktien fallen, dann wird primär an den Personalkosten gespart. Alles wird nur noch an Finanzstandards gemessen; sie spielen die alles entscheidende Rolle. Die Wertigkeit eines Unternehmens definiert sich heute nur noch über die Finanzkraft. Das beruht auf einem Wertewandel und einem Solidaritätsverlust in der Gesellschaft. Deutschland ist auf dem Weg in die reine Marktwirtschaft, die soziale Komponente wird zurückgedrängt. Die Arbeitnehmer haben große Angst vor diesen Entwicklungen und ihren Auswirkungen auf ihre Durchsetzungsfähigkeit.

- **IP 12:** Keine Angaben.

- **IP 13:** Die Änderung des § 116 AFG hat die Streiktaktik der Gewerkschaften wesentlich verändert. Nachdem die Gewerkschaften an branchenverschiedene Gewerkschaftsmitglieder keine Streikunterstützung zahlen dürfen und diese auch vom Arbeitsamt nichts erhalten, werden in Streiks so wenig Arbeitnehmer wie möglich einbezogen, um die Kosten niedrig zu halten. Auf der anderen Seite wurde dadurch aber auch die Motivation der Gewerkschaftsmitglieder zu Streiks erhöht, da sich nun jeder darum bemüht, streiken zu dürfen, denn nur dann bekommt er Geld. Beim Abschluß zentraler Tarifverträge für die gesamte BRD spielt die Änderung des § 116 AFG keine Rolle. Bei dezentralen Tarifverträgen kann sie leicht umgangen werden. Letztlich ist § 116 AFG n.F. ein „*IG Metall*- Strafparagraph".

3. Fragen nach den persönlichen Einschätzungen der Interviewpartner

a) Würden Sie heute - basierend auf der bisherigen Rechtsprechung des BAG - noch eine Aussperrung wagen? Wie beurteilen Sie die Rechtsprechung des BAG im Allgemeinen?

- **IP 1:** Entscheidend ist, wer Präsident des *BAG* ist. Je nachdem würde ich bei einer Aussperrung die Quotenrechtsprechung beachten oder nicht. Falls es tatsächlich zu einem Arbeitskampf kommt, dann spielen Rechtsfragen keine Rolle. Diese Frage kann man also nicht beantworten.
  Der Knackpunkt ist, daß die Unternehmen nicht mehr zu einer Aussperrung bereit sind. Etwas anderes ist es, wenn ein Unternehmen sich in einer schweren wirtschaftlichen Krise befindet oder wenn es um Themen geht, die - wie z.B. die Flexilisierung der Arbeitszeit - von enormer Bedeutung für sie sind.
  Fraglich ist auch, ob die Unternehmen einen echten Erzwingungsstreik im klassischen Sinn erdulden würden. Die passive Streikfähigkeit ist sehr gering.

- **IP 2:** Aufgrund der rechtlichen Unsicherheiten ist eine Aussperrung nur noch in extremen Ausnahmefällen tatsächlich denkbar. Die Unternehmen tragen zudem eine Aussperrung kaum mehr mit.

- **IP 3:** Die Aussperrung ist ein „völlig veralteter Zopf". Nur in Extremfällen, wo wichtige Entscheidungen getroffen werden und hierfür auch eine Öffentlichkeit gewonnen werden kann, wird allgemein vor Gericht gezogen. Bei Lohn- und Gehaltstarifverträgen ist das nicht der Fall. Ursache dafür ist, daß die meisten wesentlichen Fragen von den Gerichten gegen die Arbeitgeber entschieden werden. Gefallen läßt man sich gleichwohl nichts.
  Wenn ein Unternehmer bestreikt wird, dann ist im Regelfall die Lösung das Erdulden und der Versuch, das Betriebsklima in Ordnung zu halten, denn nach einem Streik müssen wieder alle Beteiligten wie vorher zusammenarbeiten. Dazu kommt, daß der Arbeitgeber zunächst an seine Maschinen und an seine Kunden denkt, die er beliefern muß. Zudem hält sich die inländische und ausländische Konkurrenz nicht an Richtlinien und Streikhilfeabkommen.

- **IP 4:** Eine Aussperrung würde ich nicht mehr riskieren. Die Unsicherheitsfaktoren sind zu viele.

- **IP 5:** Keine Angaben.

- **IP 6:** An eine Aussperrung habe ich noch nie einen Gedanken verschwendet. Sie ist mir noch nie in den Sinn gekommen.

- **IP 7:** Ziel eines jeden Unternehmers im Arbeitskampf ist es, diesen so schnell wie möglich zu beenden. Das kann auch über eine Eskalation erreicht werden. Die Leidtragenden sind dabei aber die Klein- und Mittelbetriebe.

- **IP 8:** Keine Angaben.

- **IP 9:** Die Rechtsprechung des *BAG* ist zu einseitig auf die Großindustrie hin ausgerichtet. Eine Aussperrung ist mir noch nie in den Sinn gekommen.

- **IP 10:** Aussperrungen finden faktisch kaum mehr statt. Sie kommen nicht gut an und wurden durch die Rechtsprechung des *BAG* sehr stark eingeschränkt. Die ursprünglichen Arbeitskämpfe verlagern sich und finden nicht mehr im klassischen Stil statt. Die Arbeitgeber suchen andere Möglichkeiten (Outsourcing, Vorhalten einer Notmannschaft usw.).

- **IP 11:** Keine Angaben.

- **IP 12:** Die Rechtsprechung des *BAG* ist auf dem richtigen Weg. Sie geht mir nur noch nicht weit genug, denn allein durch die grundsätzliche Zulassung der Aussperrung ist das Kräfteverhältnis zu Lasten der Gewerkschaften verschoben worden.

- **IP 13:** Keine Angaben.

b) Bringt das Arbeitskampfmittel der Betriebsstillegung für die Arbeitgeber etwas?

- **IP 1:** Betriebsstillegung können zumindest theoretisch klappen. In der Praxis versuchen die Arbeitgeber immer, ihre Produktion so weit wie möglich aufrecht zu erhalten. Sie sind wirtschaftlich nicht mehr in der Lage, einen Arbeitskampf durchzustehen. Bei der Streiktaktik der Wellenstreiks bringt auch die Betriebsstillegung nichts.

- **IP 2:** Die Entscheidung zur Betriebsstillegung hängt eng mit dem Präsidentenwechsel am *BAG* zusammen. Es handelte sich um einen Streik im Öffentlichen Dienst. Auf die Privatwirtschaft ist diese Entscheidung nicht übertragbar.

- **IP 3:** Dieses Arbeitskampfmittel ist mir neu.

- **IP 4:** Die Betriebsstillegung ist kein Mittel im Arbeitskampf. Wenn die Arbeitgeber zumachen, dann auf Dauer.

- **IP 5:** Ich kenne dieses Arbeitskampfmittel nicht. In der Praxis spielt es keine Rolle.

- **IP 6:** Eine Betriebsstillegung als Arbeitskampfmittel ist mir unbekannt.

- **IP 7:** Theoretisch kann die Betriebstillegung eine Alternative sein, und zwar auch für die Privatwirtschaft, wenn man sich die Vernetzung der Fabriken in der Automobilindustrie ansieht: Ein Unternehmer darf den bestreikten Betrieb stillegen (keine Lohnzahlungspflicht). Spätestens 3 Tage danach können viele andere Betriebe innerhalb und außerhalb des Tarifgebietes nicht mehr arbeiten, da die Teile fehlen. Die Zahlungspflicht der Arbeitgeber entfällt dann nach den allgemeinen Grundsätzen des Arbeitskampfrisikos wegen der Unmöglichkeit der Produktion. Diese Problematik wurde vom *BAG* so nicht gesehen. Gleiches kann auch über eine Aussperrung erreicht werden, jedoch ist dafür ein Verbandsbeschluß erforderlich, der bei der Betriebstillegung entfällt. Rein faktisch kann somit ein einzelner verbandsangehöriger Arbeitgeber aussperren.
Die Praxis der Arbeitskämpfe stellt sich anders dar, als es das *BAG* sieht. Das *BAG* hat nur einen theoretischen Verstand.

- **IP 8:** Keine Erfahrungen.

- **IP 9:** Keine Erfahrungen.

- **IP 10:** Keine Erfahrungen.

- **IP 11:** Keine Erfahrungen.

- **IP 12:** Keine Erfahrungen.

- **IP 13:** Die Betriebsstillegung finde ich toll. Sie besitzt jedoch keinerlei Relevanz in der Praxis.

c) Ist Ihrer Meinung nach derzeit ein Kräftegleichgewicht zwischen den Tarifvertragsparteien vorhanden?

- **IP 1:** Durch die Ermöglichung von Warnstreiks wurde das Kräftegleichgewicht verschoben, da keine Gegenmaßnahmen von den Arbeitgebern möglich sind. Beim Flächenstreik (Erzwingungsstreik) sind zumindest die Waffen der Gegner gleich. Damit ist aber nach dem *BAG* noch nichts über das Kräftegleichgewicht ausgesagt. Ob tatsächlich ein Verschiebung vorliegt, kann ich nicht beurteilen. Wenn jedoch dem so ist, dann ist diese Verschiebung mit Sicherheit durch die Rechtsprechung des *BAG* verstärkt worden.

- **IP 2:** Bis 1984 bestand - grob gesagt - die Kampfparität im Metallbereich. Heute ist dieses Kräfteverhältnis zu Lasten der Arbeitgeber verschoben, und zwar aus rechtlichen und tatsächlichen Gründen (Unsicherheit über die Rechtsprechung, extremer Konkurrenzdruck auf die Unternehmen, fehlende Solidarität der Arbeitgeber untereinander). Dabei spielt der Warnstreik eine besondere Rolle, und zwar schon seit den 80er Jahren. Insofern ist eine Verschiebung schon eher vorhanden gewesen, für den Vollstreik aber eben erst seit 1984.

- **IP 3:** Es gibt keine Verhandlungsparität zwischen den Tarifvertragsparteien. Eine solche hat es nie gegeben. Die Gewerkschaften riskieren häufig bei den Arbeitskämpfen nicht viel, da „sie ja die Kuh nicht umbringen dürfen, die sie melken wollen". Wenn die Arbeitgeberseite etwas fordert, so geht das immer schief, da die Kampfkraft der Arbeitgeber gleich Null ist. Ziel der Arbeitgeber ist es, den Schaden durch die Arbeitskämpfe so gering wie möglich zu halten.

- **IP 4:** Eine Verschiebung des Kräftegleichgewichts zuungunsten der Arbeitgeber ist eingetreten, und zwar in Richtung Existenz. Die internationalen Märkte tun ein übriges dazu mit der Folge, daß die Marktmechanismen, denen die Arbeitgeber ausgesetzt sind, immer größere Bedeutung gewinnen und auf die Parität zuungunsten der Arbeitgeber einwirken.

- **IP 5:** Die Kampfparität ist im Bereich des Mittelstandes schon aufgrund der Kompliziertheit des Arbeitskampfrechtes zu Lasten der Arbeitgeber verschoben. Das gilt besonders, wenn die *IG Metall* an einen einzelnen Arbeitgeber zum Abschluß des Tarifvertrages herantritt. Die *IG Metall* hat zum einen zu gute Kenntnisse des Arbeitsrechts, die der Durchschnittsunternehmer nicht hat, und zum anderen sehr viel Erfahrung und einen großen Apparat. Der einzelne Arbeitgeber hingegen ist alleine.

- **IP 6:** Eine irgendwie geartete Kampfparität gibt es nicht, insbesondere nicht eine solche, die in juristischen Maßstäben gemessen werden kann. Wenn es einen Arbeitskampf gibt, dann sind juristische Probleme Makulatur. Man setzt sich dann ohne weiteres auch mal über die Grenzen der Rechtsprechung hinweg. Es ist „Kampf". Bis die Rechtsprechung dann über die Rechtmäßigkeit einer Maßnahme entschieden hat, ist der Arbeitskampf schon längst Geschichte.

- **IP 7:** Das grundlegende Problem der Kampfparität sind die Warnstreiks als Erzwingungsstreiks. Dadurch wurden die Streikmöglichkeiten der Gewerkschaften erheblich ausgeweitet. Das Kräftegleichgewicht wurde dadurch verschoben.

- **IP 8:** Im Bereich unseres Haustarifvertrages ist eine Verhandlungsparität gegeben. Sie ist traditionell gewachsen.

- **IP 9:** Eine Kampfparität ist auch bei meinem Unternehmen (mit Haustarifvertrag) gegeben. Das liegt an der Besonderheit eines Stiftungsunternehmens ohne eigentliche Kapitaleigner und zeigt sich an der Tatsache, daß bislang noch nicht einmal ein Warnstreik stattgefunden hat.

- **IP 10:** Im Bereich der formellen Kampfmittel ist ein Übergewicht bei der *IG Metall*. Die Aussperrung wird von den Arbeitgebern faktisch nicht mehr angewendet. Im Hinblick auf die wirtschaftliche Leitungsmacht ist ein Kräftegleichwicht vorhanden. Nicht vergessen werden darf aber, daß bei der Entscheidung, ob gestreikt wird oder nicht, die gesellschaftliche Akzeptanz einer solchen Entscheidung eine sehr große Rolle spielt. Das gilt nicht nur für Warnstreiks, sondern für jedes Arbeitskampfmittel der Gewerkschaften.

- **IP 11:** Die Gewerkschaften sind gelähmt, von einem Verhandlungsgleichgewicht ist keine Spur. Es ist ein Übergewicht der Arbeitgeber zu Lasten der Gewerkschaften gegeben. Warnstreiks ändern daran zwar etwas zu Gunsten der Arbeitnehmer, aber Streiks interessieren heutzutage keinen Menschen mehr. Rechtlich gesehen kann schon noch von einem Kräftegleichgewicht gesprochen werden. Rein tatsächlich herrscht bei den Arbeitnehmern die Angst vor Sanktionen und Arbeitslosigkeit vor.

- **IP 12:** Die Frage nach der Kampfparität ist eine Frage der Macht. Allein schon wegen der Angst der Arbeitnehmer um ihre Arbeitsplätze überwiegt die Macht der Arbeitgeber. Im übrigen haben die Arbeitnehmer ein sehr gutes Gespür dafür, wenn es dem Unternehmen schlecht geht. Streiks sind dann für die Gewerkschaften nicht durchsetzbar. Die Motivation der Arbeitnehmer zu Streiks ist eines der größten Probleme für die Gewerkschaften, wobei auf der anderen Seite zu berücksichtigen ist, daß auch viele nicht organisierte Arbeitnehmer streiken, wenn es um wesentliche Dinge geht.

- **IP 13:** Ein Kräftegleichgewicht ist nicht gegeben. Ausgangspunkt ist das gewerkschaftliche Verständnis des Art. 9 III GG. Bereits durch die Zulassung der Aussperrung ist die Kampfparität zu Lasten der Gewerkchaften verschoben worden. Durch die Änderung des § 116 AFG wurde das noch verschlimmert.

Literaturverzeichnis

I. Handbücher

Arbeitsrechts-Blattei, Loseblattausgabe, Stand: Februar 1999
Erfurter Kommentar 1998
Münchner Handbuch zum Arbeitsrecht, Bd. I 1992, Bd. II und III 1993
Schaub, Arbeitsrechts-Handbuch, 8. Aufl. 1996

II. Kommentare und systematische Darstellungen

Bechthold, Kartellgesetz: Gesetz gegen Wettbewerbsbeschränkungen, 1993
Brox/Rüthers, Arbeitskampfrecht, 2. Aufl. 1982
Immenga/Mestmäcker, Gesetz gegen Wettbewerbsbeschränkungen, 2. Aufl. 1992
Kempen/Zachert, Tarifvertragsgesetz, 3. Auflage 1997
Kissel, Die Entwicklung der Tarifautonomie im 20. Jahrhundert, 1988
Kommentar zum Grundgesetz (Reihe Alternativkommentare), 2. Aufl. 1989
Löwisch, Arbeitskampf- und Schlichtungsrecht, 2. Aufl. 1987
Löwisch/Rieble, Tarifvertragsgesetz ,1992
Maunz/Dürig/Herzog/Scholz, Grundgesetz 1985
Münchener Kommentar, 5. Aufl. 1997
Palandt, 58. Aufl. 1999
Wiedemann/Stumpf, Tarifvertragsgesetz, 6. Aufl. 1999

III. Lehrbücher und Grundrisse

Brox/Rüthers, Arbeitsrecht, 13. Aufl. 1997
Däubler, Arbeitskampfrecht, 2. Aufl. 1987
Däubler/Hege, Koalitionsfreiheit, 1. Aufl. 1976
Diekmann, Empirische Sozialforschung, Grundlagen, Methoden, Anwendung, 5. Aufl. 1999
Gamillscheg, Kollektives Arbeitsrecht, Bd. I 1997
Hanau/Adomeit, Arbeitsrecht, 11. Aufl. 1994
Hindrichs/Mäulen/Scharf, Neue Technologien und Arbeitskampf, 1990
Horchler, Outsourcing, 1. Aufl. 1996
Hromadka/Maschmann, Arbeitsrecht, Bd. I 1998, Bd. II 1999
Hueck/Nipperdey, Lehrbuch des Arbeitsrechts, 7. Aufl., Bd. I 1963; Bd. II, 1. Halbbd. 1967, 2. Halbbd. 1970
Kittner, Arbeits- und Sozialrecht, 1995
Möschel, Recht der Wettbewerbsbeschränkungen, 1983
Müller, Arbeitskampf und Recht, Grundsätze der Tarifvertragsautonomie, 1987
Säcker, Grundprobleme der kollektiven Koalitionsfreiheit, 1969
Seiter, Streikrecht und Aussperrungsrecht, 1975
Söllner, Grundriß des Arbeitsrechts, 12. Aufl. 1998
Wollenschläger, Arbeitsrecht, 1999
Zöllner/Loritz, Arbeitsrecht, 5. Aufl. 1998

IV. Monographien

Abendroth, Sozialgeschichte der europäischen Arbeiterbewegung, 1965
Alber, Die Kampfmittelparität der Sozialpartner, Diss. Köln 1971
Apitzsch/Klebe/Schumann, § 116 AFG - Kampf um das Streikrecht, 1986
Balze/Rebel/Schuck, Outsourcing und Arbeitsrecht, 1. Aufl. 1997
Bertele, Rechtsnatur und Rechtsfolgen der Aussperrung, 1960
Bertelsmann, Aussperrung - Eine Untersuchung ihrer Zulässigkeit unter besonderer Berücksichtigung ihrer geschichtlichen Entwicklung und Handhabung in der Praxis, 1979
Besken, Mitgliedschaft im Arbeitgeberverband ohne Tarifbindung: Tarifflucht statt Verbandsflucht, 1. Aufl. 1998
Biedenkopf, Grenzen der Tarifautonomie, 1964
Binkert, Gewerkschaftliche Boykottmaßnahmen im System des Arbeitskampfrechts, 1981
Birk/Konzen/Löwisch/Raiser/Seiter, Gesetz zur Regelung kollektiver Arbeitskonflikte, 1988
Blank u.a., Arbeitnehmerschutz bei Betriebsaufspaltung und Unternehmensteilung, 2. Aufl. 1986
Bobke/Kamada/Hammarström, Lean Production, Neue Formen der Arbeitsorganisation; Erfahrungen der Gewerkschaften 1.Aufl. 1996
Bobke/Weinmann, Arbeitskampfrechtsprechung und Tarifpraxis, 1. Aufl. 1993
Böhm, Kartelle und Koalitionsfreiheit, 1933
Brentano, Arbeitseinstellungen und Fortbildung des Arbeitsvertrages,1890
Brodmann, Arbeitskampf und Pressefreiheit, 1982
Bünger, Der verhandlungsbegleitende Warnstreik, 1996
Däubler, Das Grundrecht auf Mitbestimmung und seine Realisierung durch tarifvertragliche Begründung von Beteiligungsrechten, 3. Aufl. 1975
Dorndorf/Weiß, Warnstreiks und vorbeugender Rechtsschutz gegen Streiks, 1983
Evers, Arbeitskampffreiheit, Neutralität, Waffengleichheit und Aussperrung, 1969
Fabricius, Streik und Aussperrung im Internationalen Recht, 1. Aufl. 1988
Fenski, Außerbetriebliche Arbeitsverhältnisse: Heim und Telearbeit, 1994
Fiedler-Winter, Innovative Mitarbeiterbeteiligung, 1998
Goll, Arbeitskampfparität und Tariferfolg, 1980
Hartwich, Arbeitsmarkt, Verbände und Staat 1918 – 1933, 1967
Heenen, Kampfparität und bilaterales Monopol, 1988
Hromadka/Maschmann/Wallner, Der Tarifwechsel, 1996
Hof, Arbeitsmarkt bei verringertem Produktivitätswachstum, 1987
Huber, Das Problem der verfassungsrechtlichen Gewährleistung der Aussperrung, 1983
Immenga, Grenzen des kartellrechtlichen Ausnahmebereichs Arbeitsmarkt, 1989
Kaelble, Der Boom 1948 - 1973, 1992
Kappus, Rechtsfragen der Telearbeit, 1986
Kilian/Borsum/Hoffmeister, Telearbeit und Arbeitsrecht, 1987
Kilz/Reh, Einführung in die Telearbeit, 1997
Kittner, Streik und Aussperrung, 1973
Kittner, Verbot der Aussperrung - 7 Fragen - 70 Antworten, 1979
Klemm, Ökonomische Analyse von Streik und Aussperrung im Rahmen einer marktwirtschaftlichen Ordnung, 1983
Knebel, Koalitionsfreiheit und Gemeinwohl, 1978
Knoche/Krüger, Presse im Druckerstreik, 1978
Köhler/Frost, Outsourcing: Eine strategische Allianz besonderen Typs, 2. Aufl. 1995
Kreibich, Telearbeit, 1988

Krejci, Aussperrung,1980
Krüger/Biedenkopf, Sinn und Grenzen der Vereinbarungsbefugnis der Tarifvertragsparteien, 1966
Lenk, Telearbeit, 1989
Linnenkohl, Arbeitszeitflexibilisierung: 140 Unternehmen und ihre Modelle, 1992
Metzner, Das Verbot der Unverhältnismäßigkeit im Privatrecht, 1970
Mason, Sozialpolitik im Dritten Reich - Arbeiterklasse und Volkgemeinschaft, 2. Aufl. 1978
Mückenberger, § 116 AFG und das Verbot der Aussperrung, 1987
Mückenberger, Produktionsverflechtung und Risikoverantwortung: Verfassungsfragen zur Neuregelung von § 116 AFG, 1. Aufl. 1992
Müthlein/Heck, Outsourcing und Datenschutz, 1. Aufl. 1995
Otto/Seewald, Ist es erforderlich, die Verteilung des Schadensrisikos bei unselbständiger Arbeit neu zu ordnen?, 1986
Pabst, Der Begriff Kampfparität in der höchstrichterlichen Rechtsprechung, 1980
Pfarr/Drüke, Rechtsprobleme der Telearbeit, 1989
Raiser, Die Aussperrung nach dem Grundgesetz, 1975
Rheinbay, Rechtsfragen des Outsourcings,1996
Rüthers, Beschäftigungskrise und Arbeitsrecht, 1996
Rüthers, Rechtsprobleme der Aussperrung unter besonderer Berücksichtigung des Pressewesens, 1980
Rüthers, Streik und Verfassung, 1960
Rüthers, Tarifmacht und Mitbestimmung in der Presse, 1975
Säcker, Gruppenparität und Staatsneutralität als verfassungsrechtliche Grundprinzipien desArbeitskampfrechts,1974
Scholz/Konzen, Die Aussperrung im System von Arbeitsverfassung und kollektivem Arbeitsrecht, 1980
Schweinberger, Prämien und Arbeitskampf: Möglichkeiten und Grenzen von Zahlungen an Arbeitswillige im Zusammenhang mit Arbeitskämpfen, 1998
Schwerdtfeger, Rechtfragen des § 116 AFG n.F., 1990
Seiter, Arbeitskampfparität und Übermaßverbot unter besonderer Berücksichtigung des „Boykotts" in der deutschen Seeschiffahrt, 1979
Seiter, Staatliche Neutralität im Arbeitskampf,1985
Seiter, Staatsneutralität im Arbeitskampf, 1987
Silberberg, Der Partizipationsschein als Möglichkeit einer Mitarbeiterkapitalbeteiligung, 1983
Sinzheimer, Arbeitsrecht und Rechtssoziologie, 1976
Sinzheimer, Der korporative Arbeitsnormenvertrag - Eine privatrechtliche Untersuchung; Erster Teil, 1907
Spät, Mitarbeiterkapitalbeteiligung durch Gesetz oder Tarif, 1976
Treber, Aktiv produktionsbehindernde Maßnahmen,1996
Volkmann, Modernisierung des Arbeitskampfes, 2. Aufl. 1979
Wagner, Management Buy Out - Führungskräftebeteiligung, Arbeitnehmerbeteiligung, 1993
Wank, Telearbeit, 1997
Weber, Koalitionsfreiheit und Tarifautonomie als Verfassungsproblem,1965
Wedde, Telearbeit und Arbeitsrecht, 1986
Wißkirchen, Outsourcing von Logistik: Grundlagen und Vorteile von Outsourcing, 1995
Womack/Jones/Roos, Die zweite Revolution in der Autoindustrie, 6. Aufl. 1992
Zachert/Metzke/Hamer, Die Aussperrung, 2.Aufl. 1978
Zöllner, Aussperrung und arbeitskampfrechtliche Parität, 1974

V. Entscheidungssammlungen

AP - Nachschlagewerk des Bundesarbeitsgerichts (Arbeitsrechtliche Praxis)
BAGE - Entscheidungen des Bundesarbeitsgerichts (Amtliche Sammlung)
BSGE - Entscheidungen des Bundessozialgerichts (Amtliche Sammlung)
BGHz - Entscheidungen des Bundesgerichtshof (Amtliche Sammlung)
BVerfGE - Entscheidungen des Bundesverfassungsgerichts (Amtliche Sammlung)
EzA - Entscheidungen zum Arbeitsrecht
LAGE - Entscheidungen der Landesarbeitsgerichte
SAE - Sammlung arbeitsgerichtlicher Entscheidungen

VI. Zeitschriften und Jahrbücher

AiB - Arbeitsrecht im Betrieb
AuA - Arbeit und Arbeitsrecht
AuR - Arbeit und Recht
BArbBl - Bundesarbeitsblatt
BB - Betriebsberater
BetrR - Betriebsrat
DB - Der Betrieb
EWiR - Entscheidungen zum Wirtschaftsrecht (mit Kurzkommentaren)
GewMonH - Gewerkschaftliche Monatshefte
NJW - Neue Juristische Wochenschrift
NZA - Neue Zeitschrift für Arbeitsrecht
NZA-RR - Neue Zeitschrift für Arbeitsrecht, Rechtsprechungsreport
RdA - Recht der Arbeit
ZIAS - Zeitschrift für Internationales Arbeits- und Sozialrecht
ZfA - Zeitschrift für Arbeitsrecht
ZTR - Zeitschrift für Tarifrecht

Friedrich E. Schnapp (Hrsg.)

Probleme der Rechtsquellen im Sozialversicherungsrecht Teil III

Tagungsband zum 7. Fachkolloquium des Instituts für Sozialrecht am 24./25. Juni 1999 in Bochum

Frankfurt/M., Berlin, Bern, Bruxelles, New York, Oxford, Wien, 2000. 287 S.
Bochumer Schriften zum Sozialrecht. Herausgegeben von Friedrich E. Schnapp. Bd. 6
ISBN 3-631-36891-7 · br. DM 89.–*

Seit Jahrzehnten leben Sozialgerichtsbarkeit und Sozialrechtswissenschaft mit einer – im Vergleich zu anderen Gebieten – ungewöhnlichen Vielfalt verschiedener Normtypen, die Theorie und Praxis bis in die jüngste Zeit mit immer neuen Problemen konfrontiert haben. Im Rahmen des 7. Fachkolloquiums des Instituts für Sozialrecht der Ruhr-Universität Bochum haben sich ausgewiesene Fachleute mit den Fragen befaßt, die, vor allem im Zusammenhang mit der dritten Stufe der Gesundheitsreform, durch diese unorthodoxen Handlungsinstrumentarien ausgelöst werden.
Damit setzt das Institut für Sozialrecht eine Veranstaltungsreihe fort, die sich den übergreifenden Rechtsquellenproblemen im Sozialrecht widmet. Die Ergebnisse der ersten beiden einschlägigen Tagungen sind im ersten bzw. zweiten Band der Schriftenreihe dokumentiert.

Aus dem Inhalt: Bundesausschuß der Ärzte und Krankenkassen: Aufgaben, Zusammensetzung, Verfahren · Der „kleine Gesetzgeber" und die Rechte der Versicherten · Richtliniengesetzgebung durch den Bundesausschuß der Ärzte und Krankenkassen und demokratische Legitimation · Untergesetzliche Normsetzung im Recht der gesetzlichen Krankenversicherung durch Verträge und Richtlinien · Das Entscheidungsmonopol des Bundesausschusses Ärzte/Krankenkassen für Arzneimittel und neue medizinische Verfahren · Der Vertragsarzt: Ausschußbeauftragter für den Richtlinienvollzug?

Kolibri 360 GmbH
Ferdinand-Jühlke-Straße 7
99095 Erfurt, Deutschland
produktsicherheit@kolibri360.de

Druck:
CPI Druckdienstleistungen GmbH
im Auftrag der
Kolibri 360 GmbH
Ferdinand-Jühlke-Str. 7
99095 Erfurt